조선대학교 재난인문학연구사업단
재난인문학 번역총서 07

중국의 재난문화

사회·역사·문예

* 이 책은 2019년 대한민국 교육부와 한국연구재단의 지원을 받아 수행된 것임
(NRF-2019S1A6A3A01059888)

조선대학교 재난인문학 번역총서 07

중국의 재난문화

中國災難文化: 社會 · 歷史 · 文藝

사회 · 역사 · 문예

천안(陳安) · 모디(牟笛) 지음
강희숙 · 김명남 · 산영춘 · 손군군 · 이효위 옮김
한국어판 기획 / 조선대학교 재난인문학연구사업단

역락

발간사

『중국의 재난문화』 간행에 부쳐

본 연구 사업단이 <동아시아 재난의 기억, 서사, 치유-재난인문학의 정립>을 아젠다로 인문한국플러스(HK+) 사업을 수행해 온 지도 어느덧 4년의 시간이 흘렀다. 이 시간 속에는 3년이라는 긴 시간의 터널로도 부족해서 2023년 1월 현재까지도 여전히 우리 곁을 맴돌고 있는 코로나19 팬데믹의 시간과 함께 팬데믹 이후 훨씬 더 뚜렷해진 기후 재난의 시간이 오롯이 담겨 있는 만큼 재난인문학의 정립에 대한 사회적 요구나 관심 또한 한층 더 많아졌다고 할 수 있다. 이러한 사회적 요구에 부응하기 위한 작업의 일환으로 지난해에 이어 올해도 몇 권의 번역 총서를 기획하게 되었는바, 그 가운데 하나가 바로 이 책 『중국의 재난문화』이다.

본 사업단의 일곱 번째 번역 총서인 『중국의 재난문화』는 중국과학원대학(中國科學院大學)의 연구원인 천안(陳安) 교수와 부연구원 모디(牟笛) 두 사람이 집필한 『中國災難文化』를 우리말로 옮긴 것이다. 원래 이 책의 초판은 2019년에 출판되었으나 약간의 수정, 보완을 거쳐 2022년에 새롭게 간행한 판본을 번역한 것임을 우선 밝혀 둔다.

저자 가운데 한 사람인 천안(陳安) 교수는 2017년, 전 세계적으로 매우 독특한 양상을 보이는 일본의 재난문화를 기록한 책 『벚꽃이 시들다(櫻花殘)』를 집필한 경험을 바탕으로 『中國災難文化』를 기술하였다. 일본의 재난문화에 관한 책을 집필하고 난 뒤 천안 교수는 광활한 국토와 지역으로 이루어진 중국의 다양한 풍습과 문화는 지역에 따라 다양하게 나타났던 각기 다른 유형의 재난의 결과일 수 있다는 전제하에 소규모 연구모임을 만들어 지역에 따른 문화적 차이와 함께 그 기저를 이루는 재난적 해석을 위한 전문적인 연구와 토론을 오랫동안 진행하였다. 그러한 작업의 결과 서문을 제외한 총 14개의 장으로 이루어진 방대한 분량의 책이 완성되었다. 저자들이 서문에서 밝힌 바와 같이 이 책은 지역에 따라 차이를 보이는 풍습과 문화라는 현상학적 사실이 자연재해나 인재, 사회적 재난 등 다양한 유형의 재난에 의해 결정된 것일 수 있다는 '재난 결정론'의 존재를 실증적으로 보여주었다는 점에서 본 사업단이 추구하는 재난인문학의 정립을 위한 토대로서 매우 중요한 의미를 지닌다고 할 것이다.

이 책의 내용 가운데 우리의 관심과 흥미를 끄는 것으로는 광활한 중국 대륙을 총 10개 지역으로 구분하여 지역마다 각각 다른 재난문화가 형성되었음을 제시하였다는 점을 들 수 있다. 예를 들면, 허난(河南)성 사람들은 재난으로 인한 유민(流民) 심리가 형성되면서 풍미 있는 유동식 음식 문화를 꽃피웠으며, 사계절이 뒤엉켜 가뭄과 충해(蟲害)가 심하였던 적지 윈난(雲南)성의 경우, 대표적으로 발수절(潑水節)과 횃불 축제 등의 문화를 형성하였음이 확인되었다.

번역서의 분량이 400쪽에 가까운 만큼 이 책이 세상에 나오기까지 번역에 참여한 우리 다섯 사람의 여정 또한 만만치 않았다. 네 명의 중국 출신 대학원생들이 분담하여 초벌 작업을 마친 후, 한 줄 한 줄 원문과 대조해 가며 우리말다운 번역문을 완성해 내기까지 시간과 인내심이 무한대로 요구되었다. 어느 순간에는 과연 이 작업을 무사히 마칠 수 있을는지 의구심이 들기도 했었음을 고백하지 않을 수 없다. 이 발간사를 쓸 수 있기까지 우여곡절이 적지 않았지만, 결과는 비교적 성공적이라고 할 수 있는바, 이 자리를 빌려 네 명의 유학생 제자들의 수고와 노력에 깊은 감사의 마음을 전한다. 마지막 수정 단계에서 이루어진 본 대학 중국어문화학과 이금순 교수의 화룡점정도 크게 도움이 되었음을 언급하지 않을 수 없다.

우연한 일이긴 하지만 앞서 간행된 7권의 번역 총서가 모두 일본서의 번역에 머물러 있었다는 점을 감안하면 이 책은 본 사업단의 첫 번째 중국어 번역서라는 점도 새겨 볼 만한 일이다. 기쁘고 보람된 일이라고 본다.

아무튼 천안(陳安) 교수의 학문적 성과를 통해 중국과 일본의 재난문화의 윤곽이 어느 정도는 드러났으니 이제는 한국의 재난문화에 대한 기술이 남아 있다고 할 수 있다. 우리의 재난인문학이 관심을 두어야 할 대목이라고 할 것이다. 후일을 기약한다.

2023년 1월

조선대학교 인문학연구원 재난인문학연구사업단장

강희숙 씀.

서문

모든 사람이 반드시 생각해봐야 할 문제가 있다. 예컨대 미국인은 왜 모험심이 강한가? 프랑스인이 로맨틱한 인상을 주는 데에는 어떤 특별한 이유가 있는 것인가?

특히 중국인은 이와 비슷한 문제에 대한 답을 찾고 싶어 한다. 중국인은 왜 중국인인가? 범위를 좀 더 좁혀보자면, 산둥(山东) 사람은 왜 산둥 사람인가?

위와 같은 문제는 비교적 거시적이지만, 사실 더 구체적이기도 하다. 예컨대 당신의 며느리는 동베이(东北) 여자라 억척스럽고 유능하며, 나의 아내는 푸젠(福建) 여자라 부드럽고 온순한가? 대갓집 규수는 일반적으로 학식이 있으며 예의가 바른데, 가난한 집안 출신은 사소한 것까지도 따지는가?

그렇다면 위의 문제는 문제나 현상에 대한 묘사에서 한 걸음 더 나아가 해석이 필요하다. 따라서 우리는 현상학적 사실을 사회학과 문화학의 범주로 끌어올려 지역성에 대해 두 가지로 해석할 수 있다. 하나는 역사 결정론이고 다른 하나는 지리 결정론이다.

결정론이라는 것은 사실 사람들이 관찰하고 싶어 하는 현상에 어떠한 이유가 있기를 바라는 것이다. 이유를 알게 되면 그 이유에 따라 나타날 미래가 무엇인지 예측할 수 있고, 나아가 원하는 결과를 얻을 수 있기 때문이다.

결정론은 18세기와 19세기 동안 과학계를 지배했으며, 모든 것은 단순한 '인과관계'에 의해 연결됨으로써 성립되었고 세상의 모든 현상은 확정된 법칙에 따라 결정되었음을 주장한다. 어찌 보면 뉴턴 역학은 대표적인 결정론이라 할 수 있는바, 뉴턴 역학은 결정론의 이론적 체계를 바탕으로 계산된 천체 운동의 궤적이 미래에 대한 정확한 예측성을 지니기 때문이다. 이러한 바에 따르면 세상에는 질서가 있고, 항상 일정한 법칙에 따라 움직이며 사람들은 미래를 예측할 수 있기 때문에 결정론을 기계론이라고도 한다.

지리(환경) 결정론의 척도는 천체의 움직임보다 작으나, 개체 현상보다는 크다. 지리 결정론에서는 사람이 어떠한 지리적 환경에서 살아가느냐에 따라 그 환경에 맞는 특성을 갖게 될 것이라고 말한다. 이른바 '둥베이 마적(東北響馬)'과 '시베이 칼잡이(西北刀客)', 남쪽은 완곡하고 북쪽은 직설적이며, 흑인은 달리기를 잘하고 백인은 수영을 잘한다는 것이 그 예이다. 여러 해 동안의 전란을 거치며 한때는 "후광 사람들을 쓰촨으로 이주시키다(湖廣填四川)."라는 말이 있었고, 오늘날 산둥, 허베이(河北), 허난(河南) 사람들은 대부분 그 시기에 산시(山西)에서 이주한 사람들이었다. 그러나 이들은 이주한 곳에서의 특성을 보이고 고향인 산시의 특성은 보이지 않는다.

위에서 설명한 바에 상응하는 역사 결정론도 있다. 역사 결정론은 우연히 일어난 일이 사람의 미래의 성격에 결정적인 영향을 주는 것이다. 예를 들어 어려서 가족을 잃는 것과 뜻을 이루는 것은 분명히 다른 영향을 미치며, 부유한 가정에서 태어난 아이와 입을 옷이 없고 굶주리는 아이의 성격은 매우 다를 것이다. 여러 문학 작품에서는 이와 같이 인류의 궁극적인 역사적 문제를 극단적이고 극적으로 묘사한다. <왕자와 거지>처럼 정반대 신분의 두 사람이 서로 삶을 바꾸면 어떤 결과를 초래할 것인가? 그리고 인도의 옛 영화 <방랑자>에서 "도둑의 아들은 언제나 도둑이고 판사의 아들은 언제나 판사다."와 같은 출신론과 비교할 때, 역사적 오류를 바로잡아 정상 궤도로 돌아갈 수 있는가, 아니면 이미 틀어진 궤도로 계속 나아갈 것인가는 예술 작품에서 논의되고 있는 화제이다.

좀 더 구체적으로 말하자면 내가 만약 다른 대학이 아닌 하버드 대학에 진학했다면 미래는 내가 선택한 길에 따라 확연히 달라졌을 것이다. 이것은 일반적인 인식이며, 그때의 선택은 온전히 스스로의 몫이다. 우리는 알고 있다. 누구나 궁지에 몰릴 때면 항상 그때 내가 다른 길을 택했다면 지금은 달라졌을 것이라 한탄한다. 사람들이 선택의 상황에 직면할 때 크게 고뇌하는 이유도 여기에 있다. 역사는 다시 돌아올 수 없으므로 한 번의 선택으로 인해 결과는 완전히 달라질 수 있기 때문이다.

지리 결정론과 역사 결정론은 인간 사회의 여러 현상을 설명할 수 있는 기본 결정론이라 할 수 있다. 유전자 결정론은 생물학적 해석에 가까워서 지리 및 역사 결정론보다는 강하지 못하다. 보름달이 뜬 밤이나 조석(潮汐)이 올 때 어떠한 일이 일어나는가는 천문 결정론으로 볼 수 있다.

그 외에도 다양한 유형의 결정론 가운데 기후 결정론, 재난 결정론이 있다. 이들 결정론은 지리 및 역사 결정론하의 2차적, 3차적 결정론이라고 할 수 있다.

재난 결정론의 존재는 십여 년 동안 위험과 비상 관리를 연구한 결과에 따른 것으로, 바로 일본의 재난문화를 연구하면서 발견된 것이다. 위험 관리와 비상 관리에 관한 연구는 필연적으로 재난에 관한 일본인의 기존 대응 방법 및 경험과 관련되기 때문이다. 일본인은 천 년 동안 지속된 여러 재난 속에서 단련되어 왔으며, 오늘날 여러 가지 현상에서 과거 재난의 흔적을 느끼고 추론할 수 있다. 예컨대 스모 운동은 일본에만 존재하는데, 일본인들은 왜 이러한 비정상적인 방식으로 강해지려 하는가? 재난에 직면했을 때 신체적으로 너무 허약했던 탓인가? 아니면 진짜로 강해지는 것이 어려워 어쩔 수 없이 이와 같은 방식을 택한 것인가?

훗날 필자들은 전 세계적으로 유난히 독특한 일본의 재난문화를 기록한 《벚꽃이 시들다(櫻花殘)》이라는 책을 써낸 적이 있었다. 재난이 많은 섬나라의 지리를 섬에서 대륙으로, 아시아에서 유럽까지 살펴보는 것에서부터 문학의 경우 작품에서 작가 본인까지, 예술에서는 영상, 그리고 일본인의 집단주의와 배외(排外) 사상, 자살과 모노노아와레(物哀情懷), 다서화향(茶書花香), 언어적 특징, 식품 운동 등에 이르기까지 일본의 재난에서 나타나는 모든 맥락을 종합적으로 서술했다고 할 수 있다.

일본의 재난문화에 관한 책을 쓰고 나서 오랫동안 마음을 가라앉히지 못했다. 중국은 대륙에 위치해 있고 더 안정적인 환경을 갖추고 있지만, 국가의 면적이 너무 커 다양한 갈등에 따라 지역 간 이익 분쟁이 발생하고, 심지어 전쟁까지 일어난다. 부동한 지역의 부동한 재난은 각 지역에서로 다른 특징을 부여한다. 예컨대 시난(西南) 지역에서는 매운 음식을(川湘食辛辣), 동베이 지역에서는 끓이고 삶는 요리를 즐기고, 산둥은 호걸 의식이 강하고 이웃인 허난(河南)은 역사적으로 많은 전쟁을 겪음으로써 유민의 정서가 생겼다. 또한 칭짱(青藏) 지역은 특이한 형식의 종교를 믿고, 팔민(八閩, 푸젠성), 양광(兩廣, 광둥성과 광시성)에서는 다신(多神) 숭배라는 종교적 특성을 지닌다. 한편 산시(山西)의 근대적 은행과 넓은 정원 문화, 안후이(安徽)의 남북부 간 고민과 배회, 산시(陝西)의 주서구(走西口)와 화베이(華北) 틈관동(闖關東) 등이 보여주는 것은 지역 차이라기보다는 재난 형태에 따른 다양한 모습이라고 보는 것이 더 합리적이다. 이를 위해 소규모 연구 모임을 만들어 지역에 따른 문화적 차이와 그 기저를 이루는 재난적 해석을 전문적으로 연구하고 토론하였다.

재난에 대한 사회적, 시간적, 문예적 해석을 보다 구체적으로 진행하면서 기본적인 재난 기록 및 문화적 특질에서 시작하여 현상과 재난 사이에 존재하는 인과관계를 도출하고 추리하였다. 그리고 중국 대부분의 지역 문화 현상을 각각 살핌으로써 재난과의 연관성을 찾고자 하였다. 중국에는 34개의 성급 행정구역이 있으므로, 이 글은 세 권을 써야 전국의 상황을 제대로 설명할 수 있다.

중국은 영토가 넓어 각 지역의 상황은 중국인에게 현저한 차이를 보인다. 외국인의 관점에서는 대체로 일치하겠지만, 미묘한 차이가 항상 존재한다. 따라서 지역별로 분리하여 해석하여야 하며, 그러하더라도 어떠한 부분에서는 정확한 맥락을 찾을 수도 있으나, 다른 부분은 추측할 수밖에 없다.

아무튼 이 글로써 재난문화 연구에 또 한 걸음을 내디뎠다. 이 연구를 통하여 역사와 주변 환경에 대한 중국인의 인식이 여전히 명확함을 알 수 있다.(적어도 스스로 그렇게 생각한다.) 따라서 이상의 재난 배경을 통한 해석은 단번에 광범위한 공감대를 형성할 수 있는 것은 아니다. 앞으로 꾸준한 연구로 역사의 먼지를 털어냄으로써 그 이면의 진정한 문화적 원인을 더욱 체계적으로 해석할 것이다. 어디까지 할 수 있는가는 당장 답하기 힘들지만, 지금으로서는 최선을 다하여 노력하는 수밖에 없다.

목 차

제1장

중국 재난문화 개설

재난은 사람들의 공포와 두려움을 불러일으킨다. 이 장의 첫머리에서는 재난이 지금까지 인류의 역사문화 속에서 공통어의 하나임을 분명하게 밝히고자 한다. 재난문화, 즉 재난은 인류 문화를 해석할 수 있게 하는 공통어이다.

이 장에서는 주로 재난 자체와 재난 연구의 핵심이 무엇인지 크게 두 가지로 나누어 명확히 밝히기로 하겠다. 첫 번째는 재난이란 무엇이며, 재난이 어떻게 형성되는지, 재난이 어떻게 정의되고, 문화에 어떠한 영향을 미치는지를 살펴보고자 한다. 두 번째는 재난 연구의 주제이다. 즉 재난 연구의 패러다임은 무엇인지, 주류 연구 이론은 무엇이며, 이 책이 어떤 패턴과 구조로 재난문화를 다룰 것인지를 살피기로 한다.

1.1. 재난—인류 문화의 공통어

재난은 인류사회에 치명적인 영향을 미친다. 인류는 재난에 대처하는 과정에서 고정된 행동 양식을 형성하고 안정된 사고방식을 축적해 왔으며, 이러한 행동 양식과 사고방식은 결국 인류의 정신적 유전자로서 재난문화로 전환되었다. 이처럼 재난은 인류사회에 커다란 영향을 미쳐 인류 문화의 공통어가 되었다. 또한 인류는 재난을 감지하고 있을 뿐만 아니라 재난에 관한 연구도 진행하여 일정한 연구 패러다임을 형성해 왔다.

1.1.1. 종합적인 원인

자연환경과 인류사회는 모두 일정한 발전과 순환의 섭리를 따른다는 유사성이 있다(金磊, 1991; 劉傳正, 2015). 만일 이러한 섭리를 어기면 재난이 발생한다. 순수하게 자연적 원인으로 발생하거나 인위적인 원인의 재난은 극히 드물다. 현대사회에서 자연재해는 보통 인간의 활동과 밀접한 관련이 있으며, 인재도 자연조건을 기반으로 한다. 재난의 원인은 자연적 원인과 인위적 원인 둘 다에 있지만, 일반적으로 인위적 원인에 의한 재난은 인재, 자연적 원인에 의한 재난은 자연재해로 귀속된다.

1.1.1.1. 자연재해

재난은 자연적 속성에 따라서 달라지고 다양한 방식으로 분류할 수 있다. 자연재해의 시간적 속성에 따라서는 돌발 재난, 연속 재난, 계절 재난, 정기 재난, 사고 재난 등으로 나눌 수 있다. 지상 및 공중적 속성에 따라서는 천문 재난, 육지 재난, 해양 재난 등으로 나눌 수 있다. 지리적 속성에 따라서는 글로벌 재난, 국가적 재난, 지역적 재난 등으로 나눌 수 있다. 지형적 속성에 따라서는 산악 재난, 평지 재난, 해안 재난 및 기타 재난으로 나눌 수 있다. 재난 발생의 속성에 따라서는 1차 재난과 2차 재난으로 나눌 수 있다. 또한 자연재해는 재난의 발생 원인과 중국의 재난 대응 현황을 종합하여 기상재해, 해양재해, 홍수재해, 지질재해, 농작물재해, 산림재해, 산불 등 7가지로 분류된다(張乃平 · 夏東海, 2009).

기상재해란 대기에 의해 인명과 재산에 피해를 주는 재난을 말하는데, 이 기상재해는 직·간접적으로 사회·경제적인 피해를 준다. 중국의 기상재해는 주로 가뭄, 폭염, 홍수, 뇌우 및 태풍 등이 있다. 연안 지역의 주요 기상재해는 태풍이고, 남부 지역은 주로 가뭄과 폭염이 발생하며, 북부 지역은 모래폭풍 및 황사가 더 많다. 해양의 자연환경이 비정상적이거나 급격한 변화를 겪을 때는 해상이나 연안에서 해양재해가 발생하기 쉽다. 폭풍 해일, 해안 침식, 중국 연안 지역의 바닷물 침수 사건, 다양한 강과 호수 및 바다에서 발생하는 빈번한 적조 현상 등이 그 예이다. 홍수는 물의 양이 급격히 증가하거나 수위가 너무 빠르게 상승하여 강, 호수, 저수지 및 바다와 같은 물을 저장할 수 있는 장소의 수용 능력을 초과할 때 발생한다. 홍수재해는 인류의 정상적인 생활과 생산활동을 불가능하게 하고, 재산의 피해를 초래하는 것을 말한다. 홍수재해는 중국에서 가장 흔하게 발생하는 자연재해로 무수한 피해를 가져왔다.

지질재해란 주로 지질학적 활동이나 지질환경의 비정상적인 변화에 의해 발생하는 재난을 말한다. 지구는 내부의 힘, 외부의 힘, 인공적인 지질학적 힘의 작용으로 축적한 에너지를 방출하고, 물질의 이동, 암석과 토양 덩어리의 변형 및 변위, 환경 이변과 같은 변화를 일으킨다. 그로 인해 인간의 생산 활동과 생명을 위협하고, 인간이 의존하는 자연환경을 파괴한다. 중국에서 가장 흔하게 나타나는 지질재해는 지진이다. 지진으로 인한 강한 지반 진동과 함께 발생하는 지반 균열과 변형은 지상에 사는 사람들에게 피해를 가져와 역사적으로 중국의 인구 급감과 막대한 경제적 손실을 초래하였다(裴宗廠, 2013).

생태계 순환의 불균형은 농작물 재해와 산림재해를 유발할 수 있다. 생물은 일반적으로 인명과 재산의 안전을 직접적으로 위협하지는 않지만 농작물 재해 및 산림 재해는 인간에게 간접적인 영향을 미칠 수 있다. 농작물 재해와 산림재해는 자연 생태계에서 걷잡을 수 없이 확산되어 환경과 인류사회에 무수한 피해를 준다. 산불 또한 돌발성이 강하고 파괴력이 커서 진화 및 구조작업이 어려운 재난으로 알려져 있다(張思玉·張惠蓮, 2006).

1.1.1.2. 인재

인재는 주로 사고 재난, 공중보건 사고, 사회안전 사고를 말한다. 사고 재난은 재앙적인 결과를 초래하는데 인간의 사회활동에 의해 일어나며, 인간의 활동을 중단시킬 뿐만 아니라 대량의 인명피해와 경제적 손실 및 환경오염을 가져올 수 있다. 공중보건 사고는 주로 중대 감염병의 발생, 집단으로 일어나는 원인을 알 수 없는 질병, 식중독 또는 직업 관련 중독 등을 포함한다. 이러한 재난들은 갑작스럽게 발생하며, 공중보건에 심각한 피해를 줄 수 있다. 사회안전 사고는 보통 대중의 내부적 갈등으로 인한 집단적 사건으로 국가와 사회질서에 심각한 영향을 미쳐 사회조직을 마비시킬 수 있다(國務院法制辦公室, 2008a; 國務院法制辦公室, 2008b).

사고 재난, 공중보건 사고, 사회안전 사고의 직접적인 원인은 모두 인간의 행위이며, 일반적으로 사람의 잘못과 규칙의 위반으로 일어난다. 사람의 행동은 물론 부작위 또한 인재를 초래할 수 있다. 내재적 요소와 외부적 요소가 장기간 상호 작용하여 발전하고 진화하며, 결국 재난의 발생을 가져오는 것이다. 재난으로 인해 사회 곳곳에 큰 피해를 주고, 사회심리적 공황과 사회적 안정의 위기까지, 재난이 초래하는 피해는 오랫동안 지속되며 그 규모를 헤아리기도 쉽지 않다.

1.1.2. 재난의 이중적 속성

자연재해와 인재는 모두 포괄적인 원인을 가지고 있으며, 재난은 자연적 속성과 사회적 속성을 모두 가지고 있다. 자연재해는 자연적 변이 또는 인간이 유발한 자연적 변이에 의해 발생하며, 인재는 특정 자연조건하에서 인간에 의해 발생하는 사건, 사고를 말한다. 재난의 자연적 속성은 재난이 실제 세계에 미치는 영향의 정도를 말하며, 측정된 실제 지표로 표현된다. 재난의 사회적 속성은 재난이 인간의 사회생활에 미치는 영향의 정도를 말하며, 가치평가지수로 표현된다.

1.1.2.1. 재난의 속성

수십억 년의 진화를 걸친 자연 생태계의 모든 구성 요소는 고유한 역할이 있고, 그 활동과 변화의 범위는 한정되어 있다. 만일 인간에 의해 물질과 에너지의 변화가 이 범위를 넘어선다면 전 지구적 자연 생태계에 급격한 변화를 일으켜 전체 시스템을 정상적으로 작동하지 못하게 하여 결국 자연재해로 이어질 것이다(金磊, 1991; 楊山, 2010). 홍수와 가뭄은 정해진 시간과 공간을 초월한 재난이다. 중국의 홍수 및 가뭄은 시간성과 공간성을 모두 가지고 있다. 즉 남쪽은 여름과 가을에 폭풍우와 홍수가 발생하기 쉬우므로, 이로 인해 토석류, 산사태, 토양 유실 등의 파생적인 재난을 더욱 잘 유발한다. 북부 내륙의 넓은 지역은 일 년 내내 물이 부족하므로 토지의 사막화, 염분화, 모래폭풍과 같은 재난이 빈번하게 일어나고 있다. 자연재해든 인재든 재난에는 반드시 자연 발생적인 원인이 포함되어 있기 마련인데, 이는 재난의 자연적 속성에 의해 결정된다. 인간이 '자연재해'로 여기는 재난은 자연법칙의 지배하에 자연적으로 발생하는 필연성을 보여준다.

재난은 객관적인 사건이며 재난의 자연적 속성도 객관적이다. 자연적인 원인이든 인위적인 원인이든 모든 재난의 발생과 전개는 모두 자연의 법칙을 따른다. 재난의 사회적 속성은 인간의 가치판단이 집약되어 있다. 인간은 재난의 역할을 인식하는 주체로서 재난을 의식적으로 관찰하고 감지한다. 인간이 없다면 자연을 이해할 수 없고, 재난을 이해하는 것도 불가능하다. 재난은 인간이 생존할 수 있는 물질적 조건을 파괴할 뿐만 아니라 정상적인 사회시스템의 작동에도 악영향을 미친다. 인간이 비록 자연 생태계에서 주도권을 쥐고 있지만, 종종 이기심과 자연에 대한 불완전한 이해, 그리고 자연에 대한 맹목성 때문에 그것이 가져올 결과를 예측하지 못한다. 결국 인간은 자연법칙의 지배를 받으며 재난에 의해 단련되었다고 볼 수 있을 것이다.

재난은 그 사회적 속성에 의해 제약을 받으며, 인간이 존재하는 시간적 범위와 인간 활동의 공간적 범위 내에서 발생한 경우에만 재난이라고 할 수 있다. 재난피해의 대상은 생명안전과 생활환경이므로 재난은 인간과 필연적으로 연결되어 있으며, 인간의 가치판단 기준에 따라서 재난의 존재 여부가 결정된다고 할 수 있다. 자연적 속성의 관점에서 재난은 정량적으로 기술될 수 있고, 사회적 속성의 관점에서 재난의 평가 지표는 사람들의 가치판단에 크게 좌우된다는 불확실성을 가지고 있다고 할 수 있다.

1.1.2.2. 재난의 규모

실제로 재난의 규모는 일반적으로 자연적 속성과 사회적 속성을 결합한 이중 잣대로 평가된다. 재난의 규모는 일반적으로 네 가지 범주로 나눌 수 있다. 즉 특중대형, 중대형, 중형, 일반형이다. 평가 기준은 면적, 기간, 빈도 등의 자연지표를 고려하고 재난으로 인한 인명피해와 경제적 손실도 반영한다.

지진재해를 그 자연적 속성에 따라 분류하면, 내륙 지역에서 규모 7.0 이상의 지진은 특중대형 지진재해로, 규모 6.0~7.0의 지진은 중대형 지진재해로, 규모 5.0~6.0의 지진은 중형 지진재해로, 규모 4.0~5.0의 지진은 일반형 지진재해로 분류하고 있다. 사회적 특성에 따르면 특중대형 지진재해는 내륙 지역에서 규모 5.0 이상의 지진으로 300명 이상 사망, 10만 명 이상의 이재민 발생 및 1만 채 이상의 주택 파손이 일어난 경우이다. 중대형 지진재해는 내륙 지역에서 규모 5.0 이상의 지진이 발생하여 50명 이상, 300명 이하의 사망자를 내고, 중증 부상자 5,000명 이상, 10만 명 이하, 붕괴 및 심한 파손 가옥 3,000채 이상, 1만 채 이하인 경우이다. 중형 지진재해는 50명 미만의 사망자, 5,000명 미만의 이재민 발생 및 3,000채 미만의 주택 붕괴 또는 심각한 피해가 발생해야 한다는 기준이 마련되어 있다. 하지만 일반형 지진재해는 모든 지표가 대규모 지진재해 기준보다 현저히 작지만 일부 건물이 손상되는 피해가 발생하고, 비교적 많은 사람에게 공포를 유발하는 경우에 적용한다(羅希芝 · 孫明明 · 王曉蘭, 2016; 餘姝, 2016). 그리고 해안 지역 지진의 경우는 다른 분류 기준을 가지고 있다.

홍수재해를 예로 들면, 자연적 속성에 근거해, 특중대형 홍수재해는 한 유역에 특대 규모의 홍수가 발생하거나 여러 유역에 동시에 대홍수가 발생한 경우, 그리고 거대 강 또는 하천 간류(幹流)의 일반하구 및 주요 지류의 제방이 무너지거나, 일반 중 · 대형 저수지가 붕괴된 경우 또는 하류의 안전에 직접적인 영향을 주는 중대한 위험이 발생한 재난이다. 중대형 홍수재해는 성 내의 한 유역 또는 그 일부 지역에 대홍수가 발생하거나 성 내의 주요 하천 및 주요 지류 제방이 무너진 경우, 또는 중대한 위험 상황이 발생하거나 여러 현, 시, 구에 심각한 홍수 침수피해가 발생한 경우, 그리고 중소형 저수지에 댐이 붕괴되거나 현재 하류 안전에 직접적인 영향을 미치는 중대한 위험 상황이 발생한 경우를 말한다. 이와 같은 사회 속성에 따르면, 특중대형 홍수는 반드시 철도의 주요 간선, 국가 고속도로망과 주요 항로의 중단을 야기해야 하며, 48시간 이상 동안 통행을 재개할 수 없어야 한다. 중대형 홍수는 철도 간선, 국가 고속도로망 및 항로의 통행이 중단되어 24시간 통행을 재개할 수 없어야 한다. 중형 규모의 홍수에서는 철도와 고속도로망, 항로의 통행이 끊겨 12시간 동안 통행을 재개할 수 없게 된 경우이며, 이에 못 미치는 수해는 일반형 홍수로 분류한다 (雒文生 · 宋星原, 2000; 劉建芬 · 張行南 · 唐增文, 2013).

1.1.3. 연구 패러다임

재난 연구에는 세 가지 기본 패러다임이 있다. 재난 공학 기술 및 응용, 재난 관리 활동 및 이론, 재난 비상사태 및 수습 방안 등이 그것이다. 이 세 가지 연구 패러다임은 각각의 고유한 연구 목표와 연구 방법을 가지고 있지만 연구 분야의 상당 부분이 중복된다. 재난 공학 기술 및 응용 연구는 기술적 관점에서 재난 예방, 대응 및 복구의 가능성과 과학적인 복구 방법을 탐구한다. 재난 관리 활동에 관한 연구는 이론적인 관점에서 재난 기술 조직, 적용 및 평가의 방법을 탐구한다. 재난의 비상사태 및 수습 방안에 관한 연구에서 사례와 상황을 제시하고 기술지표, 분석 방법을 모델링하고 전망을 분석하여 성찰성과 미래 지향성을 강조한다.

1.1.3.1. 재난 공학 기술 및 응용

재난을 예방하고 줄이는 과정에서 자연환경과 장비 및 사람의 안전을 보장하기 위해서는 다양한 조치가 필요하다. 비상 관리 및 안전과학 분야를 다루는 공학 기술은 주로 자연재해, 사고 재난, 공중보건 사고, 사회안전 사고에 대응하기 위해 채택되는 다양한 기술적 조치, 특히 사고 및 재난 처리 과정에서 가장 흔하게 적용된다. 각종 재난의 원인을 분석하여 재난을 예방하고 줄이기 위한 다양한 기술적 조치를 하는 것이 안전기술의 과제이다. 방재 및 완화의 공학 기술에는 좀 더 완전하고 안전한 운영 방법 채택, 위험한 운영 절차 제거 및 예방, 기계화 및 자동화 수단의 채택, 시설 및 장비 가동 준비, 보호, 보험, 신호 및 경고 장치 설정 등이 포함된다.

재난 관련 공학 기술의 응용 분야와 범위는 매우 광범위하며 다양한 분야에서 전문적인 이론 연구 및 기술 개발에 깊이 관여해 왔다. 재난 대응 공학 기술은 산업의 특성에 따라 광업 기술, 건설 기술, 연금 기술, 기계제조 기술, 화학 기술, 운송 기술, 경공업 기술 등이 있다. 기계 기술, 전기 기술, 승강 및 운송 기술, 내화 및 방폭 기술, 용접 작업 기술, 금속 제련 및 열처리 기술, 자동차 기술, 보일러 기술, 압력 용기 기술 등 장비 특성에 따라 분류하여 기계화와 자동화의 실현을 통해 생산력과 재난 예방 수준을 강화할 수 있다(劉鐵民 · 張興凱, 2005).

방재 및 완화 기술 자체를 분류하면 크게 보호 기술, 보험 기술, 신호 기술, 경보 기술이 있다. 보호 기술은 주로 자연재해, 사고 재난, 공중보건 사고 및 사회안전 사고에 대응하여 직접 보호, 거리 보호 및 차폐[屛蔽] 보호를 이용함으로써 피해로부터 사람들을 보호하기 위해 차단, 유효 거리 확보 및 차폐 조치를 하는 것이다. 보험 기술은 재난 대응 프로세스 전반에 걸쳐 오류나 인명피해를 자동으로 제거하거나 줄일 수 있는 안전장치를 말한다. 신호 기술은 신호경보를 이용하여 재난이 발생하고 확산하는 것을 방지하기 위한 기술로, 재난 자체를 방지할 수는 없지만 발생한 위험에 관해 관심을 기울이도록 하여 재난 예방 및 완화 조치를 적시에 취할 수 있는 기술을 말한다. 경보 기술은 재난 대응 현장의 실제 상황에 따라 명확한 의미와 명확한 필체로 다양한 표지판을 설치하여 사람들에게 재난의 위협을 피하기 위해 주의를 기울이도록 상기시키는 기술을 말한다. 중국에는 16개의 금지 표지판, 23개의 경고 표지판, 8개의 지시 표지판과 2개의 일반 표지판, 7개의 화재 표지판을 규정하는 특별 안전 표지판 표준이 있다.

1.1.3.2. 재난 관리 활동 및 이론

재난과 관련된 관리 이론에는 주로 위험 분석, 메커니즘 분석 및 메커니즘 설계 등이 있다. 위험 분석이란 비상규율과 안전과학의 절차와 방법에 따라 잠재재난의 위험도와 심각성을 분석·평가하여 지표, 등급, 확률 등의 정량적 값으로 표현하는 것을 말한다. 메커니즘 분석은 재난 진행 과정의 특성과 법칙에 따라 사건을 분석하는 것이다. 메커니즘 설계는 재난마다 고유의 운영 메커니즘을 설계하고 이를 기반으로 실제 조건의 제약을 고려하여 방재 및 완화 목표를 달성하기 위해 인류가 설계한 일련의 원칙, 모델, 규범 및 프로세스를 가지는 선제적인 해결방안이다.

재난위험도 분석은 숨겨진 재난의 위험을 파헤치고 효과적인 대책을 강구하며 위험을 제거하거나 감소시키기 위한 것으로 예측의 성격과 특성이 있다. 재난의 가능성을 예측하고, 재난의 일반법칙을 통해 질적 및 양적 평가를 수행하며, 효과적인 위험 통제 조치를 제안하고, 이것을 기반으로 재난의 발생을 통제하고 감소시킨다. 위험 분석은 위험 식별, 위험 평가를 포함하여 재난의 가능성, 범위 및 심각성에 중점을 두며, 다양한 위험 분석 방법과 기술이 최적으로 결합되어야 한다. '리스크'는 현대사회에서 폭넓은 의미가 있으며 종종 리스크의 감소에 따른 보상을 얻기도 하지만, 위험이 클수록 여전히 손실의 가능성도 커진다.

재난의 위험은 객관적으로 존재하며 완화, 통제, 이전 및 회피가 이루어질 수는 있지만, 근본적인 제거는 불가능하다. 재난에 대한 불완전한 이해 때문에 위험이 언제, 어떻게 발생할 것인지를 결정하는 것은 불가능하다. 재난 위험 분석 방법에는 주로 위험 매트릭스 및 그 확장 방법, 통합 '상태-능력-효율성' 평가 전략, 9차원적 종합 평가 시스템, '취약성' 및 '복원력' 평가 모델 등이 포함된다.

메커니즘은 내부 논리와 법칙에 따라 사건이 발생하는 것을 말한다. 재난의 메커니즘 분석은 주로 원리 메커니즘 분석, 프로세스 메커니즘 분석 및 작동 메커니즘 분석을 포함한다. 원리 메커니즘은 사물의 특성과 범주를 이해하는 것이다. 재난은 갑작스럽게 우발적으로 발생하기 때문에 사람 중심, 신속 대응, 정부 주도, 예방 중심의 관리 방법이 필요하다. 원리 메커니즘은 사물의 내부 법칙이며 인류의 주관과 무관한 객관적인 법칙이다. 재난의 원리적 인식은 주로 재난의 발생, 발전 및 진화에 대한 인식을 말한다. 프로세스 메커니즘은 재난의 발생, 발전 및 진화의 순서를 반영한다. 그룹의 재난 예방 및 완화 프로세스는 일련의 절차적 '최적화' 작업이다. 작동 메커니즘은 현실적인 제약 조건 속에서 구현한 절차적 메커니즘이다. 방재 및 완화 과정에서 필요한 자원이 마련되지 않고 확보할 수 없거나 아예 확보할 수 없는 상황은 실제로 빈번히 발생한다. 자원 제약 및 기타 제약 조건에 직면하여 재난 예방 및 완화를 수행하는 방법은 운영 수준의 다변화를 통해 문제에 대응한다.

방재 및 완화 메커니즘 설계는 직접 모드, 간접 모드, 규제 설계 모드, 관계 설계 모드 등을 적용할 수 있다. 직접 모드는 재난에 직접 개입하기 위한 메커니즘 설계 방법이다. 간접 모드는 매체를 변경하여 재난의 주체와 대상 간의 관계를 최적화하는 것이다. 매체는 재난의 주체와 대상 사이의 목표 실현을 위한 지렛대이기 때문에 매체의 작은 변화를 통해 지렛대 효과를 얻기 쉽고 메커니즘의 큰 개선을 가져온다. 규제 설계 모드는 시간 규제, 공간 규제, 동적 및 제약 규제를 사용하여 재난의 주체와 대상 간의 관계를 변경하지 않고 재난의 영향을 최소화하는 것을 말한다. 관계 설계 모드은 의무, 책임, 권리, 이익, 감정의 5가지 측면에서 참가자 간의 관계에 따라 재난 고유 모델에 관한 연구를 기반으로 재난의 법칙을 연구한다.

1.1.3.3. 비상사태 및 수습 방안

비상사태는 지역적 또는 전 세계적인 사회적 혼란으로 이어지는 갑작스러운 사건을 의미한다. 중국의 법령에 규정된 비상사태는 자연재해, 사고 재난, 공중보건 사고 및 사회안전 사고라는 네 가지 범주로 나뉜다. 재난의 발생 원인에 따라 자연재해와 인재로 나눌 수 있다. 자연재해란 가뭄, 한파, 홍수, 태풍, 우박, 연무, 지진, 산사태 등 기상재해, 지질재해, 해양재해 등 인간의 생존에 해를 끼치거나 생활환경에 피해를 주는 자연현상을 말한다. 자연에서 갑자기 발생하는 재난은 제때 처리하지 않으면 사회와 대중의 생명과 재산에 막대한 피해를 가져오고 사회적 혼란을 초래할 수 있다(國務院法制辦公室, 2008a; 國務院法制辦公室, 2008b).

사고 재난, 공중보건 사고, 사회안전 사고와 같은 인적 요인에 의한 재난은 모두 인재이다(國務院法制辦公室, 2008a; 國務院法制辦公室, 2008b). 인재는 적시에 정당하게 처리되지 않으면 향후 심각한 결과를 초래할 수 있다.

한편, 비상사태에 관한 연구는 공학 기술 연구 및 관리 이론 연구 분야와 중복되며 비상 관리 및 안전관리 연구의 사례로 존재한다. 다른 한편, 비상사태에 관한 연구는 사회적 영향을 지향하고 있다. 중대한 비상사태에 대해 여론은 민감하게 반응하며 폭넓은 관심의 대상이 된다. 이러한 상황에서는 많은 사람이 위험에 처하게 되며, 이러한 경우에 사람들은 여러 유형의 집단을 형성하게 된다. 비상사태의 사회적 영향은 개인의 일탈 행위나 집단범죄의 사회적 영향과 다른데, 일반적으로 많은 사람이 모이는 형태로 발생하며, 대중들은 쉽게 선동, 착취를 당한다. 비상사태 자체는 규모가 거대하고 돌발성이 강하며 복잡하고 예측할 수 없다. 비상사태에 직면했을 때 대중은 보통 동정자, 동조자, 진실을 모르는 방관자, 군중을 따르는 자, 고용된 자, 피해자, 이유 없이 문제를 일으키는 자의 모습을 보인다. 대중이 비상사태에 참여하게 되는 동기도 다르고, 문제를 해결하고 싶은 사람도 있으며, 감정을 표출하는 사람, 부당한 이득을 얻고자 하는 사람도 나타난다. 천재지변이든 인명사고든 비상 연구의 초점이자 난제인 여론의 선동 속에서 사회적 영향을 미치게 된다.

1.2. 재난문화에 대한 기존 연구 이론

재난문화 연구 방법은 사회과학 연구와 동일하며, 연구 이론 역시 사회과학 연구에 기반을 두고 있다. 질적 연구에서 양적 연구, 사례 연구에서 종합 연구, 당대 연구에서 역사 연구의 범위 모두 재난문화 연구의 범주에 속한다. 다양한 방법의 결합을 통해 재난문화에 대한 연구를 더욱 심화시킬 수 있다. 재난 연구는 여러 학문의 연구 내용을 포함하며 여러 연구 방법의 통합을 통해 진행된다. 지역과 유형에 걸쳐 재난문화를 분석하면 서로 다른 집단이 동일하거나 다른 재난에 어떻게 대응하는지 알 수 있다. 재난문화에 관한 연구는 주로 사회학, 역사학, 민족학 등의 사회과학이 주를 이루고 있지만, 지질학, 기상학, 경영학 등 자연과학이나 학제학과도 접근하고 있다. 기존의 재난문화 이론은 이러한 학문을 기반으로 한 이론적인 응용학문이며, 가장 일반적인 재난문화 이론은 주로 재난 시스템 이론, 재난생태 이론, 문화 적응 이론 등이 있다.

1.2.1. 재난 시스템 이론

재난 연구에서 재난은 일반적으로 사슬형, 집단형, 시스템형 등 세 가지 형태가 있다. 사슬형은 일반적으로 '재난 사슬'이라고 한다. 재난 사슬은 하나의 재난으로 인해 일련의 2차 재난이 발생하는 현상이다. 재난 사슬에는 인과, 상동, 반복, 상호 배타성, 연쇄성 등 다섯 가지 주요 유형이 있다. 집단형은 시간적 재난의 집단적 특성과 공간적 집단적 현상을 강조하는 '재난 집단'이다. 재난 집단은 일반적으로 시간과 공간에서 위험 요소와 재난 지지체의 불균등한 분포로 인해 발생한다. 시스템형은 재난 시스템 이론 연구의 주요 내용이다(中國科協學會學術部, 2009).

재난 시스템 이론은 재난의 자연적, 사회적 이중성을 강조하며, 재난 잉태 환경, 재난 발생 인자, 재난 발생체가 복합적으로 작용한 산물로 해석한다. 재난 발생 환경은 자연환경과 인간 환경으로, 자연환경은 대기권, 수권, 암석권, 생물권으로 구분할 수 있으며, 인간 환경은 인간 생활권과 기술로 구분할 수 있다. 잠재적 재난 환경은 구역 또는 비구역성, 변동성 및 돌발성, 점진성 및 편향성이다. 재난을 유발하는 요인에는 자연계, 인간, 환경계가 있으며, 급격성과 점진성의 두 가지 계통으로 나눌 수 있다. 재난체에는 인간과 생명선 시스템, 다양한 건물과 생산 라인 시스템, 다양한 천연자원이 포함된다. 재난피해 대상은 인간 외에 다른 대상으로 부동산과 동산 두 부분으로 나눌 수 있다(倪子建 · 滎莉莉 · 魯滎輝, 2013). 재난문화의 관점에서 재난 시스템 이론은 재난이 지구 물리적 시스템(대기, 암석권, 수권, 생물권), 인간 시스템(인구, 문화, 기술, 계급, 경제, 정치) 및 구조적 시스템(건물, 도로, 교량, 공공 기반시설, 주택)으로 구성되어 있다고 본다.

재난 발생 환경, 재난 발생 요인, 재난피해 대상의 상호작용은 재난의 시공간적 분포와 정도에 가장 큰 영향을 미치는 요인이다. 재난피해 대상이란 재난으로 인해 직접적인 피해를 보고 피해를 본 인간 사회의 주체를 말한다. 재난은 재난피해 대상이 재난이 발생한 환경에 적응하지 못하거나 재난을 유발하는 요인의 변화로 인해 발생한다. 재난이 발생하는 과정에서 재난이 발생한 환경, 재난을 유발하는 요인, 재난의 피해자는 불가결한 요소이다. 재난 시스템 이론은 잠재적 재난환경의 안정성, 재난 발생 요인의 위험성, 재난피해 대상의 취약성을 재난의 세 가지 요소로 강조한다. 재난의 발생은 자연 생태계와 사회 문화계가 복합적으로 통합된 현상으로 간주되며, 생태 환경, 사회구조, 문화 관념, 역사적 과정 간의 상호작용을 보여주는 가장 극적이고 전시적인 장면을 제공한다.

1.2.2. 재난생태 이론

재난생태 이론은 생태 과정에 대한 재난의 영향에 중점을 둔다. 재난생태 이론은 재난을 자연조건의 변화에 대한 일종의 가치평가라고 본다. 이른바 생태재난은 자연조건의 변화가 자연생태계와 인공생태계에 심각한 피해를 주는 사건을 말한다. 재난생태 이론의 관점에서 재난은 크게 자연재해, 인재, 환경재난의 세 가지로 나눌 수 있으며, 그중 환경재난은 자연재해와 인재 모두를 말한다. 자연재해는 주로 대기 재해, 생물권 재해, 대기환경 재해 등이 있고, 인재는 주로 정치재난, 경제 기술 재난, 인명 재난, 도덕 재난 등이 있다. 환경재난은 주로 환경오염, 토지 황폐화, 악천후, 표면 변형, 풍토병 및 식생의 파괴를 포함한다. 재난생태 이론의 관점에서 재난은 비정상적인 생태 현상이다. 지구적 또는 지역적 재난의 유형과 공간적 분포, 전형적인 재난의 발생과 발전의 생태학적 메커니즘, 재난 이후의 생태적 과정과 복구 메커니즘은 재난생태 이론의 주요 연구 내용이다.

지역마다 환경과 재난 유형이 다르다. 다양한 재난은 일반적으로 다양한 범위에서 발생하며 일부는 지역적이며 일부는 전 지구적 범위에서 발생한다. 인간의 활동이 환경에 미치는 장기적인 영향과 교란과 함께 많은 새로운 재난이 발생하고 있다. 지역 재난의 유형과 공간적 분포를 연구함으로써 세계 여러 유형의 재난에 대한 기본 및 배경 정보를 파악할 수 있다. 생태계의 내·외부 물질과 에너지 구조의 불일치로부터 재앙이 발생한다. 재난의 발생과 발전은 생태계가 변화하는 과정이다. 자연 강수, 기온, 토양, 지질, 생물학의 비호환성, 사회적 경제와 자원, 환경의 불균형은 모두 재난의 원인이다. 재난이 발생하면 생태계와 사회 구조가 파괴되고 붕괴되어 인간의 생존과 발전에 중대한 영향을 미치게 된다. 재난생태 이론은 생태계 재난의 역동적 메커니즘을 밝히기 위해 재난 발생과 발달의 생태학적 과정을 연구한다(金雲根·金衛根·陳國華, 2007).

1.2.3. 문화 적응 이론

문화 적응 이론은 원래 재난문화 연구와 별개의 이론이었으나 두 이론의 통합 이후 재난문화 연구에서 점차 두각을 나타내게 되었다. 문화 적응은 상호 작용자의 문화적 정신에 의해 주도되는 지속적인 경쟁 과정, 둘 이상의 문화권 사이의 지속적인 상호작용 과정 및 문화교류에 따라 형성되는 조화로운 균형과 공생의 상태이다. 문화 적응은 서로 다른 문화 집단이 서로를 이해하고, 상호 존중을 확장하고, 상호 수용의 공간을 확장하는 역동적인 과정이다. 문화 적응 이론은 일반적으로 재난 이후 이주 과정에서의 문화 이식 현상과 재건 과정에서의 문화 재생 과정을 설명하는 데 사용된다.

문화 적응에는 회복 단계, 학습 단계, 복원 단계, 동적 스트레스 감소 단계 및 변증법 단계 등 다섯 가지 절차가 있다. 회복 단계는 난민이 재난 이후 이주 과정에서 현지 문화의 새로운 삶에 성공적으로 적응하는 문화적 현상을 의미한다. 이주민은 자신의 원래 문화의 단절을 극복하고 점진적으로 새로운 장소의 문화에 적응하며 마침내 완전한 적응 상태에 도달하거나 다문화적인 형태로 개인 정체성의 재구성을 완료하게 된다. 학습 단계는 이주민이 객지에서 생활하는 사회의 문화적 풍습을 배우고 행동의 규칙을 인식하는 과정으로, 문화를 초월한 의사소통 능력을 획득하는 과정이다. 문화 이해력, 문화 민감성, 문화 유효성의 형성은 성공적인 재난학습의 징표이다. 복원 단계는 집단이해, 새로운 지역의 재난문화 수용, 또는 이주지에서 상대적으로 새로운 재난문화에 대한 점진적인 적응 과정을 강조하며, 일반적으로 밀월 단계, 위기 단계, 적응 단계, 이중문화 단계의 점진적 과정으로 구분된다. 동적 스트레스 감소 단계는 문화 적응의 과정에서 불확실성을 감소시키거나 스트레스를 감소시키는 동적 과정을 말한다. 재난문화에서 새로운 문화 요소를 마주할 때 이주민은 심리적인 불균형 상태를 보이게 되며 심지어 와해될 수 있다고 가정한다. 이 경험은 스트레스나 불확실성을 낳고, 집단도 그로 인해 생기는 내부 불균형이나 부조화에 대응하기 위한 특정한 대안이나 요구를 발달시킨다. 변증법적 단계는 문화 간 적응을 하나의 무한순환의 과정으로 간주하는데, 이러한 과정을 통해 집단이나 개인이 재난 이후 새로운 문화에 적응하며 부딪히는 문제를 해결하게 된다(陳國明 · 餘彤, 2012).

문화 적응 과정에서 문제해결의 각 주기는 개인이나 집단의 문화적 재생을 나타내며, 재난은 문화의 출현과 발전을 위한 동기와 원동력을 제공한다. 재난문화는 재난으로 인한 문제를 해결하는 과정에서 점진적으로 안정되어 가는 순환적이고 연속적이며 상호작용적인 성장 과정이다.

1.3. 중국의 재난문화 연구의 개요

재난 연구는 일반적으로 집단의 재난 대응 행동에 초점을 맞추고, 재난문화 연구는 재난을 배경으로 지역사회와 문화 시스템 간의 상호작용을 강조하며, 재난에 대한 인간 중심적 담론에 주목하는 한편 재난의 문화적 속성을 분석한다. 중국의 재난문화는 지역적이며 중국의 광대한 지리적 범위와 문화적 축적과 밀접한 관련이 있을 뿐만 아니라 재난 연구에서 무시할 수 없는 현상이다. 재난문화의 연구에서는 일상생활의 관점에서 재난의 역사적, 구조적 특성을 탐색하고, 지역 생활에서 자연적 취약성과 인간적 취약성을 구별하고자 한다. 재난을 극복한 사람들의 다양한 재난 대응 행동 이면의 문화적 논리를 이해함으로써 우리는 중국 재난문화의 생성, 소통 및 발전을 종합적으로 인식하고 데이터와 모델로부터 밝혀내지 못했던 문화 현상을 발견하였다. 중국의 재난문화 연구는 자연생태와 사회현실이 어떻게 공동으로 지역적 특성이 있는 재난문화를 창출하고, 지역 재난문화가 자연생태와 사회현실 속에서 어떻게 발전하고 상호작용하는지에 초점을 맞추고 있다. 이를 통해 재난에 직면한 개인과 집단의 감정, 지식, 행동의 변화가 개인과 집단의 발전과 변화를 가져왔던 방법을 알 수 있다.

중국의 재난문화 연구는 첫째, 구체적인 경험적 사례의 제시, 둘째, 재난 상황의 종합적 분석, 셋째, 관련 이론적 사고 및 적용의 세 부분으로 구성된다. 위와 같은 방법의 분류는 내용 면에서 서로 연관되어 있으며, 이러한 방법의 구분은 내용이나 성격보다는 정도의 차이를 반영한다.

1.3.1. 사례, 상황, 이념

문화는 인류가 만들어 낸 모든 물질적, 정신적 부(富)의 총합이다. 재난문화는 이름에서 알 수 있듯 재난으로 인한 일련의 문화 현상이 파생되고 발전된 것이다. 민족문화와 마찬가지로 재난문화에도 고유한 특성이 있다. 다양한 재난은 지역과 시대에 따라 인류사회에 작용하여 서로 다른 재난문화를 형성하고 점차 지역 고유의 특성과 시대적 특성이 있는 특정 재난문화로 진화하게 된다. 재난문화는 다른 문화와 달리 선진성에서 차이점을 보인다. 선진적 재난문화는 모든 국민이 방재 및 구호에 대한 의식이 높고 관련 지식과 기술을 습득하며, 재난 발생 시 침착하게 대응하고 효과적인 대피, 자구 및 상호구조가 가능하고 재난을 최소화한다. 사람들이 서로를 지지하고 상처를 달래며 재난에 함께 대처하며 상황에 대한 긍정적인 태도를 지닌다.

재난문화의 선진성의 정도는 재난 건수, 재난 유형의 복잡성, 재난의 심각성에 영향을 받으며, 선진성의 정도는 재난의 수, 복잡성, 심각성에 비례한다. 위와 같은 재난의 점진적인 침투를 재난문화의 '침투방식'으로 요약할 수 있다. 재난문화 침투방식의 핵심은 재난을 원초 동인이자 재난문화 형성과 성숙의 기폭제로 보는 것이며 다음의 과정을 통해 역할을 수행한다. 첫째, 재난의 자연적 특성과 재난을 당한 개인의 사회적 환경이 결합하여 재난에 대한 다양한 시각을 형성한다. 그리고 재난이 발생할 때마다 사람들의 주변 환경과 심리적 상태에 충격과 영향을 미치므로 재난을 경계하고 예방하며 심지어 두려움과 함께 심리적 긴박감을 형성한다. 이러한 과정의 반복을 통해서 의식이 재난에 성숙한 대처를 하게 되며, 재난 예방 및 완화 의식은 재난 대응 행동을 발전시킬 수 있다. 마지막으로 재난이 발생하면서 민족적 특성이 형성되고, 동시에 재난피해 대상이 필요하게 되는데, 가장 직접적인 재난피해 대상은 바로 구체적인 문화이다. 이는 자연재해 예방과 대처에 관한 지식을 사회생활과 사회문화적 구성성분으로 끌어올려 문학·예술·생활습성 등 모든 면에서 드러나도록 한다.

사례 연구는 연구 대상자에 대해 장기간에 걸쳐 계속해서 조사함으로써 대상자의 행동 변화의 전 과정을 종합적으로 파악하는 것이다. 재난문화 연구 분야의 사례 연구는 주로 하나 또는 여러 재난사례 자료를 수집·기록하고 사례보고서를 작성한다. 재난문화의 사례 연구 방법으로는 현장 관찰, 문서 수집, 기술 통계, 설문조사, 녹음·녹화 등이 주를 이룬다. 이런 자료들은 한데 모여 특정 재난문화 현상과 관련 있는 증거의 총체를 이룬다.

사례 연구의 상위 차원에는 재난 상황에 관한 연구가 있다. 인간 발전의 무대에서 재난은 가장 극적이고 전시적인 상황이었다. 재난은 자연 생태계와 사회문화 체계에 뿌리를 두고 자연환경, 사회구조, 역사적 과정, 문화적 형성의 상호작용을 보여준다. 재난문화는 재난에 관한 인문학적 해석으로 시공간을 초월한 문화 역량이다. 안전과학과 응급관리의 연구에서 재난의 대응, 기록, 평가는 주로 표준적이고 객관적인 자료, 모형, 알고리즘으로 이루어진다. 재난문화 연구는 인간이 재난을 인정하고 부정하는 방식을 명시하여, 인간이 재난에 투사하는 사상과 도덕을 보여주었다.

재난은 심각한 자연 생태적 취약성과 인문 사회적 취약성을 초래하며 사회문화, 인간의 행위, 정치경제 등을 밀접하게 응집시킨다. 재난을 예측하고 대응하고 복구하는 과정에서 재난은 인간의 생활 방식, 주거 여건, 집단감정을 빠르고 엄청나게 변화시킨다. 이에 따라 집단관계, 경쟁방식, 문화유형도 바뀌어 전승성이나 연속성이 생기게 된다. 재앙은 인간에게 자연의 관계를 재고하게 하고, 사회 관리 방식을 변화시키며, 집단 발전의 패턴을 성찰하게 한다. 재난문화는 자연환경, 사회 구조, 역사 과정, 문화조성 간의 상호작용을 종합적으로 수용하고 구체적인 재난예측, 대응, 회복의 연관과정을 체계적으로 고찰하는 정치, 경제, 사상을 아우르는 종합이론과 실천이다. 재난 연구는 자연계열과 인문계열의 거리를 좁혀 재난의 원칙, 원리, 과정, 영향에 대한 완전하고 체계적인 이론적 해석의 틀을 제공하고자 한다. 재난은 사회 문화의 일부이며, 재난의 순간들은 인류 문화사에서 보편적인 일상에서 벗어난 극단적인 상황이다. 재난의 전형적인 구조에는 피해자들의 사회상이 문화적으로 반영돼 있다. 오랜 세월 동안의 재난에 대한 인간의 깊이 있는 경험과 축적을 통해 인간은 지식을 넘어 의식 수준으로 재난문화를 끌어올렸으며, 재난에 대한 깊은 이해와 지혜를 가지게 되었다.

사례 연구와 상황연구를 통해 재난문화 연구의 이념이 점차 명확해지고 있다. 어느 지역이나 집단의 생활상식과 사회 경험에는 그 지역에서 흔히 볼 수 있는 재난을 예방하고 대처하기 위한 지식과 전략을 풍부하게 축적하게 된다. 그렇지 않으면 그 사회는 지속적인 기반을 가질 수 없고, 변덕스러운 환경 속에서 장기적인 안정성을 확보할 수 없을 것이다. 따라서 한 지역이나 민족에 대한 생활상식과 사회 경험에 대한 전반적인 관찰을 통해 지방의 경험에서 재난을 예방하고 줄이는 데 도움이 되는 사회문화적 자원을 발굴하는 것이 재난 대응 연구에 관한 의의가 있다. 사람들이 환경과 사회를 어떻게 인지하고, 재난의 발생 원인을 어떻게 해석하며, 도덕 관념을 어떻게 유지해 왔는지를 통해, 재난문화에서 사람들이 재난에 대처하는 방식과 경로를 발견할 수 있다.

1.3.2. 사회, 역사, 예술

자연생태와 인간 사회는 재앙이 일어나는 무대이고 인간과 무관한 자연변화는 중요하지 않은 사건으로 치부된다. 인간 사회의 관점에서 보면, 재난은 인간의 행위적인 돌연변이를 만들어 냈고, 인간의 생활 구역의 생태 환경을 변화시켰으며, 일종의 민족적인 콤플렉스로 인간의 문화 유전자를 통해 보존되었다.

사회적 측면에서 최근 몇 년간의 재난은 중국의 재난 대응 행동 및 재난문화에 중대한 영향을 끼쳤다. 예를 들어 2003년 사스(SARS, 중증급성호흡기증후군)에 대한 대응은 중국의 비상 관리 이론과 실천을 발전시켰고, 2008년 원촨(汶川) 지진과 극복의 과정을 통해 중국인들의 끈질긴 인내심과 모두가 한마음 한뜻으로 힘을 합쳐 극복하는 민족정신을 보여주었으며,

2015년 티엔진(天津)항 폭발사고는 중국의 안전생산 문화를 정착시켰다.

역사적인 측면에서 재난에 관한 기억은 끔찍한 사건을 겪은 뒤 형성된 생리적 긴장과 정서, 사회 전반의 행동규범과 문화 모델에 영향을 준다. 중국인의 민족문화는 지역감정을 핵심으로 하는 문화적 유전자에 의해 결정된다. 재난의 발생은 한동안 인간의 생명 의식을 바꾸고 지역 관습의 형태로 역사 속에 그 모습이 이어져 왔다. 지역적 관습의 영향 아래 사람들은 소속 지역 집단의 보호를 받으며 일종의 내적 소속감과 정체성을 형성한다. 재난은 사람들의 생존과 발전환경을 파괴할 뿐만 아니라 피해자들의 정신을 파괴함으로써, 오히려 문화 발전의 계기를 제공한다. 과거에는 인구 이동을 통해 재난문화가 확산되었다면, 현대에는 문화 전파를 통해 재난문화가 확산된다.

재난 관련 문학과 관련된 여러 장르 중에서 소설이 재난에 대한 묘사가 가장 풍부하며 시 · 보고 · 실기문학이 그 뒤를 따른다. 문학을 통해서는 전쟁 재난, 수해, 지진 피해가 가장 많이 묘사되고 있다. 이러한 재난의 종류는 고난 · 문화 · 인성 등의 화제에 광범위하게 관련되어 있으며, 문예 창작에서 풍부한 주제와 서사를 제공하였다.

1.3.3. 지역, 재난, 문화

중국은 남쪽에서 북쪽까지 아열대, 온대, 아한대 등 세 기후대에 걸치는 광대한 국토를 가지고 있다. 국토는 산지와 평원, 내륙과 연해, 반도와 섬이 둘러싸고 있어 다양한 지형과 지역이 포함된다. 복잡하고 다양한 기후와 지형이 속해 있는 만큼, 중국 역사에서 다양한 자연재해와 직면해 왔다. 동시에, 중국은 인구가 매우 많아, 사회가 빠르게 발전하고 경제가 급부상함에 따라, 각종 공공안전을 해치는 돌발적인 사건이 끊임없이 발생하였다.

이 책의 재난문화에 관한 연구는 지역을 기반으로 한다. 다양한 지역의 재난문화 현상을 분석하고, 재난에 대한 사람들의 사회적 해석, 역사적 기억, 문학과 예술적 글쓰기의 차이점과 연관성을 모색하고, 재난의 영향으로 인한 문화 유전자의 형성·파생·확산을 연구한다. 제1장은 책 전체의 서론과 강령이며, 제2장부터 제4장까지는 기존 학술연구를 기반으로 한 중국 재난문화에 관한 이론 연구이다. 제5장부터 제14장까지는 중국의 전형적인 지역에 대한 재난문화 연구로 각각 허난(河南)성, 산둥(山東)성, 후베이(湖北)성, 산시(陝西)성, 산시(山西)성, 안후이(安徽)성, 둥베이 지역, 윈난(雲南)성, 칭짱(青藏) 지역, 베이징(北京) 지역의 재난문화 현상과 그 근본 원인을 자세히 설명한다. 재난문화 현상과 심층 원인에 대해서도 상세히 기술한다.

제5장 '구주중원(九州中原)'은 주로 허난성의 재난문화에 중점을 둔다. 허난성은 중화민족과 황허문명의 발원지로 예로부터 중국의 터전, 세계의 중심으로 여겨졌다. 허난 평원은 비옥하고 기후가 쾌적하며 인구가 집중되어 독특한 중원 문화를 가지고 있다. 농업 재난이 빈발하는 자연적·인적 요인으로 인해 허난성에는 이주민이 많고, 사찰이 매우 많다.

제6장 '제노대지(齊魯大地)'는 주로 산둥의 재난문화에 중점을 둔다. 산둥성은 화동의 최북단 성으로 현지인들은 단호하고 결단력이 있으며 총알받이, 호한(好漢), 팔선(八仙), 전병(煎餅)은 지역의 대표적인 재난문화이다.

제7장 '구성통구(九省通衢)'의 주요 내용은 후베이성의 재난문화이다. 후베이성은 팔방이 교차하고 9개 성의 기로가 있는 곳으로, '형초(荊楚)'는 그 문화의 변치 않는 특색을 가지고 있다. 삼국지 적벽의 역사는 그에 색

채를 더하고 있다. 물가에 위치하기 때문에 후베이 지역의 재난문화는 대부분 수향(水鄕)의 풍습이 있다.

제8장 '진천웅관(秦川雄關)'은 산시성(陝西省)의 재난문화, 9장 '표리산하(表裏山河)'는 산시성(山西省)의 재난문화에 관한 것이다. '주서구(走西口)'는 산시(陝西)와 산시(山西)의 공통적인 재난문화의 특징이다. 두 지역 주민은 모두 분식을 좋아하며, 두 지역 모두 풍부한 민요 문화를 가지고 있다. 그러나 생산 환경과 문화 발전경로가 서로 달라서 토굴집(窯洞)은 산시성(陝西) 사람들이 자연과 조화를 이룬 산물이며 표호(票號)는 산시(山西)성의 경제 발전에 깊은 인상을 남겼다.

제10장 '강남순치(江南唇齒)'는 안후이(安徽)의 재난문화가 주요 내용이다. 후이상(徽商)을 묘사한 문학 작품이 매우 많고 줄거리에 굴곡이 많고 완곡하여 재난이 줄거리에 중요한 서사를 담당하였다. 안후이(安徽)의 '나례(儺禮)[1] 문화'는 재난에 대처하고 대피하는 것과 밀접한 관련이 있으며, 소박한 사상을 가진 현지인들의 재난에 대한 태도를 보여준다.

제11장 '백산흑수(白山黑水)'는 둥베이 지방의 헤이룽장성(黑龍江) · 지린성(吉林) · 랴오닝성(遼寧) 등 3개 성(省)의 재난문화를 다룬다. '틈관동(闖關東)'은 유민들의 대표문화이다. '십대괴(十大怪)'는 둥베이 지방의 추운 겨

1 가면을 쓴 이들이 주축이 되어 일정한 규식에 의거해 구귀축역(驅鬼逐疫)하는 주술적 벽사의례(辟邪儀禮). 《예기(禮記)》에 따르면 계춘(季春)에는 국나(國儺), 중추(仲秋)에는 천자나(天子儺), 계동(季冬)에는 대나(大儺)를 행했다고 하였다. 초기 나례는 방상씨(方相氏) 중심의 단순한 구역의식(驅疫儀式)이었으나, 이후에는 질병의 근원인 여역(癘疫)은 물론 모든 재앙과 재해의 근원이라 생각되는 잡귀와 잡신들을 물리치는 총체적 벽사의례로 부상되었다. 나례가 총체적 벽사의례로 부상되면서 나의식(儺儀式)에 나신(儺神)이나 태음신(太陰神)에 대한 제의가 부가되었고, 이와 함께 오신적(娛神的) 가무나 오인적(娛人的) 가무가 나의식에 병연(倂演)되어 성대한 굿놀이로서의 면모도 아울러 갖추어갔다(한국세시풍속사전, http://folkency.nfm.go.kr/sesi/index.jsp).

울 날씨와, '이인전(二人轉)'의 돌풍은 유민들의 애절하고 애틋한 감정과 밀접한 관련이 있다.

제12장 '채운지남(彩雲之南)'은 주로 윈난성의 재난문화에 중점을 두었다. 윈난성은 기후가 쾌적하고 지역 사람들은 고향을 깊이 사랑하며 '가향보(家鄉寶)'[2]를 영광스러운 칭호로 여긴다. 지역의 민족 풍습도 인간과 재난의 조화를 보여준다.

제13장 '세계의 지붕(칭짱고원)'은 칭하이(青海)와 티베트의 재난문화를 다룬다. 칭하이와 티베트 지역은 지리적 특수성으로 재난에 대한 이해가 남다르다. 낭만적이거나 자유롭고, 가볍거나 슬픈 칭하이와 티베트 지역은 특유의 방식으로 중국의 재난문화를 묘사하고 있다.

제14장 '베이징의 색채'에서는 베이징과 청더(承德)의 재난문화를 다룬다. 명청 시대의 고도인 베이징 사람들은 왕조가 바뀌는 역사 속에서 오랜 세월 동안 수해와 가뭄, 봉건 통치자의 압제에 맞서 싸우며 독특한 재난문화를 형성하였다. 베이징과 인접한 청더 또한 재난과 관련한 역사적 발자취를 지니고 있으며, 그 결과 청더 고유의 재난문화가 형성되었음을 제시하였다.

2　윈난 방언으로 두 가지 뜻이 있다. 하나는 윈난 사람들은 고향을 사랑하고 고향을 보배로 여긴다는 것이고, 다른 하나는 윈난 사람들은 자신을 고향의 보배로 여긴다는 것이다.

요약

재난의 복합적인 발생 원인과 이중적 속성은 상호보완적이다. 학술연구 분야에서 재난의 자연적 속성은 재난이 객관적인 세계에 미치는 영향의 정도를 실제 지표를 활용해 과학적으로 측정할 수 있다. 재난의 사회적 속성은 재난이 인류사회에 미치는 영향의 정도를 반영해 인터뷰와 문헌검토를 통해 고찰하고 평가할 수 있다. 장기간 연구에서는 재난 공학 및 응용, 관리 활동 및 이론, 비상사태 및 수습방안이 재난 연구의 세 가지 기본 패러다임이 되고 있다. 재난 연구는 여러 가지 연구 방법의 결합을 요구하는데, 재난 시스템 이론, 재난생태 이론, 문화 적응 이론 등 재난문화 연구에 비교적 광범위한 영향을 미치는 연구 이론이 있었다.

이 책의 재난 연구는 사례와 상황, 이념에 초점을 맞춰 지역별로 재난에 대한 사회적 해석과 역사적 기록, 문학 등을 탐구한다. 허난성, 산둥성, 후베이성, 산시(陝西)성, 산시(山西)성, 안후이성, 둥베이 지역, 윈난성, 칭짱 지역, 베이징은 재난문화 연구의 주요 배경지이다. 이 책에서는 연구를 통해 이들 지역에서 재난에 의해 형성된 문화적 유전자와 그 진화·확산의 과정을 살펴보았다.

國務院法制辦公室(2008a), 『중화인민공화국 돌발사태 대응법』, 중국법치출판사.

國務院法制辦公室(2008b), 『중화인민공화국 돌발사태 대응법 주해』, 중국법치출판사.

金磊(1991), 「재난 철학 문제에 대한 시론」, 『자연 변증법 연구』 12, pp.50-54.

金雲根 · 金衛根 · 陳國華(2007), 『지질재해 생태학』, 후난지도출판사.

羅希芝 · 孫明明 · 王曉蘭(2016), 『중대재해 사건 구호 지침』, 정저우대학출판사.

雒文生 · 宋星原(2000), 『홍수예보 및 지도』, 후베이과학기술출판사.

裴宗廠(2013), 『지질재해』, 허난과학기술출판사.

楊山(2010), 「재난 철학」, 시난(西南)대학 석사학위논문.

餘姝(2016), 『지질재해 방지 문답』, 충칭대학출판사.

劉建芬 · 張行南 · 唐增文(2013), 『중국 홍수 피해 위험 시공 분석 및 보험에 관한 연구』, 허하이(河海)대학출판사.

劉傳正(2015), 「지질재해 방치 과학의 철학관에 대한 논의」, 『수문 지질 공학 지질』 42-2, p. 3.

劉鐵民 · 張興凱(2005), 『안전생산관리지식』, 석탄공업출판사.

倪子建 · 榮莉莉 · 魯榮輝(2013), 「재난을 일으킨 환경 온톨로지 구축에서의 기초 논리 관계에 관한 연구」, 『시스템공학의 이론과 실천』 3, pp.711-719.

張乃平 · 夏東海(2009), 『자연재해응급관리』, 중국경제출판사.

張思玉 · 張惠蓮(2006), 『산불예방』, 중국임업출판사.

中國科協學會學術部(2009), 『중대 재난 연쇄의 변천 과정, 예측방법 및 대책』, 중국과학기술출판사.

陳國明 · 餘彤(2012), 「다문화 적응이론구성」, 『학술연구』 1, pp.130-138.

제2장

재난의 사회적 해석

재난은 자연생태와 인류사회의 무대로서 오직 존재하는 시간과 공간 범위 안에서 발생해야만 인지되고 감지될 수 있다. 만약 자연 변이가 인류의 생존과 시간적, 공간적으로 교집합이 없다면 그것은 단지 일종의 자연 현상일 뿐이다. 재난문화는 우선 재난 현상에 대한 사회적 해석으로 표현된다. 재난문화는 재난이 어떻게 인류 행위의 돌연변이를 만들어 냈는지, 어떻게 지역의 생태 환경을 변화시켰는지, 어떻게 문명의 존재를 유지하는 민족적 콤플렉스가 탄생했는지를 상세히 서술하였다.

재난 현상은 사회적으로 매우 빈번하고 복잡하다고 할 수 있다. 이 장에서는 '사스' 사태, '원촨(汶川) 대지진', '광저우(廣州) 뎅기열 감염병', '상하이 와이탄(上海 外灘) 압사 사건', '선전(深圳) 흙더미 산사태 사건' 등 전형적인 사건을 선정하여 춘절, 단오절, 묘족 북 밟기 축재(苗族踩鼓節)[1] 등 대표적인 명절을 선택하여 재난이 조성한 문화적 유전자, 문화적 정체성, 문화적 진화와 확산을 분석하고자 한다.

1 묘족 북 밟기 축제(苗族踩鼓節)에 대한 소개는 2.2.3. 참조.

2.1. 재난으로 인한 행위의 돌연변이

사회의 극단적인 사건인 재난은 인간의 행위를 급격하고 갑작스럽게 변화시킬 수 있고 심지어 인간의 발전경로까지 변화시킬 수 있다. 현대 응급관리연구에서는 돌발사건을 자연재해, 사고 재난, 공중보건 사건, 사회안전 사건 등 네 가지로 분류하였다. 최근 몇 년간 중국 사회에 가장 막대한 영향을 준 자연재해 사건은 2008년에 발생한 '원촨 대지진'이다. '선전 흙더미 산사태 사건'은 사고 재난의 대표적인 예이고, 2002년 말부터 2003년에 발생한 '사스' 사태는 중국의 비상 관리 체계가 점차로 구축되기 시작했다는 징표로 간주할 수 있다. 2014년 광저우에서 발생한 뎅기열 감염병 역시 중국에서 최근 몇 년간 발생한 중대한 공중보건 사건 중의 하나이다. 2014년 '상하이 와이탄 압사 사건'도 중국의 비상 관리 제도에 큰 영향을 미쳤다.

2.1.1. '사스' 사태

'사스' 사태는 2002년부터 2003년까지 중국에서 발생한, 매우 중대한 공중보건 사건이다. 이 사건은 광범위하게 퍼져 감염병을 크게 일으켰다. '사스'는 '감염성 비정형폐렴'의 약칭이다. 학명은 '중증급성호흡기증후군'으로 '사스 코로나바이러스(SARS:Severe Acute Respiratory Syndrome)'로 인해 발생하였다. 명백한 감염성을 지니며 여러 장기 계통에 영향을 미칠 수 있는 급성 호흡기 감염병이다. 환자는 발열, 무기력, 두통, 근육과 관절의 결림, 각종 호흡기 증상이 나타날 수 있다(中華醫學會 · 中華中醫藥學會, 2003). '사스' 감염병은 중국 경제에 과소평가할 수 없는 영향을 끼쳤으며, 특히 관광업 및 관련 서비스업은 '사스'의 부정적인 영향을 가장 많이 받았다. 주민들의 외식과 비즈니스 활동 축소로 2003년 중국의 관광업 및 음식 판매 수입은 약 20% 감소하였다. '사스'의 영향 아래서 중국의 대외 경제무역 형세도 낙관하기 어려운 일이었다. '사스' 사태는 인간의 생명과 건강 및 경제 발전을 직접적으로 위협하지만, 그것이 도전하는 대상은 중국 정치 체계의 공공 관리 기능, 권력 운행 방식, 사회가 자원을 동원하고 통합하는 사회적 능력이었다. '사스' 사태 이후, 중국 정부는 공공 관리 기능, 정치적 공개 제도, 정치의 규범화 등의 모든 측면에서 변화가 있었다(程竹汝·杜蓮梅, 2003). 따라서 학계는 일반적으로 '사스'의 충격과 도전에 대응하는 과정에서 중국 정치 체계가 그에 상응하는 발전을 이루었다고 생각한다. '사스' 사태가 중국 경제에 미친 영향은 결과적으로 주로 부정적이지만, 정치에 미친 영향은 긍정적이었다.

2003년 '사스'를 퇴치하는 과정에서 중국 응급관리 업무의 취약한 부분이 모두 드러났다. '사스'는 중국의 비상 관리 이론과 실천의 발전을 촉진하였다. '사스'와의 대응 이후, 중국의 응급관리 체계는 더욱 현대적으로 발전되었고, 공개적이며 투명하게 재난에 응대하는 문화적 분위기를 형성하였다. '사스' 발병 초기에 중국 정부는 날마다 세계보건기구에 감염병에 관한 통보를 하지 않았고, 최초의 자료에는 광둥성(廣東省)의 발병 상황만 기재하였다. 감염병이 퍼지자 세계보건기구는 다시 중국으로의 여행 경보를 발령하는 한편 베이징을 감염병 피해 지역으로 지정하였다. 여러 국제 매체가 감염병을 은폐하려는 시도로 인해 바이러스가 전 세계에 퍼졌다며 중국을 비난하였다. 중국의 국내 정계, 학계, 언론계에서도 '사스' 사태가 중국 의료 체제에 존재하는 수많은 문제점과 허점을 드러냈다고 지적하였다(陶方林· 袁維海·程霞珍, 2012; 陶堅·林宏宇, 2014). '사스'

사태 후기에 중국 관영 매체는 국내외 언론의 일부 부적절한 발언에 대해 반박하였고, 세계보건기구와 효과적이고 투명한 협력을 진행하였다. '사스' 사태는 중국의 응급 시스템을 완비하고 돌발적인 공중보건 사건에 대처하는 정부의 능력을 높이는 데 중요한 작용을 하였으며, 재난에 대응하는 중국의 적극적이고 공동체적인 문화적 특징을 부각하였다.

2.1.2. 원촨 대지진

2008년 5월 12일에 발생한 원촨 대지진은 중화인민공화국 성립 이래 가장 큰 영향을 준 지진으로, 직접적인 손해를 입은 지역의 면적이 10만㎢에 달하였다. 원촨 대지진의 피해 지역은 매우 넓어서 총 10개의 현과 시가 피해를 보았다. 사망 69,227명, 부상 374,643명, 실종 17,923명, 직접적인 경제 손실은 8,000여 억 위안에 달하였다(梅瓊林 · 連水興, 2008).

그러나 원촨 대지진의 재해구조와 피해를 줄이기 위한 과정은 오히려 중화민족의 민족정신과 전통적 미덕을 보여주었다. 원촨 대지진으로 인한 애도와 감동적 분위기는 중국 지진 문화의 주제가 되었다. 중국인의 위기의식은 자연재해의 침습을 막는 과정에서 뚜렷하게 나타났다. 원촨 대지진 중, 책임감과 도덕적 자각으로 가득 찬 중국인들은 천문지리를 끊임없이 이해하고 자연환경을 개조하고자 하였다. 외국 학자들은 일찍이 중국의 최근 몇 년간의 재난 대응 능력에 대해 "재난에 대처할 때 중국 정부, 인민과 사회 각계가 보여준 속도, 효율성과 헌신 정신은 우리에게 깊은 인상을 남겼으며, 이는 미국 국내의 상황과 뚜렷한 대조를 이루었다. 미국의 자연재해는 정치적, 사회적, 경제적 재난을 수반하는 경우가 많은데, 중국은 재난에 대처하는 비범한 조직력과 전 국민의 동정심과 창의성을 우리에게 보여주었다."라고 칭송하였다(邵龍寶, 2016).

원촨 대지진으로 인한 재난 대응 과정에서 나타난 위태로움을 두려워하지 않고, 자신을 버리고 사람을 구하며, 의로운 것을 보면 용감하게 행동하는 중국의 전통적인 정신은 세계 각국의 보편적인 칭송을 받았다. 원촨 대지진 중 이루어진 여러 가지 타인의 행복을 도모하는 행동은 인도주의에서 비롯된 것일 뿐만 아니라 고대부터 존재하였던 중화민족의 '인애(仁愛)' 정신에서 비롯된 것이다. 사람들은 자연환경과 정신적인 삶의 터전을 자신들만의 방식으로 지켰다. 인간이 자연을 정복하는 능력을 계속 향상시킴에 따라, 사람들은 인간의 의지와 욕망을 높이고, 통제하고, 제어하고 있다. 도구적 이성을 높이는 동시에 가치적 이성도 높이고, 이들을 사회교화, 학교 교육, 가정생활, 자기 수양 활동에서 균형을 이루도록 한다. 그러므로 재난에 대응하는 과정에서 인간의 도덕적 경지를 승화하게 된다.

2.1.3. 광저우 뎅기열 감염병

2014년 6월, 광저우에서는 뎅기열 감염병이 발생하여 전 지역으로 확산하였다. 보고에 따르면 2014년 1월 21일까지 광둥성 전체 20개의 지급시(地級市)에서 뎅기열 감염병 환자 총 38,753명, 중증 환자 20명, 사망자 6명이 발생하였으며 2014년 10월 25일에 이르러서야 진정되었다. 감염병 발생 기간 동안 광둥성은 상황에 따른 특별한 조치를 하였다.

조직관리 측면에서 말하자면, 광둥성과 광저우시 정부는 각각 II급 중대 감염병 응급조치와 Ⅲ급 중급 감염병 응급 대응 체제를 가동하고 응급대비책을 제정하였다. 광저우시에서는 시장의 주도로 돌발 공중보건 사건 비상 지휘부를 설립하였다. 위생국은 조직을 정비하고, 감염병 대응 업무를 일관성 있게 하였다. 그리고 시장의 주재로 비상 지휘부는 의사소통이 편리하고 명령의 효율성과 집행력이 높은 감염병 대응 회의를 정기적으로 개최하였다.

위생국과 도시관리위원회를 중심으로 그 산하단체, 기층조직, 사회매체를 통하여 전 사회를 포함한 연합예방통제시스템(聯防聯控機制)을 갖추게 되었다. 정부의 홍보부와 질병통제센터가 언론과 정보의 소통과 협력을 통하여 감염병 '일일 일회 제도'를 만들고 정보를 적시에 발표하였다. 모기를 매개로 전염되는 질병의 경로를 차단하기 위해서, 광저우시의 수만 명의 시민이 모기 박멸 작전에 참여하였다.

구체적인 조치를 보면, 광저우 군구(軍區) 위생부는 업무 지휘팀을 구성하였고, 군구 통제 센터는 인원을 조직하여 질병 매개체 생물 방제(病媒生物防控) 업무를 진행하였다. 첫째, 이 감염병 및 광저우 주둔 부대의 다른 생태 환경, 지리적 위치, 발생 상황에 따라 각 지역의 실정에 맞게 응급 방제 대비책을 제정한다. 둘째, 군민 결합, 여러 부문의 연동, 적극적으로 매개 생물 방제 업무를 전개하는 동시에 기층에 깊숙이 들어가 목적성 있게 건강 교육 및 방제 지식 지도를 전개하고, 감측(監測) 초소를 설치하여 모기 매개체 증가 실태를 파악하고, 부대가 퇴치 업무를 진행하도록 지도하였다.

2.1.4. 상하이 와이탄 압사 사건

2014년 12월 31일 저녁, 수많은 시민과 관광객들이 상하이 와이탄에 모여 새해가 오기를 기다렸다. 많은 사람이 와이탄에 모여들면서 갑자기

한 사람이 넘어졌는데, 이어서 많은 사람이 넘어지게 되면서, 혼잡한 상황을 일으켜 밟고 밟히는 참사가 발생하였다. 이 사건으로 36명이 사망하였고 49명이 부상했으며, 대중 활동에 대한 불충분한 예방 준비, 현장 관리 미흡, 부적절한 대응으로 인한 혼잡한 짓밟기로 인해 중대한 사상자와 심각한 결과를 초래한 공공안전 책임 사건으로 간주되었다.

사건 발생 후, 국가와 상하이시 정부는 이 사건에 깊은 관심을 가지고 구조 작업을 전개하였다. 관련 지도자가 현장에 달려가 지휘를 하고, 전문가를 지정하여 병원에 파견하여 부상자와 가족을 위로하는 한편, 사망자에 대해 신원을 확인하고 명단을 공개하였다. 부상자에 대한 답방을 진행하는 동시에 사건 처리의 진행은 인터넷으로 발표하였으며. 서면 발표 등의 방식을 통해 사건 처리 진행 상황을 사회에 공개하였다.

발생 과정을 살펴보면, 이 사건은 많은 인파로 인해 계단 아래쪽 일부가 균형을 잃고 넘어지면서 일어났다. 갑작스럽게 일어나서 예상하기 어렵긴 했지만, 경영에도 큰 문제가 있었다. 예를 들어, 전년도의 새해맞이 행사에서 와이탄은 관광객의 숫자에 따라 경찰관을 배치하였는데, 평균적으로 관광객 약 50명마다 경찰관 1명을 투입하였으나 2014년에는 관광객이 31만 명에 이르렀음에도 불구하고 구청과 관련 부서가 제때 경찰관 증원을 요청하지 않아 경찰관 1인당 388명을 책임져야 하게 되었다. 이밖에 황포구 공안분국(公安分局) 지휘센터는 30분마다 1회씩 인파 수를 보고하는 규정을 엄격히 집행하고 실행하지 않았으며, 정부도 제때 경보를 하지 않아 정보가 원활하지 못한 결함이 있었다.

압사 사건이 발생한 후 사람들은 자발적으로 와이탄 압사 현장을 인터넷에 올렸다. 정부는 사상자 상황, 지휘자의 지시 상황, 조사 상황, 사망자의 명단과 사후 처리 현황 등을 포함한 여러 가지 정보를 발표하였다.

정보 공개를 중점으로 두었으며 여론을 유도하여 대중의 의구심을 불식시키고자 하였다. 응급처치 후 정부는 사건 과정의 환원, 치료 상황, 책임 인정, 시정 건의, 처리 결정 등을 발표하였으며, 위기에 대응하기 위해 노력하였다. 결국, 사태를 수습하기 위해 정부는 브리핑을 열었고 이 사건에 대한 책임을 인정하였으며 직무유기에 대해 사과하는 한편 위로금 지급 기준을 공개하였다.

2.1.5. 선전(深圳) 흙더미 산사태 사건

2015년 12월 20일, 광둥성 선전시 광밍신구(光明新區) 펑황(鳳凰) 주민센터 헝타이위(恒泰裕) 공업단지에서 산사태가 발생하였다. 약 38만 제곱미터의 면적을 덮은 산사태로 73명이 사망하였고 4명이 실종되었으며 여러 건물이 매몰되거나 다양한 정도로 손상을 입었다. 국무원 조사팀의 조사를 거쳐, 이 산사태 재해는 수용장(收容場) 찌꺼기 흙더미가 미끄러져 발생한 것으로, 생산 안전 책임 사고임을 인정하였다. 경찰은 법에 따라 기업 책임자와 사고의 책임자에게 강제조치를 취하였다.

사고가 발생한 후, 선전시 정부는 긴급 대비책을 가동하였다. 이 긴급 대비책은 조직 기구(組織機構), 운영 메커니즘(運行 機制)[긴급 대응(應急 響應), 정보 보고(信息報告), 대응 가동(響應啟動), 현장 처치(現場處置), 처치 조치(處置措施), 긴급 동원(應急 動員), 긴급 종료(應急 終止)], 긴급 보장(應急 保障)[인원(人員), 자금(資金), 물자(物資), 부서(部門), 교통(交通), 정보(信息)], 감독 관리(監督管理) 등 네 가지를 포함한다. 여러 병원이 응급 구조에 참여하여 의료진과 후방 보장 인원(後勤保障人員)을 선발하여 구조에 참여하였다. 구조 의료진은 두 그룹으로 나누었다. 하나는 응급 구조, 응급의학과 의료진으로 구성되어 있으며, 재난 발생 후 15분 동안 재난 현장에 진입하여 응급 의료 구조 임무를 담당하였다. 또 하나는 기타 부서와 지역 보건 서비스 센터 등의 의료진들로 구성되어 있으며 재난 발생 후 사람들의 정착지 의료 보장 임무를 담당하였다.

조직 기구에서 이 사건에 대한 응급처치는 통일된 지휘 및 협조기구를 통해 각 의료보장지점에 대한 조직관리를 효과적으로 실현하였다. 지휘 조정 기구에 여러 팀을 설치하여 응급 의료 업무의 원활한 진행을 보장하였다. 각 주민 정착지의 의료 보장에 대하여 인원의 직책, 예비 방안, 절차를 제정하였다. 피해자들의 상황에 따라 경험이 풍부한 의료진을 파견하였고 수시로 당직을 서도록 하였다. 정해진 시간에 물자 수요를 보고하고 재난 구호물자를 집중식으로 균일하게 분배하였다. 비상 구조 및 복구를 보장하기 위해 감독과 검사 메커니즘을 구축하였다.

2.2. 재난으로 인한 지역 생태계의 변화

지역 전체의 생산과 생활환경에 영향을 미치는 재난은 현지의 역사적 경험과 문화 전승을 뛰어넘는 특수한 현상이다. 이러한 재난은 극단성, 돌발성, 통제 불가능성 등의 성격을 지니며 문화 시스템의 취약성을 증폭시킬 수 있고 사회의 구조적 변화를 초래할 수도 있다. 재난에 의해 변화된 생태는 국지적인 자연환경뿐만 아니라 해당 지역 인간성의 변화도 초래할 수 있다. 사회생활의 독특한 장면으로서, 재난은 삶의 다양한 관계를 전체적으로 보여준다. 지역 생활의 모습을 바탕으로 지역의 재난을 체계적으로 조사 및 분석하는 작업은 재난 현상과 그 메커니즘을 보여줄 수 있다. 중국의 많은 축제가 그 지역의 재난으로 인해 생겨났다.

2.2.1. 춘절과 폭죽

중국에는 4대 전통 명절이 있다. 이를 시간 순서에 따라 보면 춘절(春節), 청명절(清明節), 단오절(端午節), 중추절(中秋節)로 나눌 수 있다. 그러나 춘절은 중국인들의 마음속에 가장 높은 지위를 차지한다. 춘절 풍습은 유래가 오래되었는데, 가장 오래된 것은 4,000여 년 전의 상고 시대로 소급할 수 있지만, 최종적으로 정형화된 것은 한무제(漢武帝) 시기에 편찬된 《태초력(太初曆)》에서이다. 수천 년의 역사 속에서 지역마다 각기 다른 풍습이 생겨났다.

그러나 이러한 화려하고 복잡한 풍습 뒤에는 어떤 내력이 있을 수 있다. 대련(對聯)을 왜 붙이는가? 폭죽은 왜 터뜨리는가? 세뱃돈은 왜 주는가? 이렇게 흥겨운 축제의 이면에는 미지의 것에 대한 고대 인류의 소박한 세계관이 숨어 있다. 인간이 객관적 세계를 바라보는 방식과 방법에 따라 인류의 발전단계는 신계(神啟), 신숭(神崇,) 신퇴(神退), 신멸(神滅) 등 네 가지로 나눌 수 있다. 상고 시대보다 훨씬 더 오래된 시기에, 원시 인류는 객관적 세계에 대한 관점을 어떤 신비로운 힘에 귀속시켜서 보았다. 시간이 흐르면서, 이 신비로운 힘은 인류의 문화에서 어떤 것은 신으로, 어떤 것은 조상의 영혼으로, 또 어떤 것은 귀신으로 불린다. 비록 객관적 세계에 대한 인간의 인식 수준이 낮아서, 이러한 관념주의가 성행한 것이지만, 가장 근본적인 원칙은 바로 인간의 진화에 따라 이러한 신과 귀신을 구분하였다는 것이다. 인간에게 이로운 것은 신(神)이라고 부른다. 예를 들면 재물신(財神), 문신(門神)[2], 조왕신(灶王神) 등이 있다. 사람에게 해를 끼치는 것을 괴물과 귀신이라고 하는데, 마치 가뭄의 유령(旱魃)[3] 과 같다. 고대 중국인들은 큰 규모의 가뭄이 바로 이런 유령의 존재 때문이라고 여겼다. 그러나 서서히, 조상들은 감상적인 타락이 자신들의 곤궁한 처지에 도움이 되지 않는다는 것을 깨닫는 한편, 더 나아가 신앙심이 더욱 경건해짐에 따라, 일부 나쁜 것들도 신이라고 불렀는데 가장 흔한 것이 바로 역신(瘟神)이다. 오늘날까지 이어져 온 춘절의 일부 풍습은 미지의 힘에 대한 저항과 관련이 있다.

최근 몇 년 동안 많은 도시에서 폭죽을 터뜨리지 못하게 하고 있다. 이는 환경에 좋은 결정이다. 그러나 폭죽놀이는 조상들로부터 내려온 문화적 전통인데, 이대로 가는 것은 적절치 않다는 지적도 있다. 현대의 빛과 그림자 기술을 통해 폭죽 소리를 시뮬레이션하는 것은 전통문화에 대한 모독이 아니라 자연으로 돌아가는 것이다. 이것은 곧 춘절에 폭죽을 터뜨리는 이 풍습의 기원을 말하여 주는 것이다.

폭죽은 화약이 발명되기 전부터 존재하였다. 흥미롭게도 폭죽이란 말 그대로 불타는 대나무이다. 내부 공간이 비어 있는 대나무의 독특한 구조 때문에 불에 의해 터지는 순간 엄청난 소리와 함께 불빛이 난다. 이것은 바로 자연으로 돌아가는 것이다. 춘절 폭죽놀이의 진정한 의미는 떠들썩하게 만들기 위해서가 아니다. 누구보다 더 긴 폭죽을 터뜨리기 위해서도 아니고, 더군다나 화약의 탄생을 기념하기 위해서도 아니다. 소리와 불

---

2 문신(門神): 대문을 지키는 신장(神將). 귀신 장수를 그려 붙이거나 만들어 세운다(https://zh.dict.naver.com/#/entry/kozh/632791fb5f3743c382fe1f6d8ece806f).

3 가뭄의 유령(旱魃)은 중국의 고대 한족 신화에 가뭄을 일으키는 괴물로, 중국 신화의 요괴 중 하나이다(https://baike.baidu.com/item/旱魃/13838876?fr=aladdin).

빛에 대한 필요에서 비롯된 것이다. 그 이유는 무엇일까? 초기의 일부 저술을 통해 우리는 한 가지 면을 확인할 수 있다. 동방삭(東方朔)이 저술한 《신이경(神異經)》에서는 "서쪽 깊은 산속에 키가 한 척 남짓이고 발이 하나뿐인 사람이 살고 있는데 두꺼비나 게를 잡아먹고 산다. 그에게 범접하면 열병을 앓게 된다. 이 사람을 산소(山魈)라 하는데, 그는 청죽(青竹) 토막을 불에 태워 팍팍 큰 소리를 내면 놀라 도망가 버린다(西方深山中有人焉, 其長尺餘, 性不畏人, 犯之令人寒熱, 名曰山魈。以竹著火掛熚, 而山魈驚憚)."라고 하였다. 《형초세시기(荊楚歲時記)》[4]에는 "정월 초하루에 닭이 울면 일어나서 먼저 마당에서 대나무를 터뜨려 산조와 악귀를 쫓았다(正月一日, 雞鳴而起, 先於庭前爆竹, 以避山臊惡鬼)."라는 명확한 기술이 있다. 《신이경(神異經)》에서는 '소(魈)'이고 《형초세시기(荊楚歲時記)》에서는 '조(臊)'인데 모두 좋은 사물이 아니다. 전자의 산소는 옛사람이 보기에 '사람을 한열(寒熱)하게 한다'. '한열'은 중의학(中醫學)에서 열이 난다는 표현이다. 후자의 '산조와 악귀'는 옛사람들이 역병을 가져올 수 있다고 생각했던 악령이기도 하다. 이것을 통해서 최초의 폭죽은 조상들이 자신의 세계를 어떻게 이해하였는지를 보여주는 것이라고 할 수 있다. 역병에 대한 예방과 대항으로 소리와 빛을 이용하였다. 더 심층적 의미는 역사와 현실을 결합한 논리적 추리를 통해 어느 정도 알 수 있다.

첫째, 행로가 어렵다. 고대인들에게는 편리한 교통수단이 없었다. 당시에도 말이나 마차 등의 이동 수단이 있었지만, 대부분 가격이 비싸 고관

---

4 《형초세시기(荊楚歲時記)》는 현재 보존된 제일 완정(完整)된 중국 고대 세시 기록이다. 형초(荊楚)[현(現) 후베이성(湖北省)] 지역의 24절기와 세시 월령 및 풍물 고사를 담은 필기체 산문으로 중국 세시기의 효시다. 남북조시대의 양(梁)나라 사람 종름(宗懍)이 지었다(http://db.cyberseodang.or.kr/front/sabuList/BookMain.do?bnCode=jti_5a1001&titleId=C111).

대작만이 사용할 수 있었고, 일반 백성들은 두 다리에만 의지할 수 있었다. 이것은 사람들이 길을 갈 때 바람과 비를 막을 수 있는 조건이 드물게 될 뿐만 아니라, 만약 투숙할 곳을 만나지 못하면, 보통 야외에서 노숙할 수밖에 없게 된다. 야외에는 각종 모기나 벌레와 짐승이 있을 뿐만 아니라 하늘과 땅이 이불이 되고 자연조건도 길을 가는 나그네를 쉽게 감염시킬 수 있다. 가장 흔한 것은 《신이경(神異經)》에서 언급한 '한열'이다. 그러나 선인들은 틀림없이 가만히 앉아서 죽지는 않았을 것이다. 가장 간단한 방법은 모닥불을 피우는 것이다. 이것은 원시 사회에서 유래한 매우 흔한 자기 보호 수단이다. 이렇게 하면 추위를 물리치고 따뜻하게 할 수 있을 뿐만 아니라 짐승의 침입을 방지할 수도 있다. 그러나 주변에서 들리는 산짐승의 울부짖는 소리도 지친 나그네들을 편히 자지 못하게 한다. 그 이후, 사람들은 장작더미에서 때때로 울리는 딸랑딸랑 소리가 이런 무서운 울부짖음을 종식하게 할 수 있다는 것을 발견했는데, 이것은 사실 갑자기 일어나는 소리에 대한 짐승의 본능적인 반응에서 비롯된 것이다. 불더미 속의 소리가 커질수록 주변이 더욱 조용해진다. 만약 이 조치가 야수에게 유용하다면 대나무를 재료로 사용하여 더 큰 소리를 발생시키고 더 밝은 불빛은 당연히 더 무서운 물건들을 상대할 수 있을 것이다. 예를 들어 사람을 두려워하게 하는 각종 귀신을 상대할 수 있다. 그러므로 폭죽의 출현은 확실히 안정에 대한 욕구에서 비롯된 것이다.

둘째, 봄의 재앙이다. 춘절은 온 가족이 모이고 즐겁고 경사스러운 날이다. 고대 노동자들에게는 비록 이날을 보내고 새해를 맞이한다는 표시이기도 하지만, 질병 걱정, 식량 걱정 등 미래에 대한 걱정도 내포하고 있다. 방아를 찧는 계절의 감염병 문제는 현재도 간과해서는 안 된다. 봄철 건조한 기후와 따뜻해진 기온으로 인한 인플루엔자 바이러스의 전파,

온난화 등이 바로 그것이다. 고대에는 점쟁이를 보통 의사라고 불렀는데 감염병이 돌면 사람들은 그것을 일부 유령의 탓으로 간주하였다. 그러므로 춘절에 폭죽을 터뜨려 악령을 놀라게 하는 소박한 방법도 별로 이상할 것이 없다. 춘절 이후의 식량 문제는 '보릿고개(青黃不接)'라는 단어와 밀접한 관련이 있다. '노랑'은 다 익은 농작물이고, '청'은 밭에서 덜 익은 농작물이다. 명절이 끝난 후 수개월 동안 사람들은 모두 묵은 곡식을 먹고, 햇곡식이 수확되기를 간절히 기다릴 수밖에 없지만, 중국의 특수한 지리적 상황은 봄 가뭄을 초래할 수 있다. 이 또한 "봄비가 기름처럼 귀하다(春雨貴如油)."라고 여기는 이유이다. 자연 앞에서 무기력한 고대의 노동자들은 또 한번 그것을 가뭄의 유령과 같은 사악한 영혼의 존재로 돌릴 수밖에 없었기 때문에, 춘절에 폭죽을 터뜨려 그들을 놀라게 해 버리기를 바라고 있었다.

셋째, 전쟁의 상처이다. 믿음은 보통 두 가지 심리에서 비롯된다. 바로 정신적인 만족과 무기력한 기대이다. 두 측면 모두 어느 쪽이든 우연이라도 객관적으로 반응하는 의식이 필요하다. 폭죽이 맹수를 각성시키는 역할을 해서 사람들에게 병마를 퇴치하고 풍년을 기원하는 안정감을 줄 수 있지만 이에 대해 기대만큼 응답이 없다면 신앙의 결핍을 초래할 수 있다. 이것은 생산성 수준이 매우 낮았던 고대 사회에서는 거의 필연적이었다. 중국 역사에서 폭죽은 사람들에게 이런 민속 의식에 대해 더욱 독실한 믿음을 주었다. 최초의 기록은 수나라 말기와 당나라 초기에 나타났다. 수나라 말기와 당나라 초기의 전란은 당시의 인구수를 급격히 감소시켰고, 정관의 치(貞觀之治) 뒤에도 불구하고 완전히 회복할 수 없었다는 것을 보면 당시 전쟁의 참혹함과 사망자 수가 엄청났음을 알 수 있다. 시체가 도처에 퍼지고 감염병이 창궐하게 된 것은 필연적이었다. 당시 많은 황폐한 산들이 공동묘지로 취급되어 역병 바이러스가 생기고 생물들이 접근할 수 없게 되었다. 어느 날 어떤 사람이 초석을 죽통에 담았는데, 불을 붙인 후에 보통 대나무 소리보다 더 큰 소리를 낼 뿐만 아니라, 짙은 연기를 발생시켜 역병 바이러스를 흩어지게 하였다. 이것은 폭죽이 원시적인 형태에서 그 이후 화약을 사용하게 된 원인이기도 하다. 중국 역사상 대규모 전란이 어찌 수나라 말기에만 있었겠는가? 그리고 화약 중의 유황과 초석을 태운 후에 생성되는 대량의 연기는 바로 감염병의 천적이다.

오늘날 사람들을 가뭄이면 첫 번째 선택으로 향을 피우고 절을 하는 것이 아니라, 구름층을 향해 몇 발의 강우탄(降雨彈)을 보내는 것을 선호한다. 그러나 거안사위(居安思危)와 방미두점(防微杜漸)의 재난 사고와 위기의식이 번성해지는 생활 때문에 사라져서는 안 된다. 물론 객관적으로 말하자면, 이런 생물이 위험에 대해 본능적으로 인지하면서 생겨난 일부 풍속과 습관은 인류의 처지에서 볼 때 가장 깊고 골수에 스며든 생각이다. 인류의 가장 중요한 명절과 기념일은 모두 재난, 투쟁과 관련이 있다고 볼 수 있다. 어떤 것은 천지와의 싸움이고 어떤 것은 자신과의 싸움이다. 서양의 부활절, 크리스마스, 밸런타인데이, 각국의 국경일과 독립기념일 등처럼 중국의 전통적인 명절도 재난과 매우 깊은 관련이 있다.

2.2.2. 단오절(端午節)과 장마철(梅雨季節)

단오절이라고 하면 사람들이 가장 많이 떠올리는 것은 무엇일까? 아마도 쫑즈(粽子)[5]와 굴원(屈原)일 것이다. 굴원은 사마천(司馬遷)이 쓴 《사

5 찹쌀, 멥쌀, 쌀가루 등을 삼각형이나 원추형으로 만들어 댓잎이나 연잎, 갈대 줄기로 감싸 쪄낸 일종의 중국식 주먹밥이다.

기 · 굴원열전(史記 · 屈原列傳)》에서 처음으로 언급하였다. 기록에 따르면, 굴원은 초나라에서 귀족들의 배척을 받고, 우울증으로 사방을 떠돌아다니다가 진나라가 초(楚)의 도읍을 공격한 후 미뤄지앙(汨羅江)에 투신하여 자살했다고 하였다. 그 후 초나라 사람들은 그 애국의 강인함을 존경하고, 신하의 충절을 우러러 강에서 물고기가 굴원의 시체를 뜯어먹는 것을 참지 못하여 쫑즈를 싸서 강물에 던졌다. 그러나 사실 단오절에 대한 '인물 기원설(人物起源說)'은 이뿐만이 아니다. '오자서설(伍子胥說)', '조아설(曹娥說)' 등도 있다. 원이도(聞一多)는 심지어 직접 굴원이 실제로 존재했는지에 대해 의심하기도 하였다. 왜냐하면 굴원이 자살한 후부터 《사기(史記)》가 책이 되기 전까지의 700여 년 역사에는 굴원에 대한 다른 어떤 문자 기록도 없기 때문이다. 게다가 더 중요한 것은, 이 인물들은 실제로 단오절의 기원이라고는 말할 수 없다. 역사 인물들이 나타나기 전에 이미 단오제전식(端午祭奠儀式)이 존재하였다. 이 중에 가장 오래되고 가장 유명한 것은 용선 경주(賽龍舟)를 하는 것이다. 용선 속의 '용'자는 이 행사가 용토템(龍圖騰)에 대한 선조들의 숭배에서 비롯되었다는 것을 나타낸다. 단오절과 재난의 상관성은 주로 천후(天候)와 절기(節氣)에서 나타난다.

장마철은 중국의 창지앙 중하류(長江中下遊), 랴오둥 반도(遼東半島), 타이완 지역(台灣地區) 등으로 광범위한 영향을 미칠 수 있다. 그 가운데 중국 창지앙 중하류 지역에 대한 영향은 가장 강렬하고 오랫동안 계속된다. 창지앙 중하류 지역의 장마 기간은 망종(芒種)과 입하(立夏) 두 절기 사이에 나타나며, 평년 기간은 약 30일이다. 장마가 시작되고 끝나는 때에 따라 '조매(早梅)', '공매(空梅)', '도황매(倒黃梅)'[6] 등이 있다. 창지앙 중하류의 많

6 도황매(倒黃梅)는 창지앙 중하류 지역의 장마철이 끝나고 한여름에 접어들면서 다시 흐리고 비가 오는 날씨를 말함.

은 홍수와 강우 재해는 모두 장시간의 장마로부터 비롯되었는데, 예를 들면 1954년 창지앙 전역의 홍수재해, 1998년의 특대홍수 등이다. 그리고 중국 남쪽 지역은 옛날부터 내려오는 "매실이 노랗게 익을 때 비가 오면, 45일 동안 해가 없다(雨打黃梅頭, 四十五日無日頭)."라는 속담이 있다. 이는 장마가 올 때 현지의 "장맛비가 계속 내려서 그칠 기간이 없다(陰雨綿綿無絕期)."라는 기후 상황을 형상화하였다. 단오절은 바로 망종과 입하 두 장마 시간대 사이에 있다. 비정상적인 장마가 가져오는 홍수피해를 제외하면 단오절과 장마 사이의 관계는 사람들이 '먹고, 입고, 자고, 쓰고' 등 일상생활에 주는 영향이 더 크다.

장마라는 단어는 강남지역(江南地區)만의 시적인 정취와 그림 같은 아름다움이 있지만, 역겹게 느낄 수 있는 내재적인 의미가 있다. 장마철이 다가오면서 공기의 습도가 높아지고, 태양이 북회귀선에 가까워짐에 따라 온도도 점점 올라가기 때문이다. 이러한 기후는 음식이나 옷에 곰팡이가 피기 쉽게 만든다. 특히 저장설비가 매우 원시적이었던 고대에는 이런 현상을 흔히 볼 수 있었다. '장맛비'를 '곰팡이'라고 부르는 것은 바로 이것 때문이다. 장시간의 궂은 날씨, 햇빛 부족이 인체의 면역력을 떨어뜨려 각종 바이러스와 세균의 침습을 쉽게 받을 수 있다. 또한, 각종 벌레와 뱀, 쥐도 이런 날씨에 활동이 빈번해질 것이다. 모기는 이런 습하고 더운 환경을 가장 좋아한다. 원래 지하에 숨어 있던 뱀, 쥐 등 생물도 지표면의 사람들이 생활하는 구역에서 활동하기 시작한다. 여러 가지 위험의 존재는 장마철에 쥐와 뱀 등 같은 재해가 폭발할 가능성이 급증하게 할 수 있다. 그러므로 옛사람들은 5월 5일의 단오절을 '악월악일(惡月惡日)'이라고도 하였다. 한나라 왕충(王充)의 《논형(論衡)》에서 이 점을 언급하였으나 단오절에 관련한 문화 활동이 생겨났고, 특징이 있는 단오절 전통이 형성되었다.

예를 들면, 웅황주(雄黃酒)를 마시면 몸의 습기와 독을 제거할 수 있고, 수황을 뿌리면 뱀과 벌레의 침습을 방지할 수 있으며, 쑥잎을 매달아 잡귀를 물리치고 벌레를 피할 수 있으며, 오독도(五毒圖)를 놓아 오독의 피해를 예방할 수 있다는 것 등이 있다.

오늘날에 이르러 과학 기술 수준이 높아짐에 따라 여러 가지 풍습이 단지 전통에 대한 계승으로 변하였다. 아파트에 사는 사람들은 더 오독의 해를 걱정할 필요가 없어졌다. 좋은 밀폐 기술은 집안이 더 이상 습기가 차지 않도록 하며, 질병과 해충의 침습은 현대 의료와 과학 기술 앞에서 언급할 가치도 없게 되었다. 그러나 사람들은 용선 경주에 열중하지 않고 굴원을 숭배하지 않는다고 해도, 미뤄지앙에 가서 쫑즈를 던지지는 않는다고 해도, 중국에서는 단오절이 오면 집집마다 거의 모두 쑥잎을 매다는 습관이 있다. 재난이 인류에 미치는 영향은 정말 단순한 기념식보다 훨씬 더 심각한 일이다.

2.2.3. 묘족 북 밟기 축제(苗族踩鼓節)와 용을 불러모으는 의식

묘족(苗族)은 중국에서 주로 검(黔), 상(湘), 악(鄂), 천(川), 전(滇), 계(桂), 경(瓊) 등 성(자치구)에 분포되어 있다. 이 지역들은 대부분 카르스트지형이 존재하고 생태 환경이 취약하며 토층이 얇고 폭우에 씻기는 힘이 강하며 인류 활동까지 더해져 묘족 생활지역의 석막화(石漠化)[7]가 심각하고 자연재해가 빈번하게 발생한다. 가뭄이 닥치면 석막화는 사람과 가축에게 다른 지역보다 더 심각한 식수난 문제를 가져온다.

---

7 수토 유실로 인한 지표토양의 손실, 암반 노출, 토지의 농업이용가치 상실, 생태 환경의 퇴화 현상을 말함.

북 밟기 축제는 구이저우(貴州)의 카이리(凱裏), 단짜이(丹寨), 레이산(雷山) 등 현(縣)의 묘족 지역에 전해 내려오고 있다(範玉梅, 2013; 胡起望, 項美珍, 2011). 묘족이 밟는 북은 속이 꽉 찬 녹나무를 비우고 양쪽을 소가죽으로 늘여서 만든 것이다. 매년 음력 2월 특정 날짜에 묘족 청춘 남녀가 지역이 정한 무대에 모여 북을 밟는다. 상고시대에 묘족이 원래 거주하던 지역에 심각한 자연재해가 발생하였다. 묘족 사람은 재난을 피하고자 고향을 등지고, 방도가 끝없이 넓은 대삼림에서 방향을 잃었다. 그 후에 딱따구리가 길을 안내하여 도와줌에 따라 곤경에서 벗어나 풍요로운 땅에 정착하였다. 따라서 묘족들은 딱따구리가 나무를 쪼는 소리를 북소리로 대체하여 점차 북을 밟는 절의 풍속을 형성하였다. 묘족이 사는 집은 산기슭에 인접해 있다. 입지선정에 과학적 지식이 부족하고 경제적 요소를 많이 고려했는데 지질 재해 요소를 적게 고려하였다. 집을 지을 때 현지에서 재료를 취해서 석재와 목재로 민족 특색을 많이 배가하는 슬레이트집, 대나무 집을 지어내었다. 이러한 건축물의 분포는 태풍, 폭우 등 요인의 영향을 받아 언제든지 산 붕괴, 산사태, 지면 붕괴 등 지질재해가 발생할 수 있다. 판잣집도 화재를 가장 두려워하는데 만약 불행하게 화재가 발생한다면, 마을을 보호하는 용이 도망간 것으로 보고 용을 부르는 의식을 치르기도 하였다. 용을 불러들이는 의식이란 마을 경계에서 가장 높은 산에서 용을 용담(龍潭)으로 불러들여 황소를 용담에서 죽이고 제사를 지내는 것이다. 따라서 용담도 성스러운 곳이다. 용담 근처의 풀과 나무 하나도 베어서는 안 된다. 물이 없으면 용이 떠날 수 있기 때문에 물이 마르지 않도록 해야 한다. 그러므로 용담림(龍潭林)이 형성되었다. 용담림은 수원(水源)을 함양하는 작용이 있어 화재가 발생했을 때 물로 불을 끄면 손실을 줄일 수 있다.

과거에 구이저우(貴州)의 묘짜이(苗寨)는 모두 리노(理老)[8]와 채노(寨老)가 있다. 그들은 각종 내부 및 섭외 사무를 책임지고 처리하였으며, 토론을 통해 마을 규약, 민약(民約)을 제정하였는데, 그중에는 많은 삼림 관리 규정이 언급되어 있다. 예를 들면 나무를 함부로 베거나 재생능력이 있는 나무뿌리를 파내서는 안 되며, 실수로 불을 내고 산을 태우면 처벌을 받아야 한다는 등의 내용이 있었다. 좋은 자연생태는 자연재해를 막는 가장 좋은 장벽이다. 산림이 넓은 구이저우 민족 지역은 윤작 경작법을 시행하여 수토 유실을 교묘하게 억제함으로써 자연재해의 발생 가능성을 줄였다.

2.3. 재난으로 탄생한 민족 콤플렉스

문화의 전승은 본질적으로 문화 유전자의 전승이다. 이는 민족 융합, 진화, 발전의 과정에서 문화가 형성되고, 대대로 자기 민족의 인정을 받고, 각 민족 전통의 문화 정신을 응축하고 있다. 재난으로 인해 탄생한 민족 콤플렉스는 일종의 유전자로서 지역인들의 의식, 풍습, 성격, 신앙과 추구 중에 남아 있으며, 공통의 특질로 반영된다. 이러한 특질은 지역 사람들의 생존과 발전을 유지, 조화, 지도하며 점차 그 자체와 외부에서 인정하도록 한다. 공동생활과 생산 과정에서 재난문화 끊임없이 그 영향력이 바뀌며 확대되고 있다.

---

8 묘족 사회에서 선거를 거치거나 세습되지 않고 자연스럽게 형성된 수뇌를 말함.

2.3.1. 문화적 유전자

인류의 발전 과정은 자연환경에 대한 끊임없는 적응과 이용의 과정이며, 문화 형태도 인류가 자연환경에 적응한 결과이다. 자연환경은 문화 형태를 결정하고, 문화 형태는 지역 주민들에게도 영향을 미친다. 재난은 바로 자연과 인문환경의 극단적인 형태이며 인간과 자연의 교류를 촉진하는 연결고리이다. 재난은 문화의 형성 발전에서 종합적이고 주도적인 특징을 나타낸다. 한편으로 한 지역의 각종 재난은 현지 문화의 형성과 발전에 대하여 전반적이고 종합적인 영향을 가지고 있는 반면에, 재난이 급속하고 맹렬하게 어떤 문화적 추세를 형성하여 주도권을 형성한다. 재난 문화는 수직적으로 계승될 수도 있고, 수평적으로 참고하고 융합할 수도 있다. 인구의 이동과 지역의 변천에 따라 각지의 재난문화가 서로 교류하고 이 교류의 기초에서 새로운 지역과 민족의 특징을 형성할 수 있다.

중국인의 민족문화는 향토 민정(鄉土民情)[9]을 핵심으로 문화 유전자에 의해 결정된다. 향토 민정은 일종의 생존 방식, 문화 패턴, 사상의 정수를 대표한다. 향토 민정은 중국인들이 대대로 물려받은 생명 의식을 반영하고, 철학적 개념, 문화적 의식, 감정적 기질, 심리적 자질 등을 융합한다. 중화 문화는 농경문화에서 비롯되었으며, 농업경작 방식의 지역적 고정성은 중화 문화의 지역적 특색을 형상화하였다. 고정된 토지에서 농사를 짓고 폐쇄된 가정에서 생활하는 것은 중국인의 향토에 대한 애착, 인정에 대한 의존성을 형성하였다. 향토 인정(鄉土人情)[10]은 중국 문화에 뿌리를 둔 핵심 유전자이다.

---

9 향토 민정(鄉土民情)이란 지방 특유의 자연환경과 풍속, 예절, 습관의 총칭이다.

10 향토 인정(鄉土人情)은 '향토 민정'의 의미와 동일.

재난의 발생은 일정 기간 동안 인간 생명의 의식을 변화시켰고, 향토 민정의 방식으로 역사를 연속시켰다. 중국인의 인문학적 정서 발전에서 앞을 계승하고 뒤를 계발하는 역할을 하였다. 중국의 재난문화는 긴 세월 동안 복잡한 변천을 겪었지만, 항상 고정된 형식과 내용을 간직하고 있다. 이러한 재난에 의해 형성된 향토 민정은 지역적 특색을 드러내고, 서로 구분하고, 서로 연결하여, 궁극적으로는 전 민족적 재난 의식을 형성하게 된다.

재난은 지역 사람들의 생활습관과 정서적 색채에 따른 문화를 형성하게 한다. 이런 문화는 재난 의식을 매개체로 중국인의 정신적 풍모와 가치 취향을 보여준다. 재난문화의 유전자는 향토 민정의 정체성을 증강하고, 어떤 지역 인구가 더욱 공감하는 지역의 품격을 형성하였다. 재난은 향토 민정에 대하여 형성 작용이 있는데, 향토 민정은 항상 재난의 유물을 반영하고 있다.

2.3.2. 문화적 정체성

향토 민정의 영향하에서 사람들은 소속 지역의 문화를 내적으로 수용하게 되고, 그에 따라 집단의 인정과 보호를 받음으로써 문화적 동질성을 드러낸다. 호적 정체성, 국가 정체성, 민족 정체성과 문화 정체성은 상호 의존적이다. 오랫동안 같은 지역에서 일하면서 사람들의 가치관, 생활습관, 언어문자 등이 일치하게 됨으로써 서로 공감하고 이해하는 소속감을 형성하게 된다. 이 관계가 깨지면, 사람들이 고향 외의 사람들과 사귀는 데 장애가 있고, 무형적으로 고립됨을 느끼게 된다. 그리하여 "고향을 등지고 떠난다(背井離鄉)."라거나 "밖에서 떠돌아다닌다(漂泊在外)."라는 느낌이 들게 된다. 이로 인해 사람들은 안정감이 부족하게 된다. 그러므로 고향 문화에 대한 정체성을 높이게 된다. 재난은 지역의 문화 유전자를 형성하고, 문화 유전자 위에 형성된 문화 동질성은 피해 집단의 재난 대응 행위에 영향을 미친다.

지역적으로 말하자면 중국인의 원시적인 재난문화 또한 초기 애니미즘에서 나타난다. 선진의 전적에는 "공공씨와 전욱이 황제의 자리를 두고 다투었는데, 이기지 못하자 화가 나 머리로 불주산(不周山)을 쳐서 천주가 부러져 지유(地維)가 끊어졌다."라는 기술이 있다. 또한 "먼 옛날 하늘을 받치던 네 개의 기둥이 무너지고 땅이 모두 분열되고 세상 만물을 견딜 수가 없어졌다. 그리하여 여와보천(女媧補天)"[11]이라는 전설이 생겨났다. 과연 자연재해가 전쟁을 촉발한 것인지, 아니면 전쟁이 자연재해를 불러온 것인지는 말하기 쉽지 않다. 자연재해가 인재와 함께 상생한다는 사회적 인식을 암시하는 것일지도 모른다. 선진 시대에는 "성하여 알 수 없는 것을 신이라 이른다(聖而不可知之之謂神)."라는 말이 있다. 자연재해를 신으로 본 것은 '알 수 없음(不可知)'의 구현이다. 상고 전쟁으로 자연재해를 해석하는 것 외에, 괴물도 흔히 재해를 일으킬 수 있다고 여겼다. 비희(贔屭)를 예로 들자면, 신화에서 비희는 '용의 아들'인데, 원래 항상 삼산 오악(三山五嶽)을 등에 메서 소동을 일으키다가 하우(夏禹)에게 굴복하였다. 하우를 도와서 치수에 성공한 후, 하우는 비희에게 그 공적이 새겨진 돌을 짊어지게 명하였다. 그러므로 오늘날 비희는 항상 비석을 등에 매는 모습으로 나타난다.

음양오행(陰陽五行)은 중국의 독특한 문화이다. 음양오행으로 재난

11 여와보천(女媧補天)은 오색의 돌로 무너진 하늘을 메운 여와 이야기를 말함.

현상을 해석할 수 있다. 게다가 중국 고대 시대 특유의 재난 대응 행위이다. 음양오행은 음과 양이 물질세계를 구성하였고 만물이 음양의 두 기운의 상호작용하에 발생, 발전, 변화를 일으킨다고 생각한다. 목, 화, 토, 금, 수는 세계를 구성하는 다섯 가지 기본적인 원소이다. 이 다섯 가지 물질은 서로 자생하고 제약하며 끊임없는 움직임의 변화 속에 있다. 음양에 의한 재앙은 주로 '음양의 불화(陰陽不和)'에서 발생하는데, 두 가지 표현 형식으로 구성되었다. 하나는 음양에는 각각 순서와 지위가 있으며, 만약 한쪽이 강성하면 한쪽은 쇠퇴하게 된다. 재난이 곧 뒤따르게 된다는 것이다. 또 하나는 음양의 균형은 음양의 교차, 융합을 통해 이루어지는데, 음양의 조화를 이루지 못하면 재앙도 일어날 수 있다는 것이다. 오행이 재난을 초래하는 것은 음양이 재난을 초래하는 것과 비슷하다. 오행이 극을 만들면 그 하나가 너무 성하여 견제와 균형이 깨지면 4극 내의 천지 인물(天地人物)의 이변을 초래할 수 있다. 《국어(國語)》 가운데 서주에서 동주로의 이행이 기록된 것은 상습적인 '봉화희제후(烽火戲諸侯)'가 아니라, 백양부(伯陽父)의 말로, 음양오행의 전설로 삼천 지진(三川地震)의 현상을 설명한 것이다. "양기가 잠복하여 밖으로 나오지 못하고 음기가 압박하여 양기가 위로 오르지 못하게 되면 지진이 일어나게 된다(陽伏而不能出, 陰迫而不能蒸, 於是有地震)."라는 말도 있다. 또한, 수분과 토양이 공생하기 때문에, "양기가 자리를 잃고 음기의 아래에 있게 되면 강물의 근원이 반드시 막히게 된다(陽失而在陰, 川源必塞)". 따라서 "나라가 망한다(國亡)."라는 운명을 명시하였다.

2.3.3. 문화의 진화

재난은 사람들의 생존과 발전환경을 파괴할 뿐만 아니라, 피해 집단의 지역 문화와 정신세계에도 파괴적인 타격을 주어 문화의 발전을 촉진하였다. 낡은 전통 행위와 그에 휩쓸린 문화는 평지로 만들었고, 새로운 사회적 힘이 생겨나고 발전할 수 있는 계기가 되었다. 재난이 지나가고 나면 실물의 변화뿐만 아니라 기존의 생업과 문화의 공생관계 변화도 뒤따른다. 재난문화는 재난의 역사적 역할을 보다 입체적으로 반영하여 인류 발전의 원동력이 되었다.

한편, 재난 대응 행동은 특정 단계에서의 특정 문화 행동 방식을 대표한다. 문화 형성 과정에서 정치 제도, 경제 수준, 사상 관념은 중요한 역할을 한다. 생산력의 발전은 인류의 재난 행동 변화의 근본 원인이자 재난문화 형성의 중요한 요소이다. 천신숭배에서 수리건설로, 소극적인 재난 도피에서 재난방지감소로, 인류의 재난 대응 행위는 사회생산력의 발전에 따라 끊임없이 변화한다. 문화의 형성은 비공식적이지만, 재난문화의 발전을 장려하거나 금지할 수 있는 정치 체제의 제약을 받는다. 경제의 발전과 과학 기술의 진보는 밀접하게 연관되어 있다. 과학 기술은 새로운 생산 방식을 창조하고 강대한 물질역량으로 전환하여 경제 발전을 추진한다. 동시에 새로운 생활 방식을 형성하고 전례 없는 정신력으로 전환하여 문화가 생겨난다. 사상 자체가 하나의 문화 현상이다. 사회사상의 변화는 정치 체제와 경제 기초에 의해 제약을 받지만, 독립성도 가지고 있다.

오늘날에 이르러 사회 변천과 기술의 영향이 날로 심해지고 있다. 재난은 종종 인류의 경험에서 인식하는 범위를 넘어선다. 전통적인 재난 대응 책략과 메커니즘은 종종 여러 가지 한계를 드러낸다. 따라서 더욱 과학적인 기술 수단을 도입하여 지역의 실제 재난 상황에 부합하고 재난 대응의 실천에 대해 일정한 유도와 보충을 진행해야 한다. 재난문화는 사회문화 자원과 현대 기술 수단의 효과적인 상호작용을 실현하고 있다. 과학적이고 효과적인 재난 대응 메커니즘을 구축하게 되면 2차 재난과 사회문화 문제를 줄이는 데 도움이 될 것이다. 실천과 외래 기술은 각종 사회 행위 적응과 문화 관념 충돌의 문제에 부딪히게 되는데, 이는 당대 응급관리 연구와 실천의 파생 현상이다. 정보 기술의 발전에 따라 재난에 대처하는 지방의 행동은 점점 더 외부의 간섭 때문에 심각한 영향을 받고 있다. 그리고 갈수록 지방집단과 문화 영향하의 사회구조의 관계 조정으로 나타나게 되고 지방집단의 사회구조와 문화 관념의 변천을 주도하고 있다. 당대의 재난에 대응하는 실천 과정 중에 보여준 신속하고 적극적인 사회와 문화의 자아 조절도 중화민족 문화의 자아 지속 능력의 체현 중의 하나이다.

2.3.4. 문화의 확산

재난은 지역 문화를 형성한다. 지역 문화는 모계 문화로부터 이질적인 문화를 도입한다. 개체나 집단은 두 문화에 대한 인식과 정서적 종속에 기초하여 의식적이고 편견적인 행동의 선택과 행동조절을 한다. 재난문화의 확산은 개체나 집단이 생존과 발전을 위해 강박적으로 학습하거나 이질 문화에서 재난에 대응하는 행동을 모방함으로써 모체문화가 점차 이질 문화와 완전히 융합되는 과정이다. 문화의 확산은 재난으로 인한 이주에서 특히 두드러진다. 재난을 당한 사람들이 어딘가로 망명할 때, 먼저 어딘가에 정착하고, 다시 일정 기간의 행동규범과 심리 조절을 거쳐 점차 현지인이 된다. 이러한 재난문화의 확산 과정에는 생산 방식, 생활 방식, 사고방식 등의 적응이 포함된다. 망명한 영향력 있는 집단의 지역 정체성이 인정되면, 영향력 있는 집단의 원래 정체성은 해체되고 재구성된다.

인구 이동은 초기 재난문화를 확산시키는 방법이다. 현대사회에서 텔레비전, 라디오, 신문, 인터넷 등 매체의 형식은 재난문화의 전파 방식을 변화시켰다. 뉴미디어 시대의 중요한 특징 중 하나는 모든 사람이 전파자가 될 수 있다는 것이다. 전파 기술의 발전은 인터넷과 휴대전화 매체를 사람들의 생활에 필수적인 소통 도구로 만들었고, 뉴스를 읽고 관점을 표현하는 데 편리함을 제공할 뿐만 아니라 개인의 표현 욕구도 만족시켰다. 오늘날과 같은 뉴미디어 시대에서 자체 미디어의 정보 전달은 시대적 특징으로 여겨지고 있다. 자체 미디어는 일반 대중을 글로벌 지식체계와 연결하게 한다. 미디어 전파의 일반화란 전파자의 일반화, 수용자의 일반화, 매개의 일반화, 정보의 일반화 등을 말한다(高方, 2015; 彭偉步, 2014). 재난 사건에서 인터넷과 핸드폰 매체는 신속하고 유연하며 진실한 전파 태세를 이용하여 뉴미디어 시대의 핵심적인 풀뿌리 매체가 되었다. 재난정보발표, 재난구조와 재난 사건 여론 인도에 점점 더 중요한 역할을 하고 있다. 재난구조 측면에서 자체 미디어도 매우 중요한 역할을 하였다. 재해 지역의 사람은 자발적인 조직과 전파를 통하여 자활과 상호구제를 실현하였다. 그리고 자체 미디어를 통하여 여론의 감독을 전개하였는데 감독의 주체는 사람들이며 객체는 공권력(公共權力), 공공사무(公共事務), 공공인물(公共人物)이다. 모든 재난은 고립된 것이 아니라 사회시스템의 한 요소이다. 따라서 재난정보 전달은 단지 재난 용도 자체만을 향할 수 없다. 재난 사건에서, 공권력의 운행, 공적 업무의 처리 및 공적 인물의 행동 하나하나가 모두 여론의 감시 대상이 된다. 인터넷 관심, 인터넷 둘러보기, 인터넷 책임 묻기 등은 재난 심사에서 언론 감시의 주요 형태가 되었다.

재난 사건에서 정부, 언론, 사람은 복잡한 삼각관계를 이룬다. 정부 행동의 출발점은 재난구조와 여론의 유도이다. 언론은 정부의 선전 의도와 사회적 효과를 실현해야 하고, 또 사람의 정보 수요를 만족해야 한다.

사회공공매체의 전파 소양이 부단히 향상되고 재난이 다양해짐에 따라 재난정보 전파 경로가 다원화되어 사람들이 수동적으로 정보를 받아들이는 상황이 개선되었다.

요약

재난은 중화민족의 문화에서 중요한 역할과 의의가 있다. 재난은 한동안 사람들의 삶의 의식을 변화시켰고, 향토 민정의 방식으로 역사에 연속되었다. 지역 재난문화의 형성, 재난문화의 이동 확산은 광범위하게 존재한다. 현대사회에서 재난문화의 형성과 발전 양식에 새로운 변화가 일어났다. '사스'와 '뎅기열 감염병' 퇴치, '원천 지진' 구조, 흙더미 안전 완비, 대형 공공 활동 질서 유지는 최근 중국 재난 형성 문화의 전형적인 사건들이다. 중국의 응급관리제도가 점점 현대화되고 응급 국제협력이 점차 상시화되었으며 재난 대비의 문화적 분위기도 더욱 공개적이고 투명해졌다. 중국은 국제 재난 대응 분야에서 한 자리를 차지하고 있으며, 중국인들은 끈질기게 견뎌내고, 여러 뜻을 모아 성시를 이루는 민족정신도 세계가 경탄하고 있다.

참고문헌

中華醫學會 · 中華中醫藥學會(2003), 「감염성 사스(중증급성호흡기증후군, SARS) 진료 방안」, 『중화의학정보도보(導報)』 19, pp.10-20.

程竹汝 · 杜蓮梅(2003), 「사스 사태가 중국 정치에 미치는 영향에 대하여」, 『정치와 법』 6, pp.3-7.

陶方林 · 袁維海 · 程霞珍(2012), 『응급정보관리』, 국가행정학원출판사.

陶堅 · 林宏宇(2014), 『중국의 성장과 글로벌 관리』, 세계지식출판사.

梅瓊林 · 連水興(2008), 「공공위기 속의 정보 전파 '불균형' 현상과 그 대응책」, 『사회과학연구』 5, pp.11-16.

邵龍寶(2010), 『글로벌 언어 환경에서 유학의 가치와 현대적 실천』, 동제대학출판부.

範玉梅(2013), 『중국의 소수민족 축제』, 사회과학문헌출판사.

胡起望 · 項美珍(2011), 『중국 소수민족 명절』, 중국국제방송출판사.

高方(2015), 「자체미디어 표현과 중국 전통문화 유전자」, 『문예평론』 5, pp.28-32.

王剛(2017), 『자체미디어 언론윤리 만담』, 중국언실출판사.

彭偉步(2014), 『돌발공공사건 매개화 현상 해석』, 지난(暨南)대학교출판부.

제3장

재난의 역사적 기억

재난의 기억은 사회 전체의 행동규범과 문화 패턴에 영향을 미친다. 역사 연구는 사료를 기반으로 하는데, 사료는 중국인의 재난 기억의 매개체이다. 중국에는 재난 현상을 반영한 역사 자료가 풍부하다. 이러한 자료를 분류 및 분석하면 중국의 재난사를 보여줄 수 있다. 기존 연구들에서는 일반적으로 가뭄, 수해, 충해, 지진, 화재, 감염병 및 우박을 고대 중국 사회의 주요 재난으로 간주하였다. 그러나 중국의 오랜 역사적 변천 속에서 시기마다 자연 및 사회 환경이 달랐기 때문에 주요 재난도 차이가 있었다. 재난에 대한 고대 사회의 인식과 대응은 주로 정치, 의례, 기술(技術)에 반영되어 있으며, 이러한 사상과 기술의 정수는 오늘날에도 여전히 참고할 만한 의미가 있다.

3.1. 사료를 매개체로 삼다

고대 역사 자료에 보존된 재난의 역사 관련 내용은 여전히 정사(正史)가 주류를 이룬다. 이들 사료를 현대 연구자들이 정리하고 분석하였는데, 그중 지진과 기상에 관한 연구가 가장 일반적이다. 풍부한 역사 자료를 바탕으로 《중국재황사기(中國災荒史記)》, 《중국 고대 재난사 연구(中國古

代災害史硏究)》, 《재난사 연구의 이론과 방법(災害史硏究的理論與方法)》 등 중국의 재난사를 관통하는 전문 연구서도 간행되었다.

3.1.1. 사료 정리

중국의 정사에는 재난과 관련된 내용이 많이 보존되어 있다. 역대 정사에는 흔히 《오행지(五行志)》와 《재이지(災異志)》가 있고, 다른 장에도 재난과 관련된 기록이 산발적으로 남아 있어 2,000년 동안 계속된 중국의 재난의 계보를 이루고 있다. 《유서(類書)》, 《통지(通志)》, 《통고(通考)》 등의 문헌에서도 특별히 '구징부(咎徵部)', '재상부(災詳部)', '물이고(物異考)' 등 하위 부분을 들어 각종 재난을 분류하여 기술하고 있다. 지방지에는 보편적으로 '재상(災詳)', '상이(祥異)', '재이(災異)' 등 항목이 마련되어 있어 한 지역에서 발생한 이상(異常) 사건과 재해 사건을 전문적으로 기록하고 있다. 이러한 역사 자료 가운데 재난에 대한 기록은 초기에 주로 왕조정치에 이용되었으나, 현재는 문헌 정리 및 정성, 정량 분석을 통해 중국 자연재해의 특징과 법칙을 밝히고, 재난과 사회의 연관성을 탐구하는 데 도움을 줄 수 있다.

서광계(徐光啟)의 《농정전서(農政全書)》 <황정고(荒政考)>에 기술된 메뚜기 재해 발생 법칙에 대한 논의는 중국의 재난 기록에 대한 시공간적 분포에 대한 정량적 분석을 수행한 최초의 사례라 할 수 있다. 강희 말년에 진몽뢰(陳夢雷)가 편찬한 《고금도서집성》은 중국 역사상 처음으로 대규모의 흉년 사료를 정리한 것인데, 그중 <서징전(庶征典)>, <식화전(食貨典)>, <건상전(乾象典)>, <직방전(職方典)>, <초본전(草本典)> 등의 분전(分典)에 모두 재난사와 관련된 자료가 실려 있다. <서징전(庶征典)>은 '한재부

(旱災部)', '수재부(水災部)', '풍재부(風災部)', '박재부(雹災部)', '한서이부(寒暑異部)', '풍겸부(豐歉部)', '황재부(蝗災部)', '서이부(鼠異部)', '충치[1]이부(蟲豸異部)'로 나누어 다양한 자연재해를 포괄하고 있다. 한편 <식화전(食貨典)> 가운데 '황정부(荒政部)'는 역대 구황(救荒)에 관한 문헌을 폭넓게 수록하고 있다(夏明方, 2014).

예로부터 중국은 지진에 관한 사료가 매우 풍부하였다(李偉·楊世瑜, 2008). 《태평어람(太平御覽)》에는 '지진이 용출하다(地震泉湧)'에 관한 기록이 있다. 《국어(國語)》와 《사기(史記)》에는 기원전 780년에 서주의 "삼천(涇、渭、洛)이 모두 진동하였다."라는 현상이 기록되어 있다. 이러한 단편적인 기록 외에도 《태평어람(太平御覽)》과 《문헌통고(文獻通考)》, 《고금도서집성(古今圖書集成)》 등은 중국 역사상의 지진 자료 모음집으로 여겨지고 있다. 북송 시대에 편찬된 《태평어람(太平御覽)》에는 주나라부터 수나라까지 45건의 지진 기록이 수록되어 있다. 《문헌통고(文獻通考)》에는 양송 시대 중국의 지진 기록 268건이 나열되어 있다. 《고금도서집성(古今圖書集成)》에는 지진과 산사태 및 지진으로 인한 지면 균열 현상 654건이 기록되어 있다.

그 외에도 지진의 원인, 지진 현상, 지진으로 인한 파괴도 중국의 고대 지진 기록과 연구에서 다루는 중요한 내용에 속한다. 이러한 자료를 객관적이고 세밀하게 분석함으로써 고대 중국인의 지진 재해 대응에 대한 사고방식 및 의식을 이해할 수 있다. 《중국 지진 자료 연표(中國地震資料年表)》와 《중국 지진 역사자료 휘편(中國地震歷史資料彙編)》은 현대 중국의 지진을 다루는 주요한 종합 자료집이다. 《중국 지진 자료 연표(中國地震資料年表)》는 고대 중국의 지진에 대한 8,000여 종의 정사(正史), 별사(別史), 필기

1 충치: 벌레의 총칭이다.

(筆記), 잡록(雜錄), 시문집(詩文集), 방지(方志), 당안(檔案)[2] 등의 고서를 연대순으로 정리한 것이다. 연구자들은 해당 자료를 기반으로 자료를 추가로 수집하고 정리하여 《중국 지진 역사 자료 휘편(中國地震歷史資料彙編)》을 간행하였다.

기상재해 자료도 현대 재난 관련 연구의 주요 부분을 차지한다. 《근대 오백년 중국 가뭄 및 홍수 분포도집(中國近五百年旱澇分布圖集)》은 명청 시대의 사료, 지방지, 각 성의 민정 자료와 기상국 조사 분석 자료 및 근대 기기 관측 자료 등을 선정하여 중국 명청 시대의 가뭄과 홍수재해의 개황(概況)을 반영하였다. 《중국 삼천년 기상기록 총집(中國三千年氣象記錄摠集)》은 중국 3,000년 동안의 각종 기상 관련 문서 기록을 연대순으로 수집하여 중국 역사에서의 다양한 기상 변화와 대기 물리 현상에 관한 사건을 망라하고 있다(張德二·蔣光美, 2004). 《중국 기상재해대전(中國氣象災害大典)》은 기존의 행정구역을 단위로 각 지역의 선진(先秦)부터 지금까지 일어난 각종 기상재해에 관련된 사료를 수록한 것으로, 실용성이 매우 뛰어난 참고서이다.

그 밖에 지역별 재난 연표와 자료의 분류 정리가 있다. 《고대 중국의 중대 자연재해 및 이상 연표 총집(中國古代重大自然災害和異常年表摠集)》 등과 같은 중대형 재난에 대한 자료 정리도 있다. 이들 자료는 정사(正史), 통지(通志), 부지(府志), 중요현지(重要縣志), 고의서(古醫書), 고수리서(古水利書), 잡기(雜記) 및 기타 고서에 있는 자연기록을 수집하였으며, 갑골문(甲骨文), 주절(奏折), 고화석(古化石)에 기록된 자연정보도 포함하고 있다(宋正海, 1992).

---

2 당안(檔案): 보존 기록 또는 아카이브라고도 한다.

3.1.2. 역사 연구

《중국재황사기(中國災荒史記)》는 《중국구황사(中國救荒史)》와 《중국재황사(中國災荒史)》를 수정, 정리하여 편찬한 것으로, 고대 중국인들의 재난 대응의 역사를 체계적으로 소개하고 있다. 이 자료에는 재난의 원인, 피해, 영향, 왕조별 재난 및 그 대응 활동에 대한 기록과 분석이 포함되어 있다.

《중국 고대 재난사 연구(中國古代災難史研究)》는 선진에서 명청 시대까지의 수해와 가뭄, 지진, 충해, 화재를 다루고 있다. 또한 역대 재난구제 및 방재 정책, 재난과 국가 체제, 교육 및 농업에 대한 영향도 포함되어 있다. 해당 자료들 가운데 중국의 역대 자연재해에 대한 개관 및 체계적인 논의와 함께 구체적인 재난 및 재난 정책에 대한 사례 연구도 망라되어 있다(赫治清, 2007).

《재난사 연구의 이론과 방법(災害史研究的理論與方法)》은 전문 서적보다 논문집이라고 하는 것이 더 적절하다. 이 자료는 재난사의 이론적 연구와 방법, 자연재해와 역대 재난구제 관행, 재난과 지역 역사 발전 등 다양한 측면에서 재난에 관해 탐구한다. 그리고 역사 속 재난 예방 및 방재의 경험과 교훈을 요약함으로써 사회와 경제의 지속 가능한 발전을 촉진하는 귀중한 경험을 제공한다.

전국에 걸친 재난사 연구 외에도 각 성의 재난사 연구도 광범위하게 이루어진 편이다. 이에 대한 연구는 《산둥성 자연재해사(山東省自然災害史)》, 《베이징 재난사(北京災害史)》, 《화난 기근과 사회 변천(華南災荒與社會變遷)》 등이 있다. 《허난성 메뚜기 재해사(河南蝗蟲災害史)》와 같이 한 지역에서 일어난 특정 유형의 재난에 관한 연구도 있다. 전문 서적 외에도 재난사에 관한 연구논문도 속속 등장하면서 재난사의 자료와 인문학적 함의를 깊이 파고들고 있다.

3.2. 시대를 맥락으로 삼다

중국에서는 선진 시대부터 '오해(五害)'라는 말이 있었다. '오해'는 수해, 가뭄, 우박, 감염병, 충해를 말하며, 그중 수해가 가장 큰 영향을 미치는 재난으로 꼽힌다. 사료 연구를 통하여 연구자들은 선진 시대에서 명청 시대까지, 중국 재난 유형의 변천을 명확하게 파악하였다. 각 유형의 자연재해는 시대마다 서로 다른 문화적 맥락을 형성하였다.

3.2.1. 선진 시대

선진 시대 중국의 주요 재난으로는 가뭄, 수해, 충해, 지진, 화재, 감염병 등이 있다. 상탕(商湯, 상나라 탕임금) 시기에 가뭄이 들어 진나라에서도 가뭄으로 땅에서 흰 소금이 나왔다는 기록이 있다. 또한 선진 시대에는 홍수피해에 관한 기록이 매우 많았는데, 역사 기록에 따르면 몇몇 도성도 침수되었다고 한다. 노나라는 희공과 소공 시기에 큰 우박 피해가 있었는데, 우박이 뜻밖에도 숫돌처럼 커서 피해가 심각하였다고 한다. 그리고 선진 시대에는 메뚜기 재해로 농작물이 피해를 받았으며, 때로는 간헐적으로 4개월 동안 이어져 오랫동안 계속되었다. 한편 각 나라 사이에 재난에 대한 서신 왕래가 있었는데, 노나라의 역사서에 송나라의 재난에 대한 기록이 있다. 가장 큰 영향을 끼친 지진은 서주에서 동주로의 변화를 촉발한 서주 말기의 지진으로, 양나라 혜왕, 노나라 소공 시기에도 심각한 영향을 끼친 지진이 있었다는 기록이 있다.

선진 시대의 인재로는 주로 화재와 감염병이 있었다. 건조한 날씨 때문에 부주의로 일어난 작은 불씨가 종종 화재를 일으키곤 하였다. 《곡량전(穀梁傳)》에는 화재가 동시다발적으로 여러 나라에서 발생할 수 있다고 기록하였는데, 당시로는 불가사의한 일이라고 알려졌다. 이러한 현상은 선진 시대에 화재가 보편적으로 발생했을 뿐만 아니라 피해가 매우 크고, 상황 또한 열악하였음을 보여준다. 또한 선진 시대에는 감염병이 창궐하여 치료가 어려웠는데, 역사에는 감염병이 제나라에서 큰 재난을 일으켰다는 기록이 있다.

3.2.2. 진한 시대

진한 시대 중국의 재난으로는 주로 수재, 한재, 지진, 충해, 우박, 감염병 등이 있었다. 수량과 빈도의 측면에서 양한(兩漢)의 경우는 모든 시대에 걸쳐 높게 나타났으며, 평균적으로 4년 이내에 한 번꼴로 수해가 일어났다. 진한 시대 수해가 많이 발생하였던 곳은 북쪽의 관중(關中), 황허 중하류 지역, 남쪽의 강한(江漢) 지역이다. 수해가 발생하는 계절적 특징은 7, 8, 9월에 집중되어 있다는 점이다. 황허강의 수해는 양한에서 현저한 편으로, 양한, 특히 동한(東漢)의 명제(明帝)가 왕경(王景)(인물설명)에게 강을 다스리게 하기 전 시기에 일어난 수해의 대부분을 차지한다. 황허는 춘추전국 400여 년 동안 비교적 안정되어 범람 기록이 드물었다(李珍梅, 2017). 그러나 서한 시대에 황허가 범람한 후부터 강물이 끊임없이 넘치면서 80여 년 동안 황허의 수로가 여러 차례 바뀌었다. 양한 시대 황허의 빈번한 수해와 심각한 재난은 역사상 보기 드문 일이었다. 왕경이 황허를 다스리게 된 이후 강물의 흐름이 순조로워졌고, 수해는 강남지역에서 비로 인한 침수만이 주로 발생할 뿐이었다.

진한 시대에는 가뭄이 자주 발생하였으며, 그 빈도 또한 높은 편이었다. 양한 시대에는 평균 4년 이내에 한 번씩 가뭄이 발생하였다. 피해가 발생한 지역은 주로 북부 지역으로, 관중, 관동(關東) 등의 지역에 집중되어 있었다. 중국 북부 지역은 연간 총 강수량이 적고, 계절 분포가 고르지 않아 계절에 따른 강수 변화가 크기 때문에 가뭄이 발생하기 쉬웠다. 동한 이후 중국의 가뭄은 남부로 이동하는 추세를 보이며, 남부 지역의 가뭄은 날이 갈수록 심하였다. 양한 시대의 가뭄은 대부분 봄과 초여름에 발생하였다. 중국 북부에서는 봄철인 4~5월 초중순까지 강수량이 매우 적은 반면, 일조량이 증가하여 기온이 급격하게 상승하고 수분 증발이 가속화되어 토지가 쉽게 건조해진다. 이에 가뭄이 발생하여 농작물을 파종할 수 없게 되었다. 초여름에는 북부 지역이 대부분 강수량이 저조한 시기임에도 농작물의 용수량은 많아 가뭄이 발생하기 쉬웠다. 이와 같이 초봄과 초여름 가뭄이 이어지면서 피해가 더욱 심각하였다.

양한 시대는 중국 역사상 지진이 빈번하게 일어났던 시대로, 거의 3년에 한 번씩 지진이 활발하게 일어났던 것으로 보인다. 진한 시대의 지진은 지표면과 산림을 파괴하여 인류의 생존과 발전을 위한 환경을 악화시켰으며, 주거지 및 왕궁과 같은 인공 환경에도 피해를 주었다. 진한 시대의 지진 가운데 과반수는 통치자들의 큰 관심을 불러일으켰다. 그리하여 이재민을 구제하고 조세를 면제하여 백성의 급한 불을 끄고, 감형 및 사면으로 천하에 덕을 폄으로써 민심을 안정시켰다. 또한 조서(詔書)를 내려 관직에 있는 사람들을 해직시켜 뭇사람의 입을 막기도 하였다. 이와 같이 지진은 '천인감응(天人感應)'과 '재이설(災異說)'의 가장 좋은 매개체 중 하나로, 광범위한 여론의 관심을 불러일으켰다. 따라서 지진은 수해와 가뭄보다 대중을 더욱 혼란스럽게 하며, 공포하며 설득력이 있다.

송나라 이전까지의 역사에서 양한 시대 충해의 총량과 빈도는 비교적 높은 수준이었다. 시대가 지날수록 자료가 더욱 정밀해진다는 점을 고려해 볼 때 양한의 충해는 다른 시대보다 더욱 심각했을 것으로 보인다. 메뚜기 재해의 빈도는 1년에 여러 번 발생하거나 심지어 몇 년 동안 연속적으로 발생하기도 한다. 진한 시대의 충해는 주로 여름과 가을, 특히 6, 7, 8, 9월에 많이 나타난다. 이상 기후의 영향으로 양한 시대 기후가 복잡해지면서 메뚜기떼가 만연하였다. 다른 재난과 마찬가지로 양한 시대의 충해는 주로 북부 지역에 퍼져 있다. 메뚜기가 산란하는 장소는 주로 강가, 호숫가와 일부 얕은 해변이며 빗물은 메뚜기, 특히 메뚜기의 부화에 큰 영향을 준다(張霖, 2013). 여름과 가을이 되어 북부 지역에 가뭄이 들고 비가 적게 오면 모래톱의 수위가 낮아짐에 따라 황무지가 넓게 노출되면서 메뚜기의 번식에 유리한 조건이 형성되어 메뚜기 재해가 쉽게 발생한다.

진한 시대의 우박 재해는 전반적으로 적었고, 서한은 동한보다 더 적었다. 동한의 기후는 춥고 건조하여 우박 재해가 발생하기 쉽다. 양한 시대의 우박 재해는 대부분 산지, 구릉 지대에 집중되어 있으며, 주요 발생 시기는 4~6월이다. 양한 시대에 우박이 내릴 때에는 대부분 비를 동반하였으며, 때때로 강한 바람도 불었다. 따라서 이 시기의 우박 재해는 상당히 해롭고 심각한 피해를 초래하였으며, 결과적으로 농작물을 수확하지 못하여 사람들이 굶주리기도 하였다.

진한 시대는 말기로 갈수록 감염병이 많아지고 발생 빈도도 높아졌다. 이 시대에 감염병 발생률이 높은 지역은 남부와 동부 지역이었다. 난세(亂世)는 감염병이 많이 발생하는 시대이다. 사회질서가 안정되고 백성들이 기본적인 생활 수준을 유지할 수 있다면 감염병의 유행 빈도는 낮아지지만, 사회가 불안정하면 감염병이 유행할 가능성이 증가하면서 피해 상황도 더욱 심각해졌다(張劍光 · 鄒國慰, 1999).

3.2.3. 수당 시대

수당 시대의 재난으로는 주로 가뭄, 홍수, 충해, 우박, 지진, 감염병 등이 있었다. 이 시대 수해와 가뭄은 평균 2~3년에 한 번씩 발생하였는데, 양한 시대보다 발생 빈도가 많이 증가하였다.

또한 수당 시대에는 메뚜기떼가 기승을 부렸고, 쥐와 토끼 등의 수가 증가하면서 범위도 점점 더 넓어졌다. 당시 사회에서는 메뚜기가 수감자들과 관련이 있다고 믿었기에 충해가 발생하면 일부 수감자를 감형하거나 석방하기도 했다. 메뚜기가 간헐적으로 피해를 주는 동안 거염벌레(粘蟲), 귀뚜라미(紫蟲), 흑충(黑蟲), 메뚜기 새끼(蝝蟲) 등 다른 해충들도 농사를 위협하기 시작하였다.

우박 피해도 심해졌고 우박이 내리는 간격도 짧아졌다. 비와 우박이 내리면서 바람도 많이 불었으며, 심지어 해일에 대한 기록도 있다. 지진재해는 이전보다 다소 줄어들었다. 그러나 감염병은 여전히 심각하여 20년에 한 번꼴로 발생하였는데, 유행 면적이 넓고 가뭄과 수해로 인한 기근과 동반되는 경우가 많았다.

3.2.4. 송원 시대

송원 시대의 재난은 수해, 감염병, 충해, 지진과 우박이 주를 이루었다. 남부 지역은 강우량이 풍부하여 북부 지역보다 수해가 많이 발생하였다. 양송(兩宋) 시대에는 송나라 영토 대부분이 감염병이 널리 퍼진 상태였다(邱雲飛, 2007). 감염병은 북부보다 남부, 서부보다 동부가 많았는데, 그 중 쩌지앙성의 감염병이 가장 심각하였다. 양송 시대의 감염병은 수도에서 더 빈번하게 발생하였는데, 수도는 당시 정치, 경제, 문화의 중심으로서 감염병에 대한 기록이 비교적 상세하였기 때문이다. 또한 수도는 인구가 많고 유동성이 커서 감염병이 쉽게 전파되었다. 충해는 화베이(華北) 평원 및 황화이(黃淮) 지역에 널리 퍼져 있었고, 허난성, 산둥성, 허베이성, 장쑤성 등은 메뚜기 재해가 가장 심한 지역이었다.

또한 송원 시대에는 오늘날의 쩌지앙성, 허난성, 쓰촨성, 산둥성, 산시성(山西省) 등의 지역에서 지진이 많이 발생하였고, 해안의 지진이 전체의 3분의 1을 차지하였다(白建方, 2010). 우박 재해는 해안 지역에 많았으며, 내륙은 적었다. 그중 쩌지앙성과 허난성 지역의 우박 피해가 많이 일어나 가장 광범위한 영향을 미쳤다.

3.2.5. 명청 시대

명청 시대에는 주로 수해, 가뭄, 충해, 지진, 우박, 감염병 등의 재난이 발생하였다. 수해는 평균 1년에 한 번씩 일어났으며, 비와 홍수 발생 지역에 따라 이동하면서 지속적인 피해를 주기도 하였다. 가뭄은 점진적인 피해를 주면서 오랫동안 계속되었다. 특히 허난성, 산둥성, 산시성(山西省) 등지에 긴 가뭄이 들어 그 영향도 컸다.

또한 산둥성, 산시성(山西省), 저지앙성 부근에 메뚜기 피해가 광범위하게 일어났다. '메뚜기알 파내기' 등 인위적으로 메뚜기를 잡는 방법이 있었지만, 큰 효과가 없었다. 메뚜기 재해는 농업과 백성의 생계에 큰 위협을 가하였다.

한편 지진 발생 간격이 다소 짧아지면서 경제적 손실이 커졌다. 명나라 때 중국의 지진 역사상 유명한 관중 대지진이 발생하였는데, 경제적 손실 및 영향이 매우 커서 사람들을 공포에 떨게 하였다.

감염병은 여전히 두드러진 재난으로, 명나라의 영락(永樂, 1403~1424), 정통(正統, 1436~1449), 경태(景泰, 1450~1457) 등 세 시기에 감염병이 만연하였다. 한편 청나라 시대 감염병의 뚜렷한 특징은 여러 곳에서 발생하였으며 그 범위도 넓다는 것이다.

3.3. 사회를 무대로 삼다

사회는 재난의 무대이며 고대 재난에 대한 해석은 고대 사회에서 출발해야 한다. 고대 사회의 재난에 대한 인식과 대응은 주로 정치, 신앙, 기술(技術)에 반영되었다. 황정(荒政)은 고대 중국의 재난 대응 정치를 집중적으로 구현한 것으로, 재난이 발생했을 때 국가가 민심을 안정시키고 생산을 빠르게 재개하기 위하여 채택한 일련의 재난구제 정책 조치이다. 재난이 일어난 후의 제례(祭禮) 또한 빼놓을 수 없다. 고대 중국에서는 엄격한 의례 전통이 있었는데, 국가는 물론 귀족 집단까지 천지와 조상에게 제사를 지내는 행위로 구현되었다. 수자원 관리, 식수(植樹)와 조림(造林) 및 재난 상황 점검은 고대 중국의 주요 방재 수단이었다.

3.3.1. 황정(荒政)

중국은 예로부터 재난이 빈발한 국가로, 가장 많이 발생한 재난은 지진, 홍수, 가뭄, 메뚜기 재해 등이었다. 역사적으로 볼 때 고대 재난의 발생 빈도와 피해 정도가 점차 증가하고 심화되는 양상을 보인다. 소농경제(小農經濟)는 봉건시대 농업생산의 기본 모델로 주요 생산 수단에 속하며,

생산 기술 및 방식 모두 낙후된 편이었다. 따라서 지진, 악천후, 충해 등 다양한 유형의 재난이 농업생산에 강한 파괴력을 행사하고, 부정적인 영향도 뚜렷하여 경제 발전과 사회 안정에 영향을 미치는 결정적 요인이라고 할 수 있다.

진한 이래로 재난을 구제하는 경제 행위는 사회 안정을 유지하는 정치 활동과 항상 불가분의 관계에 있었다. 재난은 인명과 재산의 직접적인 손실을 초래할 뿐만 아니라 체제 안정에도 영향을 미친다. 대재난이 지나간 후에는 대부분 농민 봉기가 일어났다. 예컨대 수나라 말기에 일어난 홍수로 허난, 산둥 등 30개 이상의 현이 피해를 보아 백성들이 살기 어려워졌고, 조정에서도 관료들의 부패가 성행하여 결국 대대적인 농민 봉기가 일어났다. 재난구제가 제대로 이루어지지 못한다면 심각한 경제, 사회, 체제의 위기로 이어지기 쉽다. 따라서 역대 봉건 왕조에서는 모두 '재난구제'를 중요한 '국책'으로 삼았다. 그리고 재난의 발생 기간 동안 재난지역 및 이재민에 대해 일련의 구재 조치를 함으로써 체계적이고 완전한 재난구제 정책 체계를 확립하였는데, 이를 '황정(荒政)'이라고 한다.

황정은 고대에 기근에 직면했을 때 취한 구재 조치이다. 수해와 가뭄, 지진과 우박, 흑사병과 충해는 흉년을 초래하여 사회 불안으로 이어지기 쉽다. 황정은 여기에서 생겨난 공식적인 사회 구재 행위의 일종이다. 선진 시대에는 사람들에게 상호부조(相互補助)를 권유하는 공식적인 제의가 있었고, 서주 시대에 이르러 기본적인 형태를 갖추었다. 남송의 동위(董煟)가 편찬한 《구황활민서(救荒活民書)》는 최초의 구황 전문 저서로 전해진다. 유삼(俞森)의 《황정총서(荒政叢書)》와 진몽뢰(陳夢雷)의 《고금도서집성(古今圖書集成)》에서는 대량의 기근 자료를 수집하여 고대의 많은 재난구제 조치를 총망라하였다.

중국 고대의 재난구제 정책은 재난의 발생 주기에 따라 크게 기도(祈禱), 방재, 감재(減災), 재건 등 네 가지로 구분할 수 있다. 《주례 · 지관(周禮 · 地官)》에서는 재난구제 정책을 산리(散利), 박정(薄征), 완형(緩刑), 이력(弛力), 사금(舍禁), 거기(去幾), 생례(眚禮), 쇄애(殺哀), 번악(蕃樂), 다혼(多昏), 색귀신(索鬼神), 제도적(除盜賊) 총 12가지로 유형화하였다.[3] 후대에 이를 바탕으로 끊임없는 조정 및 개선이 이루어지면서 조정(朝廷)과 백성이 함께 재난을 구제하는 구도가 확립되었다. 재난구제는 "안위에 관한 문제이므로 융통성이 있어야 한다."라는 점에서 전면적이고 효과적인 재난구제 정책의 틀은 국력을 공고하게 다지는 데 큰 의미를 지닌다.

전통 농업의 발달은 기후와 직결되기 때문에 "하늘에 의지하여 살아간다(靠天吃飯)."라는 말이 틀린 말은 아니다. 흉년이 들면 대규모의 기근이 발생하기 때문에 이에 대비하기 위한 비축 제도가 탄생하였다. 비축 제도는 한나라 시대부터 시작되어 재난이 발생할 때 주된 구호 조치로서 후대에도 계승, 보완되었다. 청나라 시대에는 성에서부터 현에 이르기까지 각급 행정구역에 상평창(常平倉)을 설치하여 쌀, 곡식 등의 식량을 일정량 저

---

3 산리(散利): 흉년이 들면 관청에서 백성에게 곡식 종자와 양식을 대여해 주는 것.
박정(薄征): 조세를 경감(輕減)해 주는 것.
완형(緩刑): 형벌을 완화해 주는 것.
이력(弛力): 부역을 줄여 주거나 면제해 주는 것.
사금(舍禁): 산이나 냇가에서의 수렵 및 채집에 관한 금령을 풀어 백성이 산이나 내에서 나는 채소나 생선이라도 취할 수 있게 한다는 것.
거기(去幾): 검문소나 시장에서 시찰하는 일을 폐지하는 것.
생례(眚禮): 예법을 간편하게 하는 것.
쇄애(殺哀): 상례를 간편하게 하는 것.
번악(蕃樂): 악기를 창고에 넣어두는 것.
다혼(多昏): 예식을 갖추지 않고 성혼하는 자가 많게 하는 것.
색귀신(索鬼神): 폐지한 제사를 찾아 다시 제사 지내는 것.
제도적(除盜賊): 기근이 들면 도적이 많아지므로 도적을 제대로 없애는 것.

장하였는데, 그 출처는 조정에서의 매입과 향신(鄕紳)들의 기증이었다. 완비된 구호물자 비축 제도는 구호물자의 수송 기간을 단축하고, 재난지역에 구호물자를 제때 지급하여 사상자를 줄임으로써 재난으로 인한 사회 혼란도 피할 수 있다.

고대에는 농업이 백성의 생존과 발전의 토대였는데, 이른바 "백성이 먹는 것을 하늘로 삼는다(民以食爲天)."라는 말은 곧 농업생산이 파괴되면 국가나 지역에 치명적인 재난을 겪는 것과 같다는 것을 의미한다. 고대의 역대 왕조가 모두 중농정책을 적극적으로 시행한 것은 봉건사회의 '농본주의(農本主義)'에 영향을 받았기 때문이다. 예컨대 양한 시대에는 휴양을 중시하고 생업에 힘썼으며, 한문제(漢文帝)는 13년간 면세 정책을 폈으며, 원나라, 명나라, 청나라 시대에는 모두 엄격한 농업 감독 정책을 폈다. 중농정책은 농업의 발전을 적극적으로 촉진하고, 각종 재난에 대비하는 데 중점을 두어 피난민에게 피해가 발생하지 않도록 함으로써 봉건 왕조의 안정을 유지할 수 있다.

재난 상황이 발생한 후 정부에서 재난구제 절차를 개시하여 가장 짧은 시간 내에 완벽한 준비와 함께 구호 조치를 엄격하게 시행하여야 피해를 효과적으로 줄이고 사회질서를 안정시킬 수 있다. 완벽한 재난 조사 및 보고 제도는 지방정부가 중앙정부에 단계별로 재난 상황을 보고할 것을 요구한다. 이는 정부가 재난 상황을 이해하고, 의사결정 및 전반적인 재난구제를 시행하는 전제가 된다. 왕조가 바뀌면서 재난 보고 제도가 점차 엄격해졌는데, 예컨대 청나라에서는 "주관과 현관이 재난 보고를 하지 못한 지 1개월 이내인 자는 6개월 동안 벌봉(罰俸)하고, 1개월이 넘은 자는 1계급을 강등하고, 2개월이 넘은 자는 2계급을 강등하며, 3개월이 넘은 자는 해임한다. 무(撫), 사(司), 도관(道官)은 주와 현에서 보고한 날짜에서부터 기한을 정하고, 기한을 넘기면 주와 현의 관례에 따라 처벌한다."라고 명확히 규정하였다. 재난 상황에 대한 평가도 재난을 경감시키는 중요한 작업으로, 정부에서는 피해 정도에 따라 재난의 수준을 판단하여 적절한 구조 대책을 마련하였다.

민심을 안정시키고 되도록 빠른 생산 재개를 위하여 재난 발생 시 조정에서는 일련의 재난구제 정책을 마련하였다. 심각한 재난이 발생하자, 조정에서는 우선 이재민에게 구호 명목의 돈과 물품을 무상으로 지급하여 이재민들이 난관을 극복할 수 있도록 도왔다(赫治清, 2007; 劉仰東·夏明方, 2000). 흔한 조치로는 '이공대진(以工代賑)', '이속취민(移粟就民)', '이주취속(移民就粟)' 등이 포함된다. 조정에서 이재민들이 수자원 관련 공사 등 국가 건설 사업에 참여하여 돈과 물품을 얻도록 장려하는 것을 '이공대진(以工代賑)'이라 한다. 또한 조정에서는 국고의 미곡 운반과 비축, 수매 외에도 다른 지역의 곡식을 재난지역에 보내어 이재민들에게 나누어 주는데, 이것이 '이속취민(移粟就民)'이다. 한편 이재민을 자원이 풍부하고 재난피해가 없는 지역으로 이주시키기도 하는데, 이를 '이주취속(移民就粟)'이라 부른다.

재난으로 이재민들이 고향을 떠나 토지가 황폐해짐에 따라 국가 세수에 막대한 영향을 미치게 되면서 부세(賦稅), 조세(租稅), 부역(賦役), 벌금 등을 면제하는 정책도 흔하였다. 재난 시의 구호 조치는 일시적인 응급조치로, 미봉책에 속하였으나 이재민의 삶이 예전의 생기를 되찾게 하는 것을 장기적인 방안으로 하였다. 고대의 재난구제 조치에는 이재민을 안정시키는 정책, 감세 또는 면세, 대출 등이 포함되었다. 기근이 들 때에는 필연적으로 피난을 떠나기 마련인데, 역대 정부에서는 조세 및 부역 감면, 전답(田畓) 지급 또는 강제송환 등의 방식으로 피난민들이 고향으로 돌아가 생업을 재개할 수 있도록 유도하였다.

기근이 극심할 때는 도적들이 날뛰기 때문에 정부의 피난민 구재 정책도 필수적이었다. 정부에서는 농작물, 식량, 소, 농기구 등의 농업 자원을 대여하거나 관개(灌漑), 식수 및 조림, 생태 복원 등의 정책을 제공하여 생업과 생계 회복을 도왔다. 재난이 발생한 후 일정한 기간 동안 피난민 및 이재민을 고향으로 돌려보내는 일은 고대 재난구제 정책의 중요한 부분이었다. 또한 정부에서는 이재민의 치료 및 장례를 위한 비용을 국고에서 지출하도록 한 조치도 있었다.

국가 재정에는 한계가 있어 사회 세력의 재난구제 참여를 장려하기 위하여 국가는 구호금을 기부한 자에게 관직과 작위를 하사하기도 하였다. 고대의 재난구제 정책은 사회참여, 구체적이고 세분화된 규정, 시대적, 경제적 타당성 등의 특성을 보인다. 부유한 백성 및 학문과 덕망이 높은 선비와 같은 민간 세력은 재난구제 과정에서 각급 관청의 일손을 채우거나 역할 및 필요성을 부분적으로 대체하고 있었다. 왕조 발전단계의 관점에서 재난구제 정책은 각 왕조의 전기부터 중기까지 순조롭게 시행되었으나, 말기에는 빛 좋은 개살구로 전락하는 경우가 많았다. 또한 재난구제 정책은 왕조의 성쇠에 따라 변화에 구체적인 특징을 보였다. 즉 경제력은 재난구제 정책의 수립과 운영, 혁신의 토대이며, 역사의 발전 속에서 경제력이 강성한 왕조는 재난구제 정책의 전성기라고 할 수 있다.

예로부터 고대 중국의 황정은 시대마다 각기 다른 특징이 있다(李向軍, 1994). 한나라 시대부터 황정에 관한 제도가 점차 개선되면서 재난 상황 조사, 재난 감독 및 구조가 인구 증가 및 사회 안정에 큰 의미를 지니며 고대 중국의 문화에 깊은 영향을 미쳤다. 그러나 낮은 구호 수준과 정부의 그리 좋지 못한 재정 상황은 구호 효과를 제한하였다. 한나라의 예악(禮樂)

문화는 봉건 통치 질서의 도덕화와 규범화에 유리하여 한나라의 재난구제 사상을 융성하게 하였다. 천인감응(天人感應)과 음양재이(陰陽災異) 학설도 재난구제에 어느 정도 합리성과 실용성을 보인다. 한나라의 과학 기술 발전은 사람들의 재난구제에 대한 사고와 행위를 확장시켰다.

송나라의 이재민 구호 조치는 행정성, 시장성, 사회성을 띠고 있어 고대 중국 황정 제도의 전환기라 할 수 있는데, 가장 눈에 띄는 조치는 식량 생산을 늘리고 식량을 저장하는 창고를 지은 것이다. 한편 역사적으로 황정 제도의 정점이라 일컬어지는 청나라 황정의 기본 절차는 재난구제, 재정, 이치(吏治) 등 몇 가지 측면을 포함한다(宮大偉, 2009). 청나라 시대에는 지배계급의 재난구제 대책이 제도화되었고, 구호에 대한 입법이 엄격하였으며, 구조 조직이 세밀하고 재난구제 지출은 광범위하였다. 그러나 민족, 계급, 지역을 구분하여 재난구제를 진행한 데다 부패까지 만연하여 청나라의 황정에도 명백한 폐단이 있었다. 청나라의 멸망은 청나라 말기의 잦은 자연재해와 정부의 재난구제 능력 부족과도 관련이 있다.

황정 사상은 고대 중국의 재난구제 활동의 지침이라는 의의를 지니지만 천명주의(天命主義)의 양미론(禳弭論)[4]의 제한을 받았다(高瑩, 2009). 근대에 이르러 전통적인 제신(祭神)으로 재난을 물리치는 일은 사라지지 않고 오히려 급증하는 추세였다. 사찰의 신단이 많아졌을 뿐만 아니라 의례 방식도 갈수록 번거롭고 격식화되었다(紹永忠, 2004). 제신으로 재난을 물리치는 사상은 사람들의 마음속에 깊게 뿌리를 박고 있는데, 이는 사회의 쇠락 및 과학의 무능과 밀접한 관련이 있다. 천명주의는 본질적으로 일종의 도피 심리인데, 이러한 도피 심리는 백성들이 흉년에 직면하고 도전할 용기

4 양미론(禳弭論): 재난을 극복하기 위해 신에게 기원하는 일을 말함.

를 상실하여 결국 흉년에 따른 피해가 가중되었다.

3.3.2. 예제(禰祭)

예로부터 화하민족(華夏民族, 옛 중국 민족. '화하'는 옛 중국의 이름을 뜻함)에는 '경천법조(敬天法祖)'라는 신앙이 있어 역대 왕조마다 황제가 매년 천지에 직접 제사를 지냈는데, 이 행사는 하나라로 거슬러 올라간다. 제천(祭天)은 역사적으로 왕조의 '국무(國務)'에 속하는 대규모 행사였다. 특히 명청 시대에는 고대 제사의 주요 형식을 계승하고 혁신하였으며 제사 의례 및 제천 절차가 매우 성대하고 번잡하였다.

제를 지내는 사당 또한 고대 황제들이 제사를 얼마나 중시하였는지를 보여주는데, 사당은 일반적으로 당시 건축 공법상 최고의 기술 수준과 예술적 창의력을 대변한다고 할 수 있다. 예컨대 천단(天壇)은 중국의 수많은 사당 가운데 가장 대표적인 건축물에 속한다. 고대 제천행사는 황제가 '하늘'에 대한 감사를 표하고, 이듬해의 좋은 날씨와 사람과 자연의 화합을 기원한다. 또한 감재(減災)와 함께 길(吉)과 복(福)이 찾아오고, 흉(凶)과 화(禍)가 피해가기를 기원하였다. 민간에서도 많은 제사 의식이 있었는데 이 또한 재난을 피하고 많은 복을 받기를 기원하는 것이었다.

중국에서는 선진(先秦) 시대부터 재난과 흉상(凶喪)에 관련된 의례(儀禮) 및 제사가 있었는데, 이를 '흉례(凶禮)'라고 하였다. 흉례는 서주(西周)의 오례(五禮) 가운데 하나로, 일반적인 조문과 애도뿐 아니라 국가적인 대규모 재난을 대상으로 이루어지기도 한다. 흉례는 상례(喪禮), 황례(荒禮), 조례(弔禮), 괴례(禬禮), 휼례(恤禮)로 나뉜다. 흉례는 나라의 슬픔을 애도하는 것으로, 상례는 죽음을, 황례는 기근과 역병을, 조례는 수해와 화재를, 괴례는 적국에 패한 나라를, 휼례는 침략당하거나 내란을 겪는 이웃 나라를 애도하는 것이다.

상례는 본분에 따라 복상(服喪)하는 것으로, 고대 중국에서는 상례를 매우 중시하였던 탓에 허례허식이 많았다. 황례는 흉년에 진행하는 제례로, 주로 민심을 달래고 안정을 유지하는 역할을 한다. 조례는 정부가 재난지역에 애도를 표하고, 재난을 퇴치하기 위한 기양(祈禳) 행사를 거행한다. 괴례는 조례와 비슷하게 온 나라에서 패전국 이재민을 원조하고 구제하며 위문하는 행사이다. 휼례(恤禮)는 불행을 당한 나라를 위문하고 구호하는 것으로 귀족이 행하는 의례이다.

고대 황제는 재난이 발생하였을 때 관리의 치적과 민생 상황을 즉시 검토하였는데, 그 구체적인 제도로는 군주자견(君主自譴), 개원(改元), 책면삼공(策免三公), 인재구언(因災求言), 대사천하(大赦天下), 염승지술(厭勝之術), 감선상검(減饍尙儉) 등이 있었다.[5] 이러한 제도는 하늘에 죄를 용서받고, 인간과 자연의 조화로운 화합을 도모하여 농업 경제의 회생과 발전을 촉진토록 하는 천인감응의 사상을 구현하고 있다. 예컨대 재난이 발생하면 황제는 먼저 스스로의 정치 행위를 성찰하고, 재난에 대한 정치적 대응으로 자신의 부덕(不德)을 인정한다.

제사나 의례뿐만 아니라 중국의 신화 이야기도 재난과 관련된 자료

5 군주자견(君主自譴): 황제가 스스로를 견책하는 일.
개원(改元): 연호를 바꾸는 일.
책면삼공(策免三公): 삼공의 직위를 해면하는 일.
인재구언(因災求言): 재난을 계기로 왕이 신하에게 당시 정치의 잘못된 점을 묻는 정치 행위.
대사천하(大赦天下): 전국적인 대사면을 실시하는 일.
염승지술(厭勝之術): 고대 주술의 일종으로 사람, 사물, 요귀를 물리치는 저주를 뜻함.
감선상검(減饍尙儉): 먹는 것을 줄이고 검소함을 유지하는 일.

이기도 하다(周非, 2011, 徐洪興, 2008). 반고가 천지를 개벽하고, 여와가 흙으로 사람을 만들었다는 전설은 모두 재난 현상에 대한 사람들의 막연한 인식을 함축하고 있다. '규구(規矩)', '팔괘(八卦)', '용마부도출낙수(龍馬負圖出洛水, 용마가 낙수에서 그림을 지고 나오다)', '영귀부서현황하(靈龜負書現黃河, 황하강에서 신령스러운 거북이 등에 글귀가 나타나다)' 등의 전설도 지진, 홍수, 기상이변 등의 자연재해에 대한 왜곡된 기록이다. 정위전해(精衛塡海, 정위라는 새가 바다를 메우다), '장우자해(張羽煮海, 장우가 바다를 끓이다)', '나타요해(哪吒鬧海, 나타가 바다에 소란을 일으키다)' 등의 신화도 해양재해가 인류에게 가져다 준 재난을 반영한다. 이러한 거대한 재난은 사람들이 말로 설명할 수 없을 정도가 되자, 황당무계하고 생생한 언어로 왜곡하여 막연한 기억으로 남아 계속 이어지고 있다.

한편 도교(道教)는 중국에서 시작된 종교로, 많은 신에게도 재난의 그림자가 남아 있다. 예를 들어 도교에서 최초로 섬긴 '삼관대제(三官大帝)'의 경우 '천관(天官)'은 사람에게 복을 주고, '지관(地官)'은 죄를 사하며, '수관(水官)'은 사람을 위해 재난을 물리친다. 뇌공(雷公), 전모(電母), 풍백(風伯), 우사(雨師)는 홍수, 가뭄, 우박 재해를 통제할 수 있는 자연의 힘을 가지고 있다. 오악대제(五嶽大帝), 사해용왕(四海龍王)은 지진과 해일에 대한 선조들의 공포를 반영하고 있다. 오귀(五鬼) 또는 오방역사(五方力士)라고도 부르는 온역신(瘟疫神)은 역병에 대한 사람들의 두려움을 반영하였다.

3.3.3. 공정(工程)

사회구조 측면에서 자연재해에 대한 고대 중국의 주된 대응조치는 수자원 시설 공사 및 조림 사업이었다. 이들 조치뿐 아니라 옛사람들은 이러한 조치에 따른 결과에 대해서도 명확하게 인지하고 있었다. 자연재해를 예측하기 위하여 고대 중국에서는 천문, 기상 관측을 매우 중시하였고, 관련 법률과 제도도 마련하였다.

수자원 시설 건설은 고대 중국의 중요한 과학적 성취였다. 중국은 인구가 많고 농업이 발달하였으며, 수자원 관개와 하천 방비 및 준설은 역대 왕조의 중요한 정무였다. 그러나 중국에서는 수해와 가뭄이 빈번하게 발생하여 수천 년의 문명에서 중화민족은 수없는 홍수와 침수피해를 겪었다. 재난의 영향과 사람들의 노력으로 고대 중국의 수자원 시설 공사 사업이 끊임없이 발전하면서 세계적으로 유명한 수자원 시설을 적지 않게 건설하였다. 이러한 수자원 시설의 규모가 거대하고 설계 수준이 높다는 사실은 선조들이 물에 대한 풍부한 지식을 지녔음을 말해준다. 수자원 시설은 농업 생산력을 향상시키며, 원활한 운송을 가능케 하여 상업 발전과 사회 경제의 전반적인 번영을 촉진할 수 있다.

하상(夏商) 시대의 중국인들은 원시적인 수자원 관개 기술을 터득하였고, 서주 시대에는 기초적인 농지 수자원 체계가 형성되었다. 춘추전국시대에는 도지앙옌(都江堰, 중국 쓰촨성의 수자원 시설), 정국거(鄭國渠, 중국 전국시대에 인공적으로 만든 강) 등 대규모 수자원 시설로 농업의 발전이 촉진되었다. 양한 시대에는 관개 시설인 육보거(六輔渠), 백거(白渠)가 건설되었고, 대규모 관개 사업이 북에서 남으로 확장되고 있었다. 위진(魏晉) 이후 중국의 수자원 사업은 계속 강남으로 추진되어 당나라에 이르러 전국에 널리 보급되었고, 양송 시대에는 이미 수자원 시설의 열풍이 불었다(夏國治 · 程裕淇 · 邊知非, 1990). 원, 명, 청나라 시대 대형 수자원 시설 공사는 계속 발전하였으며, 소규모 농경지에도 불똥이 튀었다. 오늘날에는 다양한 형태의 수자원 시설을 전국 어디에서나 볼 수 있을 정도로 현저한 경제적, 사회적 효과를 발휘하고 있다.

중국에서는 역대 왕조마다 나무를 심고 숲을 가꾸는 일을 권장하였으며, 다수의 왕조에서는 임정(林政)을 관리하는 부서와 관원을 두어 국가 임업의 발전을 전담하였다(肖東發 · 衡孝芬, 2015). 그 외에도 나무를 심는 방법과 종류도 명시하였는데, 양송 시대 소수민족 정권인 요나라(大遼)와 원나라 왕실의 귀족들은 도성에 나무를 심어 직접 시찰하고, 백성들에게 나무를 관리하는 데 협조하도록 하였다. 고대에 나무는 생태 환경을 개선하는 역할 외에도 여름에는 더위를 식히고 겨울에는 길을 안내하는 역할을 하여 국가 경제와 백성의 생활에 큰 의미가 있었다. 명나라 때는 일찍이 포상 제도를 세워 관리들이 나무를 널리 심도록 장려하였다. 청나라 때는 제방을 보호하기 위하여 강둑에 나무를 심는 것을 중시하였다.

중국은 역대로 천문, 기상 관측을 중시해 왔다(赫治清, 2007; 餘誌和, 2010). 진(秦)나라 율법에는 수해에 관한 보고 내용이 있어 각지의 수해 및 피해 상황을 보고하는 것을 법령으로 엄격하게 시행하도록 요구하였고, 한나라에서도 이 제도를 답습하였다. 송나라 때는 보다 완벽한 홍수 보고 제도를 세웠고, 명나라에서는 이를 '황허비마(黃河飛馬)'라는 홍수 보고 제도로 개선하였다. 청나라 시대에는 홍수 신고 제도를 답습하는 것 외에도 양가죽 뗏목으로 홍수 상황을 전달하는 '양보(羊報)' 제도를 세웠으며, 곡물 가격을 보고하는 제도와 '청우록(晴雨錄, 청나라 시대의 강수 기록)'이 있었다. 그중 더 흥미로운 것은 중국 최초의 수문 관측소인 백학량(白鶴梁)이다. 백학량은 충칭(重慶) 푸링(涪陵)에 있는 창지앙의 천연 석량(石梁, 돌다리)으로, 일 년 내내 물에 잠겨 있다가 수위가 낮을 때만 부분적으로 모습을 보인다. 따라서 옛사람들은 백학량이 수면 위로 드러난 부분의 높이에 따라 창지앙의 갈수 및 수위를 확정하고, 수문학적 표시로 돌 위에 물고기 모양을 새겨 놓았다(李繼業, 2013; 孟昭華, 1999). 이와 같이 단순하지만 실용적인 발명은 근로자들의 소박한 지혜와 창의력을 보여주고 있다.

요약

중국 고대 역사 자료에 보존된 재난자료는 당시 왕조정치에 이용되었으나, 오늘날에는 정성적, 정량적 분석에 활용되어 중국의 역사적 자연재해와 전쟁 재난의 특징과 법칙 및 사회와의 연관성을 밝히는 데 사용할 수 있다. 현대사회는 지진과 기상에 대한 사료 정리가 가장 풍부하며, 이밖에 지역별 재난 연표와 자료 분류 정리도 존재한다. 자연 및 사회 여건에 따라 시기별로 주요 재난에도 조금씩 차이가 있으나, 가뭄, 홍수, 지진, 화재, 감염병, 우박의 범주에서 벗어나지 않는다. 더욱 간과할 수 없는 것은 역대 왕조를 관통하는 전쟁 재난이다. 중국에서는 재난에 대비하여 예로부터 그에 상응하는 제사와 의례뿐 아니라 수자원 시설 건설 및 식수조림 등 국가사업으로서의 수단도 있었다.

夏明方(2014),「빅데이터와 생태사: 정보화시대 중국 재난사료 정리 및 데이터베이스 구축」,『제11회 중국 재난사 연차총회 및 '재난사의 이론과 방법' 학술대회 논문집』, pp.55-69.

李偉 · 楊世瑜(2008),『관광 지질 문화 논술 총강』, 야금공업출판사.

張德二 · 蔣光美(2004),『중국 삼천년 기상기록 총집』, 장쑤교육출판사.

宋正海(1992),『고대 중국의 중대 자연재해 및 이상 연표 총집』, 광둥교육출판사.

赫治清(2007),『중국 고대 재난사 연구』, 중국사회과학출판사.

李珍梅(2017),「다퉁 · 숴저우 지역 쌍간허(桑幹河) 유역의 수리 발전 탐구」,『사지학술지』 1, pp.37-41.

張霖(2013),「명나라 산둥성 메뚜기 재해 연구」, 시안사범대학 석사학위논문.

張劍光 · 鄒國慰(1999),「양한 감염병의 특징과 재난구제 조치에 대한 논의」,『간행물 복사본(선진, 진한사)』 6, pp.83-89.

邱雲飛(2007),「양송의 역병 재해에 대한 고찰」,『의학과 철학』 11, pp.102-105.

白建方(2010),『지진에 대한 인식』, 중국철도출판사.

劉仰東 · 夏明方(2000),『기근사』, 사회과학문헌출판사.

李向軍(1994),「중국 고대 황정의 발생과 발전 과정에 관한 연구」,『중국 사회 경제가 연구』 2, pp.7-12, 18.

宮大偉(2009),「청나라의 황정 제도에 대한 논의」, 산둥대학 석사학위논문.

高瑩(2009),「진한 위 · 진 시대 황정 사상에 관한 연구」, 산시재경대학 석사학위논문.

紹永忠(2004),「20세기 이래의 황정사 연구 총론」,『중국사 연구 동향』 3, pp.2-10.

周非(2011),『중국 신화의 문화 코드』, 안후이문예출판사.

徐洪興(2008),『중국 고대 점괘』, 구주출판사.

夏國治 · 程裕淇 · 邊知非(1990),『당대 중국의 지질 사업』, 중국사회과학출판사.

肖東發 · 衡孝芬(2015), 『고대의 수리 양상: 고대 수리 공사와 유적』, 현대출판사.

餘誌和(2010), 『호칭통감』, 세계지식출판사.

李繼業(2013), 『홍수 설계와 방지 및 재난 감소』, 화학공업출판사.

孟昭華(1999), 『중국 기근 사기(史記)』, 중국사회출판사.

제4장

재난에 대한 문학 및 예술적 글쓰기

재난은 인간의 삶에 큰 변화를 가져오기도 하고, 마음속에 큰 상처를 남기기도 한다. 따라서 사람들은 재난을 문학 및 예술적 방식으로 표현하고 재난과 연관된 경험과 감정을 기록한다. 중국의 소설, 시가, 산문, 영화 등 각종 작품에서 모두 재난의 흔적이 나타나는데 그 가운데 소설에 많이 집중되고 있다. 문학 작품에서 묘사하는 재난으로는 수재, 가뭄, 지진, 감염병, 메뚜기 피해, 태풍 등이 있는데 가장 많이 언급되고 있는 소재는 수재와 가뭄 및 지진이다. 문학인이 재난을 자유롭고 다원적인 시각으로 살펴보고 있으므로 재난에 관한 주제와 예술적 특징도 풍부하고 다양한 편이다.

4.1. 시가와 재난의 이미지

문학의 기초는 언어이다. 언어의 중요성은 바벨탑 이야기에서 가장 먼저 알 수 있다. 영국 인류학의 아버지로 불리는 타일러(E.B.Tylor)는 선사시대에 지구에서 처음으로 인류의 확산과 대종족(大種族)의 발전이 일어났고 언어가 탄생하였으며 큰 언어 체계가 확정되었고 문화 발전은 고대 세계 동방 민족의 수준에 이르렀다고 하였다. 여기서 언어가 인류문화체계에서 매우 중요한 위치를 차지하고 있음을 쉽게 알 수 있다. 언어는 인류 문화의 산물(産物)일 뿐만 아니라, 집단에 대한 응집력을 구현하고, 인류의 행위 경계를 규범화하며, 인류 집단을 통일하거나 구별하는 효과가 있는데, 이러한 효과를 '바벨탑 효과'라고 한다.

'바벨탑 효과'는 다른 나라의 언어에만 존재하는 것이 아니라 각 지역의 방언에도 존재한다. 방언은 동일 언어의 변이로서 국가의 문화적 매개체이자 표지이다. 중국처럼 국토 면적이 넓고 지역 차이가 큰 나라에서도 이러한 현상을 볼 수 있으며, 면적이 그리 넓지 않은 나라에서도 이러한 사례들이 자주 보인다. 일본에서는 간사이(關西)와 간토(關東)로 지역을 구분하는데 두 지역은 언어 습관 및 생활풍습에서 선명한 차이를 보인다. 간사이(關西)의 오사카(大阪) 등 지역 주민들은 털털하고 쉽게 친해지는 것을 자랑으로 생각하며 이러한 특징 또한 그들의 언어 표현에서 잘 반영된다. 이와 반대로 새로운 문명의 세례를 받은 간토말은 메이지유신 이후 양복을 입은 일본인과 같이 예의는 바르지만 다소 거리감이 느껴진다. 간토말은 표준 일본어로 정해져 있지만, 고어를 많이 보존하고 있는 간사이(關西)말은 그렇지 않다. 두 방언이 서로 접촉할 경우 마치 선비가 병사를 만난 느낌이 든다. 오사카사람들은 도쿄사람들이 허세를 부린다고 생각하고 도쿄사람들은 오사카사람들이 시끄럽게 떠들고 인색하다고 말한다. 같은 간사이에 속하는 오사카와 교토(京都) 사람들도 서로 눈에 거슬려 지역 편견이 매우 심하다. 지역에 대한 언어적 공격이 심하게 일어나고 있다. 여기서 일본어의 역사적 변천과 지역 분화에 대하여 심도 있게 논하지 않으려 한다. 다만 실례로 바벨탑 효과로 나타나는 언어가 집단에서 가장 중요한 특징으로 집단의 유지와 개체가 집단에 대한 태도, 감정, 인지 등 심리적 방면의 일치를 촉진하는 작용을 설명하고자 한다. 언어는 사회적 관계와 사회 구조를 구체적으로 보여준다. 사회적 정체성과 문화적 정체성은 언어적 정체성을 전제로 한다. 따라서 지역이나 일반 집단의 구성원들이 사용하는 독특한 언어와 표현 방식, 또는 집단에 특별한 의미가 있는 언어 접촉은 집단의 독특한 문화 형성을 촉진하고 개체가 소속된 집단을 선호하는 데 더욱 도움을 준다.

시가(詩歌)를 구성하는 것은 언어를 기초로 하는 리듬과 운율이며 더 나아가 시인의 의도이자 감정이라고 할 수 있다. 재난에 관한 시가들이 표현하는 감정은 매우 풍부하다. 시인들이 표현하는 것은 재난 이후 응급조치 관련 사실일 뿐만 아니라 인간성의 각성이기도 하다. 민국 시대 푸둥다이(傅東岱)의 <재난 이후>, 양싸우(楊騷)의 <향곡(鄉曲)>, 리버(麗波)의 <난민저가(難民底歌)>, 왕자우레이(王兆瑞)의 <한패의 알림(自夥兒的告語)> 등은 모두 사람들의 마음의 소리를 반영하였다(張堂會, 2011; 楊西, 2008). <재난 이후>는 가뭄이 발생한 후 사람들이 도시로 피난을 갔는데 도시 역시 실업자들이 가득하였다고 기술하고 있다. 언제 어디서나 사람들은 나날이 힘들어지는 열악한 생존 조건에 놓여있어 자신이 지금 겪고 있는 불행이 자연재해일 뿐만 아니라 사람에 의하여 일어난 인재(人災)라는 것을 깨달았다. 어떤 사람들은 배불리 먹으며 행복을 누리고 있고 어떤 사람들은 가난하여 굶어 죽고 있는 과정에서 사람들은 마침내 사회의 평등과 압박에 반항하는 것이 얼마나 중요한지 알게 되었다. 이와 비슷하게 리버의 <난민저가>에서 작가는 흉년 이후 조세가 줄어들지 않음에 따라 사람들이 자연과 사회의 이중 압박 속에서 힘겹게 살아가다가 끝내 정신을 차리고 항쟁의 길로 들어섰다고 묘사하였다. 시가는 매우 격정적으로 다음과 같이 쓰였다.

가라[1]
우리 다시는 너희들의 기만과 유인에 넘어가지 않는다.
이미 너희들이 승냥이고 이리인 걸 간파하였다.
너희들의 큰 칼과 창(槍), 독 포탄의 위엄을 마음껏 자랑하라.
오라
우리는 오직 펄펄 끓는 마음뿐이다.

흉년의 영향하에서 일반 사람들뿐만 아니라 거지들조차도 항쟁의 중요성을 깨달았다. 류루수이(劉如水)는 시 <걸인(求乞者)>에서 자연재해로 인해 아무도 거지에게 베풀려 하지 않자 거지들도 마침내 인생의 잔인함을 알게 되어 자신의 힘으로 살기로 결심하고 다시는 걸식을 하지 않았다고 묘사하였다(張堂會, 2012).

오직 힘만이 자신을 살아가게 만든다.[2]
나는 이제는 길가에 누워 힘없이 신음하면 안 된다.

---

1 去吧
我們再不受你們的欺騙與誘引
早已看破你們只不過是豺狼一群
盡管去誇耀你們那大刀長槍與毒彈之威淫
來吧
我們只有這一顆暴跳的心

2 只有力可使自己生活
我不能再躺臥在街邊發出無力的呻吟
同類相愛
完全是說謊者的高歌
雖僅餘一口氣息
決要作雷聲般吆喝
誰甘心就這樣過

동료끼리 사랑한다는 말은
거짓말쟁이들이 크게 부르는 노래이다.
비록 한숨만 남았지만
반드시 천둥소리처럼 고함을 지를 것이다.
그 누가 이대로 살기를 달가워하겠는가?

자연재해는 인재와 서로 통한다. 자연의 비참한 상황은 종종 사람들이 멸망 위기를 연상하게 한다. 따라서 재난을 주제로 하는 문학 작품은 "민족을 멸망에서 구한다."라는 행동으로 전환되었다(張堂會, 2012). 가뭄, 홍수와 침수, 폭설, 지진 등 각종 자연재해를 묘사하는 시가에서 모두 나라, 고향, 국난 등 단어들이 빈번하게 나타나는데 재난과 관련된 집단 체험이 이미 국가와 민족에 대한 애정으로 승화하였다. 탕양종(湯養宗)은 시 <기와 조각 속의 중국(瓦礫中的中國)>에서 다음과 같이 묘사하였다.

2008년 5월 12일 14시 28분 4초[3]
중국이 흔들리고

3 2008年5月12日14時28分04秒
中國一震
我的祖國被壓在自己的瓦礫中
許多花朵突然被白雲帶走
天開始下雨

瓦礫中的中國正在站起來
她依然是一道巍峨的風景線
她對所有死去和活著的兒女說
一定要記住
媽媽愛你
我們有一個永不會塌陷的家
名字叫中國

나의 조국은 자신의 기와 조각 속에 눌리었다.
많은 꽃은 갑자기 흰 구름에 끌려갔고
하늘에서는 비가 내리기 시작한다.
......
기와 조각 속의 중국은 지금 일어서고 있다.
그녀는 여전히 하나의 우뚝 솟은 명승지이다.
그녀는 죽었거나 또 살아있는 모든 자녀에게 말하였다.
반드시 기억하라
어머니는 너를 사랑한다.
우리에게는 영원히 무너지지 않는 집이 있다.
그 이름은 중국이다.

쓰은호우버(沈浩波)는 <천북잔편(川北殘篇)>에서 재난 속 자아와 타인, 인민과 국가의 관계에 대하여 이렇게 묘사하였다.

나는 당연히 이 나라를 사랑한다.[4]
나의 동포가 여기에 있기 때문이다.
그들은 나를 외롭게 하지 않고
동료와 매일 함께하면서

---

4 我當然熱愛這個國度
因為這裏有我的同胞
他們使我不孤單
每天都能和同類在一起
像他們一樣美好和汙穢
當同胞的血
塗抹在我心上
我惟有蘸血寫詩

그들처럼 아름다워지고 더러워진다.
동포의 피가
나의 마음에 칠하여질 때
나는 오직 그 피를 묻혀 시를 쓸 뿐이다.

재난과 관련된 시가는 종종 절실한 문자로 생명에 대한 사랑을 표현한다. 이것은 인도주의의 정신일 뿐만 아니라 중화민족의 보편적인 정서의 반영이기도 하다(魯雪莉, 2003). 2008년 원촨(汶川) 지진 이후 중국에서 전 국민이 함께 재난을 느끼고, 전 국민이 함께 재난지역에 안부를 전하는 재난문화가 형성되었다. 이는 사람들이 생명 의식에 대한 각성이자, 사회적 진보의 표현이다. 정보의 공개가 투명해지면서, 인간의 생명권은 지고무상(至高無上)의 지위를 부여받게 되었다. 국가가 국난의 날을 제정하고 반기를 게양하여 희생자를 애도하는 것은 한편으로는 국가가 국민에 대한 존중을 나타내고 다른 한편으로는 개인의 생명을 경외하는 이념도 반영하고 있다. 작가들은 다시는 이재민들을 차가운 통계 수치로만 보지 않고, 피와 살이 있는 개체로 환원함으로써 그들의 아픔과 비애를 뼈저리게 느끼되 된다. 왕지아신(王家新)은 <인민(人民)>에서 다음과 같이 적었다.

산이 무너지고 땅이 갈라지고 난 뒤[5]

---

5 山崩地裂之後
“人民”就不再是抽象的了
人民就是那些被壓在最下面的人
就是那些在地獄的邊緣上驚慌逃難的人
人民
就是那個聽到求救聲
卻怎麼挖也挖不出來的人

'인민'은 더는 추상적이지 않다.

인민은 가장 아래에 눌리어 있는 사람들이다.

지옥의 변두리에서 허겁지겁 피난하는 사람들이다.

인민은

구조 요청 소리가 들리지만

아무리 파도 파낼 수 없는 사람이고

강연은 할 줄 모르고

매일 하느님만 외치는 사람이며,

소리 한번 내지 못하고

자신의 가축과 함께

산사태 속에 생매장된 사람이다.

인민,

인민은 시를 쓸 줄 모르지만

지금까지 두보의 시 속에서 소리 삼켜 우는 사람이다.

또한 위치앙(俞強)의 <폐허 위의 책가방(廢墟上的書包)>에서는 학교 붕괴 사건을 묘사하였고 어린 생명에 대한 존중과 사랑을 표현하였다(朱立元 · 黎明, 2011).

就是那些不會演講
只會喊老天爺的人
就是那些連喊也沒有喊出口
就和他們的牲口一起
被活活埋在泥石流中的人
人民
人民就是那些從來不會寫詩
但卻一直在杜甫的詩中吞聲哭的人

가지런히 쌓여 놓인 가방을 바라볼 때면[6]

눈물이 흘러내린다.

폐허 앞에

가지각색

마치 눈에 띄게 피어있는 꽃봉오리처럼

마치 방금 가족과 작별을 고한 것처럼

장난스럽게 깡충깡충 뛰며

펼쳐진 책에는 아직 어린 목소리와 작은 손의 열기가 끼어 있다.

필통에서 작은 소리가 들려오고

엄마 아빠의 당부를 담고 있으며

선생님의 쉰 목소리

지금 그것들이 눈부시게 여기에 놓여 있고

보들보들한 부피에

아직도 천진한 이미지와 체온이 남아있는 것 같다.

한 사람 인생에서 펼쳐진 첫 번째 꿈

---

6 面對一排排整齊疊放的書包
我的淚流下來了
在廢墟前
五顏六色
像一簇開得觸目驚心的花苞
仿佛剛剛各自與家人告別
配合著頑皮的蹦跳
被翻過的書頁裏還夾著童音與小手的熱氣
鉛筆盒傳來輕微的聲息
收藏了父母的叮嚀
老師有些沙啞的聲音
現在它們炫目地被放在這裏
軟綿綿的體積裏
仿佛還保留著童真的形象與體溫
一個人生之初的夢

깊이 있는 재난 시가는 사라진 생명을 안타깝게 생각하고 생명의 가치를 찬양하며 생존과 죽음의 문학 주제도 탐구하고 있다. 이러한 깊고 넓은 인류 사상들은 이미 현실을 초월하여 예술의 광채를 드러낸다. 비통하고, 굳세고, 이러한 생명으로 만들어진 시구들은 "생명의 눈물, 죽음의 흉악함, 흔들리는 자연, 폐허에서의 외침, 민족의 위대함, 보답을 바라지 않는 사랑의 전파, 인간성의 빛, 죽은 자의 비장함, 사는 자의 투쟁, 영혼의 승화, 생명의 영예, 가여움의 정서, 인류의 정조(情操)"를 보여주고 있다(紀秀明 · 王衛平, 2013; 袁躍興, 2011). 이러한 예술은 사람들이 자신도 모르는 사이에 인류의 운명과 이어지게 하여 사람들을 조용하고 안락한 환경에서 끌어내어 시인이 서술한 모든 곤궁과 역경 속에서 고락을 함께하며 자신들이 평소 편협하고 이기적이었음을 인식하게 하는 한편 일상생활에서의 비속함과 천박함을 말끔히 쓸어버리게 하였다. 이러한 시가들은 인간성의 윤리를 고문하고 인간성과 인생을 엄격하게 지켜보고 있다. 둬위(朵漁)는 <오늘 밤, 시를 쓰는 것은 경망스러운 일이다(今夜, 寫詩是輕浮的)>에서 다음과 같이 적었다.

오늘 밤[7]

---

7 今夜
我必定也是
輕浮的
當我寫下
悲傷
眼淚
屍體
血
卻寫不出
巨石

나 역시 필연코

경망스러울 것이다.

내가

슬픔

눈물

시체

피는

쓰고 있지만

큰 바위

대지

단결과 폭노(暴怒)는

쓸 수 없었다.

내가 언어를 쓰고 있지만

깊은 침묵은 쓸 수 없었다.

오늘 밤

인류의 침통 속에

경망스러운 눈물이 있고

大地
團結和暴怒
當我寫下語言
卻寫不出深深的沈默
今夜
人類的沈痛裏
有輕浮的淚
悲哀中有輕浮的甜
今夜
天下寫詩的人是輕浮的
輕浮如劊子手
輕浮如刀筆吏

슬픔 속에는 경망스러운 달콤함이 있다.
오늘 밤
세상에서 시를 쓰는 사람들은 경망스러운 것이다.
경망스럽기가 망나니 같고
경망스럽기가 도필리(刀筆吏)[8] 같다.

또한, 시인이 재난 시를 창작하는 태도에 관해 부정하는 것이 보편적이다. 시예이싱(謝宜興)은 시가에서 지진 후의 창작은 "무병 신음(無病呻吟)"이며 현실을 바꾸거나 고난을 줄일 수도 없다고 보았다. 이러한 시가는 자신을 '수치스러운 사람'으로 만들었다고 하였다(孫紹振, 2007).

원촨 지진 이후[9]
시를 쓰는 것은 쓸데없는 짓이다.

---

8 도필리: 소송 문서를 작성하는 관리. [옛날에 남을 대신하여 고소장을 써주던 사람으로 폄하의 뜻을 지님].

9 汶川地震之後
寫詩是多餘的
詩歌有了從來沒有的輕和無辜的愧疚
面對廢墟的抒情是可恥的
哪怕挽歌或頌辭都顯得淺薄和輕浮
這一刻
當我寫下這些分行的文字
我知道
今夜又多了一個可恥的人
但是上帝啊
我心中也感到山崩地裂的痛
請你原諒一個心痛者的無病呻吟
這場地震還在我們每個人心中留下一個
堰塞湖
詩歌只是個人的導流渠

시는 지금까지 없었던 가벼움과 무고한 양심의 가책을 느꼈다.
폐허를 마주한 서정(抒情)은 수치스러운 것이다.
만가(挽歌)나 찬사도 천박하고 가벼워 보인다.
지금, 이 순간
문단이 나뉜 글들을 써나갈 때
나는 알았다.
오늘밤 또 하나의 수치스러운 사람이 나타났다는 것을
그러나 하느님
나의 마음도 산이 무너지고 땅이 갈라지는 아픔을 느꼈다.
마음 아픈 자의 무병 신음을 용서하여 주소서
이 지진은 우리 모두의 마음속에 하나의
언색호(堰塞湖)를 남겼다.
시가는 단지 한 사람의 도류구(導流渠)일 뿐이다.

4.2. 소설과 재난의 줄거리

언어는 인류문화에서 가장 영향력이 있는 특징 중의 하나이다. 인류 사회에서 가장 침투력이 강한 인간 상호작용의 형태는 말하기와 듣기이다. 방언은 같은 지역적 특징과 문화적 특징을 가진 개개인이 공유하는 언어로 그중 몇 가지 특징은 개개인을 특정한 유형의 이미지를 가진 사람으로 만들어 대인관계에서 자신이 속한 집단에서 높은 인정을 받을 수 있고 다른 집단의 사람들이 자신에 대한 '첫인상'을 형성한다. 언어는 지역적 귀속감과 밀접한 관계가 있다. 앞에서 언급한 바벨탑 효과는 이러한 매력을 나타내며 동시에 귀속감을 가질 수 있는 방법을 제공한다. 개인은 사회화 과정에서 자신의 남다른 점을 찾는 동시에 항상 타인의 인증을 받아야 귀속감을 충족시킬 수 있다. 현지 언어환경에 녹아들어 언어적으로 재사회화를 실현하는 것은 새로운 환경에 적응하는 효과적인 방법이라고 할 수 있다. 재난과 관련된 많은 소설은 다양한 재난의 줄거리를 설정했는데 이것은 바로 일종의 문화적 정체성의 구현이다.

4.2.1.《황허가 동으로 흐르다(黃河東流去)》

1931년 '9.18 사변'[10]이 발발하고 둥베이(東北)가 함락되었다. 1937년 '로구교 사변(盧溝橋事變)'이 발발하여 화베이(華北)가 위급하게 되었다. 1938년, 일본군이 쉬저우(徐州)를 함락시키고 정저우(鄭州)가 위기에 빠졌다. 이러한 생사존망의 시점에서, 국민당 군대의 최고 지휘관인 장제스(蔣介石)는 당시의 불리한 국면을 전환할 수 있는 전략적인 조치가 절실히 필요하였다. 이때 한 가지 계획이 부하들에게서 끊임없이 언급되었는데 그것이 바로 이수벌병(以水代兵), 다시 말하면 군인 대신 물로 공격하는 것이었다. 구체적으로는 황허 제방을 무너뜨려 세차게 흐르는 강물로 일본군의 정예 병력을 막는 것이다. 결국, 교통 요충지인 정저우(鄭州)로 향하는 일본군의 침범을 직접적으로 저지하기 위하여 장제스는 부하들에게 정저우 부근에서 적당한 위치를 찾아 제방을 무너뜨리라고 명령하였다. 명령을 집행하는 사람은 중모우현(中牟縣) 경내의 자오커우(趙口)를 선택했으나 시도해 보니 수로의 토사가 쌓여 예상대로 되지 않자 그 후 정저우에서 14㎞ 떨어진 황허 화위엔(花園) 나루터를 선택하였다. 결국, 하늘을 찌

10 9.18 사변은 만주사변이라고도 한다. 1931년 9월 18일에 일어난 중국 둥베이 지방에 대한 일본군의 침략 전쟁이다.

를 정도로 거센 강물이 세차게 흘러 일본군의 침범을 일정한 시간 내에서는 저지시켰다. 그러나 이러한 수몰삼군(水沒三軍)의 묘책은 군사에서의 전형적인 작전이라 할 수 있지만, 일반 국민에게는 큰 재난이었다. 허난성 기록보관소의 기록에 따르면 화위엔커우(花園口)의 제방이 무너진 사건으로 89만 명의 사망자와 1,200만 명의 이재민이 발생하였다. 화위엔커우 제방 붕괴 사건은 황허 하류에 속하는 허난, 안후이, 지앙쑤(江蘇) 등지의 백성들에게 심각한 재난을 초래하였고 경작지 1,200여 만 묘를 물에 잠기게 하였으며 그 피해 범위는 예(豫), 완(皖), 쑤(蘇) 세 개 성의 44개의 현이나 되었다.

리준(李準)의 장편소설 《황허가 동으로 흐르다》는 천재와 인재의 배경 아래 화위엔커우의 무너진 제방으로 생긴 유민들이 환경이 열악하고 전란이 빈번한 전통사회에서 어떻게 살아갈 것인가를 다룬 이야기이다(李準, 2007). 작품의 시작은 <황허>와 <화원구> 두 장절(章節)로 전편 이야기의 배경과 기초를 다졌다. 그 이후의 서술에서 작가는 국가 전체나 민족대의(大義)의 차원에서 묘사한 것이 아니라 한 마을의 몇몇 일반 농민들에게만 초점을 맞춰 이소견대(以小見大)하였다.[11] 소설은 츠양강(赤陽崗)촌의 리마이(李麥), 왕포우(王跑), 란우(藍五) 등 7개 가정 주요 구성원의 망명 생활과 도황(逃荒)[12] 경험을 서사의 실마리로 츠양강촌의 피난민들이 홍수피해로 고향을 등지고 떠나서 고달픈 세월을 겪으면서 삶의 터전을 잃었다가 다시 복구하는 피눈물 나는 역사(血淚史), 항쟁사(抗爭史)와 분투사(奮鬪史)를 아주 상세하게 묘사하였다.

---

11 이소견대(以小見大)는 작은 것을 통하여 큰 것을 본다는 뜻이다.

12 도황(逃荒)은 기근으로 인하여 살던 곳을 버리고 다른 곳으로 떠나간다는 뜻이다.

4.2.2. 《백록원(白鹿原)》

《황허가 동으로 흐르다(黄河東流去)》와 다르게 천중스(陳忠實)는 《백록원(白鹿原)》에서 재난을 단지 일종의 상황이라고 묘사하고 소설의 서사를 고조로 이끌어가는 도구라고 하였다(陳忠實, 2012). 따라서 재난과 이 작품의 관계를 완전히 이해하려면 처음부터 이야기하여야 한다. 이 시기 많은 소설가의 이야기에 대한 묘사는 모두 생활에서 기원한 것이다. 다른 시기의 소설가들은 작품을 위하여 삶을 체험한 것과는 달리, 이 시대의 작가들은 작품을 창작하기 전 이미 많은 생활 경력이 있었고 이야기가 발생한 장소도 대부분 자신이 살았던 곳의 그림자가 보인다. 오직 이러한 언어와 글만이 심오하고 적절하여 의도적이지 않으며 과장되지 않는 것이다. 예를 들어 리준, 모옌(莫言), 심지어 《홍루몽(紅樓夢)》의 작가 조설근(曹雪芹)도 자신의 삶을 작품 속에 끌어들였다. 이러한 풍격은 천중스(陳忠實)의 《백록원》에서 특히 분명하게 나타난다.

《백록원》은 글로 볼 때 두 가지 의미가 있다. 하나는 이 땅에 백씨와 녹씨 두 집안이 살고 있고 이 두 집안의 은원정구(恩怨情仇)[13]가 소설의 주요 줄거리이기도 하다. 다른 하나는 이 작품의 공간 설정이 백록마을로 되었고 마을 이름은 땅속에 신기한 백록(白鹿)이 묻혀 있다는 전설에 의해 지어진 것이다. 소설의 첫머리에서 주인공의 8명 마누라가 연달아 죽었고 또 자식들이 모두 요절하여 조상의 묘를 흰 사슴이 묻혀 있는 곳으로 옮겨야 이 저주는 비로소 멈춘다고 소개하였다. 현대 평론가들은 재난과 연관된 내용이 책 내용 가운데 가장 뛰어난 부분이라고 하였다. 《백록원》의 다른 장절(章節)에서는 인간관계를 묘사하였지만, 첫 10장은 자연의 작용

---

13 은원정구(恩怨情仇)는 은혜, 원한, 감정과 원수의 줄임말이다.

을 망라하여 자연재해가 전체 인류사회에 미치는 영향을 남김없이 상세하게 묘사하였다. 특히 마을 사람들이 죽은 티엔샤오아(田小娥)를 위해 사당을 지어 감염병을 물리쳐야 한다고 요구하였다. 이에 대한 주인공의 강한 태도는 인물의 내면적 활동에 대한 설명일뿐만 아니라, 자연 특히 재난 앞에서 나타난 인간의 반응에 관해 심도 있는 해석이기도 하다.

이 소설에서 언급하지 않을 수 없는 핵심적인 인물은 티엔샤오아이다. 그녀는 작품에서 가장 모순적이면서도 성공적으로 형상화된 인물로서 인간성이 매우 순박하고 선량할 뿐만 아니라 가장 근본적인 욕망까지 지니고 있다. 그녀는 백록마을의 여러 남자와 바람을 피우면서 백씨와 녹씨 두 가족 사이에서 맴돌고 있지만, 그녀의 본성에서 나오는 선량함은 빛나며 자유와 사랑에 대한 동경도 이 시대의 소설가들이 언급하는 심리적 영역이다. 결국, 반항도 하고 방종도 했던 티엔샤오아는 전통적 예의범절의 굴레에서 벗어나지 못하고 시아버지 루산(鹿三)의 손에 죽고 만다. 티엔샤오아의 죽음은 소설의 줄거리를 또 다른 고조로 끌어올렸을 뿐만 아니라 소설의 전개에서 자연의 힘인 감염병을 끌어들였다. 작가 천중스의 묘사를 보면 그 감염병은 엄청난 기세로 확산되어 감염된 사람이 심하게 토하고 설사를 하며 반나절이면 목숨을 잃는다고 하였다. 감염병에 관하여 속수무책일 때 마을 사람들은 다시 한번 티엔샤오아에게 시선을 돌리게 되었는데 이번에는 티엔샤오아에게 침을 뱉고 욕설을 퍼부으며 모욕하는 것이 아니라 머리를 숙여 빌고 두려워하였다. 이들은 감염병이 티엔샤오아의 원혼이 가져온 저주라고 생각하여 족장인 주인공에게 사당을 지어 달라고 부탁을 하였다. 그러나 이러한 치명적인 재난에도 주인공은 단호하게 이 제안을 거절하였다. 당시의 시대적 배경을 참고하면 이는 재난의 손을 빌려 자유 사상과 봉건적인 예법과 도덕 사이의 모순에 대한 작가의 깊은 성찰이라고 하지 않을 수 없다.

4.3.3.《붉은 수수밭(紅高粱)》

《붉은 수수밭(紅高粱)》의 작가 모옌(莫言)은 향토문학과 뿌리 찾기의 주제에 뛰어난 소설가로서 평탄치 않은 젊은 시절의 생활과 경력으로 인해 그의 많은 작품에서 깊이 있는 인간성을 보여주고 있다. 이 작품 역시 이소견대의 전범이라고 할 수 있다(莫言, 2007). 모옌은 일인칭 '나'의 시점으로 독자를 '그의 조부모'의 은원정구 스토리에 끌어들이며 1930, 1940년대의 난세 속에서 위잔아우(餘占鼇), 따이펑리옌(戴鳳蓮)을 대표로 하는 고오미(高密) 둥베이 시골 사람들이 힘들고 불안정한 시세 속에서 어떻게 삶을 찾아가는가에 대하여 묘사하였는데 곤고(困苦)와 답답함은 보이지 않고 통쾌함이 선명하게 드러난다. 인간성은 인물의 형상화를 통하여 체현되고 주인공인 위잔아우가 가장 뚜렷하였다. 위잔아우는 항일의 영웅일 뿐만 아니라 흉포한 토비(土匪)이기도 하다. 그는 한평생 수많은 사람을 죽였고 자신의 어머니와 간통한 스님은 물론, 따이펑리옌에게 반하여 조금도 주저하지 않고 그녀를 첩으로 들인 선씨(單氏) 부자까지도 죽였다. 민족의 대의에 직면했을 때, 그는 또 민족 영웅이 되어 민간의 항일 무장을 이끌고 고향에 침입한 일본군과 끊임없이 공방전을 벌였다. 이러한 인간성의 뒤에는 재난의 그림자가 존재한다. 이 작품에서 작가는 하나의 재난이나 어떠한 유형의 재난을 묘사하지 않았고 본원(本源)적인 것을 개별 사건과 인물로 형상화하여 독자들에게 자세하게 보여주고 있다. 난세에 처한 사람들은 전란과 천재지변으로 조불려석(朝不慮夕)[14]의 나날을 보내면

14 조불려석(朝不慮夕)은 형세가 절박하여 아침에 저녁 일을 헤아리지 못한다는 뜻으로 당

서 생명을 경시하는 습관이 생겼다. 남의 생명에 대한 경시일 뿐만 아니라, 자신의 생명에 대한 경시이기도 하다. 소설의 마지막 부분에서 따이펑리옌이 일본군을 수수밭으로 끌어들인 후 수수밭을 불태워 일본군과 함께 죽는 장면에서 이러한 현상이 특히 뚜렷하게 나타난다. 이 또한 소설 속 인물이 생명을 경시하는 모습을 보여주는 최고의 장면이기도 하다. 사실 주인공의 난세에 대한 소탈한 태도를 이해한다면 독자들은 이 평범한 시골 여성의 희생과 장거(壯擧)를 이상하게 여기지 않을 것이다. 독자들이 글을 읽으면서 소설 속 인물의 사태에 대한 반응을 느끼고 각 인물이 재난 속에서 형성하여야 하는 심리적 태도를 느끼게 되는 것이 바로 인간성이다. 소설의 결말 부분에서 모옌은 따이펑리옌의 파국을 다루면서 붉게 물든 수수밭의 큰불로 재난으로 인한 사람들의 사유 형태 형성에 대한 독자의 인지, 소설의 첫 부분에서의 따이펑리옌과 위잔아우의 수수밭 야합과 따이펑리옌 선씨 고량주방(高粱酒坊) 여주인의 정체성에 대하여 답하였다. 모옌은 재난이 인물의 심리에 스며드는 특징으로 작품의 시작부터 이미 이 비장한 장면의 복선을 깔아놓았다.

4.4.4. 《개구리(蛙)》

작품 《개구리(蛙)》 또한 모옌이 일인칭인 '나'의 시점으로 전개하였으며 주인공은 '나의 고모' 만심(萬心)이다. '고모'는 '큰할아버지'의 딸인데 '큰할아버지'는 팔로군 군의관이었다(莫言, 2012a). 고모는 할아버지 뒤를 이어 연수가 끝난 후 시골에서 새로운 분만 방법을 추진하면서 곧 사람들

장을 걱정할 뿐이고 앞일을 생각할 겨를이 없음을 이르는 말.

마음속 산파(産婆)의 위치를 대체하였으며 새로운 분만 방법으로 한 명 또 한 명의 아이를 받았다. 고모는 한편으로 의료 행위를 하고 다른 한편으로는 제자들을 이끌고 엄격한 계획출산 정책을 시행하였다. 이 작품의 시간적 배경은 30여 년을 뛰어넘어 1950년대 중국의 출산 장려 시기부터 1980년대 계획출산 시기까지이다. 고모의 역할은 존경을 받고 큰 기쁨을 맛보다가 사람들에게 미움받는 과정을 거침으로써 모순에 가득 차 있다.

작가는 작품에서 인간성에 대한 깊은 묘사와 함께 자신의 경력을 통하여 중국의 산부인과학이 산파에서 전문적인 산부인과 의사로까지 발전하는 과정을 세밀하게 묘사하였다. 또한, 작가는 자연재해로 인한 인구감소로 국가에서 출산을 장려하던 것에서 사회 경제의 발전으로 빠르게 계획출산으로 전환되는 사회 변천을 묘사하였다. 기층의 농민, 의사, 정부에 이르기까지 재난에 직면했을 때의 태도와 반응을 묘사하였을 뿐만 아니라, 계획출산 정책의 실현 과정에서 나타난 여러 가지 문제들이 사람들에게 끼치는 당혹감과 인간성에 대한 검증에 직면했을 때의 생생한 반응을 묘사함으로써 생명의 번성에 대한 작가의 경외와 모배(膜拜)[15]를 보여주었다.

작가는 아무리 큰 천재지변이라도 인간의 과실에 비하면 뼈저리지도 않고 충격적이지도 않다고 생각한다. 출산 장려 시기에 어려움에 부닥친 사람들은 비록 물질적 조건이 열악하지만 높은 인격적 매력과 긍정적 정신이 있고 새로운 생명이 태어날 때마다 기쁨이 넘쳤다. 그러나 계획출산 시기에는 물질적 생활 수준이 향상되었지만, 그러한 정책의 시행 과정 중에 나타난 각종 부적절한 행위로 사람들은 생명의 번식에 대한 경외심을 잃고 있다는 것을 밝혀내었다. 이 작품의 또 다른 특별한 점은 전통적

---

15 모배(膜拜)는 합장한 손을 이마에 대고 땅에 엎드려 행하는 절을 말함.

인 장절체가 아닌 네 통의 편지와 하나의 대본인 다섯 부분으로 구성하였다는 것이다. 작가는 편지라는 매개체를 통하여 주인공 만심의 입을 빌려 작가가 계획출산 정책 시행 과정 중의 잘못된 행위에 대해 참회하고 또한 두 시기의 마음 세계에 대해 자세히 묘사하고 비교하였는데, 어느 정도는 인간이 인재와 마주할 때의 인간성 고백이라고 할 수 있다.

4.4.5.《풍유비둔(豐乳肥臀)》

모옌의 이 작품은 늘 논란을 동반하고 있는데 가장 두드러진 문제는 바로 제목이다. '풍유비둔' 네 글자로만 보면 지극히 야하고 저속한 느낌이 들 수 있다. 그러나 이 네 글자 또한 전통적인 중국 어머니의 모습을 간결하게 묘사한 것이다. 여성의 특수한 신체적 생리 구조로 인해 임신 후 몸매는 현저하게 뚱뚱해지며, 수유기가 되면 여성의 젖가슴이 풍만해지는 특징도 나타난다. 모옌이 머리말에서 쓴 "하늘에 계시는 어머니의 영혼에게 드림."도 모성의 빛에 대한 숭배와 동경심을 나타낸다(莫言, 2012b). 더 심층적으로 해석하면 '비둔(肥臀)'은 인류의 생명 탄생의 근원으로 다음 세대를 탄생시키는 역할을 하며 '풍유(豐乳)'는 젖의 근원으로 후손을 양육하는 역할을 한다. 이 작품의 주인공은 바로 이러한 '풍유비둔'을 가진 중국의 전통적인 어머니이다. 어머니 역할만 놓고 볼 때 주인공은 위대하지 않다고 할 수 없고 빛이 나지 않는다고도 할 수 없다. 모옌은 어머니의 이름을 상관노씨(上官魯氏)라고 지었는데 남편 성은 상관, 어머니의 성은 노씨로 전형적인 전통사회 기혼 여성의 이름으로 구성되었다. 어머니는 평생 아홉 명의 자녀를 양육하였는데 앞의 여덟 명은 모두 여자아이였고 각각 이름을 라이디(來弟), 자우디(招弟), 링디(領弟), 시앙디(想弟), 판디(盼弟),

니엔디(念弟), 치유디(求弟), 위뉘(玉女)로 지었다. 작가는 여덟 명의 딸 이름을 통해 중국 전통문화의 남존여비 사상을 풍자하였다. 마지막 남자아이의 이름은 진퉁(金童)이며 막내 딸 위뉘와 이란성 쌍둥이이다. 어머니는 자신의 젖으로 자식들을 모두 성인이 될 때까지 키웠으니 위대하지 않다고 할 수 없다. 그러나 이 주인공에게는 많은 모순점이 있었다. 남편 상관노씨가 출산 능력이 없으므로 아홉 명의 아이가 모두 그의 자식이 아니고 더욱더 놀라운 것은 자식들의 친부조차도 서로 다르다는 것이다.

이 작품의 시간적 배경은 20세기 전반이며 근대 이후 중국이 가장 혼란스럽고 고난으로 가득 찬 시기였다. 작가는 주인공을 통하여 흉년, 감염병, 전란으로 가득 찬 이 시기에서 비천하지만, 온갖 수단으로 어떻게 끈질기게 살아냈는지 그리고 어떻게 자식들을 양육하였는지를 기술하였다. 이 가운데 전란은 주인공 일가가 직면한 가장 심각한 재앙이다. 소설은 막내 남동생 진퉁을 일인칭 시점으로 하여 어머니를 중심으로 한 가족 구성원들에 대하여 자세히 묘사하였는데 '나'와 수명을 다한 어머니를 제외한 나머지 주요 인물들의 결말은 거의 다 비명횡사로 끝난다. 따라서 작가는 어머니를 노래하고 추억하는 동시에 사람들이 재난에 직면했을 때의 속수무책과 무력함을 보여주었다.

4.4.6. 《이자성(李自成)》

이자성은 중국 명말(明末) 청초(清初)의 농민 봉기군의 수령으로서 그의 일생은 파란만장하다고 할 수 있다. 작가 야오쉐에인(姚雪垠)은 이자성의 봉기군 지도자로서의 경력을 바탕으로 명말 청초 수십 년의 역사를 이색적인 시각으로 보여주었다(姚雪垠, 1977). 그중에서 이자성과 관련된 '상락으로 출병하다(出兵商洛)', '카이펑을 수장시키다(水淹開封)', '즉위하고 칭제하다(登基稱帝)', '구궁에서 목숨을 잃다(命喪九宮)' 등 역사적 사건들을 적절하게 연출하고 묘사하였다. 다른 일반적인 역사 저작과 달리 작가는 소설체 문학의 특수성을 빌려 주요한 역사 인물을 부각함과 동시에 그 주변의 사소한 일과 감정생활에 대하여서도 세밀하게 추측하고 묘사하며 역사에서 잊혀진 일반 사람들을 자세하게 묘사하였다.

작가는 배경 묘사의 방법으로 재난을 도입하지 않았고 직접 집필의 대상으로 삼았는데 그중에서 이자성의 '카이펑을 수장시키다'의 전말에 대하여 가장 상세하게 묘사하였다. 작가는 가벼운 필법으로 방수로를 파헤치는 장면과 장병들이 훈련 후 목욕하고 조롱하는 등 장면을 묘사하였다. 이런 가벼운 분위기는 이후 제방을 부수고 물을 방류할 때 전략적으로 성공한 기쁨과 피해로 인한 인민의 참상과 강한 대비와 충돌을 일으켰다. 사람들은 홍수의 잔혹함을 한탄하고 있으며 또한 "한 장군의 공훈의 그늘에는 수많은 병졸의 비참한 죽음이 있다."라는 것에 대한 한층 더 깊은 이해를 하게 되었다. 백골에는 적뿐만 아니라 같은 편의 것도 포함되어 있으며 더 많은 것은 죄 없는 일반 백성들의 것이다.

이 사건에 대한 작가의 묘사에는 전쟁 그 자체에 대한 질책과 비난이 적지 않게 들어있다. 백성들에게 전쟁의 승패는 중요하지 않고 전쟁으로 인한 혼란, 전염병 등의 재난이 오히려 가장 비참한 고통을 초래한다. 작가는 이자성의 인물 성격 특성을 만들 때도 재난의 요소를 사용하여 이자성이 "뱉은 말은 반드시 행하고 약속한 말은 틀림없이 지킨다."를 더욱 돋보이게 하고 있다. 한 번의 패전으로 이자성 군대는 수천 명밖에 남지 않았다. 그 후 이자성은 명나라 정부를 뒤엎기 위하여 직접 장헌충(張獻忠)을 찾아가 다시 의기를 함께 들자고 설득하였다. 봉기 전 이자성의 주둔지

상락에 심한 역병이 돌았다. 이런 상황에서 그는 세상 사람들에게 신용을 잃지 않기 위하여 예정된 시간에 봉기를 일으키고 가는 곳마다 승리를 거두어 순조롭게 베이징을 정복하였다. 이 부분은 폭발적인 재난의 발생으로 이자성의 성품 형성이 완성되었음을 보여주는 것이다. 이자성이 "세상 사람들에게 신용을 잃지 않는 사람"이라는 말은 주관적인 평가에서 비롯된 것이 아니라 객관적인 자연조건에 의해 표현된 것이며 진실한 재난에서 나온 것이다.

4.4.7.《삼국지연의(三國演義)》

중국 '4대 명작'의 하나로서《삼국지연의》의 지위는 다른 동류 문학 작품들이 흔들 수 없는 것이다. 정사로 전해져 내려온《삼국지》와는 달리 작가 나관중(羅貫中)은 짚신을 팔고 있던 '중산정왕 후손(中山靖王之後)'인 유비를 통해 도원결의(桃園三結義), 삼고초려(三顧茅廬), 적벽대전(赤壁大戰) 등 우리가 흔히 알고 있는 역사적 사건으로 우리를 한 걸음씩 군웅이 할거하고 수많은 영웅이 배출되는 동한 말기의 난세로 끌어들인다(羅貫中, 2016). 그 안의 하나하나의 인물들의 역동적인 이미지와 함께 가슴이 떨리고 긴장으로 가득 찬 전쟁 모습과 끝없는 계략이 넘치는 권모술수도 보여주고 있다. 이 작품에서 재난에 대해서는 과도하게 언급하지는 않았다. 나관중의 목적은 동한 말기 위, 촉, 오 세 나라 사이에 벌어진 수차례의 전쟁을 사람들에게 제시하고 다양한 전쟁 장면과 인물에 대한 묘사를 통하여 아주 통쾌한 전쟁예술을 사람들에게 보여주는 것이다.

하지만 시각을 바꾸어 보면 전쟁의 승패는 단지 천하를 바둑판으로 삼아 대국[對弈]하는 역사적 인물들에게만 해당하는 것이다. 일반인에게 전쟁은 승패와 관계없이 모두 재앙이다. 예를 들어 '수몰 7군'과 참혹한 '박망파(博望坡)의 불태우기'가 있다. 소설 속 전자의 시작용자(始作俑者)는 오늘날 무성(武聖)으로 불리는 관우이다. 관우는 소설에서 가장 성공적으로 형상화된 인물 중 한 명으로 무예가 뛰어나고 '온주참화웅(溫酒斬華雄)'을 할 수 있을 뿐만 아니라 의리도 두텁기를 하늘과 같다는 말이 있다. 관우는 조조가 장악한 한실에서 한수정후(漢壽亭之後)로 책봉되었지만, 아무런 동요도 없었으며 사직하고 돈도 거절한 후 유비의 소식을 듣고 조금도 주저 없이 찾아갔는데 이것이 바로 유명한 이야기 '오관(五關) 참육장(斬六將)'이다. 적을 상대로 싸울 때 그는 또 어느 정도 독기를 품고 있다. 건안(建安) 24년 7월, 관우는 군사를 거느리고 판청(樊城)을 공격하였는데 조조는 대장 우금(於禁)과 방덕(龐德)을 보내 구하도록 하였다. 때마침 큰비가 내려 한강 양하(襄河) 구간 수위가 갑자기 높아지면서 우금(於禁)과 방덕(龐德)은 그 속에 갇혔다. 관우는 전장의 정세와 지리적 상황을 종합하고 계속 내리는 가을비를 참고하여 부하들에게 양하(襄河) 곳곳의 하구를 봉쇄하고 물이 차오르면 적군을 수몰시키라고 명령하였다. 생각대로 비바람이 거세게 몰아치자 우금의 군대는 결국 혼란에 빠졌고 관우와 장졸들은 모두 깃발을 흔들며 큰 배를 타고 그 여세를 몰아 적군을 대패시켰다.

사실 사람은 서로 다른 위치에 처해 있으면 재난에 임하는 기분도 다를 수 있다. 전통적 지주 계급의 문인을 놓고 말하자면 나관중, 포송령(蒲松齡) 등 사람들에게는 낭만이 있어 매번 재난을 예술로 표현하고 있다. 그러나 작가가 파란만장한 삶을 살거나 특히 전란과 재난의 세례를 받고 나면 아무리 예술로 쓴다고 해도 그 안에는 피와 눈물이 가득할 것이고 재난에 대한 공포와 자연에 대한 경외심이 가득할 것이다.

4.3. 다른 제재의 재난 기록

시가와 소설 외 보고문학, 영화, 노래도 재난을 반영하는 매개체로서 재난에 관한 많은 기록을 보존하고 있다.

4.3.1. 보고문학

보고문학은 뉴스 보도와 소설 산문의 중간 형태인 문학적 장르이며 문학적이고 예술적인 방법을 활용하여 실제 있었던 사회 사건과 인물을 묘사하며 문학성과 예술성을 겸비해 가독성이 뛰어나다. 치엔강(錢鋼)의 《당산 대지진(唐山大地震)》이 바로 여기에 해당한다.

《당산 대지진》은 1976년에 일어난 당산 대지진을 다룬 보고문학 작품이다(錢鋼, 2010). 당산 대지진의 영향은 상당히 컸고 지진으로 약 24만 명의 사람이 사망하고 16만 명이 중상을 입었으며 직접적인 경제적 손실은 100억 위안(元) 이상이며 당산 전체가 하룻밤 사이에 폐허로 변하였다. 치엔강은 당산 대지진의 지진 구제 활동에 참여하여 당산 대지진으로 인한 막대한 피해를 직접 목격하였다. 《당산 대지진》은 추적 인터뷰와 정리 및 분석을 통하여 진지한 감정과 간결한 필법으로 사람들이 자연재해에 직면하였을 때의 반응을 기록하였고 현대사회의 사람과 자연의 관계를 반성하였다.

천치우은(陳啟文)의 장편 보고문학인 《남방 폭설 보고(南方冰雪報告)》는 2008년 중국 남방 폭설의 전 과정을 전면적으로 기록하였다(陳啟文, 2009). 천치우은은 폭설 재해의 현장에 직접 몸담아 이재민과 구조대원을 상대로 인터뷰를 하면서 교차 재현의 구조로 폭설 재해의 실상을 보여주었다.《남방 폭설 보고》는 깊은 문학적인 분위기를 가지고 있으며 현장에 관한 박진감 있는 묘사를 가미하여 일련의 생생한 인물 이미지와 생활 장면을 형성하여 감동을 더해 주고 있다.

4.3.2. 영화 <당산 대지진(唐山大地震)>

영화 <당산 대지진>은 장링(張翎)의 소설《여진(餘震)》을 각색하여 펑샤오강(馮小剛)이 감독을 맡고 쉬판(徐帆), 장징추(張靜初), 리천(李晨), 천다우밍(陳道明), 루이(陸毅), 천진(陳瑾) 등의 배우들이 출연하였다. 이 영화는 1976년 중국 당산에서 발생한 7.8급 규모의 대지진으로 남편을 잃은 한 어머니가 아들과 딸 중 한 명만 선택하여 구하여야 하는 이야기를 다루었다. 주인공인 어머니는 아들의 목숨을 선택하게 되었지만 죽은 줄로만 알았던 딸도 기적적으로 생환하였다. 살아남은 딸은 해방군에 입양되었다가 32년 후 가족과 뜻밖의 재회를 하고 나서 일련의 사건이 벌어졌다. <당산 대지진>은 재난 영화이며 가족애를 표현하는 영화이다. 당산 대지진이 발생한 23초간에 아들과 딸 가운데서 하나밖에 구할 수 없는 처지에 놓이게 된 젊은 어머니가 어떠한 선택을 할 것인가? 이것은 이 영화가 인간성에 남긴 하나의 난제(難題)였다고 할 수 있다. “아들을 구해줘”라는 어머니의 절망적인 외침을 들은 딸이 작은 목소리로 마지막으로 한 번 “엄마”라고 부르는 영화 속의 장면은 참으로 가슴이 찢어지듯 슬프기만 하다. 23초의 지진으로 한 가족이 32년 동안 생이별하게 되었다. 재난에 직면하여 살아남는 것은 이야기의 시작일 뿐이다.

지진 구조에서 우선순위와 윤리 도덕은 돌발사건의 처리 과정에서 비교적 치열하게 논의되는 문제이다. 중국의《국가 돌발 공공사건 의료보건 구원 비상계획(國家突發公共事件醫療衛生救援應急預案)》은 구조대원이 국제 통일 기준에 따라 부상자의 상처를 확인하고 파란색, 노란색, 빨간색, 검은색 등 4가지 색상으로 경상, 중상, 위중상(危重傷)인 환자와 사망자를 표시하도록 요구하고 있다(突發公共衛生事件應急指揮中心衛生應急辦公室, 2018). 일반적으로 구조 현장에서 따라야 하는 구조 및 치료 순서는 최우선, 차선, 지연 처리 및 최종 처리로 나뉜다. 생명 보전이 어려운 위중상자를 최우선으로 하고 생명에 위험이 잠재한 중상자를 차선으로 하며 생명에 지장이 없는 경상자에 대하여서는 지연 처리하고 마지막으로 희생자의 시신을 처리한다(J · E., 2012).

공정, 공평, 질서, 효율, 이익 및 혁신은 관리 메커니즘 설계의 6가지 기본 목표이며 지진 구조에서 좋은 효과를 얻는 수단이자 경로이다. 공정은 관리 메커니즘의 목표로서 평가의 표준일 뿐만 아니라 결정 과정과 가치 분배의 상태이기도 하다. 또한, 공정은 주관성이 있고 참여자를 통해서만 정성 평가를 할 수 있으며 사회적 가치 관념과 문화적 배경의 영향을 받으며 시간과 장소에 따라 달라질 수 있다. 예를 들어 원촨 지진의 구조에서 자신의 이익을 버리고 남을 위하며 서로 돕고 돕는 정신에 대하여 널리 칭송하고 고상한 인도주의 정신을 공정하게 인정을 하였다. 공평은 개별 참여자의 소득과 마땅히 받아야 하는 보상이 서로 일치한 것이다. 즉 공평은 사람의 기본권리를 보장하는 것을 원칙으로 하며 사회 구성원 간의 다양한 권리 분배가 합리적인지 그 여부를 평가하는 것이다. 지진을 수습하는 과정에서 인간의 생명 권익은 지고무상의 위치에 놓여 있으므로 원촨 지진의 구조 과정에서 남녀노소를 막론하고 모두 공평하게 구조해야 하였다. 인정의 따뜻함은 지진 구조의 공평성을 통해 두드러지고 분명해진다.

질서는 체계적이고 조직적으로 각 구성 부분을 배치하여 외관상 전체가 정상적으로 운행되는 양호한 상태에 도달하도록 하는 것을 말한다. 중국의 지진 구조활동은 보통 중앙에서 통일적으로 배치하고 인민해방군, 무장 경찰 부대, 구조대, 의료대가 계획에 따라 재빨리 재난지역으로 달려가 비교적 짧은 시간 내에 재난지역의 인력과 물자를 지원해준다. 효율은 투입과 산출 간의 비율이다. '투입'은 인력, 물력, 재력, 정력, 시간을 포함하고 '산출'은 행위가 가져오는 결과이다. 효율은 지진 구조활동에서 특히 중요하다. 지진 발생 시 중국의 비상 지휘부는 어떤 대가를 치르더라도 응급구제를 하여 생명의 안전을 보장해야 한다고 반복적으로 제안하였다. 이는 효율성을 소홀히 하는 것이 아니라 제한된 시간과 어려움 속에서 구제 효율을 최대한 달성하여야 한다는 점을 강조하는 것이다.

이익은 계량화할 수 있는 수익이며 사람들이 필요로 하는 것의 직접적인 표현이다. 지진 구조에서 어떠한 대가를 치르더라도 생명을 구하는 것은 변함없는 구호이다. 혁신이란 기존의 사고패턴으로 일반적 규칙이나 일반인의 사고방식과는 다른 견해를 제시하는 것을 지향하는 것을 말한다. 기존의 지식과 물질을 이용하여 특정한 환경에서 이상적인 요구를 실현하거나 사회적 요구를 만족시키기 위하여 새로운 사물, 방법, 요소, 경로, 환경을 개진하거나 창조하여 일정한 이익 창출 효과를 얻는 행위이다. 현재 중국은 국가 재난 예방 및 감소의 날을 제정하였고 인도주의적 배려를 강화하며 애도 및 기념 분위기를 조성하여 혁신적인 형식으로 지진으로 인한 재난을 민족 단결, 사회 화합을 추진하는 계기로 전환하고 있다.

4.3.3. <태평륜(太平輪)>

오위슨(吳宇森) 감독의 <태평륜>은 상하 두 부분으로 나뉘는데 상은

'태평륜'을 주요 줄거리로 하여 장군 레이이팡(雷義方), 간호사 위진(於眞), 의사 이엔즈어쿤(嚴澤坤)의 항일전쟁부터 해방전쟁까지의 사랑 이야기를 다루었다. 1945년 여름, 레이이팡은 군대를 이끌고 평원 전쟁터에서 일본군을 격파하였다. 국민당 군통신원 퉁다칭(佟大慶)은 타이완 군의관 이엔즈어쿤을 포로로 잡았다. 일본이 항복한 후, 레이이팡은 상하이로 돌아와 부잣집 딸 쩌우윈펀(周蘊芬)을 만나 첫눈에 반해 바로 결혼하였다. 내전이 발발하고 타이완으로 돌아온 이엔즈어쿤은 그의 연인이었던 마사코(雅子)가 일본으로 송환된 사실을 알게 되었다. 퉁다칭은 시정(市井)에 잠복해 있던 간호사 위전을 사랑하게 되면서 험난한 사랑 이야기가 펼쳐진다. 전쟁의 핍박 아래 모든 사람은 태평륜에 승선하여 상하이를 떠나 타이완으로 가고 싶어 한다. 배 한 척이 사람들의 마지막 희망이 되었다. 그러나 태평륜이 침몰하였고 수천 명이 바다에서 목숨을 잃었다. 이것은 영화 속의 모든 사람에게 인생이 바뀌는 재난이라고 할 수 있다.

이 영화는 태평륜이 침몰한 실화를 바탕으로 제작한 것이다. 태평륜은 호화 여객선이었다. 국공(國共) 양당 내전 후기에 많은 난민이 대륙을 탈출하기를 갈망하였다. 사람들은 돈과 연줄로 태평륜에 승선하였다. 1949년 음력 섣달그믐 전날 태평륜은 사람과 화물을 가득 싣고 상하이에서 타이완의 지룽(基隆)으로 출항하였고 야간 통행 금지를 피하기 위해 항해등을 껐다. 섣달그믐날이 다가옴에 따라 선원 대부분은 즐거운 분위기에 빠져 감독과 관리에 소홀하였다. 그리하여 태평륜은 출항 당일 밤 11시 무렵, 화물선 건원륜(建元輪)과 충돌해 침몰하였다. 천 명에 가까운 사람들이 목숨을 잃었고 생존자는 소수에 불과하였다.

영화 <태평륜>은 사고와 전쟁이라는 복합재난으로 사랑과 생명을 모두 잃게 되는 이중 타격의 상황을 보여주었다. 영화에는 재난에 대한 공황과 공포, 생이별에 관한 애틋함과 미련이 담겨있다. <태평륜>의 홍보곡 <사랑에 하늘의 뜻이 있다면(假如愛有天意)>은 사랑의 관점에서 애틋한 가사를 사용하여 재난이 초래한 슬픔과 안타까움에 대하여 표현하였다.

하늘 끝 저 별이 뜨면

내가 또 널 그리워하는 걸 넌 알고 있는지

멀리서 바라볼 수밖에 없는 사랑은 얼마나 있을까?

마치 바다에 비치는 달빛처럼

어린 시절 우린

사랑하는 사람들은 영원히 함께 있을 거라 믿었고

사랑이 깊어지면

바람 속의 한숨도 들리지 않을 거라 믿었고

사랑이 무엇인지 누가 알 수 있을까?

짧은 만남이지만 사무치게 그립고

평생을 배워도

결국, 잊는 방법은 배우지 못하였지.

지금 우리는 멀리 떨어져 만나지 못하고

남남처럼 살고 있어.

눈앞에 있는 사람은 내게 믿고 맡길 수 있는 의지를 주지만,

너도 사람들에게 사랑받기를 바라

몇 번이고 넋 놓고 있을 때면

인파 속을 거니는 너를 본 것 같아.

희미하게 보이던 네 모습

눈 깜짝할 사이에 또 사라졌어.

짧은 만남이지만 사무치게 그립고

몇 번이고 넋 놓고 있을 때면

인파 속을 거니는 너를 본 것 같아.

희미하게 보이던 네 모습

눈 깜짝할 사이에 또 사라졌어.

하늘 끝 저 별이 뜨면

내가 또 널 그리워하는 걸 넌 알고 있는지

이번 생에 둘 곳 없는 사랑은 얼마나 되는지

어둠 속에서 무엇인가 이미 변화되어 있었고

달빛은 봄바람처럼 얼굴을 쓰다듬고 있어.

4.3.4. 노래

노래는 재난문화의 중요한 표현 형식이다. 노래의 창작자는 재난의 영향 아래에서 마음의 소리를 노래로 표현하는바, 노래는 수많은 청중 사이에서 널리 퍼지며 오랫동안 사라지지 않는다. 앞에서 언급한 '사랑에 하늘의 뜻이 있다면'이 바로 그 예이다. 많은 재난에 관련한 노래의 이면에는 모두 감동적인 사연이 있다. 예를 들어 <날이 밝았어(天亮了)>라는 노래는 놀이터 케이블카 추락 사고에서 생존한 아이의 말투로 사고가 사람들에게 준 상처를 표현하였다.

그 어느 가을날 바람은 끊임없이 불어 대고

나는 또 힘 풀린 그들의 두 눈이 생각났어.

아름다운 경치가 함께하는 그곳에서

나는 산골짜기를 진동하는 큰 소리를 들었어.

바로 그 가을날 다시는 아빠의 얼굴을 볼 수 없었지.

아빠는 두 어깨로 나를 들어올려 또 한 번의 생명을 주었고 어둠 속에서 눈에는 눈물이 가득 차 있었어.
떠나지 말고 상처를 주지 말아다오
나는 아빠와 엄마가 멀리 떠나는 걸 보았고
나 혼자 낯선 세상에 남게 되었어.
미래에는 또 어떤 위험들이 있는지
나는 아빠의 손을 꼭 잡고 싶었어.
엄마는 나에게 아직 희망이 있다고 말하였고
떠오르는 태양을 보고
엄마는 웃었어.
날이 밝았어.

1999년, 구이저우(貴州)시의 마링(麻嶺) 관광지에서 관광객이 너무 많아 케이블카 객차 한 대에 승객 35명을 태우는 과적 운행을 함에 따라 케이블카가 추락하는 사고가 발생하였다. 사고가 발생한 후 한 부부가 두 살배기 아들을 번쩍 들어올렸다. 이 사고로 부부를 포함한 14명이 숨지고 부부의 아들은 경상을 입었다. 이 사고에서 아이에 대한 부모의 사랑은 사람의 마음을 강하게 흔들어 놓았다.

노래 <상하이 1943>은 전쟁 재난을 소재로 한 유행가이다. 이 노래는 제2차 세계대전 기간의 상하이를 배경으로 정부가 무너지고 사회가 혼란스러운 상황에서 사람들이 강제로 군에 입대하고 군대가 패배한 후 타이완으로 도망치는 등 전쟁으로 세상이 어수선한 시대의 유랑하는 모습을 담고 있다.

빛바랜 춘련(春聯)은 아직도 벽에 남아있고
어렴풋이 보이는 몇 글자 '세세평안(歲歲平安)'

오랫동안 돌아가지 않은 고향 집 쌀독에는
할아버지가 예서체로 적어 놓은 글자 '만(滿)'이 있고
황금색 칡넝쿨은 꽃을 조각한 문과 창문에 가득 감겨 있으며
석양은 얼룩얼룩한 벽돌담에 비스듬히 기대고 있다
귀목(欅木)으로 바닥을 깔아놓은 방에는
아직도 외할머니가 빚어놓은 두반장(豆瓣醬) 냄새가 풍기고
나는 흑백 사진을 바라보며 아버지와 어머니의 젊은 시절의 모습을 상상한다.
부드러운 쑤저우(蘇州) 방언을 사용하는 처녀가 천천히 와이탄(外灘)을 지나가고 있다.
사라져 버린 지난 시간
1943
추억 속에서 시간은 매우 느려지고 있고
이웃 사람과
작은 골목은
그 시절 하얀 벽과 검은 기와의 담담한 슬픔이고
사라져 버린 지난 시간
1943
뒤돌아보는 장면에는 약간의 풍상(風霜)이 덮여 있다.
오래된 레코드판
가죽 트렁크
엽서가 가득 차 있는 철제상자에는 장미꽃잎 한 장이 숨어 있다.

요약

재난은 자연현상이자 인문 현상이며 문학 창작의 주제이기도 하다. 문학은 인간의 내적 감정의 방출과 욕망의 표출이다. 독자는 작품에 비추어 자신의 내면을 드러내면서 외부 세계와의 관계를 조절한다. 인간은 사는 동안 빈번하게 재난을 경험하면서 재난의 엄청난 파괴력에 감명을 받아 자신도 모르는 사이에 재난에 관한 화제를 기록하게 된다. 문학은 재난에 관하여 쓰면서 깊은 역사적 축적과 현실에 대해 배려를 하고 있으며 인간과 사회, 자연의 복잡한 연관성을 증명하고 있다. 재난이 인간에게 갑작스러운 변화를 주는 것은 필연코 인간의 정신세계에 영향을 미쳐 자신의 행동을 반성하게 한다. 문학은 자신의 방식으로 재난 현상을 철학적 측면까지 도달하게 한다. 문학에서 재난에 관한 글쓰기에 관심을 두는 것은 문학이 인생에 대한 내면적 호응일 뿐만 아니라 또 이를 통하여 역사를 접촉할 수 있고 재난의 시간 속의 사람들 마음 세계로 들어가 문학 창작의 득실은 물론 이론적인 플랫폼에 관해 토론할 수 있기 때문이다.

인간과 재난의 경쟁은 인간에게 경종을 울려 인간과 자연의 조화로운 공존과 함께 안전한 생활 분위기를 조성하는 데 주의하도록 만든다. 재난 문학 작품에 남아있는 각종 트라우마를 통해 사람들은 고난의 존재와 근원을 명확히 구별할 수 있고 타인의 고통을 분담할 수 있으며 재난 기간에 형성된 이인위본(以人爲本), 곧 인간의 생명 가치와 자존심을 존중하는 것과 같은 가치 관념을 유지하면서 인간 사이의 상호이해와 인간과 자연의 조화로운 발전을 촉진하는 한편 생태 윤리적 책임도 져야 한다. 이것이 바로 현대 재난 문학적 글쓰기의 의미이다.

張堂會(2011), 「현대문학으로 보는 민국 시기 자연재해하의 사회 변혁」, 『진양학술지』 3, pp.127-130.

程賢章 · 溫遠輝(2000), 「장편 서술 시가 '향곡'의 문학적 의의: 양싸우(楊騷)의 시가 창작론」, 『장저우 사범학원 학술지(철학 사회 과학판)』 4, pp.8-11.

楊西(2008), 『양싸오의 문학 창작의 길(속편)』, 화하출판사.

張堂會(2012), 「현대문학에 나타난 자연재해의 연속과 새로운 변화」, 『방송대학 학술지(철학사회과학판)』 4, pp.31-37, 42.

魯雪莉(2003), 「따뜻한 마음으로 바라봄: 문학의 인도적 배려」, 저장사범대학.

朱立元 · 黎明(2011), 「대재대애(大災大愛), 생명지상」, 『사회과학연구』 2, pp.8-13.

紀秀明 · 王衛平(2013), 「민족적 차이에 의한 중국의 당대 생태소설의 주제 변이 연구」. 『후난대학 학술지(사회과학판)』 4, pp.91-94.

袁躍興(2011), 「디아오위다오(釣魚島), 책에서 애틋하게 너를 읽는다」, 『사구』 5, pp.59-60.

孫紹振(2007), 「54 신시가와 낭만파」, 『10월』 6, pp.2-6.

李準(2007), 『황허가 동으로 흐르다』, 인문문학출판사.

陳忠實(2012), 『백록원』, 창지앙(長江)문예출판사.

莫言(2007), 『붉은 수수밭 가족』, 인민문학출판사.

莫言(2012a), 『개구리』, 상하이문예출판사.

莫言(2012b), 『풍유비둔(豊乳肥臀)』, 상하이문예출판사.

姚雪垠(1997), 『이자성』, 중국청년출판사.

羅貫中(2016), 『삼국지연의』, 화성출판사.

錢鋼(2010), 『당산 대지진』, 현대중국출판사.

陳啟文(2009), 『남방 폭설 보고』, 후난문예출판사.

突發公共衛生事件應急指揮中心衛生應急辦公室(2018), 「국가 돌발 공공사건 의료보건 구조

비상계획」, http://www.moh.gov.cn/mohwsyjbgs/s6777/200804/31301.shtml.

J · E.(2012), Campbell. International trauma life support for emergency care providers Viginia: Pearson Education.

제5장

구주중원(九州中原)

중국 문화의 역사는 유구한데, 예로부터 "그 지방의 풍토는 그 지방 사람을 길러낸다(一方水土養一方人).라는 속담이 있다. 따라서 인문 및 지리적 환경에서 재난이 촉발한 문화 현상도 각기 다르다. 허난성(河南省)은 중국 중동부와 황허 중하류에 위치한 곳으로, 중화민족과 화하문명(華夏文明)의 발원지이다. 옛날에는 중원이라 불렀고 약칭은 '예(豫)'이다. 역사적으로 영토의 대부분이 황허 이남에 위치하였기 때문에 허난(河南)이라고 부른다. 고대에 허난은 '하늘과 땅 사이(天地之中)'로 여겨졌으며 평원, 기후 등 생존과 발전에 적합한 천혜의 자연환경으로 역대 왕조 교체 시 수도를 정할 때마다 우선순위를 차지하였으며, 각 왕조 및 세대 간 쟁탈이 벌어진 보금자리이기도 하다. 인구가 집중되면서 허난 지역은 계속해서 발전하여 독특한 중원 문화를 형성하였다. 뚜렷한 사계절, 많은 인구, 빈번한 전란과 같은 인문적, 자연적 요인의 영향으로 허난성에는 독특한 재난문화가 형성되었다.

5.1. 유민(流民)

허난성의 재난으로는 주로 홍수, 가뭄, 메뚜기 피해, 전쟁 피해 등이 있다. 허난성은 황허 평원의 중하류에 위치하며 지형이 완만하므로 폭우나 극단적인 날씨는 강물의 범람과 제방의 붕괴를 초래하여 매우 심각한 홍수를 초래할 수 있다. 통계에 따르면 송나라 232회, 원나라 116회, 명나라 278회, 청나라 시대에 416회의 수해가 발생하였다. 허난성의 재난문화에 대한 논의는 '흐를 류(流)'부터 시작해야 한다. 이 '류'는 '하류(河流)'의 '흐름'일 뿐만 아니라 '유랑(流浪)', '유동식(流食)', '유민(流民)' 등이기도 하다. 오늘날 허난성이 타지에서 지역감정 문제가 끊임없이 제기되는 것은 타지에서 벌어지는 허난성 사람의 악행에서 비롯된 것이다. 이러한 행동들은 테러처럼 무섭지 않고, 뇌물을 받는 것처럼 비난받는 일도 아니지만, 허난성에서는 일상적으로 일어나는 일이다. 이러한 행동들은 심리적인 측면에서 반영되는 탐욕, 보수적인 사고방식, 소속감 결여로 나타난 유민 심리(流民心理)에서 비롯된다. 유민 심리는 보편적인 정의가 없는데, 말하자면 사방팔방으로 피난을 다니는 유민들의 심리적 특성일 뿐이다. 따라서 허난성 사람들의 유민 심리는 이 지역 사람들이 경험한 재난이 집단 수준으로 스며들었음을 반영한다. 이는 허난성 사람들의 신앙, 음식, 행동 등 구체적인 문화 요소에 직접적인 영향을 미칠 수 있어 유민 심리의 형성은 매우 중요하다.

예로부터 지금까지 황허는 중원 지역에 풍요로운 평원을 주었으나, 무수한 홍수와 침수 재해를 가져오기도 하였다. 가장 파괴적인 재난은 물길이 바뀌는 것이다. 허난성 동부 지역은 황허에서 물길이 빈번하게 바뀌기 시작하면서 그 지역민들이 하늘로 솟을 곳도, 땅으로 꺼질 곳조차 사라져 버렸다. 홍수에 상응하는 또 다른 극단적인 재난은 가뭄으로, 가뭄과 함께 메뚜기 떼가 농작물 성장에 영향을 미쳐 기근을 초래하였다. 가장 초기에 가뭄이 발생한 시기는 하나라 때다. 명나라 숭정(崇禎) 연간에 발생한 가뭄은 지속기간이 길고 피해 규모가 매우 크며 근 500년 동안 보지 못한 재난이었다. 청나라 광서(光緖) 시기의 가뭄은 전체가 풍요로운 중저우(中州) 평원을 사방팔방 황폐한 곳으로 만들었다. 민국 시대에 가장 유명한 대기근과 가뭄은 1942년에 발생하였다. 역사 자료 중 '메뚜기'에 관한 가장 이른 기록은 《여씨춘추(呂氏春秋)》에서 나온 것으로, 이는 메뚜기 피해가 중화민족과 함께 2,700여 년의 역사를 가지고 있으며, 그보다 더 오래갈 수 있음을 설명하였다. 역사적으로 메뚜기 재해의 피해가 가장 심각한 지역은 바로 허난, 허베이(河北), 산둥이다. 《중국 곤충학사(中國昆蟲學史)》에서는 기원전 707년부터 기원후 19년까지 2,614년 동안에 508건의 메뚜기 피해를 기록하였다. 자연의 변화무쌍함에 직면하여, 사람들은 탈출 외에 다른 선택이 없었다. 이 또한 허난성 사람들의 유민 심리의 유래이기도 하다.

중국의 '틈관동(闖關東)'[1], '주서구(走西口)'[2], '하남양(下南洋)'[3] 등의 이야기는 대규모 이주 현상을 묘사하고 있다. 허난성 사람들은 재난 때문에 고향을 등지고 떠돌아다니며 '유민'이 될 수밖에 없었다. 이는 주로 홍수와 가뭄 때문이다. 1854년, 1855년과 1876년에 황허의 물길이 바뀌면서 메뚜기 피해가 발생하여 허난성에 영향을 미치면서 수확을 하지 못하게 되어 이재민이 2,000여 만 명에 달하였다. 1920년에 화베이(華北) 지역 5개 성에서 장기간에 걸친 심각한 가뭄이 대규모로 발생하여 피해 규모가 약 68만 제곱킬로미터, 총 340개 현(縣), 이재민 3,000여 만 명, 사망자 50만 명에 이르렀다. 1928년부터 1930년까지 중국 화베이와 시베이(西北)에서는 가뭄,

---

1 틈관동(闖關東): 본래는 산둥(山東) · 허베이(河北) 일대의 사람이 관동(關東) 땅으로 생계를 위해 떠난다는 뜻으로, 정처 없이 떠돌아다니며 살아감을 뜻한다.

2 주서구(走西口): 만리장성 서쪽 지역으로 가서 산다는 뜻.

3 하남양(下南洋): 바다를 건너 지금의 동남아지역에 정착하여 사는 것을 말한다.

홍수, 우박, 곤충 및 감염병 등이 동시에 발생하는 큰 피해를 받았으며 '산(陝), 간(甘), 진(晉), 쑤이(綏), 기(冀), 루(魯), 차(察), 열(熱), 예(豫)' 등 9개 성에 걸쳐 굶어 죽는 사람이 여기저기 널려 있었으며, 적지만리(赤地萬裏)[4]가 되었다(田軍, 2011; 陳鋒, 2008). 해마다 계속되는 자연재해로 이재민들은 고향을 떠나 사방팔방으로 탈주하였고, 동북 및 서북 방향으로 대규모 이주가 이루어졌다. 이른바 '틈관동'과 '주서구' 문화가 형성된 것이다.

이 지역에 가장 큰 충격을 준 두 번째 재난은 전란이었다. 허난성은 중화 문명과 중화민족의 주요 발원지 중의 하나이며, 역사적으로 여러 왕조가 허난성에 수도를 건립 또는 천도하였다. 중국의 8대(大) 고도(古都)[5] 중 허난성에만 4개가 있어 중국에서 인구가 가장 많고 밀집된 성으로 허난의 지리적 위치의 중요성을 충분히 보여준다. 따라서 거의 모든 왕조의 병사들이 경쟁해야 하는 곳이 되었다. 중원(中原) 땅에서 벌어진 유명한 전쟁은 수없이 많았는데, 도시, 인구, 식량 피해 등은 더 천문학적인 수치를 기록한다. 비록 왕과 장군에게 승리는 영광과 권력을 가져오지만, 한 장군의 공훈의 그늘에는 수많은 병졸의 비참한 죽음이 있었다. 전쟁은 이러한 정치 게임의 승패보다 훨씬 더 소중한 것을 삼키고 있다. 서로 다른 정권은 서로 다른 전쟁을 가져오고, 사람들은 전란을 피하고자 거처를 자주 바꿀 수밖에 없었다. 이러한 과정이 반복되면서 허난성 사람들의 유민 심리는 더욱 강화되었다. 허난성의 역사에서 전쟁의 영향을 가장 크게 받은 시

4 적지만리(赤地萬裏): 입춘(立春) 뒤, 첫 번째 갑자일(甲子日)에 비가 오면, 그해 봄이 몹시 가물어서 천 리에 걸치는 넓은 논밭이 흉년이 들어 거둘 것이 없게 된다는 말로 적지천리(赤地千裏)라고도 한다(https://terms.naver.com/entry.naver?docId=682716&cid=50293&categoryId=50293). 이 글에서는 피해면적을 강조하기 위해 '적지만리'라고 하였다.

5 중국의 8대 고도: 베이징(北京), 시안(西安-陝西省), 뤄양(洛陽-河南省), 안양(安陽-河南省), 카이펑(開封-河南省), 난징(南京-江蘇省), 항저우(杭州-浙江省), 정저우(鄭州-河南省)이다.

기는 원나라 말기와 명나라 초기이다. 원나라 정부의 압박과 말기의 전란의 영향을 받아 허난, 산둥, 허베이 등 여러 지역 안에 인가가 드물고 경작지가 황폐해졌다.

주원장(朱元璋)은 천하를 통일하고 비례 이주 정책을 채택하였다. 즉, "4인 가족 중 한 명은 그곳에 남고, 나머지 3명은 이주할 수 있다. 6인 가족은 2명이 남고, 4명은 이주할 수 있으며, 8인 가족의 경우 3명이 남고, 5명은 이주할 수 있다(四家之口留一, 六家之口留二, 八家之口留三)."라는 것이다(黃有泉, 1993; 張青, 2000). 서기 1370년부터 1417년까지 명나라 정부는 여러 차례 관외(關外)의 백성들을 관내(關內)로 들였으며, 취급소는 지금의 산시성(山西省) 홍동현(洪洞縣)의 대홰나무촌(大槐樹村)에 위치하였다. 이주의 수는 백만 명에 달하였는데, 그 기간이 길고 규모가 커 세계 이주 역사에서도 보기 드문 것이었다. 또한 이 시기의 이주는 허난 문화에 큰 영향을 미쳤는데, 가장 직접적인 것은 음식 문화이다. 허난 요리는 광둥 요리(粵菜)나 저지앙 요리(浙菜)처럼 화려하지 않고 매우 소박하다. 또한 후난 요리(湘菜), 쓰촨 요리(川菜)처럼 독특하거나 복잡하지 않다. 이런 특징의 원인은 바로 재난 때문이다. 홍수피해와 전란으로 현지인들은 요리에 관해 연구하기 쉽지 않았고, 그저 배불리 먹을 수만 있으면 만족하게 되었다. 그리고 대규모의 이주 때문에 다른 지역의 맛이 유입되었기 때문에 허난 요리를 한마디로 말하기는 어렵다.

가장 유명한 허난성의 간식인 후라탕(胡辣湯)은 허난성 사람들에게 가장 흔한 음식으로, 수프와 비슷한 형태이다. 그러나 허난성 사람들의 정통 방식으로는 후라탕을 매일 아침 식사로 먹는 것이다. 후라탕 또는 후라탕은 허난성에서 유래하였다. 저우커우시(周口市) 시화현(西華縣) 샤오야오진(逍遙鎮)에서 가장 유명하며 허난, 산시(陝西) 등 주변 지역에서도 유명한 음식이다. 후라탕은 사골과 다양한 천연 약재를 비율에 따라 조합하여 국물을 우려낸 후, 후추와 고추를 첨가한다. 풍부하고 걸쭉한 국물 맛과 색깔, 그리고 매운맛이 특징이며, 영양 가치가 높고 식욕을 돋운다. 후라탕은 유티아오(油條)[6], 바오쯔(包子), 총유빙(蔥油餅)[7], 궈쿠이(鍋盔)[8] 등 밀가루로 만든 음식과 어울리며, 또우푸나오(豆腐腦)[9]와 약 1:1로 혼합되어 '양찬(兩摻)'[10]이라고 불리며 또한 매우 인기가 있다.

명나라의 유명하고 청렴한 관리인 위치엔(於謙)이 후라탕으로 감기를 치료하였다는 이야기가 있다. 위치엔은 자신의 생일날 마침 정저우를 시찰하던 중 아무 가게나 들어가 얼큰한 국 한 그릇을 먹게 되었다. 위치엔은 그 가게의 국물 맛을 오랫동안 기억하였다. 몇 년 후, 위치엔이 다시 정저우에 왔고 공교롭게도 감기에 걸려 며칠 동안 앓았다. 어느 날 저녁에 위치엔이 갑자기 그 가게의 따끈한 국물이 생각나 사람을 시켜 사 오라고 하였다. 위치엔은 그 국물을 먹은 뒤 땀을 많이 흘려 바로 다음 날 감기가 나았다고 하였다. 위치엔은 국물을 만드는 가게에 찾아가 크게 사례하며 그 국물의 이름을 주인의 성 '후(胡)'를 따서 '후라탕(胡辣湯)'으로 지을 것을 제안하였다. 청나라 이후 허난성 정저우(鄭州)에서 후라탕을 파는 상인들이 급증했지만, 청나라가 만주인에 의해 세워졌기 때문에 민간에서는

---

6 유티아오(油條): 밀가루 반죽을 발효시켜 소금으로 간을 한 후, 길이 30㎝ 정도의 길쭉한 모양으로 만들어 기름에 튀긴 푸석푸석한 식품.

7 총유빙(蔥油餅): 밀가루 반죽, 다진 파, 산초가루, 소금, 식용유 등의 재료로 부친 중국식 부침개.

8 궈쿠이(鍋盔): 자그마하게 구운 밀가루 떡.

9 또우푸나오(豆腐腦): 순두부와 유사하다. 콩의 단백질이 인체에 92%~98% 흡수될 수 있을 정도로 만들었다. 인체에 유익한 철, 칼슘 등 여러 가지 무기질을 함유하며 '식물성 고기'라고 불리기도 한다.

10 두 가지를 섞은 음식을 말함.

감히 '후(胡)'자를 말할 수 없게 되었다.[11] 이와 동시에 이 탕은 보기에 풀처럼 생겼고, '후(胡)'와 '호(糊)'는 동음이의어여서 '후라탕(胡辣湯)'은 나중에 다시 '호라탕(糊辣湯)'으로 바뀌었다. 이 두 가지 명칭은 지금까지 계속 사용되고 있다.

후라탕은 으레 국물 속에 고추와 후추를 넣는 것으로 생각하게 하지만 정통 후라탕은 후추만 넣고 고추는 사용하지 않는다. 그럼에도 후라탕은 여러 가지 매운맛이 합쳐진 복합적인 매운맛이다. 수년간 민간에서의 가공 및 개발 끝에 샤오야오진에서 북방인의 입맛에 맞는 매운맛과 향의 후라탕이 탄생하였다. 샤오야오진 후라탕은 맛이 좋고 값이 쌀 뿐만 아니라 질병 예방 및 건강 관리 차원에서의 약용 가치도 있다. 또한 빈부에 상관없이 즐길 수 있어 인기를 끌고 있다. 후라탕을 통해 허난성 음식은 푹 끓이는 방식과 여러 종류의 채소로 조리되며, 접시로 나누거나 조리 방식을 중요시하지 않고 큰 솥에 한데 모아 끓이는 것을 좋아함을 알 수 있다.

허난성 요리는 주로 유동식이며 후라탕 외에도 가장 대표적인 것은 '뤄양 수석(洛陽水席)'이 유명하다. 중국에서 현존하는 가장 오래된 연회 중 하나인 뤄양 수석은 당나라 때부터 시작돼 역사가 천 년이 넘는다. 한편 '수석'에는 두 가지 뜻이 있다. 첫째는 탕으로 된 따뜻한 요리라는 것이다. 둘째는 흐르는 물처럼 요리가 나온다는 뜻이다. 뜨거운 요리 하나를 다 먹고 그릇을 치우면 바로 다음 요리가 올라오기 때문이다. 수석은 뤄양인들이 고급으로 여겨 총 24가지 요리가 나오기 때문에 '삼팔상(三八桌)'이라고

---

11 문자옥(文字獄)은 한나라에서 기원하여 청나라에서 성행하였다. 특히 강희(康熙), 옹정(雍正), 건륭(乾隆) 세 시기에 극렬하였으며, 그중에서 건륭 시기 문자옥 사건은 130여 건에 달해 건륭제를 '문자옥의 왕'이라고 하였다. 건륭제는 모든 문자 중에서 특히 '호(胡)'자를 꺼렸다. 한인(漢人)의 언어환경에서 '호(胡)'는 '호(好)'가 아니라 오히려 오랑캐의 대명사이기 때문이다.

도 한다. 수석은 성대한 잔치에 인기를 끌었던 연회일 뿐만 아니라 평일 관혼상제, 탄신, 경축일 등 각종 의례적인 자리에도 사용되었으며, 친지들에게도 수석으로 대접하였다. 뤄양 수석에서 가장 일상적인 것은 장미엔티아오(漿面條)이다. 장미엔티아오는 다른 면 요리와 달리 묽은 밀가루 풀을 실온에 발효시켜 신맛을 낸 다음 냄비에 넣고 80℃ 정도로 가열하면 표면에 버섯 모양의 거품이 나온다. 이때 참기름을 약간 넣고 저어준 후 끓어오르면 국수 반죽을 넣고 걸쭉하게 끓인다. 장미엔티아오 또한 후라탕과 비슷한 걸쭉한 수프 형태의 주식이다.

허난성 음식은 추위를 견딜 수 있고 포만감을 느낄 수 있으며 만들기가 쉽다는 특징이 있다. 걸쭉한 수프 형태의 유동식은 허난성 사람들에게 이주와 방랑 과정에서 균형 잡힌 영양분을 섭취할 수 있게 하며, 많은 사람이 함께 모여서 나눠 먹을 수 있는 편리함을 제공한다. 유동식은 허난성 사람들의 대표적인 이미지이며 많은 허난성 사람들의 유민 심리는 전쟁의 흔적이라고 할 수 있다.

창위안현(長垣縣)은 한때 허난성의 성 직할현(直轄縣)으로 허난성 북동부에 위치하고 있으며, 동쪽에는 황허가 있다. 그리고 지리적으로 황허의 중간쯤에 위치하기 때문에 수해 등 자연재해가 빈번하게 발생한다. 사실 역사적으로 창위안현의 땅은 척박하고 백성은 가난하여 배불리 먹고 사는 것이 문제였다. 이 때문에 백성들은 배를 채우는 데 더 신경을 썼는지도 모른다. 금강산도 식후경인데 배불리 먹는 것은 창위안현 사람들에게 가장 중요한 일이 되었다. 창위안현 요리는 춘추 시대에 시작되어 당송 시대에서 형성되어 명청 시대에 번성하였으며, 근현대에 들어 더욱 눈부시게 발전하였다. 2003년 중국 요리협회에서는 공식적으로 창위안현을 첫 번째 '중국 요리사의 고향'으로 명명하고 베이징 인민대회당에서 메달

수여식을 거행하였다. 또한 2015년 밀라노 엑스포 중국관의 요식업 사업자도 창위안현 출신이다.

홍수 등 자연재해가 빈번하게 발생하여 백성들이 살기 힘들어지자 창위안현 사람들은 먹고살기 위해 고민해야 했고, 그들은 굶주림을 해결하며 살아남기 위해 온갖 수단을 취할 수밖에 없었다. 창위안현의 '요리사'가 사람들에게 언급된 것은 당나라 때였다. 북송 시대에 이르러 변경(汴京)은 수도, 즉 현재의 카이펑(開封)으로서 당시 가장 번화한 도시였으며 상업과 요식업이 더욱 발달하였다. 북송 시대 문인 맹원로(孟元老)의 《동경몽화록(東京夢華錄)》에서는 "사해의 진기한 물건은 모두 시장에서 거래되고, 천하의 진기한 음식은 모두 변경의 부엌에 있다(集四海之珍奇, 皆歸市易, 會寰區之異味, 悉在庖廚)."라고 기술하였다. 창위안현은 변경에서 불과 100리 떨어진 곳에 있고 요리에 대한 창위안현인들의 열정과 열악한 지리적 조건 때문에 변경으로 나가서 생계를 꾸리는 것은 자연히 좋은 선택이 되었다. 이러한 장점을 감안하면 외식업계가 첫 번째 선택이 될 수밖에 없다. 이렇게 오랜 시간이 흐른 후 서로 협력하면서 창위안현 출신의 요리사는 점차 변방 요식업계의 최고가 되었다.

명나라와 청나라 시대에 창위안현 출신 요리사의 수는 정점에 이르면서 창지앙 남북에 널리 퍼졌다. 직위가 높고 명성과 위세가 대단한 사람, 왕족 후작(王府侯爵), 관료 상인(官僚商賈), 문인 학사(文人學士) 다수가 창위안현의 요리사를 즐겨 썼다. "청나라 광서 시기 창위안현의 인구는 약 30만 명에 이르렀고 그중 약 2만 5,000명이 해외에서 요리사로 일했다. 광서황제의 수라관 왕봉주(王蓬州), 자희태후(慈禧太後)의 제과사 이성문(李成文) 등 고관(高官)이 창위안현 출신"이라는 기록도 있다. 신중국 건국 이후 많은 지도자들도 창위안현 요리사를 전문 요리사로 선택하였다. 지금도 창위안현에서 배출한 유명 요리사는 수백 명이고, 전국의 유명한 식당에 퍼져 있다. 또한 창위안현 출신 요리사가 식당을 직접 운영하는 경우도 많다. 이러한 배경 속에서 창위안현의 요리학교도 우후죽순처럼 생겨났다.

허난성 사람들의 소속감은 어느 정도 재난에서 비롯되었다고 할 수 있다. 중원을 차지한 사람은 안정적인 발전의 기반을 갖게 될 것이다. 예로부터 허난성은 많은 전쟁을 겪었고 전쟁으로 인해 허난성 사람들은 살 곳을 잃고 떠돌아다니게 되었다. 따라서 허난성 사람들은 다른 지역보다 소속감을 지니는 것을 더 바라고 있다. 최근 몇 년 동안 각종 뿌리 찾기 문화축제는 바로 허난성 사람들이 자신의 소속감을 되찾을 수 있도록 도와주려는 목적에 따른 것인데, 예를 들면 고시 근친 문화축제(固始根親文化節)[12], 신정 황제의 고향 조상을 위한 제사 대전(新鄭黃帝故裏拜祖大典)[13] 등이 있다. 이들 행사는 재난을 겪은 유민들이 생존을 위해 다양한 맛의 유동식을 만들어 여러 차례 떠도는 과정에서 유민 심리가 생겨나 유민문화를 형성하였으며, 세월이 흘러 발전하면서 보완, 변천을 거쳐 각양각색의 구체적인 문화 활동을 형성하였다.

---

12 중원 근친 문화제(中原根親文化節)라고도 알려진 고시 근친 문화제(固始根親文化節)는 중국화교연맹(中國僑聯), 허난성 정치협상회의(政協), 중국타이완 연맹(中國台聯)이 주최한다. 중원 교향 고시현(中原僑鄉固始縣)은 인문유적에 의존하여 뿌리 찾기 문화, 종교문화, 차문화를 주제로 문화유산 보호발전을 진행하고 고시(固始)-푸젠(福建)-타이완(台湾) 관계 세미나, 국내외 성씨 종친회 등 경제무역, 문화교류 활동을 개최하여 관광업을 발전시킨다. 2009년 제1회 근친 문화제가 개최되었다.

13 황제의 고향 조상에게 제사 대전은 음력 3월 3일 허난성 신정시(新鄭市)에서 중국인이 선조 황제에게 제사하는 의식이다.

5.2. 농경

중화민족은 농업으로 나라를 일으켰다. 이러한 점에서 국가의 형성과 발전은 농업과 밀접한 관련이 있다. 농업을 기초로 한 중국의 중농 사상은 오랜 역사를 자랑하며, 역대 왕조마다 계승된 정치, 경제적 이념이기도 하다(王潮生, 2011; 薛瑞澤, 2012). 현대에 들어 생산력이 증대되면서 사람들은 과거와 같이 자연이 불러온 재난에 속수무책으로 당하지 않게 되었다. 봉건 왕조의 통치자들이 농업사상을 바탕으로 경제를 발전시킨 이유는 식량 생산과 비축에 주의를 기울이는 것이 당시 백성들의 자연재해에 대한 자구책이었기 때문이다. 결국 자연재해에 따른 농업 중시 사상은 백성 개개인은 물론 모두를 구할 수 있는 방법이었다.

중농 사상은 허난성이 여러 왕조의 고도가 된 중요한 요인에 해당한다. 허난성은 중화 문명과 중화민족의 중요한 발원지 중의 하나이다. 중국 역사상 첫 번째 왕조인 하나라(夏朝)가 허난성에 도읍을 건설한 이후, 선후로 하(夏), 상(商), 서주(西周), 동주(東周), 서한(초기)(西漢), 동한(東漢), 조위(曹魏), 서진(西晉), 북위(北魏), 수(隋), 당(唐), 무주(武周), 후량(後梁), 후당(後唐), 후진(後晉), 후한(後漢), 후주(後周), 북송(北宋)과 금(金) 등 20여 개 이상의 왕조가 허난에 도읍을 정하였으며 전체적으로 약 2,000여 년에 달한다. 도읍은 대부분 뤄양(洛陽), 정저우(鄭州), 카이펑(開封)에 위치하며 쉬창(許昌), 화이양(淮陽), 상치유(商丘) 등지에도 위치한 바 있으며, 이후 베이징으로 수도를 옮기면서 지금까지 계속되고 있다. 왜 역사의 선택은 2,000년 이상 계속되어 온 관행을 깼을까? 과연 베이징이 허난성보다 도읍으로 더 적합할까?

고대에는 다양한 사회적 체계 및 시설이 발달하지 않았기에 기본적으로 자연환경에 순응할 수밖에 없었다. 당시 사람들은 자연 그대로 존재하는 자원에 의존하여 생활하였으며 자연법칙을 이용하는 것은 제한적이었다. 이때 사람들이 생존하기 위한 기본 조건은 바로 끼니를 해결하는 것인바, 이는 생명 유지의 근본이라고 할 수 있다. 허난성은 비옥한 토양과 사계절이 뚜렷한 평야 지대에 위치하여 곡물 재배에 유리하다. 따라서 수도인 허난은 당시 가장 중요한 식량 문제를 해결하였다. 그러나 2,000년 이상의 개발 기간 동안 굶주릴 걱정은 없었지만, 장기간의 전쟁은 지역 사람들의 생명과 안전을 위협하게 되었다. 그리고 황허에서 비롯된 수해도 점차 심각해지면서 사람들은 허난이 더 이상 수도로 적합하지 않다는 것을 알게 되었다. 만약 수도가 최소한의 안전을 보장하지 못한다면, 누가 국가 전체의 안정을 논할 수 있겠는가? 시대의 흐름에 따라 재배 기술이 점점 더 발전하고, 사람들이 자연의 법칙을 이용하여 자연을 개발함으로써 생산량을 향상시키는 법을 배웠기 때문에 식량 문제는 점차 사람들의 주된 걱정거리에서 멀어져 갔다. 재난과 교통이 오히려 주요인이 되었고, 기상재해, 공중보건 사태는 당시 가장 주된 재난의 유형이었다. 이는 당시 사람들이 기상재해와 공중보건 사태를 아직 효과적으로 제어하지 못하였다고 볼 수 있다. 허난성에서는 이 두 가지 유형의 재난 현상이 뚜렷하게 나타나고 있었기에 수도 이전은 분명 당시 최고의 선택이었을 것이다.

전쟁과 재난의 장기적인 영향으로 지역 경제도 낙후되어 그간 발전해 온 모든 것이 동요하여 원점으로 돌아가면서 처음부터 다시 시작하는 것이 반복되었을 것이다. 이러한 과정 속에서 어떻게 경제, 문화의 발전을 이룩할 수 있었으며, 시설과 진보된 문명이 동요 속에서 어떻게 굳건히 유지될 수 있었을까? 베이징은 바다에 가깝지만 인접하지는 않고 랴오닝(遼寧)과 산둥의 두 반도가 방어하고 있어 전략적으로 매우 안전하며, 전쟁이 단번에 베이징으로 확산되지 않는다는 점은 허난성과는 다른 베이징의 가장 큰 장점이다. 이와 같은 전쟁의 혼란은 허난성을 더 이상 도읍의 우선순위로 고려하지 않는 주요인이다. 또한 베이징은 기후가 안정적이고 인구가 적당하며 다양한 유역의 제방이 잘 무너지지 않는다. 그리고 허난성에 비해 기상 재해와 사회 공중보건사태의 잠재적 요인이 적어 국민에게 안전한 생활환경을 제공하고 사회발전을 보장할 수 있다. 따라서 기상 재해와 사회 공중보건사태는 기존에 허난성이었던 도읍의 천도를 촉진하는 주요 요인이었음을 알 수 있다. 전술한 바와 같이 사회 환경이 안정되어야 사회가 더욱 잘 발전할 수 있으며, 발전의 과정을 저해하지 않는 것이야말로 사회발전을 보호할 수 있는 가장 효과적인 방식이다. 재난은 확실히 예로부터 지금까지 사회발전을 저해하는 불안 요소라고 할 수 있다. 바로 이 이치 때문에 수도 이전이 필연이 되었다.

농업을 중시하고 상업을 억제하는 정책도 중국 역사의 발전을 제한하였다. 《사기·진시황본기(史記·秦始皇本紀)》에서는 "황제의 공적은 근본적인 대사를 부지런히 힘쓰신 것이며, 농업을 숭상하고 상업을 억제해 백성들을 풍요롭게 하니 천하의 백성들이 마음을 하나로 하고 뜻을 모았다."라고 기술하였다(徐士傑, 2008, 高梓梅, 2007). 중국 고대 사회에서 "농업을 기본으로 하고, 상공업의 발전을 제한해야 한다(農本商末, 이하 '농본상말')." 라는 관념은 전통 경제사상의 기조이며, "농업을 중시하고 상업을 억제한다(重農抑商, 이하 '중농억상')."라고 한 정치방침은 관행적인 기본 국책이 되었다. 춘추전국시대의 '이회변법(李悝變法)'과 '상앙변법(商鞅變法)'에는 모두 농업을 장려하는 조항이 있었다. 한문제(漢文帝) 때에 이르러 직접 '중농' 조치를 건의하였다. 청나라 초기에도 경제 회복을 위해 농업을 중시하는 방향으로 경제 정책을 조정하였다. 초기에는 '장경전(獎耕戰)'[14], '억상고(抑商賈)'[15]로 시행하고, 그 후에 '중농억상', '숭본억말(崇本抑末)'[16]이 국책이 되었다. 심지어 송원(宋元) 시대의 '전매(專賣)'[17], 명청(明清) 시대의 '해금(海禁)'[18]까지 '중농억상'의 그림자가 드리워졌다. 특히 '농본상말' 정책은 중국 역사에 깊은 제약과 영향을 미쳤다.

국가의 경제 정책은 역사적 조건과 경제 기초에 상응하는 것이다. 중국 고대의 자급자족의 자연 경제 모델에서 토지는 수입의 주요 원천이었다. 지대(地租) 수입은 비교적 안정적이어서 집안을 일으켜 부자가 되는 가장 좋은 수단이며, 봉건국가에서 농업의 발전은 백성들이 편안해지고, 일에 즐거움을 느끼며 국고가 가득 차고 풍족해질 수 있도록 하였다. 따라서 중국 고대의 '중농억상' 정책은 봉건제도와 상응하며, 봉건 경제의 필연적인 산물이었다. 허난성은 농업에서 규모가 큰 지역으로서 첫째는 인구수가 엄청나게 많고, 둘째는 심각한 기근을 겪었기 때문이다. 1942년 여름부터 1943년 봄까지 허난성에 심각한 가뭄이 발생하였다. 큰 가뭄을 수습한 후에 또 메뚜기 재해가 발생하였다. 허난성의 111개 현 중 96개 현이 피해를 보았고, 그중 피해가 심각한 곳은 39개 현이며, 총 이재민의 숫자는 1,200만 명에 달하였다. 이들 이재민 중 약 150만 명이 기아(饑餓)와 기근에서 비롯된 질병으로 사망하였고, 약 300만 명이 허난성에서 탈출하여 유민이 되었다. 따라서 기근은 허난성 사람들에게 농업의 발전과 식량 안

---

14 장경전(獎耕戰): 농업을 장려한다는 뜻.

15 억상고(抑商賈): 상업을 억제한다는 뜻.

16 숭본억말(崇本抑末): 농업을 기본으로 하는 것을 숭상하고, 상공업의 발전을 억제한다는 뜻. '농본상말'과 같은 말이다.

17 송원 시대의 '전매'법: 송원에서 소금, 차, 술, 금, 구리, 철 등에 대해 공적인 기관에서만 판매하는 제도를 실시하여 국가 재정 수입을 보장한 것을 말함.

18 해금(海禁): 해외 무역을 금지한다는 뜻.

보를 더욱 중시하도록 하였다. 허난성 사람들이 적극적으로 곡식을 재배하고 식량을 비축하면서 '농업의 성(省)'이 되었는데, 이는 바로 자연재해로 안정감이 결핍되면서 나타난 것이다. 이러한 경제적이고 물질적인 요인 외에도 '중농억상' 정책에는 문화적 요인인 "의리를 중시하고 이익을 경시한다(重義輕利, 이하 '중의경리')."라는 중국 전통 관념의 영향도 있다. 허난성 사람들은 사람들 간의 친분을 더 좋아하여 사람들이 많고 친밀감을 느낄 수 있는 환경에 익숙하여 패거리를 만들고 강호의 의리를 중시한다. 이러한 이유로 허난성 사람들은 더욱 맹목적이고, 집단적인 사건이 자주 발생하는 것으로 보인다.

온현(溫縣)을 예로 들면 온현은 허난성의 서북부에 있고, 진예(晉豫)의 경계선에 가까우며, 북쪽은 타이항(太行)산맥에, 남쪽은 황허에 접해 있는 아열대 계절풍 기후에 속한다. 온현이라고 하면 사람들은 태극권(太極拳), 철곤산약(鐵棍山藥, 야생에서 자란 참마), 사마의(司馬懿)의 고향을 연상하게 되는데, 온현은 작은 지방이기 때문에 외지 사람들에게 깊은 인상을 남길 수 있는 것은 단지 그뿐이라고 말할 수 있다. 그러나 온현의 풍토와 인정을 깊이 들여다보면 자연재해와 전쟁 피해의 흔적이 소소하게 남아있다는 것을 알 수 있다. 황허는 옛날에 자주 범람했기 때문에 사람들은 대부분 북쪽에 치우친 지역에 정착하였다. 그 후 한 사람이 홍수가 지나간 후 남아있는 비옥한 토양을 중요하게 생각하여 모래톱 지대가 높은 곳에 집을 지었다. 최근 몇 십 년 동안 황허의 물이 갈수록 줄어들면서 습지 지역의 상태가 더욱 좋아졌다. 과거에 온현의 집들은 대부분 흙으로 다져졌다. 게다가 황허 습지는 토질이 부드럽고, 충적 평야에 석재가 부족하여 사람들은 기초를 세울 때 나쁜 방법을 자주 쓴다. 그중 가장 나쁜 것은 바로 '옛집'을 허물고 새집을 짓는 것이다. 이곳의 '옛집'에는 미처 보호하지 못한 역사 유적이 포함되어 있다. 예를 들면 고대 성벽(古城牆), 사마의(司馬懿)의 고향 안락채(安樂寨)의 건축들, 소호(蘇護)와 소전충(蘇全忠) 부자의 무덤 등이 있다. 가치를 매기기 어려운 이러한 보물들은 이제 일반 가정집의 벽 안 또는 바닥 밑에 있다. 이 상황은 최근 몇 년간에야 정부에서 주목하게 되었는데, 물론 치적과 수익이 목적이었다. 그러나 이미 허물어진 고지(故地)에 '** 보호기관', '** 고적' 등의 비석 표지판이 세워져 있지만 "죽은 자는 이제 어쩔 도리가 없다(逝者已矣)."라는 말처럼 한번 엎지른 물은 다시 담을 수가 없다.

인근 산시(山西) 사람들은 밀가루 음식을 특별히 사랑하였는데, 이때부터 만두나 국수 등이 온현의 음식 문화를 지배하게 되었다. 그러나 외지인들이 유입되면서 독특한 지역 환경에 따라 더욱 다양한 음식 문화를 만들어냈다. 온현이 위치한 지역과 산시의 지리적 특징은 매우 비슷하지만 다른 점도 있다. 한편으로 온현은 황허와 그 지류가 종횡으로 교차하여 수자원이 풍부하고, 비옥한 충적평원 토양이 있다. 따라서 온현에서는 농작물이 풍부하게 생산되었으며, 사람들은 식량뿐 아니라 더 다양한 음식을 연구할 수 있게 되었다. 예를 들면 묵, 미엔진(麵筋)[19], 반죽 등이 있다. 그러나 양날의 검과 같이 황허는 온현에게 비옥한 토양과 함께 재난도 주었다. 황허는 중국 지역 내에서 역사적으로 물길을 바꾼 횟수가 가장 많은 강으로서, 확실히 온현 사람들에게 적지 않은 피해를 주었다. 따라서 사람들은 가을에 밀을 파종하여 식량으로 삼고 여름에는 콩, 땅콩, 옥수수 등 단기 작물을 재배하는데, 이는 온현의 황허 습지 지역에서 특히 뚜렷하게 나타난다. 이뿐만 아니라 흉작의 위협은 지역민들에게 식량을 최대한 활용하

19 미엔진(麵筋)은 식물성 단백질이며 글리아딘과 글루테닌으로 구성되어 있다.

는 습관을 들이게 하였다. 예를 들어 녹두로 묵을 만들 수 있지만, 풀을 쑤어 삭혀서 시큼한 맛이 나는 국물을 만들 수 있다. 이들 음식은 따로 먹으면 이상한 요리가 되지만 잘 요리하여 장미엔티아오로 만들면 보기 드문 독특한 음식이 될 수 있다.

온현 지역 내, 더 나아가서는 고대 회청부(懷慶府) 관할 지역 이름, 즉 지명의 일부는 다분히 전쟁의 영향으로 보인다. 온현의 안락채 마을은 사마의의 고향이기 때문에 이곳의 많은 지명은 모두 그 역사의 궤적을 나타낸다. 《사마의전찬(司馬懿傳贊)》에서는 "사마씨가 이곳에 성궐을 많이 건설했는데… 주변 마을을 초현이라고 부른다. 성 밖에는 호가장, 상화원, 교위 진영이 있다.(司馬氏曾在此廣修城闕……周圍村莊曰招賢, 城外有護駕莊、上花苑、校尉營)."라고 기술되어 있다. 이 지명들은 비록 그 역사적 역할을 잃은 지 오래되었지만, 초현향(招賢鄕), 상원촌(上苑村), 호장촌(護莊村) 등 오늘날에도 사용하는 것도 있다.

한편 인명, 그중에서도 성씨에 대해 살펴보겠다. 온현은 옛날에는 소나라라고 불렀는데, 북적(北狄), 곧 북쪽 오랑캐에 의해 멸망한 후 온나라로 개칭되었기 때문에, 이 지방 사람들의 성은 대부분 소씨나 온씨이다. 그러나 '일대천교(一代天驕)'[20]의 철기가 지나간 후로부터 인적이 끊겼다. 명나라 주원장은 이 경작지가 헛되이 낭비되는 것을 차마 참지 못하여 외지에서 주민들을 이곳으로 이주시킨 것이 지금으로부터 거의 700년이 되었다. 당시 이곳으로 이주한 사람들은 대부분 지금의 산시성 홍동현 출신이었기 때문에, 이곳의 성씨는 이미 황허 문화의 특징에서 벗어났으며, 오히려 산시(山西) 지역과 일맥상통한다. '폐쇄적인 대륙'은 중국 봉건사회의

---

20 일대천교(一代天驕)는 재능과 영향력이 있는 사람을 가리킨다. 이 글에서는 칭기즈칸을 가리킨다.

'중농억상'을 초래한 근원으로 여겨진다. 특히 중국 중부 지역에 있는 허난성은 더욱 그러하였다. 중화민족은 고대부터 황허 유역에서 생활하였다. 개혁개방 초기에 경제특구의 무역은 신속하고 비약적인 발전을 이루었지만, 허난성 사람들이 장사를 하는 것은 드문 일이었다. 허난성 사람들은 그들이 경작하는 토지처럼 단단하고 질박하며 후베이성 사람들의 총명함, 장쑤성 사람들의 완곡함, 광둥성 사람들의 영리함은 없지만, 항상 얼굴은 황토를 등지고 하늘을 향해(농사를 위해 논바닥에 엎드려 산다는 뜻) 부지런히 경작한다는 이미지를 가지고 있다.

5.3. 묘우(廟宇)

기나긴 인류 역사의 흐름 속에서 무속은 원시시대부터 생겨났는데, 이러한 무속은 오래되었지만 단순한 종교 현상의 일종이라고 볼 수 있다. 무속 사상은 인류의 기나긴 생활 속에서 생겨난 것으로, 옛사람들의 자연과 주변 사물에 대한 신앙이다. 이는 바로 당시 사람들이 재난에 속수무책으로 당할 수밖에 없었던 것이 원인이 되었다. 당시 사람들은 어떠한 방식으로 재난을 예방하고 재난의 피해를 줄일 수 있는지 몰랐기 때문에 초자연적이고 신비한 힘을 빌려 사람 또는 사물에 영향력이나 억지력을 행사함으로써 소망을 이루고자 하였다. 원시인들은 무속이 생명이 없는 자연을 조절할 수 있다고 믿었다. 따라서 대자연이 풍요로워지고 비를 순조롭게 내려 백성들이 편안하게 생활하고 즐겁게 일하며, 재난의 위협을 받지 않기를 바랐다.

허난성의 전통민간신앙은 재난과 다소 관련되어 있다. 이러한 신앙을 표현하는 것은 묘우(廟宇) 문화이다. 중국에서는 절과 묘우를 엄격히 구분한다. 절은 주로 부처와 보살을 모시는 곳이며, 묘우는 주로 귀신을 모시는 곳이다. 묘우는 본래 조상을 모시는 곳이나, 미신을 믿는 사람이 신을 모시는 곳도 묘우라고 한다. 이에 대한 예로는 용왕묘우(龍王廟), 토지묘우(土地廟)가 있다. 음력 2월 2일은 '용대두절(龍抬頭節)' 또는 '청룡절(青龍節)'이다. 이날은 동해 용왕의 탄신일로 여겨졌는데, 허난성 농촌의 여성들은 용신(龍身)이 다치는 것이 두려워 가위를 사용하지 않고 바느질도 하지 않는다. 한편 사람들은 부침개를 부쳐 용왕의 옷으로 삼는다. 또한 만두를 빚고, 콩을 볶고, 소금에 절여 말린 고기를 굽고, 대추 빵을 찌는 것 등은 더 나은 생활을 위해 해야 할 중요한 일이라고 생각하며 풍년을 기원한다. 그리고 봉건사회에서 절은 외래종교를 포교하는 장소라고 여기는 반면, 묘우는 역대 염황 후손들이 순국열사, 충효의 덕목을 실천한 사람 등을 기리는 곳이다. 관제묘우(關帝廟)나 악묘우(嶽廟) 등과 같이 덕과 재능이 있는 사람도 묘우를 세우고 봉안할 수 있다. 전술한 바와 같이 절에서는 부처를, 묘우에서는 신을 모시는바, 이는 인간의 우상화라고 볼 수 있다. 따라서 허난성 묘우의 숫자와 위치는 해결 불가능한 재난에 대한 무력감, 두려움 등에 대한 영적인 희망, 심지어 개인적인 믿음과 관련이 있다.

재난이 신앙문화에 미치는 영향은 신앙이 문화적 차원에서 어떻게 표현되느냐에 따라 다르다. 허난성 지역의 화신묘우(火神廟)와 용왕묘우를 예로 들자면, 화신묘우는 자오쭤시(焦作市) 산양구(山陽區)에 위치하며 용왕묘우는 자오쭤시 우즈현(武陟縣)에 위치한다. 두 지역은 직선거리로 29.8km이고, 평원지형이며, 황허와 태행산 사이에 있다. 역사적으로 모두 중원 문화에 속하지만 신앙의 차이는 매우 크다. 사료를 참조하면 자오쭤시 산양구에는 예로부터 석탄이 매장되어 있고, 산림이 빽빽하여 화재가 자주 발생하였다. 우즈현에는 황허가 흐르고 있어 예로부터 홍수 재해가 많았다. 옹정제(雍正帝)가 건립한 용왕묘우는 가응관(嘉應觀)이라고도 하는데, 지금도 묘우 안에 옹정제의 조각상과 글씨가 남아 있다. 당시의 역사적 상황에 따라 옛사람들은 재난 앞에 항상 무력했고, 이에 희망을 신령에게 맡길 수밖에 없었을 것이라 유추할 수 있다. 가뭄이 일어나면 비를 찾고, 홍수가 발생하면 안정을 찾는 것처럼 재난의 유형에 따라 사람들이 도움을 청하는 신령도 다르며, 신앙이 신명에 의탁하여 생겨난 문화도 다르다.

중국의 신화와 역사에서 '삼황오제(三皇五帝)'를 자주 언급하는데, 역사서마다 그에 대한 해석이 다르다. 《상서대전(尚書大傳)》, 《춘추운두추(春秋運鬥樞)》와 《삼자경(三字經)》은 모두 복희(伏羲)를 '삼황'의 하나로 분류하였는데, 그중 《춘추운두추》에서는 여와(女媧)도 '삼황'의 하나로 포함하였다. 화하민족(華夏民族)의 시조인 복희는 원래 여와와 남매였으나, 여러 가지 우연(지역에 따라 그 우연에 대한 해석이 다르다)의 일치로 부부가 되어 인류를 번성시켰다. 현재 허난성 화이양현(淮陽縣)에 있는 복희 황제의 옛 수도 경승지와 허난성 저우커우시 시화현(西華縣)의 여와성(女媧城)은 전국적으로 유명하다. 해마다 정해진 명절에 사람들은 외지에서 이곳으로 돌아가 조상에게 제사를 지낸다. 이러한 문화 유적과 전통은 허난성에 깊이 뿌리를 내려 대대로 전해 내려오고 있다. 복희 문화와 여와 문화는 역사 속에서 아주 오랫동안 많은 곳을 떠돌았는데, 그렇다면 그들은 왜 결국 허난성에 뿌리를 내리게 되었는가?

만약 복희의 고향이 허난성이라고 한다면 틀림없이 반박할 사람이 있을 것이다. 사람들은 대부분 간쑤성(甘肅省) 티엔수이시(天水市)에서 정기적으로 복희 대전을 모신다고 기억하고 있다. 또한 매년 복희 대전에는 묘우회(廟會)와 대극(大劇)이 함께한다. 복희묘우(伏羲廟)는 본명이 태호궁(太昊

宮)으로, 속칭 인종묘우(仁宗廟)이며, 지금의 간쑤성 티엔수이시 성구(城區) 시관(西關) 복희로(伏羲路)에 위치하고 있다. 그러나 간쑤성뿐만 아니라 허난성 화이양현에서도 매년 복희에게 제사를 지내는 풍습이 있어, 그 짙은 문화적 분위기는 티엔수이시 못지않으며, 오히려 티엔수이시보다 더하다고 할 수 있다. 2008년 화이양의 타이하오링(太昊陵)은 하루 82만 5,601명의 관광객으로 기네스북에 올랐는데, 세부적으로는 현대 문화 발전상 속에서 두 묘우의 차이를 찾을 수 없는 듯하다. 역사적으로도 조정에서는 복희묘우를 대표할 수 있는 두 곳을 허가하고 제사를 지냈다. 티엔수이시의 복희묘우는 명성화(明成化) 19년에서 20년 사이(서기 1483-1484)에 조정의 승인을 받아 건립되었으며, 매년 전용 제악(祭樂)과 예악(禮樂)을 배포하였다. 따라서 명나라 관헌이 복희의 고향을 간쑤 티엔수이시로 인정한 것을 알 수 있다. 동시에 당대의 고고학 연구에 따르면 간쑤성 티엔수이시 따디완(大地灣)에는 지금으로부터 6만여 년에서 3천 년 정도 떨어진 인류의 흔적이나 문명이 남아 있으며, 중국 내 다른 곳에서는 이렇게 오래 지속적이고 연속적인 문명의 지속 상태를 발견하지 못했다. 따라서 복희의 고향이 티엔수이시임을 간접적으로나마 증명할 수 있게 되었다. 대우(大禹)가 치수(治水)를 하면서 티엔수이시에 지나갈 때 비석을 남겨 복희에게 제사를 지냈다. 그러나 복희는 어쩌면 간쑤의 티엔수이시에서 태어났을 수도 있다. 그러나 복희가 다녀간 곳은 매우 많은데, 황허를 따라 동쪽으로 가다가 마침내 허난성에 뿌리를 내렸다. 또한 선승(仙升)은 허난성 화이양에서 이루어졌다. 중국에는 "천 년은 베이징, 삼천 년은 시안, 오천 년은 안양, 팔천 년은 화이양을 본다."라는 속담이 있다. 여기에서 화이양은 일명 '완추(宛丘)'라고도 불리며, 바로 복희가 650년 전에 도읍을 정한 곳이다. 이와 같이 복희는 중국의 많은 곳을 지나오면서 왜 화이양에서 백성을 이끌고 오랑캐에서 문명으로 나아가는 위대한 역사적 순간을 열기로 선택했을까? 옛날에는 재난에 대한 사람들의 인식이 지금처럼 명확하지 않았는데, 비교적 큰 피해를 가져올 수 있는 재난은 수해, 가뭄과 농작물의 생장에 해로운 모든 종류의 재난 등이었다. 그러나 복희의 눈에는 비, 눈, 바람, 안개 등 평상시처럼 보이는 자연현상들이 허난성에서 확실히 잘 드러나고 있으며, 이들 현상은 이른바 사회 건설에 불안정한 요소들을 불러오는 것이었다. 복희는 이처럼 열악한 자연환경 속에서 살아남아 번성할 수 있다면 사람들이 더 나은 자연환경에서도 잘 살아남을 수 있을 것이라는 생각으로 도읍을 정하였다. 당시 복희는 팔괘를 창시하여 중화민족 문화의 근원을 열었다. '천인화합(天人諧和)'의 사상은 여러 가지 예측, 경보, 재난관리 기술이 미비한 환경에 적응하기 위해 생겨난 것이다. 해당 사상은 하늘과 사람이 함께 조화를 이루고 재난이 없어야 사람들이 행복하고 편안할 수 있다는 믿음에서 비롯되었다. 원시 사회의 각종 기술이 건전하지 않은 상황에서 죽음은 사람들에게 지극히 일상적이었으며, 특히 재난에 직면했을 때 더욱 그러하였다. 재난 속에서 인류의 생명을 이어가기 위해서는 더 많은 자손을 낳는 것이 재난과 죽음에 저항하는 필수적인 방식 중 하나가 되었다. 그래서 복희 문화에서 대표적인 니니커우(泥泥狗, 진흙으로 빚은 동물 모양의 공예품)나 천으로 만든 호랑이(布老虎)는 모두 생식 숭배의 관념을 표현하기 위한 것이다.

여와 유적은 중국 내에 수십 곳, 많게는 백여 곳이 있다. 복희의 고향에 대한 이해와 비슷하게 여와가 지나며 거주한 곳이 많았는데, 허난성 시화현 여와릉(女媧陵)은 분명 여와가 살았던 곳이 틀림없지만, 여와가 처음 살았던 곳은 아닐 수도 있다. 여와의 어머니는 화서씨(華胥氏)인데, 화서릉은 리산(驪山) 남쪽 기슭에 있다. 딸의 활동 범위는 대체로 어머니에게서 멀리 떨어지지 않았으며, 지금까지 이산 정상 부근에는 와씨곡(媧氏穀), 여와보(女媧堡) 등의 유적이 있다. 또한 그 지방에는 여와와 복희에게 제사를 지내는 풍습이 있다. 지금으로부터 약 7,000년 전 이산 북쪽 기슭에 장자이 양사오(薑寨仰韶) 문화 유적이 있었으며, 이는 여와 씨족의 생존 시기와 거의 일치한다. 따라서 여와 씨족이 이산에서 허난성으로 이주하여 오랜 기간 정착한 것이 사실이라면 왜 허난의 여러 지역 쓰수이(汜水), 시화(西華), 쑤이핑(遂平), 친양(沁陽), 등펑(登封), 신미(新密)에 장기간 거주했을까? 특히 허난의 여러 지역 가운데 시화현의 여와성이 가장 유명하다. 사서에 따르면 여와는 이곳에서 자손을 번성시켰고, 죽은 후 스도강(思都崗) 여와성에 묻혔다. 고고학계에 따르면 시화현에서는 돌칼, 돌낫, 돌도끼 등 간석기가 많이 출토되었고, 여와성 아래에서 양사오문화(仰韶文化)[21], 룽산문화(龍山文化)[22] 및 상문화(商文化)[23]의 유물이 발견되어 선사 시대 사람들이 시화현에 정착하였음을 보여주었다. 성안에서 출토된 많은 기물(器物) 잔해와 지하 배수관, 그리고 명나라 성문 앞의 '와(媧)'자 벽돌은 일찍이 고대부터 사람들이 이곳에서 여와를 제향했으며, 이 풍습이 오랫동안 지속되었음을 보여준다. 여와가 인간을 창조하였다는 신화는 널리 알려져 있지만, 사실 여와는 여전히 보천(補天)[24]을 통해 세상을 구한 여신으로 신통력

---

21 중국 황허 유역 신석기 시대의 문화. 허난성 멘츠(澠池)현 양사오 촌에서 처음 발견되었기 때문에 얻어진 이름임. '채도문화(彩陶文化)'라고도 일컬어짐.

22 룽산문화(龍山文化)는 지금부터 약 4,600~4,000년 전(기원전 2,600~2,000년)에 중국 북부 황허 중류와 하류 지역에 있었던 후기 신석기문화이다.

23 상은 은상(殷商)이라고도 하는데, 상문화도 은상문화라고 할 수 있다. 상문화는 지역적 특성에 따라 상업문화, 농경문화, 나무(儺巫)문화, 청동문화, 갑골문화, 그리고 이 모든 역사문화 요소와 상징을 포괄할 수 있으며, 모두 상문화의 일부라고 할 수 있다.

24 여와보천(女媧補天)은 중국의 상고 신화의 하나이다. 상고 시대에 하늘이 무너지고 땅이 꺼지면서 세계가 큰 재난에 빠졌다고 전해졌다. 여와가 오색 돌을 다듬어 하늘을 메웠다는 이야기이다.

이 뛰어난 만물의 어머니라고 간주된다. 허난성은 중원에 위치하여 사계절이 뚜렷하고, 인구가 많으며, 재난도 다른 지역에 비해 상대적으로 많이 일어나는 편이다. 재난은 사람들의 생존에 커다란 위협이지만, 복희 당시 허난성에서 생육과 번식을 숭상하던 사상과 유사하게 여와는 인류의 번성을 도울 수 있고, 인류에게 더욱 안정적이고 조화로운 생존 환경을 조성할 수 있다. 달리 말하면 바로 옛날 허난성에 재난이 빈발하여 여와가 그 지역 사람들에게 열악한 환경에서 생존할 수 있는 방법을 가르쳐 주었다면, 그 사람들은 장차 여러 지역으로 나아가 더 나은 환경에서 생존하기가 수월했을 것이다. 이에 따라 재난은 여와를 이곳에 끌어들여 정착하게 하는 원인이 되며, 여와가 더 크고 멀면서도 아름다운 소망을 실현하는 효과적인 방법이라고도 할 수 있다.

오늘날까지도 허난성 일부 지역의 노인들은 여전히 모호한 신앙관을 유지하고 있다. 노인들은 구체적으로 어느 종교를 믿는 것이 아니라 단지 모든 촌락에 거의 널리 퍼져 있는 여러 묘우의 힘을 믿는다. 이 묘우 중 일부는 용왕이나 보살, 일부는 심지어 신불도 아니고 단순히 나무 한 그루를 모시고 있을 수도 있다. 이는 사실 전쟁으로 인한 이주 문화와 관련이 있으며, 서로 다른 근원이 서로 다른 흐름을 이끌어 낸다. 그리고 그 믿음은 허난이라는 특별한 땅에 서서히 뿌리를 내렸다. 한편으로는 좋은 재배조건이 허난 주민들이 평생 의식주를 걱정하지 않도록 하는 요인이기도 하다. 그러나 다른 한편으로는 잦은 수해와 우발적인 가뭄이 지역 주민들에게 상당한 타격을 주었다. 이 모순적인 상황은 사람들의 신앙에 대한 이해에 일정한 무작위성을 발생시켰다. 믿을 수 있는 신이 많으면 사람들의 선택도 다양해진다. 만약 이 묘우가 나를 지켜줄 수 없다면, 다른 묘우로 바꾸어 절을 올릴 것이다. 사람이 많아짐에 따라 묘우도 많아진다. 황허는 항상 범람하는데, 피해를 본 사람은 묘우를 바꾸고, 피해를 보지 않은 사람은 남는다. 언젠가는 장마 기간도 끝나기 마련이라 묘우가 바뀐 사람은 새로운 신을 믿음직하다고 느끼고, 바뀌지 않은 사람은 신이 여전히 자신을 사랑한다고 느낀다. 허난성은 원나라 시대부터 현재까지 더 이상 '수도의 땅'이 아니게 되었다. 또한 통상의 요충지에 있지도 않고 황허의 위협이 더해져 환경의 어려움과 폐쇄를 초래하였다. 따라서 이상에서 설명한 바와 같은 신앙관과 다양한 '신'들이 보존되어 있다. 놀랍게도 이러한 허무맹랑한 것들이 높은 성벽보다 더 오래 살아남았다는 것이다.

허난성의 다원적인 집단 이동 행동, 외진 지리적 위치, 총체적으로 우월한 자연환경과 주기적인 천재지변으로 무엇이 탄생할 수 있었을까? 이에 대한 것은 번잡한 신앙 외에도 사람들의 생활에 대한 태도도 있다. 바로 재난이 닥쳤을 때 모든 것을 운명에 맡기고, 시야가 좁으며, 일을 할 때는 자기중심적이라는 것이다. 이러한 태도는 그 지역의 특수한 역사와 재난 환경으로 이루어진 인간성의 조잡한 면이라고 할 수 있다. 하지만 좋은 면도 있는데, 이는 허난성 사람들이 비교적 본분을 지킬 줄 아는 것이다. 비록 당시에 조(曹)씨 집안의 강산을 빼앗고, 위(魏)나라를 진(晉)나라로 개조한 사마씨(司馬) 집안도 삼대 이후의 일이며, 이는 환경의 변화로 인한 것이다. 따라서 허난성 사람들은 만족할 줄 알고, 부유하거나 가난하게 사는 법도 안다. 부유할 때는 맛있는 것을, 가난할 때는 풀죽(漿飯)만 먹으며 하루를 지낼 수 있다. 이와 같은 여유로운 생활 방식은 사마의(司馬懿), 손사막(孫思邈), 진왕정(陳王廷)에게도 영향을 미쳤다. 그러나 오늘날 중국 사회는 역사상 가장 빠른 속도로 발전하고 있으며, 사회 개체 간의 연결도 가상화되어 있다. 외래문화의 강력한 충격에 직면한 젊은 세대의 생활 방식도 급속히 변화하고 있다. 또한 자연환경까지 은연중에 영향을 미치고 있어 앞길이 막막하기 때문에 어디로 갈 것인지 지켜볼 수밖에 없다.

현대 과학 기술의 급격한 발전에 따라 과학적인 재난 방지 의식이 점차 사람들의 마음속에 깊이 파고들면서 사람들은 더 이상 허황된 신령에 의지하지 않고 현대 과학 기술로써 자연이 초래한 재난에 대응한다. 자연재해의 피해 정도가 갈수록 커지면서 사람의 생산 활동에 가져오는 손실도 이루 헤아릴 수 없다. 나날이 분노하는 자연에 직면하는 와중에도 사람들은 과학적인 방법으로 피해 정도를 최소화하여 재난을 구제하고, 더욱 친환경적인 방식으로 재난을 방지하고 줄이는 방법을 구현하였다. 자연재해의 심화는 사람들에게 과학적인 방법을 통해 인간과 자연의 조화로운 공존을 실현해야 한다는 것을 깨닫게 하였다. 그러나 무속에 대한 맹종에서 과학적인 추구까지 재난에 직면하게 될 때 인간은 항상 신앙을 가슴에 품는다. 현대인은 과학을 신앙처럼 제창하고 실천하고 있지만, 고대 혹은 현존하는 폐쇄된 지역에서는 귀신을 믿어 생산을 도모하고, 생존하는 일도 예사이다.

5.4. 시곡(詩曲)

5.4.1. 두보(杜甫)

나라가 무너지니 산하가 남아있고(國破山河在)
봄이 오니 성안에 초목만 우거졌네(城春草木深)
시절을 한탄하니 꽃을 보아도 눈물이 흐르고(感時花濺淚)
이별을 서러워하니 새소리에도 놀라는구나(恨別鳥驚心)
내란이 석 달 동안 이어지니(烽火連三月)

고향 편지는 만금의 값이네(家書抵萬金)
흰머리는 긁을수록 더욱 짧아져(白頭搔更短)
이제 비녀조차 가눌 길 없네(渾欲不勝簪)

많은 중국인이 중학생 때 이 시를 마음속에 익히게 되는데, 지금 이 시를 다시 살펴보면 비록 호기로운 역사적 배경은 없지만, 구구절절 감정이 충만하다. 비록 사물을 묘사하는 것은 웅장하지 않지만, 그 대구는 정교하고 글자 하나하나가 사람의 마음에 깊이 스며든다. 시 전체가 '가슴이 대단히 서늘하다'라는 것을 남김없이 서술하였다. 이 시는 안사의 난(安史之亂)을 배경으로 쓰였는데, 반란군이 뤄양을 점거하였고 동관(潼關)을 무너뜨린 뒤 마지막에는 장안을 함락시켰다. 두보는 이 모든 것을 목격하였고, 나라에 적극적으로 보답하고자 조정으로 가서 중용(重用)을 받아 자신의 포부를 펼치려고 하였다. 그러나 이 과정에서 병란으로 인해 두보가 포로가 되어 조정에 몸을 의탁할 시간이 지체되리라는 것을 누가 알았겠는가? 두보는 장안성에서 당시의 쓸쓸한 풍경을 보고 이 시를 읊었다. 비록 자신이 떠돌아다녔지만, 여전히 나라의 안위와 백성의 우환을 염두에 두고 있음을 잊지 않았다. 결국에는 그 세력이 미약하고, 혼자만의 힘으로는 시세를 되돌릴 수 없으며, 가슴에 가득 찬 열혈로 세정의 성쇠와 인정의 반복에 봉착하게 되었다. 이는 두보의 후기 시 문체에 중대한 영향을 미쳤다.

두보의 시를 익힌 독자들은 그의 시가 대부분 무게감 있고 함축적이며, 나라와 백성을 걱정한다는 것을 발견할 수 있다. 시의 문체는 시인의 생애 및 경험과 밀접한 관련이 있다. 두보는 허난성 궁현(珙縣)에서 태어나 자랐다. 두보는 어렸을 때 어머니를 여의었기에 어쩔 수 없이 고모 집에서 살았다. 고모는 두보를 친자식보다 더 아낄 정도로 잘 대해주었으며, 두보는 사촌들과도 친하게 지냈다. 두보는 고모의 가족을 자신의 가족과 다름 없이 대했다. 사촌 동생도 잘 대해주고, 맛있는 것과 장난감이 있을 때마다 서로 양보하는 화목한 가정환경 덕분에 두보는 어머니의 죽음으로 인한 슬픔에 빠져 있지 않았다. 그래서인지 두보의 내면에는 긍정적이고 낙관적인 기조가 자리를 잡았다. 어느 해에 역병이 갑자기 발생하여 두보와 사촌 동생 모두 병에 걸렸는데, 의사의 처방은 '동쪽 침대에 눕는 것'이었다. 방의 동쪽에는 침대가 하나밖에 없어서, 고모는 두보를 눕히기로 선택했다. 이에 두보의 병세는 호전되었으나, 고모의 아이는 불행히도 세상을 떠났다. 이 일은 두보의 마음에 깊이 남게 되었고, 백성들의 생활이 쉽지 않음을 절감하면서 이후 두보의 시 문체의 기조가 되었다. 따라서 허난성 역병이라는 공중보건 사건은 두보 시의 형성하는 데 일정한 영향력이 있었다고 할 수 있다. 두보는 고향에서 34년을 살면서 허난성의 여러 지역을 떠돌며 많은 친구를 사귀었다. 또한 당나라의 번영을 음미하는 한편, 번영 뒤에 잠재된 위기도 느꼈다. 허난성 백성들의 생활상이 두보의 마음 깊숙이 파고들었는데, 백성들의 생활에 불안을 초래하는 중요한 요인은 바로 빈번한 자연재해였다. 당시만 해도 수해, 가뭄, 메뚜기, 황사, 지진 등 피해가 빈발하였다. 그 가운데 수해는 당나라 289년 동안 2년에 한 번꼴로 일어났으며, 대규모 재해는 백성의 생명과 재산뿐 아니라 농업 생산량에도 막대한 손실을 가져왔다. 기록에 따르면 현종 때인 개원 14년(서기 726년) 7월, 허난성의 "화이(懷), 웨이(衛), 정(鄭), 화(滑), 볜(汴), 푸(濮), 쉬(許) 등의 주에 비가 내렸다. 강과 지류가 모두 흘러넘쳤고, 사람이 모두 배에서 살았으며, 죽은 자가 1,000명에 달하였고, 재산과 농작물이 남은 것이 없었다(河及支川皆溢, 人皆巢舟以居, 死者千計, 資産苗稼無孑遺)."라고 전해진다. 가뭄과 그로 인해 파생된 메뚜기 재해가 허난성의 농작물에 큰 피해를 주었으며,

이에 따라 대기근이 발생하였다. 당시 두보와 같이 나라와 백성을 사랑하는 사람들에게는 나라에 보답하기 위하여 스스로 힘을 다하는 것이 중요했다.

중년기에는 중원에 전쟁이 자주 일어나 두보는 서쪽의 장안으로 갔다. 비록 몇 수의 시로 명성을 얻긴 했지만 아직 살 길을 모색하지는 못했다. 장기간 실업 상태에 있었던 데다 건강도 좋지 않아 생계가 걱정되는 상황에 놓이자, 두보는 이전에 허난성에서 보고 들은 것을 돌이켜보며 사람의 고난을 깊이 체득하였다. 그 후 우위솔부주조삼군(右位率府胄曹參軍)에서 작은 직책을 받아 실권도 없이 병사들의 병갑(兵甲)과 병기를 보관하고 열쇠를 관리하는 임무를 맡았다. 이후 두보는 안사의 난 전후 백성들의 곤궁한 생활을 목격하였다. 서기 758년 겨울, 두보는 좌천된 후 뤄양으로 돌아가, 고향과 친구를 방문하고, 이듬해 봄 화저우(華州)의 숙소로 돌아왔다. 길에서 그는 전쟁 후의 허난성의 현실을 모두 보았는데, 백성들은 도탄에 빠져 만신창이가 되었다. 그 광경을 목격한 두보는 다사다난한 고향을 연민하며 <삼리(三吏)>와 <삼별(三別)>이라는 시를 썼다.

노년기에 두보는 화저우를 떠나 서남쪽으로 떠돌았고, 그 후로는 다시 고향에 돌아오지 않았다. 그러나 고향에 대한 그리움은 사라지지 않았다. 또한 중원의 백성에 대한 배려도 게으르지 않았으며, 노년에 쓴 시에서도 고향에 대한 그리움과 유년 시절의 아름다운 기억에 대한 묘사가 많다.

두보는 당나라 중후반 시기에 살았는데, 이때는 마침 당나라가 전성기에서 쇠퇴기로 이행하는 시기였기에 국력이 날로 떨어지고, 사회적으로 암울하여 백성의 생활이 매우 곤궁한 때였다. 그리고 허난성에 전쟁과 자연재해가 빈발하여 백성이 더욱 가난해졌고, 나라와 백성을 사랑하던 두보의 벼슬길은 순탄치 못하였다. 두보가 창작한 시에서는 대부분 나라와 백성을 걱정하는 마음이 담겨 있는데, 어린 시절의 감염병과 자연재해로 백성들의 빈곤한 생활과 어려움을 목격함으로써 백성들이 겪는 고통에 깊이 공감하였다. 두보가 중년이 되어도 허난성은 여전히 전쟁과 자연재해의 고통 속에 깊이 빠져 있었기에 두보가 귀향하여 본 광경은 그야말로 만신창이였다. 때마침 나라에 보답하고자 하는 포부를 펼치지 못한 채 정권 뒤의 부패함을 깊이 실감할 수밖에 없어서 이 시기의 작품은 대부분 침울함과 좌절의 정서를 담고 있다. 두보가 노년이 되어도 다시 허난성으로 돌아가지 않았지만 몇십 년 동안 쌓인 고향에 대한 정은 사라지지 않았고, 추억과 배려가 늘 마음속에 샘솟았다. 재난과 같이 변하지 않는 역사적 환경은 두보의 일생을 따라다녔고, 시도 때도 없이 그의 마음을 사로잡았음을 알 수 있다.

5.4.2. 곡극(曲劇)

곡극은 '고대곡(高臺曲)' 또는 '곡자희(曲子戲)'라고도 하는데, 허난성 전 지역과 주변 인접 지역에 전해지는 지방극이다. 곡극은 현지에서 유행하는 곡예고자곡(曲藝鼓子曲)과 높은 나무다리를 타는(踩高蹺) 공연 형식을 기초로 다른 극과 상호 교차적으로 영향을 받아 발전한 것이다. 그중 유명한 작품인 《권석통(卷席筒)》, 《제갈량조효(諸葛亮吊孝)》 등은 모두 사람들의 재난 인식을 담고 있다.

《권석통》은 곡극의 유명한 곡목이며 《백옥잠(白玉簪)》, 《참장창(斬張蒼)》 등 다른 이름을 지니고 있다. 극중 주인공 장창와(張蒼娃)는 유년기에 아버지를 잃은 소년으로, 조(曹)씨 집으로 재가한 어머니를 따라가게 되었다. 그러나 흉악한 어머니는 조 나리를 죽이고, 조 나리의 며느리 장(張)씨에게 죄를 뒤집어씌웠다. 정직한 장창와는 장씨를 구하기 위해 살인죄를 뒤집어쓰고 참형을 선고받았다. 새로 부임한 순무(巡撫)는 장씨의 남편이자 조 나리의 아들 조보산(曹保山)이었다. 결국 장창와는 구출되고 가족은 평화를 되찾았다. 이 극에서는 돗자리로 시신을 말리는 장면이 나오는데, 이는 그 지역에서 재난이 빈번하게 발생하는 환경에서 형성된 '간소한 장례(薄葬)' 풍습을 반영한 것이다.

오늘날 허난성이 소재한 지역은 예로부터 중국의 중요한 농업 생산지로서 많은 농민이 살고 있고, 자급자족하는 생활 방식이 습관화되었으며, 매우 전형적인 농경문화 특징을 가지고 있다. 그러나 이와 동시에 허난성은 가뭄, 메뚜기 피해가 가장 심각한 지역 중의 하나이며, 가뭄이 발생할 때마다 농작물에 물이 부족하여 말라 죽기 때문에 수확이 없어 굶어 죽는 사람이 적지 않았다. 가뭄뿐만 아니라 메뚜기 피해도 마찬가지였다. 메뚜기 떼는 농민들이 힘들게 재배한 곡식을 모두 갉아먹었고, 농민들은 남은 곡식이 없어 죽음만을 기다렸다. 따라서 오랫동안 가뭄과 메뚜기 피해와 투쟁하는 과정에서 부지런하고 똑똑한 농민들은 교훈을 얻고 경험을 쌓으며 식량을 비축하는 방식으로 재난에 대응할 생각을 하였다. 대풍년일 때 농민들은 여분의 곡식을 비축하여 가뭄과 메뚜기 피해로 인한 기근에 대비하였다. 이와 같이 허난성에서 곡물을 저장하는 일은 간소한 장례 문화와 유사하며 모두 재난과 문화의 영향을 받은 사람들의 행동 방식이다.

중국 역사를 통틀어 재난이 자주 발생하기는 했지만, 지금의 허난성에 일어나는 재난은 그리 많지 않다. 특히 황허를 잘 다스린 후, 이전에 자주 발생하던 수해는 지금 거의 발생하지 않게 되었고, 전쟁은 사라졌으며, 가뭄과 메뚜기 피해는 가끔 발생하기는 하지만 그에 대한 대책이 마련되어 있다. 따라서 지금 허난성 사람들은 오랜 고민 끝에 노후 생활과 후손을 위하여 검소하게 생활하며, 기존의 자원을 나중에 사용할 수 있도록 남겨둔다. 이러한 생활 태도도 재난문화의 영향을 받은 것이라고 할 수 있다.

한편《제갈량조효》는 삼국시대 손권과 유비가 동맹을 맺고, 함께 조조와 맞서 싸운 이야기이다. 제갈량이 주유를 세 번 화나게 하자, 주유는 울분을 참지 못하고 죽어 버렸다. 또한 대적(大敵)이 눈앞에 닥치자 오나라와 초나라 양군의 갈등을 완화하기 위해 제갈량은 주유의 영당에 가서 제사를 지냈다. 제갈량은 이미 사람들이 매복해 있던 빈소에 이르러 대담하고 세심하면서도 조심스럽게 빠져나가는 데 성공하였다. 양군도 적벽의 약속을 따라, 함께 조조의 군대에 대항하였다. 이와 같이 전쟁 재난이 허난성 시민의 정신세계에 남긴 흔적은 전쟁과 관련된 주제의 곡극에 그대로 반영되고 있다.

중원에 위치한 허난성은 역사적으로 병사들이 반드시 쟁탈해야 할 땅이었다. 중원 왕조가 빈번히 교체되고 왕조가 바뀌는 정치적 불안정이 가장 두드러지게 나타난 것은 전쟁이었다. 군사적 충돌이 전쟁 지역 사람에게 가져다 준 것은 단순히 피를 흘리는 희생뿐만은 아니었다. 오히려 오랜 세월의 고달픈 유랑과 피비린내 나는 풍습에 더 많은 것이 담겨 있었다. 시간이 흐르면서 사람들이 심리적으로 감내할 수 있는 능력과 담력이 점차 강해졌다. 가장 분명한 것은 허난의 남성들은 겁 없이 천하를 누빈다는 것이다. 허난성에서 태어난 사람은 이곳저곳에서 성장하면서 일이 있을 때나 없을 때나 늘 전국 각지를 돌아다닌다. 허난성 사람들은 절대 집을 지키며 밖에 나가지 못하는 사람이 아니다. 중국의 어떤 지역을 가든 그곳에는 반드시 허난성 사람들이 살고 있다. 중국인에게 허난 방언으로 어떻게 말하는지 아무렇게나 물어보면 '중부중(中不中)'[25]이라는 말을 몇 마디 할 수 있을 것이다.

요약

허난성 땅에는 수많은 말발굽과 선혈이 흩날렸으며, 수많은 허난성 사람들이 고향을 떠났다. 재난에 대처할 수 없어 집단으로 고향을 등지는 황급한 발걸음은 이후 생활 안정에 대한 열망의 곡극이 되었다. 매년 춘절 전후로 이루어지는 중국의 춘운(春運)[26]은 현대 인류의 기적이라고 할 수 있는 대이동으로, 그 안에는 다수의 허난성 사람이 있다. 기근으로 인한 쌀죽 한 그릇 때문에 허난성 사람들은 어쩔 수 없이 사방으로 도망쳐 흩어졌다. 지금도 같은 이유로 한 해 동안 생계를 위해 각지로 나가 돈을 벌고 있다.

"하늘의 불순한 운명이여, 어찌 백성들의 과실인가. 흩어지고 서로 헤어지는 백성들이여, 이제 봄이 되어가는 계절에 쫓겨나 동쪽으로 가리라. 고향을 버리고 멀리 떠나 멀어지니, 강수(江水, 양쯔강)와 하수(夏水, 한수)[27]를 따라 유랑하리라(皇天之不純命兮, 何百姓之震愆。民離散而相失兮, 方仲春而東遷。去故鄉而就遠兮, 遵江夏以流亡)."라는 시의 내용은 바로 허난성에 사는 사람들에게 초래한 영구적인 재난의 흔적을 보여준다.

---

25 '중부중'은 허난성의 방언으로 '되느냐 안 되느냐'의 뜻이다.

26 춘운(春運), 즉 춘절 운송이다. 중국에서 음력 춘절 전후에 발생한 대규모 교통 운송 압력 현상을 말함.

27 한수(漢水): 지금의 후베이성(湖北성) 단지앙커우시(丹江口市) 이하 하류의 구간에 있다. 초기에는 하수(夏水)라고 칭하였다.

참고문헌

田軍(2011), 「민국 시기 토지 개간 정책과 주장에 대하여」, 『스마우(思茅)사범고등전문학교 학보』 1, pp.53-58.

陳鋒(2008), 『청나라 재정정책 및 통화정책 연구』, 우한대학출판사.

黃有泉(1993), 『홍동 대홰나무 이주』, 산시고서방판사.

張青(2000), 『홍동 대홰나무 이주지』, 산시고서적출판사.

王潮生(2011), 『농업문명의 흔적 찾기』, 중국농업출판사.

薛瑞澤(2012), 『고대 허난 경제사』, 허난대학출판사.

徐士傑(2008), 『전통문화와 과학발전』, 우한출판사.

高梓梅(2007), 『허난 민속과 지방곡예』, 정저우대학출판사.

제6장

제노대지(齊魯大地)

'산둥'이라는 지명은 타이항산맥(太行山脈)의 동쪽이라는 위치적 특성에서 유래하였다. 진나라 이전에는 제(齊)나라와 노(魯)나라에 속하여 종종 '제노'라고 불렸으며, 약칭으로는 '노(魯)'라고 부르기도 한다. 성도인 지난(濟南)은 화둥(華東) 해안과 황허강 하류에 위치하며, 중원(中原)과 이어진다. 산둥성에는 우뚝 솟은 태산(泰山)과 평평한 반도가 있으며, 황하이(黃海), 보하이(渤海)와 인접해 있다. 또한 산둥성은 인구가 많고, 예로부터 많은 재난을 겪어왔다. '호한(好漢, 호걸을 뜻함)'의 기질과 '총알받이(炮灰)' 이야기는 산둥 재난문화의 전형을 보여준다.

6.1. 총알받이

'총알받이'는 은유적으로 집단 간 이익 싸움에 휘말려 희생된 사람, 즉 무고한 희생자를 뜻한다. 이에 관한 이야기는 《사기(史記)》의 〈전담열전(田儋列傳)〉에 나타나 있다. 원문은 다음과 같다(韓兆琦, 2010).

> 바로 다시 사신에게 부절을 가지고 역상에게 조서를 내린 상황을 알리고는 "전횡(田橫)이 오면 크게는 왕, 작게는 후(侯)로 삼을 것

> 이나, 오지 않으면 군대를 일으켜 죽일 것이다."라고 하였다. 전횡은 곧 자신의 빈객 두 사람과 함께 역마를 타고 뤄양(洛陽)으로 갔다.
>
> 30리가 채 안 되는 시향(屍鄕) 역의 마구간에 이르러 전횡은 사신에게 "신하된 자가 천자를 뵙는데 목욕은 해야지요."라고 하고는 멈추어 머물렀다. 그리고는 그 빈객에게 "이 전횡은 처음 한왕(漢王)과 함께 남면(南面)하여 '고(孤)'로 칭했소. 지금 한왕은 천자가 되었고 이 전횡은 도망 다니는 포로로서 북면(北面)하여 그를 섬겨야 하니 그 수치가 참으로 심하오. ……" 그런 다음 자신의 목을 잘라 빈객에게 그 머리를 들고 사신을 따라 말을 달려 고제(高帝)에게 아뢰게 하였다.
>
> …… 내가 듣기에 그 나머지 5백 명은 바다에 있었는데 사신을 시켜 불렀다고 한다. 그들이 이르러 전횡이 죽었다는 말을 듣고는 그들 역시 모두 자살하니 이로써 전횡의 형제가 인재들의 마음을 얻었다는 것을 알게 되었다.[1]

'전횡오백사(田橫五百士, 전횡과 500명의 신하)' 이야기는 춘추전국시대를 배경으로 하고 있다. 제나라 왕의 후손인 전횡과 형 전수(田修), 전영(田榮) 모두 산둥 지방의 호족이었다. 전수와 전영은 진나라 말기의 혼란을 틈타 잇달아 왕이 되어 제나라를 부흥시키기를 희망하였다. 그러나 전수는 진나라 장수 장한(章邯)과의 전투에서 전사하였고, 동생 전영은 항우(項羽)에게 패해 죽었다.

---

1 乃複使使持節具告以詔商狀, 曰：田橫來, 大者王, 小者乃侯耳; 不來, 且擧兵加誅焉　乃與其客二人乘傳詣雒陽。未至三十裏, 至屍鄕廄置, 橫謝使者曰："人臣見天子當洗沐。" 止留。謂其客曰："橫始與漢王俱南面稱孤, 今漢王爲天子, 而橫乃爲亡虜而北面事之, 其恥固已甚矣。……" 遂自剄, 令客奉其頭, 從使者馳奏之高帝。……吾聞其餘尚五百人在海中, 使使召之。至則聞田橫死, 亦皆自殺。於是乃知田橫兄弟能得士也。

한편 항우가 유방(劉邦)과 싸우게 되자 전횡은 그 틈을 타 전광(田廣)을 제나라 왕에 앉히고 제나라를 재건해 나갔으나, 훗날 전횡은 유방에게 투항한다. 그 와중에 한신(韓信)은 역이기(酈食其)가 유방을 위해 병사 한 명 없이도 제나라 땅을 얻었다는 소식에 큰 불만을 품고 즉시 군대를 보내 제나라를 치려 하였다. 이에 전횡은 유방이 자신을 속였다고 생각하여 사람들을 이끌고 양나라로 도망쳐 유방과 계속 적대하게 된다.

유방이 서한(西漢) 왕조를 세운 뒤 양나라는 한(漢)나라의 제후국이 되었고, 팽월(彭越)은 양왕(梁王)에 봉해졌다. 전횡은 유방의 보복이 두려워 500명의 신하를 이끌고 황하이의 외딴 섬으로 도망친다. 이에 유방은 전횡이 일찍이 명망이 높았음을 잘 알고, 후환을 두려워한다는 점 또한 이해하고 있었다. 따라서 유방은 전횡의 죄를 사면하고 전횡이 조정에 들어가 관직을 맡도록 조서를 내린다. 걱정이 많은 전횡은 평민의 신분으로 신하들과 섬에서 평생을 보내고 싶다는 의사를 밝혔다. 그러나 유방은 전횡이 조정으로 돌아오도록 종용했고, 전횡은 부하들이 살육당하는 것을 막고자 두 수행원을 데리고 낙양으로 가서 유방을 만나야 했다.

허난성의 경계에 이르렀을 때 전횡은 “천자를 만나는데 신하된 도리로 목욕재계를 하고 가야 한다.”라고 하고는 칼을 뽑아 스스로 목숨을 끊고 만다. 두 수행원이 전횡의 머리를 들고 유방을 알현하자 유방은 크게 감동하여 전횡의 장례를 왕의 자격에 걸맞게 치르도록 명하고, 전횡의 두 수행원을 도위(都尉)의 벼슬에 봉하였다. 그러나 두 수행원은 전횡의 장례가 끝난 후 전횡의 묘우 옆에서 자결하였다. 이에 유방은 전횡은 보기 드문 현인이며, 그 신하도 정과 의리가 있음에 감동하면서 다시 사자를 전횡이 살던 섬으로 보내 아직 남은 신하들을 데리고 오라고 명한다. 하지만 섬에 남은 500명의 신하 또한 전횡이 죽었다는 소식을 듣고 바다에 뛰어들어 스스로 목숨을 끊었다.

위와 같이 전횡의 500명의 신하의 희생에서 언급되는 '총알받이 정신'은 사실 '상무정신(尙武精神)'이기도 하다. 옛날에는 상무정신이 긍정적인 의미였지만, 현대에 이르러 총알받이 이야기의 별칭이 되면서 다소 폄하된 측면이 있다. 500명의 신하의 용감한 희생과 같이 지휘관에 대한 신하들의 충성심도 일종의 '총알받이 콤플렉스'로 볼 수 있다.

한나라[漢代]의 상무정신은 왜 그토록 강했을까? 그 근원은 사실 재난에 따른 확고한 민족적 특성에서 비롯된 것이다. 예로부터 산둥에서는 재난이 자주 발생하였으며, 춘추전국시대 농업생산의 주요 재난은 홍수와 침수가 아닌 가뭄이었다. 한나라에 이르러 농업이 큰 주목을 받았고, 조정에서는 있는 힘껏 서쪽으로 변방을 개척하였다. 그리고 개간 주둔 정책을 실시하면서 사람들이 내륙에서 변방으로 대규모로 이주하면서 다수의 목축지를 농경지로 바꾸었다. 그 과정에서 삼림, 관목, 초원이 전례 없이 훼손되었으며, 황토고원(黃土高原)의 더기[2], 룽난(隴南)의 하곡(河穀) 또한 파괴되었고, 허시저우랑(河西走廊)의 오아시스에 자라던 자연 식생은 모두 벌채되었다(桂慕文, 1997). 이 시기 농업에는 가뭄, 홍수, 충해, 기근, 우박, 풍해, 전염병, 지진 등 8가지 이상의 자연재해가 있었다.

연구자들은 중국 역사상 기원전 206년부터 서기 220년까지의 양한(兩漢) 시대를 '양한우주기(兩漢宇宙期)'라고 불렀는데, 이 시대에는 지진의 빈도가 크게 증가하였음이 특징이다(桂慕文, 1997). 진한(秦漢) 440년 동안 가뭄 81건, 홍수 76건, 지진 68건 등 375건의 재해가 발생하였다. 《중국지진역사자료회편(中國地震歷史資料匯編)》에 따르면 양한 시대에 118회의 지진

2 중국 시베이 황토 유역의 탁상(卓狀) 고원을 뜻한다.

이 발생했는데, 평균적으로 4년 이내에 한 번꼴로 지진이 자주 발생하였다. 또한 재난 발생 상황으로 볼 때 황허강과 창지앙에도 범람이 빈번하게 일어났다(桂慕文, 1997; 馬玉山 · 胡恤琳, 2004). 서한(西漢) 시대에 황허강이 처음으로 범람하여 재난이 일어났고, 드물게 세 번의 창지앙 홍수가 이 시대에 집중적으로 발생하였으며 다른 여러 하천도 범람하였다. 수해는 한나라에도 막대한 피해를 주었다.

장기간에 걸친 재난으로 서민들은 가난에 허덕이며 굶주렸고, 집안의 많은 장정들은 자발적으로 나라를 위해 출정하는 것을 선택하게 된다. 이는 요즘 의미로 참된 의용군이다. 이는 사람들이 적극적으로 군에 입대하여 적을 무찌르며 국가에 충성하는 모습을 보여줌으로써 상무정신을 집중적으로 반영하였다. 특히 《사기》에도 협객열전이 있어 한나라 '상무'의 기풍이 성행하였고, 의협을 행하는 사람 또한 많았음을 알 수 있다.

예로부터 중국에서는 나라를 위해 전쟁터에서 목숨을 바쳐 적과 싸우는 것을 자랑스럽게 여겼으며, 중원의 민족에는 용맹한 '상무'의 피가 흐르고 있었다. 한나라 시대에는 많은 엘리트들이 자발적으로 군에 입대하여 국가에 충성하고, 공을 세움으로써 한나라가 세계의 정상에 우뚝 설 수 있도록 힘을 보태었다. 비록 진한 시대에는 약민(弱民) · 우민(愚民) 정책을 펼쳤지만, 중화민족의 용맹하고 혈기 넘치는 기질은 하루아침에 사라지지 않았다. 한나라에 이르러서도 여전히 용맹한 '상무'의 기질을 지닌 이들이 존재하였다.

'전횡오백사'에서 보여준 상무정신 외에 한나라 이전에도 '이도살삼사(二桃殺三士)'의 전고(典故)에 나오는 제나라의 세 장수, 초(楚)나라 영윤(令尹) 성득신(成得臣), 서초패왕(西楚霸王) 항우, 종리매(鐘離昧), 이광(李廣) 등 명예를 지키기 위해 스스로 목숨을 끊은 사례가 많았다. 재난의 원초적 동인

아래 혈기 넘치는 남자들이 잇달아 군에 자원하면서 재난의 기억이 마음 속에 자리 잡았다. 나라를 지키고 명예를 쟁취해야만 고향으로 영예롭게 돌아갈 수 있으며, 가족 모두에게 풍요로운 삶을 가져다 줄 수 있었다. 나라가 망해도 구차하게 살아남지 않으려는 '총알받이 콤플렉스'는 전횡의 500명의 신하에게도 내재되어 있는데, 이는 재난에서 비롯된 독특한 민족적 특성이다. '전횡오백사'를 모티브로 한 서비홍(徐悲鴻) 화백의 동명의 회화 작품 또한 세계에서 높은 평가를 받았으며, 해당 작품에 대한 현대인의 해석도 제각각이다. 그러나 회화 작품 《전횡오백사》 또한 재난으로 촉발된 삶의 조형적 표현이라는 사실은 부정할 수 없다.

6.2. 호한(好漢)

중국인에게 산둥 사람 하면 '호한(好漢)'을 떠올린다. 호한의 기질은 《수호전(水滸傳)》에서 실존 또는 가공의 인물로 구체화되어 산둥 사람들의 성격을 드러내는 매개체가 되었다. 이와 같이 산둥에서는 호한들이 배출되어 용맹한 민풍(民風)[3]을 자랑한다. 적미(赤眉)의 난, 황소(黃巢)의 난, 양산박(梁山泊)의 호걸들과 같이 산둥 지방은 항상 무예를 수련하는 비밀 조직의 결성과 관리의 횡포로 백성들이 반란을 일으킨 '관압민반(官逼民反)'의 역사적 현상과 관련되어 있다.

수당(隋唐) 이후 흉년이 계속되고 전쟁이 빈번하게 발생하였으며, 농업 생산 환경 및 생산량이 나날이 악화되었다. 북송(北宋) 후기에 노서(魯

---

3 민간 생활과 결부된 신앙, 습관, 풍속, 전설, 기술, 전승 문화 따위를 통틀어 이르는 말.

西) 일대에서 봉기가 잇달아 일어나면서 산둥 사람들은 용맹하고 무예에 능하다는 평판을 얻었다. 원나라 말기에 이르러 노서 일대는 이미 가시덤불과 백골이 쌓인 식은 화로만 보일 뿐인 황폐한 곳이 되었다. 그 후 뒤이은 수십 년 동안의 전쟁은 북부 지역의 경제에 막대한 피해를 주었다. 명나라 초기에 산둥의 둥창(東昌) 지역은 사람이 거의 없는 곳이었고, 홍무(洪武) 시대에 명나라 정부의 이주를 위한 길을 닦았다.

교통과 통신이 발달하지 않았던 고대에는 문학이 지역 문화를 이해하는 매개체였다(藺風賢, 2016). 사람들은 글쓰기와 읽기를 통해 특정 지역 문화에 대한 환상을 만들어내면서 일련의 지역 문화 이미지를 구축한다. 《수호전》은 이러한 지역 문화 창조에 가장 큰 영향을 미치는바, '호한 산둥'을 문학적 기억과 문화적 상징으로 만들어내었다. 이와 같이 재난은 차근차근 문화에 스며들어 결과적으로 구체적인 표현을 만들어내기도 한다.

호한 문화의 광범위한 대중화와 수용의 중요한 원인은 오랫동안 억압되어 온 민중의 이상과 정신을 표현했기 때문이다. 즉 《수호전》에서의 산둥 문화의 이미지 형성은 정통 및 주류의 시각에서 비롯된 것이 아니라 민중의 뜻에서 나온 것이다. 또한 《수호전》은 송원(宋元) 시대에 민간에 전해지는 수호(水滸) 영웅의 이야기를 바탕으로 지어졌으며, 사람들의 이상에 따라 인물이 변화하는 과정을 따른다(房福賢·孫峰, 2007). 따라서 《수호전》이 대표하는 '호한 문화'는 민중의 이상, 도덕과 윤리 및 열망을 좀 더 구체화함으로써 생생한 생명력을 지닌다.

남송(南宋)부터 원나라 전기까지의 오랜 기간 동안 수호 영웅들은 재난으로 백성들이 안심하고 살아갈 수 없다는 '민불단생(民不聊生)'의 자연적 배경과 '관압민반'의 사회적 배경에 맞서 일어났다. 그러나 마음속 깊은 곳에서는 충군(忠君) 사상이 지배적이었다. 송나라 말기의 민족적 위기는 억압과 침략에 저항하며 충군애국(忠君愛國) 사상을 불러일으켰다. 사람들은 전쟁을 겪는 동안 굶주림과 고통을 견뎌내야 했고, 민족 갈등은 사회의 주요 문제로 부상하였다. 이러한 상황 속에서 안정적인 생활에 대한 사람들의 열망과 염원은《수호전》에 하늘의 뜻에 따라 정의를 행하고, 백성을 위해 복을 기원하는 정신을 심어주었다.《수호전》의 이야기를 정리하자면 영웅을 숭상하고, 악을 근절하며 적을 무찌르려는 중화민족의 영적 열망을 표현한다는 것이다.

송명(宋明) 시대까지 자연재해의 발생 빈도가 점점 높아지면서 자연재해의 종류가 20여 가지에 이르렀다. 그중 발생 빈도가 높고 피해 및 피해면적이 큰 것은 홍수, 가뭄, 충해, 기근이었다. 이 시대에 피해를 보아 사망한 백성의 수도 급증하면서 지배계급에 대한 불만도 최고조에 달하였다. 청나라 시대에 이르러 산둥 지역에서 일어난 자연재해는 수해, 가뭄, 메뚜기 떼로 인한 재해와 지진으로, 주기적으로 증가하는 경향을 보였다(馬征, 2007). 오랜 기간 재난에 시달려온 끝에 산둥 지역은 공자와 맹자의 고향을 뜻하며 예를 중시하는 '공맹지향(孔孟之鄕)'으로서의 인정의 두터움과 온아함이 점차 강렬한 '상무'의 기풍으로 바뀌어 갔다. 이러한 배경에서 생겨난 '호한 문화'는 남성다움과 용맹함으로 역사서를 화려하게 장식하였다.

《수호전》의 영웅들은 대부분 체격이 우람하고 용맹하다. 예컨대 무송(武松)은 "키는 8척이며, 용모는 당당하고, 온몸에 천만 근의 기력이 있다."라고 하였고, 노지심(魯智深)은 "생김새가 둥글고 크며, 코가 곧고 입이 네모지며 뺨에 너구리 수염이 있고, 키는 8척, 허리 폭은 10척."이라 하였다. 무송은 경양강(景陽岡)에서 호랑이를 때려잡았고, 노지심은 수양버들을 거꾸로 들고 뽑아버렸으며, 여자들 또한 남자에게 뒤지지 않을 정도로 무예에 능하였다. 이와 같이 《수호전》에서는 악인을 몰아내고 강적을 물리칠 수 있는 강인한 체력과 기백을 극찬하고 있다.

6.3. 팔선(八仙)

'팔선(八仙)'은 도교 전설에 나타나는 여덟 명의 신선으로, 구체적인 인물로는 한종리(漢鍾離), 여동빈(呂洞賓), 장과로(張果老), 철괴리(鐵拐李), 남채화(藍采和), 하선고(何仙姑), 한상자(韓湘子), 조국구(曹國舅) 등이 있다. 팔선은 중국에서 유명한 인물로, 그들의 이미지는 여러 사물에서도 찾을 수 있으며 소설, 연극, 민간 문예에서도 팔선의 이야기가 묘사되어 있다. 팔선은 당나라 사람들의 기록에 처음 나타나며, 송나라 때 모사본(模寫本)이 만들어졌고, 팔선이 바다를 건너는 이야기인 '팔선과해(八仙過海)'는 원나라 말기에 형성되기 시작하였다.

'팔선과해' 이야기는 산둥 일대에 일어난 역병 재난에서 시작되었다. 역병이 맹위를 떨치는 와중에도 사람들을 구하기 위해 한종리와 철괴리는 약초를 캐기 위해 약초가 있는 동해(東海, 동중국해)의 동쪽 섬으로 가기로 하였다. 두 사람은 실수로 망룡태자(莽龍太子)를 죽이게 되었고, 이에 용왕은 진노하여 동해를 막아버렸다. 동해를 건너 선약(仙藥)을 구하려면 여덟 명의 신선이 모두 모여야 하였다. 따라서 한종리와 철괴리는 속세에 내려와 아직 신선이 되지 않은 나머지 여섯 신선을 찾는다. 여러 차례에 걸친 속세에서의 고난 끝에 마침내 한상자, 하선고, 여동빈, 장과로, 남채화, 조국구를 찾아내었다. 이들 팔선은 각자 신병(新兵)과 법보(法寶)를 찾아 용왕에게 대항한 끝에 동해를 건너 봉래산(蓬萊山)에서 만병통치약을 구해 중생을 구원하였다.

'팔선과해'는 희곡, 영상 등 예술 매체를 통해 민간에 널리 퍼졌다. 이야기에서 비약이 자라는 섬인 봉래산은 산둥 반도 북단에 있는데, 이 이야기로 중국 내외에서도 유명하다. 산둥 반도는 삼면이 바다로 둘러싸여 있으며, 육지와 바다의 경계를 이루는 길고 구불구불한 해안선이 있다. 해안선 외에도 해안과 크고 작은 섬들이 산둥의 연해를 이룬다. 산둥 연해의 신선 이야기는 산둥의 재난문화를 이해하는 다리 역할을 한다. 바다 위의 선산(仙山)인 봉래산은 아름다운 상징을 지니고 있는데, 봉래산은 수많은 선산으로 이루어진 선주(仙州)의 총칭이자 속세를 초탈한 선경(仙境)이기도 하다. 이를 둘러싸고 선산, 선주, 선경의 사람들이 재난이 없는 '동천복지(洞天福地, 중국 도교에서 신선이 사는 명산과 승지)'를 세우고, 사람들의 복을 빌고 액(厄)을 막는 선인대사(仙人大士)를 만들어냈다.

산둥성 해안선과 연안 해역의 해양재해는 크게 해양기상재해, 해양지질재해, 해양수문(水文, 물의 각종 변화와 운동 현상)재해, 해양생태재해 등 네 가지로 나눌 수 있다. 산둥성 연안 지역 가운데 심각한 해양재해로 경제적 손실이 가장 큰 지역은 보하이완(渤海灣), 라이저우완(萊州灣), 황허지앙 삼각주 세 곳이다. 해당 지역은 주로 돌발성 폭풍해일, 온대성 폭풍해일, 적조 및 지발성(遲發性) 해수 침입과 같은 해양재해의 영향 아래에 있다(孫百亮·梁飛, 2004). 현재 라이저우만 부근의 갯벌 양식업의 급속한 발전으로 연안의 공업 기업과 도시 하수 방류량이 증가하면서 바닷물에 유입되는 오염물질이 증가하였다. 또한 라이저우완 안팎 바닷물의 순환 속도도 느린 편이라 오염물질의 희석 및 분해가 잘 되지 않는데다 적조 피해가 갈수록 잦아지고 있다. 이와 동시에 라이저우만 지역의 공업·농업용수 소비량의 지속적인 증가와 지구 온난화로 인한 가뭄 및 물 부족으로 라이저우만 연안 지역은 전국에서 가장 심각한 해수 침입 피해 지역 중 하나가 되었다.

펑라이시(蓬萊市)의 선조들은 바닷가에 살았으나, 해양재해의 위협으로 농업에 차질을 빚으면서 식량이 부족하여 오랜 시간을 해양재해와 싸워야 하였다. 펑라이 지역 사람들은 대대로 바다와 관련된 여러 생활 규칙 및 풍습을 정리하고 전승해 왔다. 이러한 지역적 특성이 있는 규칙은 민속적 매력과 구속력을 반영하며, 연안 주민들 모두 은연중에 그 규칙을 인정하고 지켜왔다. 이와 같이 바다에 관한 민속 풍습은 계속 이어져 왔으며, 후손들에게 전승될 것이다.

'팔선 문화'가 세상에 알려진 바와 같이 재난의 원인은 항상 산둥 해안 지역 민족의 특성에 뿌리를 두고 있으며, 재난문화를 상징하는 것이기도 하다. 바다의 신비와 거스를 수 없는 해양재해로 연안 어민들이 바다를 숭배하면서 해양신앙이 나타났다. 연안의 어부들은 용왕과 바다의 신을 섬기는 풍습이 있어 명절과 출항 전날 제물을 바치고, 향을 피우고 종이를 태우며 평안을 기원하였다.

중국 연안의 어부들이 최초로 섬긴 바다의 신은 바로 용왕이었다. 용왕은 다양한 함의를 지닌 신으로 용왕의 이미지에는 선악이 공존할 수 있으나, 어민들에게 널리 알려진 사회 신앙으로서 좋은 면을 드러내고 나쁜 면을 감추거나 피하는 경우가 많았다. 따라서 어부들은 용왕에게 바다가 잔잔하여 물고기와 새우가 떼를 지어 다니는 때에 안전하게 출항하고 만선하여 돌아오기를 기원하였다(張緖良, 2004; 韓兆琦, 2010). 음력 2월 2일, '용이 머리를 드는 날'인 '용대두절'에 어민들은 머리카락을 자른다. 특히 어민들은 용대두절에 남자아이의 머리카락을 자르는 풍습이 있다. 이는 남자아이가 바다의 신의 축복을 받은 용의 후예라는 믿음 때문이다. 산둥에서 가장 유명한 용왕묘우는 펑라이시에 있으며, 당나라(唐代)에 건립되어 유구한 역사를 자랑한다. 이와 같이 당나라 시대 용왕은 사람들이 주로 숭배하는 바다의 신이었으나, 바다의 여신 '천후(天後)' 신앙이 중국 남부에서 북부로 전파되면서 용왕의 위상은 쇠퇴하였다.

용왕의 모습은 조상들에게 지극히 엄숙하고 경외로웠기 때문에 팔선의 전설에서 재난을 구제하는 인물로 그려졌다. 팔선은 여러 조상들의 모습을 나타내며, 대자연이 불러오는 재난에 맞서 집안을 지키기 위해 신선이 되는 도를 닦는 데에 힘썼다.

6.4. 전병

대파 전병말이(煎餅卷大蔥)는 산둥성의 독특한 향토 음식이다. 산둥 사람들이 대파 전병말이를 좋아한다는 사실은 전국적으로 유명하며, 대파 전병말이는 타 지역 사람의 인식으로 산둥 사람을 대표하는 음식이 되었다. 산둥식 전병은 오랜 역사를 지니고 있으며, 동진(東晉) 왕조의 《습유록(拾遺錄)》, 남양(南梁) 왕조의 《형초세시기(荊楚歲時記)》, 원나라의 《왕정농서 곡보 2권(王禎農書 穀譜二)》, 명나라의 《작중지(酌中志)》와 청나라의 《전병부(煎餅賦)》 등의 고서에 전병에 대한 기록이 있다. 전병의 기원은 5,000여 년 전으로 거슬러 올라가지만, 현대의 전병 조리법이 처음으로 만들어진 시기는 불분명하다. 전병을 부치는 도구인 '아우자(鏊子)'의 기원에 따르면 현대의 전병 조리법은 명나라 만력(萬曆) 연대에 형성되었으며, 청나라 초기에 노중(魯中) 지역에서 보편화되어 전병을 능숙하게 만드는 것이 가능해지면서 현대식 전병의 모습을 갖추게 된 것으로 짐작할 수 있다.

전병은 산둥의 대표 음식이지만 노중(魯中)과 노남(魯南) 지역에서 주로 먹으며, 해당 지역민에게 가장 사랑받는 주식이다. 전병을 먹는 방법은 매우 다양한데, 그 차이는 주로 두부, 다시마, 고기, 유티아오(油條, 기름에 튀긴 중국식 빵), 각종 채소와 양념 등의 속 재료에서 나타난다. 그중에서도 가장 대표적이고 고전적인 방식은 대파 전병말이이다. 대파를 첨면장(甛麵醬)이나 매운 두반장(豆瓣醬)에 찍어 반으로 접은 전병에 싸서 먹으면 맛이 좋다.

대파 전병말이의 재료는 흔하며, 구하기 쉽고 만드는 방법도 간단하다는 점에서 피난의 역사와 불가분의 관계에 있다. 전병은 밀, 옥수수, 조, 수수, 말린 고구마 등의 곡물을 재료로 하며, 여러 차례 씻어 물에 불린 후 맷돌에 갈아 반죽을 한다.

'오자'는 산둥 지역에서 전병을 부치는 독특한 도구이다. 사용 방법으로는 간단하게 벽돌을 쌓아 오자를 받치거나, 좀더 복잡하게는 진흙으로 아궁이를 만든 다음 그 위에 오자를 놓고 옥수숫대나 밀짚 또는 장작을 때서 가열하는 것이다.

전병을 부치기 전에 오자에 기름을 살짝 바르면 반죽이 오자에 눌어붙지 않는다. 오자가 뜨거워지면 반죽을 오자에 펴 바르고 갈퀴로 오자 주변을 따라 한 바퀴 둘러주면 반죽이 빨리 익는다. 전병을 부치는 일은 기술과 열에 특히 신경 써야 하는데, 일반적으로 1분 정도 지난 후 주걱으로 전병을 떼어내야 한다. 갓 만든 전병은 비교적 부드러워 접어서 용기에 담아 보관할 수 있기에 휴대가 간편하다. 식은 후에는 얇고 바삭바삭해지는데, 가열 과정에서 많은 수분이 증발하였기 때문에 상온에 오래 보관할 수 있다. 완성된 전병은 한 달 이상 보관할 수 있으며, 오래 보관하더라도 맛이 변하지 않기 때문에 기근으로 인한 이주, 피난과 원정에 꼭 필요한 음식이다. 전병은 오래 씹어야 먹을 수 있기 때문에 위를 튼튼하게 할 수 있어 재난 상황에서 좋은 음식이라 할 수 있다.

대파의 경우 산둥 지역의 밭에서 흔히 찾을 수 있다. 대파 또한 재난이 닥쳤을 때 음식에 맛을 더하는, 몇 안 되는 식용 채소이다. 대파는 겨울철에도 보관이 쉽고, 식이요법 및 영양 가치 외에도 해독, 항균, 진통 및 상처 치료와 땀을 내어 피부의 나쁜 기운을 배출하는 효능이 있다. 이와 같이 대파는 위를 튼튼하게 하고 병을 낫게 하는 효능이 있어, 사람들이 어려운 시기에 전병과 파를 가지고 고향을 떠나 각종 재난에 대비하곤 하였다.

대파 전병말이는 전쟁에서도 중요한 역할을 하였다. 중일전쟁(中日戰爭)과 국공내전(國共內戰)에서는 전병이 전쟁의 승리에 크게 기여한 주요 전투식량이었다. 이는 쉽게 변하지 않고, 휴대가 간편하며, 원료가 저렴하고 영양이 풍부하기 때문이었다. 특히 타이얼쫘앙(台兒莊) 전투에서 산둥은 적진의 후방에 위치한 공산당의 중요한 항일 근거지였는데, 이때 전병은 공산당의 게릴라전에서 중요한 음식이었다. 이멍산(沂蒙山) 산간 지역에는 여전히 홍사오(紅嫂)라는 여인이 최전방 군인들의 식량을 충당하기 위해 전병을 부쳤다는 이야기가 전해진다.

산둥 사람들이 즐겨 먹는 대파 전병말이의 이미지는 영화와 드라마의 영향을 많이 받기도 하였다. 특히 영화 《고산 아래 화환(高山下的花環)》의 남자주인공 양삼희(梁三喜)는 산둥 이멍산 사람으로, 전병을 매우 좋아하였다. 그 외에도 《이멍(沂蒙)》, 《이멍의 여섯 자매(沂蒙六姐妹)》, 《남하(南下)》, 《홍사오(紅嫂)》, 《붉은 태양(紅日)》, 《영웅맹양고(英雄孟良固)》 등 혁명전쟁을 소재로 한 영상극에는 전병이 등장하였다. 이에 따라 전병이 대부분의 중국인에게 알려지면서 전병은 산둥 지역의 문화 브랜드이자 상징이 되었다.

과거 수레와 말이 매우 느렸던 시대에 산둥 사람들은 관동(關東)과 티엔진, 베이징을 여행하면서 전병을 건조식량으로 사용하였다. 이는 산둥 사람들이 전병과 파를 즐겨 먹는다는 인상을 주었고, 이러한 인식은 오래전부터 깊이 뿌리박혀 있었다. 시대가 변하면서 현대인의 입맛에 맞게 전병의 조리법과 종류가 다양해지면서 전병에 대파를 싸 먹는 방식은 이미 현대식 전병으로 대체된 지 오래이다. 그러나 대파 전병말이는 여전히 재난문화의 영향을 받은 산둥 지역의 독특한 음식문화를 반영한다.

요약

중국은 광활한 땅과 풍부한 자원이 있지만, 재난이 빈번하게 일어나는 나라이기도 하다. 따라서 중국의 문화는 오랜 역사를 지니고 있으며, 전국 각지의 재난으로 인한 문화 현상도 다양하다. 본 장에서는 산둥의 자연재해와 전쟁 재난을 바탕으로 산둥성의 재난문화를 시공간적 관점에서 분석하고, 산둥성의 네 가지 독특한 문화를 선정하여 재난으로 인한 산둥의 문화 현상을 구체적으로 살펴보았다. 산둥 사람들의 강인함과 근면함 및 상무정신이라는 특성은 재난의 세례 속에서 계속해서 강화되어 집단적 공통성을 형성하고, 마침내 중화민족의 민족적 특성으로 변모하였다.

桂慕文(1997),「중국 고대 자연재해사 개설」,『농업 고고(考古)』 3, pp.230-242.

馬玉山 · 胡恤琳(2004),『한서』, 산시고적출판사.

馬征(2007),「산둥성의 문화적 이미지의 문학적 상상과 서사에 관한 연구」, 산둥사범대학, 석사학위논문.

房福賢 · 孫峰(2007),「《수호전》과 100년 '호한 산둥' 서사」,『이론학간』 11, pp.117-122.

蔔風賢(2016),「전한 시대의 수해와 인수(人水) 관계: 진지궁 사건에 관한 고찰을 중심으로」,『중국농사』 6, pp.55-64.

沙曉菲(2017),「지아오둥 지역 해양 민속문화의 특색 및 전승」,『제노어업』 3, pp.42-45.

孫百亮 · 梁飛(2004),「청나라 시대 산둥성 자연재해와 정부의 구재 능력의 변화」,『기상 및 재해 저감 연구』 1, pp.61-66.

張緒良(2004),「산둥성 해양재해 및 방재에 관한 연구」,『해양통보』 3, pp.66-72.

韓兆琦(2010),『사기(역주)』, 중화서국.

제7장

구성통구(九省通衢)

화중(華中) 오지에 위치하는 후베이성(湖北省)은 자원이 풍부하고 인구와 문화가 집약되어 있으며 팔방이 서로 합류하고 아홉 개 성이 통하는 곳이라고 할 수 있다. 이와 같이 특수한 지리적 위치와 문화적 배경은 후베이성만의 독특한 재난문화를 만들었다. 춘추전국시대 초(楚)문화[1]는 오늘날까지 후베이성과 밀접하게 연결되어 있다. 형초(荊楚) 문화[2]를 이루는 다양한 구성 요소 가운데 예를 들면 특색있는 민속문화 등은 장기적인 발전 과정에서 더 많은 독특한 형태를 파생시키고 변화시켰다. 형초 문화에 내재된 독자적인 품격은 오늘날 이미 현대 문화시장에서 문화상품으로서의 특성 및 차별점이 되면서 브랜드 효과를 갖추었다. 실제로 전국적인 영향력과 세계적인 효력을 지닌 후베이성의 문화 브랜드는 모두 형초 역사문화와 현대 문화의 특색을 짙게 띠고 있다고 할 수 있다.

역사적으로 여러 요인의 교차적인 작용은 재난문화의 존재와 발전의 동인이었다. 그리고 문화 발전의 여러 요소가 법칙을 결정하고, 역으로 오색찬란한 문화의 다양성을 결정하였다. 후베이성의 재난 상황도 후베이성의 특색 있는 재난문화를 형성하였다. 이 장에서는 형초 문화를 핵심

---

1 초(楚)문화는 초나라의 문화를 개별적으로 가리키는 말이다.

2 형초(荊楚) 문화는 지역적인 개념으로 초문화 안에 형초 문화를 포함한다.

으로 하여 후베이성 재난문화의 형성 과정을 탐색하고자 한다.

7.1. 형초(荊楚)

창지앙 중류에 위치하는 후베이성은 자연재해가 비교적 심각한 성 중 하나이다. 후베이 지역 자연재해의 종류는 다양하며, 피해 상황도 심각하다. 특히 수해와 가뭄의 위협이 가장 크고 빈번하며 영향 범위도 가장 넓다(劉成武·吳斌祥·黃利民, 2004; 張軍·欒建偉·尚豔, 2007). 역사적 기록에 따르면 후베이성에 수해와 가뭄 재해가 없는 해는 극히 드물었다. 현대에 이르러 중국 정부는 후베이성 농업 자연재해의 예방과 통제를 중시하고 비상 재정 투입을 계속 늘리고 있지만, 수해와 가뭄 피해는 여전히 심각하다. 큰 가뭄은 10년에 한 번, 큰 홍수는 5년에 한 번꼴로 발생한다.

재난의 영향 아래서 형초 문화는 특히 눈이 부시게 빛났다. 후베이성의 재난문화에는 중화 문화의 기본정신이 내재되어 있을 뿐만 아니라 지역 문화적 성격도 매우 강하다. 지역적으로 형초 문화는 주로 후베이성 지역을 위주로 하는 지역 문화를 가리킨다. 지역 문화로서 장기간의 형성과 발전 과정에서 형초 문화는 일련의 뚜렷한 지역 및 정신적 특질을 보유하고 있다.

7.1.1. 초문화(楚文化)

후베이성은 많은 강우량과 고온의 기후를 동반하는 아열대 계절풍 기후에 속한다. 이러한 기후 조건은 후베이성에 강과 호수가 널리 분포하였기 때문인데, 이러한 이유로 후베이성은 '천호의 성(千湖之省)'이라는 별칭을 지니고 있다. 후베이성은 중국의 중요한 농업지역으로 토질이 비옥한 지앙한(江漢) 평원과 창지앙 한수이고디(長江漢水穀地)가 있어 편리한 농업생산 조건이 잘 갖추어져 있다. 그러나 후베이성은 옛날부터 중국의 자연재해가 자주 발생하는 지역 중의 하나였다(劉暢·張敏, 2014; 羅小鋒, 2007). 중국 재해 사학 연구(中國災害史學硏究)에서는 후베이성 지역의 재해에 많은 관심이 있으며, 많은 저서에서 후베이성 지역의 재해에 대한 풍부한 기록이 존재한다. 선진(先秦) 시대부터 청(淸)나라 말기까지 수천 년 동안 후베이성의 주요 자연재해로는 홍수, 가뭄, 우박, 서리, 한파, 지진, 충해 등이 있으며, 그 발생 빈도와 지역적 분포는 상대적으로 큰 차이가 있다. 폭우, 가뭄과 그로 인한 파생 재해는 후베이성에서 가장 심각한 재해 유형이다. 이와 같이 여러 자연재해와 싸우는 과정에서 후베이성 사람들은 점차 특색 있는 재난문화를 형성해 나갔다. 따라서 이 장에서는 예로부터 가뭄 재해를 중심으로 형초 문화와 결합한 후베이성의 특색있는 재난문화를 탐색하기로 한다.

사료 및 현대 자료에 따르면 후베이성의 가뭄과 침수 재해의 발생 빈도는 상승 추세를 보인다. 역사적으로 후베이 지역 각 왕조의 평균 홍수재해 간격은 동한(東漢) 8.43년, 위진 남조(魏晉南朝) 8.71년, 당나라(唐朝) 7.96년, 북송(北宋) 5.68년, 남송(南宋) 4.20년, 원나라(元朝) 1.93년, 명나라(明朝) 1.63년, 청나라(淸朝) 1.10년, 민국 1.06년이다. 또한 가뭄의 빈도도 해마다 증가하고 있는데, 동한 11.5년, 위진 남조 19.50년, 당나라 11.95년, 북송 7.57년, 남송 3.26년, 원나라 2.78년, 명나라 1.78년, 청나라 1.61년, 민국 1.88년이다(羅小鋒, 2007). 결론적으로 후베이성 지역에는 가뭄 재해의 발생 빈도가 매우 높을 뿐만 아니라, 시간이 흐르면서 조기(早期) 재해의 발생 빈도가 부단히 상승하는 반면, 시간 간격은 더욱 단축되어 막대한 인명 피해와 경제적 손실을 초래하였다.

형초 문화는 풍부하고 개방적인 함의를 지닌다. 지리적 환경과 역사적 교류 등 여러 가지 요소의 상호작용을 통해 점차 형초 사람이 편협해지지 않고, 덜 배타적인 지역 심리를 형성함으로써 형초 문화 중 포용, 개방의 정신 기질을 잉태하였다. 한편 형초 문화는 중원 문화의 물질, 예제, 풍습 등에 영향을 받았다. 예로부터 형초 지역은 다민족이 공존하던 곳이었는데, 초나라는 강역을 확장하는 과정에서 남방의 소수민족 문화를 대량으로 흡수하였다. 다시 말하면 선진 시대에 형초 지역에는 여러 민족이 살았으며, 초나라는 땅을 넓히는 과정에서 온화하고 진보적인 민족정책을 채택하여 각 민족의 문화를 박해하거나 탄압하지 않았다. 초나라는 서로 다른 민족의 문화를 참고하고 흡수하여 중원 문화와 이주 민족의 문화 및 여러 가지 문화의 정수를 모두 형초 문화와 융합시켰다. 이에 따라 강렬하며 개방적인 함의는 형초 문화의 발전 과정에서 형성된 심오한 재난 문화의 특질 중 하나라고 할 수 있다. 이와 같이 여러 가지 장점을 널리 받아들이는 정신은 형초 문화에 비범한 활력을 불어넣어 오늘날까지 이어지고 있다.

지리적 위치와 역사적 발전과의 상호작용에서 형초 문화는 독자적인 품격을 지니고 있다. 미신을 믿지 않고 맹목적으로 따르지도 않으며, 시류에 편승하지도 않는 문화적 특질은 후베이성에서 매우 뚜렷하게 나타난다. 형초 지역은 지리적으로 중원 지역에 비해 외지고 교통이 불편한데, 이러한 형초의 천연 토양은 형초 문화 정신 가운데 독자적인 품격을 형성하는 기반이 되었다. 또한 형초 지역은 지리적으로 남쪽에 있는데, 지역 내 겹겹이 에워싼 가파른 산봉우리 때문에 교통이 불편하여 형초 문화가 중원 문화의 영향을 덜 받게 됨으로써 독립적으로 발전할 기회가 더 많아졌다. 따라서 초나라에는 '초만(楚蠻)', '남만(南蠻)', '오랑캐' 등 다양한 호칭이 있었고, 이에 따라 독자적인 품격을 갖춘 지역 문화가 형성되었다.

형초 지역만의 독특한 자연환경은 형초 문화 특유의 낭만적인 기운을 길러냈다. 형초의 문학예술 작품과 신화는 집중적으로 천지를 규명하고, 굴레를 벗어나지 않는 낭만적인 정서를 보여주고 있다. 또 형초 지역의 심각한 재난에서 비롯된 이러한 낭만주의는 백성에게 슬픔의 정서를 갖도록 함으로써 오늘날의 귀중한 정신적 재산이 되었다. 형초 지역의 강물은 한없이 넓고 아득하다. 아름다우며 시와 같이 다변적인 산천과 자연환경은 사람들의 상상력을 쉽게 자극하여 낭만주의가 뿌리를 내려 싹을 틔우도록 하였다. 또한 형초 문화의 우월한 물질적 생활 조건은 근면함과 검소함과 거리가 멀지만, 형초 사람들을 더욱 낭만적으로 만들었다. 문학에서 형초 문화의 대표적인 인물은 굴원(屈原)과 송옥(宋玉)이다. 두 인물은 풍부한 낭만주의적 이상을 품고 널리 사람의 입에 오르내리는 사부(辭賦)를 썼다. 예술 분야에서 형초 상고 시대에 유행한 봉황의 꼬리와 인수(人獸)가 합체한 신상(神像)은 모두 사람들의 상상력의 발산을 가득 담고 있다.

후베이성은 초나라 문화의 발원지로서 다채로운 유물을 보유하고 있다. 통계에 따르면 현재 이러한 종류의 유물이 약 73점이 남아있다. 춘추전국시대에 초나라가 강대해지면서 800여 년의 역사 속에서 찬란한 문명의 결실을 보였고, 형초 지역의 '깊고 견고하여 이주하기 어려운(深固難徙)' 애국 콤플렉스, '뜻밖에 놀라게 하는(鳴將驚人)' 혁신 의식, '극히 힘들고 어려운(艱苦卓絕)' 진취적인 정신, '중국에 속하지만 오랑캐를 달래는(撫夷屬夏)' 개방적인 도량을 형성하였다. 초장왕(楚莊王), 굴원 등 수많은 걸출한 정치가, 군사(君師), 사상가, 문학가는 모두 후세에 지대한 영향을 끼쳤다. 초나라의 뛰어난 청동 공예, 견직 자수, 칠기 제작, 철학 사상, 산문과 사부(辭賦), 음악과 무용 등의 기예는 모두 후세에 전승된 귀중한 문화 재산이다.

7.1.2. 삼국 문화

후베이성은 진한 시대에 중요한 문화 중심지였으며 풍부한 문화 자원이 남아있는 곳이다(劉玉堂·劉紀興·張碩, 2003). 또한 삼국 시기에 후베이성은 형초에 속해 있었고, 위(魏)·촉(蜀)·오(吳) 삼국의 정치적 지연(地緣)의 접경지대(地帶)였으며, 이 지역을 선점하기 위하여 세 나라 간 쟁탈이 치열하게 벌어진 곳이기도 하다. 삼국의 주요 인물들의 중요한 활동 및 중대한 전쟁터와 사건들이 모두 형초라는 지역에서 일어났다. 후베이성 내에 보존된 삼국 문화 유적은 140여 곳에 이르며, 이들 유적은 어시(鄂西)를 제외한 후베이성 전 지역에 분산되어 있다. 후베이성은 삼국 시기에도 '사전(四戰)의 땅'으로 불렸으나, 이 지역에서 전개된 정치, 경제, 군사, 외교적 연합과 투쟁은 심금을 울림과 동시에 변화가 막측하였다.《삼국지연의(三國演義)》는 모두 120회, 그중 후베이성을 묘사하거나 해당 지역과 밀접한 관련이 있는 이야기는 총 72회이다. 예를 들면 고륭중(古隆中), 적벽(赤壁) 전쟁터, 장판파(長阪坡), 수경장(水鏡莊), 서서묘우(徐庶廟), 강릉(江陵), 상양성(襄陽城), 이릉(夷陵), 당양관릉(當陽關陵) 등은 모두 삼국 문화의 유물이다.

후베이성에서 일어난 삼국의 이야기에 대응하는 영웅 인물들은 후베이 사람들의 성격적 특징에 큰 영향을 주었다. 삼국시대의 영웅이 많이 출현하면서 사회 전체가 영웅의 역할을 충분히 인정해 주었으며, 이에 따라 영웅주의 정신을 숭배하였다. 따라서 후베이성 사람도 용감하게 남보다 앞서고 과감하고 혁신적인 성격을 키웠다. 이와 같이 패기 있게 일하는 정신은 중국 전통문화에 남성적인 기운을 불어넣었다(王禮剛, 2012). 영웅적 기질의 감화를 받은 후베이 사람들은 역사적 전환의 고비에서 용감하게 나서면서 신해혁명이 시작되어 중국의 봉건 체제를 전복하는 서막을 열었다. 후베이성의 수의(首義)[3]문화는 겁 없이 천하를 앞지르는 후베이 사람들이 영웅적 기개를 보여주었으며, 이는 삼국 문화와 일맥상통한다고 할 수 있다.

7.1.3. '무술을 숭상하는 것(尙武)'과 '무속을 숭상하는 것(尙巫)'

진정한 의미의 후베이성 재난문화는 후베이인의 성격과 불가분의 관계에 있다. 재난문화의 성격은 내재된 문화적 유전자라고 볼 수 있으며, 이 유전자가 형성되면 영구적이며 안정적으로 역사적, 지역적 특질로 이어질 수 있다. 형초의 유습(遺習)은 가장 소박하면서도 강직한 후베이인의 문화적 개성을 형성하였는데, 명청 시대까지 후베이인의 '소박한 민풍(民風樸野)'이라는 특징이 더욱 선명하게 표현되었다. 후베이 사람들의 '용맹하고 결렬한' 문화적 성격은 의리를 중시하고, 곧은 품성을 숭상하는 동시에 자체적인 기질도 혈기왕성하다는 특징이 있다. 후베이성 사람들은 무술을 숭상하며, 따라서 집단적인 무술 활동이 후베이성의 많은 지역에서 매우 활발하게 진행되고 있다. 그러기 때문에 자체적인 파벌인 무당권(武當拳)이 후베이성에서 형성된 것은 우연이 아니라고 할 수가 있다. 후베이성 사람들은 전투에 관하여 풍부한 전통을 지니고 있는데, 고대에는 이곳

---

3 수의(首義)는 원래 봉기라는 뜻인데 현재는 민족과 정치 혁명이 결합한 것을 가리킨다.

에서 여러 차례 농민 봉기가 일어난 바 있다. 그 예로 현대 사회의 황마(黃麻) 봉기[4]는 명성이 자자하다. 자연 및 지리적 환경 외에 형초 역사에서 무술과 무속을 숭상하는 정신은 후베이성 재난문화 유산의 기원이자 재난문화의 변천에서 커다란 생명력을 보여주고 있다. 초나라 선조들은 나라를 부유하게 하는 과정에서 '무술 숭상'의 영웅적 기개를 주조하였다. 강대한 군사 정신은 초나라 문화의 토양 속에 깊이 뿌리박혀 있으며 초나라 사람들로 하여금 강인하고 직설적인 기질을 단련하도록 하였다. 《수서·지리지(隋書·地理志)》에서 "인성이 조급하고, 기풍이 결단력이 있어, 죽음을 마치 고향으로 돌아가는 것처럼 가벼이 여기는 것이 유서 깊은 풍속이다."라고 기록한 바와 같다(郭瑩, 梁方, 2014). 그 결과 이러한 재난문화적 성격이 형성되면 예리해지고 깊어지면서 쉽게 사라지지 않는다. 후베이 문화는 고귀한 전통뿐만 아니라 강인한 품성도 계승하였다. 그러나 후베이 문화의 물질적 매개체가 충분히 정교하지 않아 '거친 풍속'으로 간주된다. 그러나 후베이 사람들은 후베이 문화의 창조자이자 매개체로서 오히려 총명하다고 여겨진다. 이에 따라 후베이성의 문화는 후베이 사람들의 활달한 도량을 더 많이 반영하였다. 지아시성(江西省), 후베이성과 접경한 일부 지역에서는 "하늘의 뇌공 놈, 땅의 후베이 놈, 모두 사람을 때리기 좋아한다(天上雷公佬, 地下湖北佬, 好打人, 好打人)."라는 민요가 있다.

옛날에 초나라에는 '무속'이 성행하였는데, 이는 초나라 사람이 귀신을 숭상하고 경외하였음을 보여준다. '나랏일을 위해 죽은 사람'을 '백귀(百鬼)의 웅걸'로 칭하였으며, "몸은 이미 죽었으나 정신은 영원히 죽지 않으며, 당신의 혼백은 귀신 중의 영웅이다."라고 했기 때문에 형초 문화

---

4 황마(黃麻) 봉기: 토지 혁명 전쟁 시기에 중국 공산당이 후베이성 황안(黃安)과 마성(麻城) 두 현의 농민들이 벌인 무장봉기를 이끌었다.

에서 '무풍(巫風)'이라는 말이 생겨났다. '무속을 숭상하는 것'은 결코 단순한 미신이 아니라, 그중에서는 선조의 위대한 공적에 대한 추모, 선조의 영웅적 기개와 애국심 등에 대한 숭상도 담겨 있다. 초나라 사람들은 신과 귀신에 대한 제사를 매우 중시하며, 지역적인 문화 특색도 매우 풍부하다. 초나라 사람들의 제사 활동에는 늘 노래와 춤이 있는데, 그 지역의 춤은 활력과 리듬감이 넘치고 광야, 활발, 자유, 초탈, 단순, 솔직한 기운으로 차 있다. 이는 원시적인 생활과 정서적인 교류와 밀접한 관계가 있다.

굴원의 《구가(九歌)》는 초나라 민간의 신화 이야기를 노래 형식으로 쓴 것인데 장면이 웅장하고 아름다워 사람을 감동시킨다. 이들 시에서는 무당을 신과 춤을 추며 자연과 인간의 아름다움을 결합한 사람으로 묘사하였다. 《구가》는 굴원이 무속과 굿을 빌려 창작한 걸출한 작품이다. 또한 굴원의 《초혼(招魂)》은 초나라 시가의 예술 형식을 더 직접적으로 활용한 작품이다. 시에서는 물질부터 정신까지 형초 문화 속에 깊이 뿌리박힌 전통에 대한 기이한 묘사로 가득 차 있다.

7.2. 용왕묘우(龍王廟宇)

중국 고대 신화에서 고대인들은 물에서 수족(水族)을 통솔하는 왕을 일컬어 용왕이라 불렀다. 용왕은 4대 신령 가운데 하나로, 주로 구름과 비를 관장한다. 전설에 따르면 용은 구름과 비를 뿌려 액운을 없애고 복을 내려 상서로움을 상징하기 때문에 용춤을 추는 방식으로 평안과 풍년을 기원하는 것이 각 지방 민속의 풍습이 되었다. 용왕의 수리 시설을 잘 관리하여 홍수나 가뭄 피해를 막은 것은 고대부터 중국의 보편적인 민간 신앙이 되었고, 관청에서도 이를 인정하였다. 전국 각지의 용왕묘우는 거의 성황묘우(城隍廟)나 토지묘우(土地廟)와 마찬가지로 보편적이다. 비바람의 균형이 맞지 않을 때마다 사람들은 용왕묘우에 모여서 향을 피우고 용왕에게 수해를 다스려 달라고 기원하였다. 수해로 고통받는 후베이성에는 독특한 용왕묘우 문화가 있다. 형초 지역의 용왕묘우 문화에는 사람들의 자연에 관한 불가피함과 경외심을 내포하고 있을 뿐만 아니라 우순풍조(雨順風調)와 풍년에 대한 갈망도 가득 차 있다.

한커우시(漢口市)의 용왕묘우는 한수(漢水)와 창지앙의 합류 지점에 있는 '창지앙 3대 묘우' 중의 하나이다. 길이는 1,080m이며 이전에는 용왕을 모시던 묘우였다. 전설에 따르면 4,000년 전에 창지앙과 한수의 합류 지점에서 용 한 마리가 자주 배를 삼켰다고 하였다. 따라서 모든 배가 이곳을 지날 때에는 여러 가지 제물을 준비해야 하였는데, 대우(大禹)가 치수(治水)하던 시절 사람을 보내 그 용을 잡아 봉인하였다. 대우를 칭송하기 위해 현지인들이 한커우 강변에 묘우를 지었는데, 묘우의 감실 위에는 대우를 모시고, 감실 아래에는 용왕을 모신다고 하여 용묘우(龍廟)라고 하였다. 청나라 때 용왕묘우에는 참배자가 매우 많았다. 1930년에 국민정부가 도로를 건설하여 용왕묘우를 철거하였는데, 한커우에서 홍수가 발생하여 사망자가 굉장히 많이 발생하였다. 당시 사람들은 이를 두고 "큰물이 용왕의 묘우를 휩쓸어 버렸다(大水淹了龍王廟)."라는 속담을 언급하기도 하였다. 한편 1998년의 대홍수 때 국가 지도자가 직접 후베이성에 와서 홍수퇴치를 지휘하기도 하였다.

중화인민공화국이 성립되기 전에는 홍수재해가 발생할 때마다 우한 지방 장관이 목욕재계하고 매일 직접 용왕묘우에 가서 향을 피우고, 하늘이 맑아지고 비가 그치기를 기도하며, 홍수가 사라지기 전까지 이를 멈추지 않았다. 이따금 기원만으로 효력이 없을 때는 용왕이 위세를 부리도록 유인하기도 하는데, 종이로 묶은 큰 호랑이를 용왕묘우나 저수지 앞에 휘둘렀다. 용왕이 여전히 위세를 떨치려 하지 않으면 때로는 극단적인 조치를 동원하기도 하였다. 예를 들어 용왕의 조각상을 뜨거운 햇볕으로 끌고 와서 볕을 쬐게 하거나, 꽁꽁 묶어서 깊은 연못에 빠뜨리기도 하였다. 요컨대 사람들이 용왕을 대하는 태도는 마치 다른 신들을 대하는 태도와 같은데, 이는 모두 신령의 보호를 받기 위함이다. 일반적으로 비바람이 좋을 때는 제사를 적게 지내고, 홍수나 가뭄이 발생할 때는 제사를 많이 지낸다. 이는 또한 사람들이 신을 대하는 보편적인 실용적 심리를 나타내기도 한다.

용왕묘우 공원은 우한에 세워진 용 문화의 테마공원이자 후베이성 5,000년 문화의 전시센터로, '만용의 벽(萬龍壁)', '한커우 문화의 벽(漢口文化牆)', '한커우 원점(漢口源點)', '8마리 용이 상서를 바치다(八龍獻瑞)' 등의 관광지가 있다. 용왕묘우 공원은 우한에서 가장 큰 전망대가 있고, 창지앙과 한수가 만나는 독특한 경관을 자랑할 뿐만 아니라 우한 삼진(三鎭)[5] 최고의 경관이기도 하다. 용왕묘우공원 부근에는 구이산(龜山), 바이윤거(白雲閣), 황허로우(黃鶴樓), 칭촨거(晴川閣) 등 유명한 관광지가 있다. 이러한 점은 후베이성만의 고유한 특징을 지닌 관광지를 함께 묶음으로써 후베이성의 자연적·인문적 풍모를 반영하고 있으며, 후베이성의 재난문화 정신을 충분히 보여주고 있다.

---

5 우한 삼진(三鎭): 중국의 창지앙과 한수가 만나는 곳에 위치하며, 우창(武昌), 한커우, 한양(漢陽) 세 개의 진을 합친 명칭이다.

7.3. 수향(水鄕)

후베이성은 '천호의 성'으로 유명하며, 요리 재료도 수향의 특색을 가지고 있다. 요리를 통해 알 수 있듯이 후베이성 요리의 원료는 대부분 수산물이며, 가장 유명한 것은 생선류이다. 그중에서 흔히 볼 수 있는 민물 생선의 종류만 50여 종에 달한다.

7.3.1. 강호의 풍미(江湖風味)

강호의 특색이 짙은 후베이성 요리의 풍미는 구체적으로 두 가지로 드러난다. 첫째, 후베이성은 중국의 중부 지역에 위치하여 유구한 역사를 지니고 있으며, 성도 우한시는 중요한 내륙 항구 부두와 근대 공업의 발원지 중의 하나이다. 한정(漢正)의 거리는 예로부터 상업 무역이 번화하여 대외 교류가 빈번하였다. 각지의 장사꾼들이 잇달아 한커우시로 와서 생업을 발전시켰을 뿐 아니라 출신지의 미식을 우한시로 가져왔다. 장기적인 발전 과정에서 강호의 명망 있는 사람들 여럿이 한 곳에 모이면서 강호의 문화가 하나로 융합되어 강호 요리가 이곳에서 발전, 변천하였다. 따라서 후베이성의 요리는 모두 관용과 수용 정신이 있고, 개방적이며, 기품 있는 고유한 강호만의 특색을 갖게 되었다. 예를 들어 우한의 샤오롱탕바오(小籠湯包)[6]는 진장(鎭江)에서 처음 시작되었는데, 이를 진장 출신의 상인들이 우한시에 전파한 뒤, 변천과 혁신을 거쳐 만들어졌다. 이는 후베이성 요리에서 풍기는 강호의 특색을 잘 보여주고 있다.

---

6 샤오롱탕바오(小籠湯包): 속이 물기나 기름기가 많아 국물 상태처럼 된, 고기를 넣은 찐 만두이다.

둘째, 후베이 지역은 예로부터 지류가 촘촘하고, 강과 호수가 종횡으로 교차하며, 창지앙이 성을 관통한다. 따라서 후베이성 음식은 재료와 조리 방법 모두 강호수향(江湖水鄕)의 특색이 짙게 나타나고 있다. 예컨대 후베이 지역의 생선 요리는 수십 종류에 달하며, 현지인들은 또한 생선을 주식(主食類) 요리로 만들 줄 안다. 유명한 것으로는 징사위엔(荊沙魚圓)[7], 어묵, 윈멍위미엔(雲夢魚面)[8] 등이 있다. 생선 요리는 후베이성의 잔치 요리에서 그 특색이 더욱 두드러지는데, 전위연(全魚宴)[9]과 생선을 먹는 여러 예절과 규칙은 모두 후베이성 요리의 풍미에 깊고 독특한 강호수향만의 특색을 부여한다. 중국 내외에서 명성이 자자한 '우창위(武昌魚)'는 "창지앙의 물을 마시고 또 우창위를 먹는다(才飮長江水, 又食武昌魚)."라는 시로 명성이 자자하여 모르는 집이 없다. 또한 게, 연근, 연 씨앗, 청둥오리, 마름 등의 재료도 강호의 분위기를 물씬 풍긴다. 그 밖의 조리법으로 후베이성의 요리사들은 국을 잘 만든다. 유명한 것으로 연근 갈비탕, 붕어 두부탕, 생선 완자 당면탕 등이 있다. 근대 이후 후베이성은 중요한 정치, 경제적 지위를 얻게 되면서 악채(鄂菜, 후베이성 요리) 또한 한층 발전하게 되었다.

후베이성 요리는 유명세만큼 모든 음식에 역사적 이야기가 가득하다. 일부 유명한 인물의 이야기는 더욱 후베이성 요리에 신비의 베일을 씌운다. 동파육(東坡肉)은 소식(蘇軾)이 황저우(黃州)로 좌천된 후에 만든 것이다. 소식의 호(號)는 '동파거사(東坡居士)'이고, 동쪽 언덕에 밭을 일구어 농

7 징사위엔(荊沙魚圓): '징사(荊沙)'는 징주(荊州)와 사시(沙市)의 합칭으로 후베이성 중남부, 창지앙 북쪽에 위치한다. '징사(荊沙)' 즉 생선 완자이다.

8 윤멍위미엔(雲夢魚面): 윤멍현(雲夢縣)에 있는 밀가루와 생선으로 만든 지역 특산 면 음식이다.

9 전위연(全魚宴): 백어연(百魚宴)으로도 칭하는데 어류와 수산물을 주요 원료로 요리한 잔치이다.

부로 새 출발을 할 때 붙인 것이다. 소식은 시에 깊은 조예가 있을 뿐만 아니라 친화력도 강하며, 친구를 사귀는 것과 요리를 연구하는 것을 좋아하였다. 어느 날 소식이 친구를 집에 초대하여 바둑을 두는데, 한창 흥이 나는 바람에 솥에다 요리하던 삼겹살을 잊어버렸다. 고기 요리를 떠올렸을 무렵에는 이미 고기 삶는 물이 모두 졸아 버렸지만, 솥뚜껑을 열어 보니 짙은 향기가 코를 찔렀다. 이에 조미료를 넣어 홍싸오(紅燒)[10] 요리를 만들었는데, 이렇게 뜻밖에 만들어진 삼겹살 요리는 매우 부드럽고 맛도 좋으며, 기름지지만 느끼하지 않았다. 당시 황저우에서 돼지고기는 값이 저렴하였으나, 다수의 가난한 사람들은 여전히 돼지고기를 먹을 수 없었고, 요리조차 잘하지 못하였다. 소식은 민정을 살피고 민간의 고통을 이해하였다. 이후에 소식은 삼겹살 요리의 조리법을 연구하기 시작하였고, 그 조리법을 마을 사람들에게 널리 전수하였다. 이때부터 동파육은 황저우 일대로 소식이 출세하면서 쑤저우(蘇州), 항저우(杭州) 등의 지역에도 널리 퍼졌는데, 모두 그 지역의 음식 문화와 융합되었다. 그러나 각 지역의 동파육 맛을 비교하자면 역시 황저우의 것이 가장 본래의 맛을 보존하고 있다.

우한시의 러깐미엔(熱幹面)[11]은 산시의 다오샤오미엔(刀削面)[12], 북방의 짜장면, 쓰촨의 딴딴미엔(擔擔面)[13], 광둥과 광시(廣西)의 이푸미엔(伊府面)[14]

---

10 홍싸오(紅燒): 고기나 물고기 등에 기름과 설탕을 넣어 살짝 볶고 간장을 넣어 익혀 짙은 붉은색이 되게 하는 중국 요리법의 한 가지이다.

11 러깐미엔(熱幹面): 다양한 기름과 참깨 소스, 마늘 등으로 간을 한 비빔면과 비슷한 면 음식이다.

12 다오샤오미엔(刀削面): 칼로 대패하듯이 깎아서 만든 면 음식이다.

13 딴딴미엔(擔擔面): 고추기름과 땅콩 소스를 넣은 일종의 비빔국수로 한국에서는 '탄탄면'으로 알려져 있다.

14 이푸미엔(伊府面): 줄여서 '이면(伊面)'이라 불리며 튀긴 계란 면을 말한다. 중국의 유명한 전통 면 음식 중 하나로 중원 카이펑에서 유래하여 광둥, 푸젠(福建), 쑤저우 등 지역으로 유입되었다.

과 함께 유명한 5대 면 음식이라고 한다. 러깐미엔은 우연히 1930년대 한커우에서 만들어졌다. 묵과 국수를 팔아 생계를 이어가는 장사꾼 이바오(李包)는 평소에 소자본 장사로 생계를 이어갔다. 그러나 우한시는 사람들이 '화로'라고 부를 정도로 매우 더운 날씨로 유명하다. 어느 여름날 이바오는 저녁까지 국수를 다 팔지 못하게 되었다. 이바오는 국수가 상할까 봐 남은 국수를 끓는 물에 삶아 널판에 펴놓고 다음 날까지 보관하려다가 허둥지둥하여 참기름을 담은 주전자를 국수에 모두 엎질러 버렸는데, 국수에서 고소한 향기가 났다. 이에 이바오는 꾀를 내어 처음부터 참기름과 면을 비벼 다음 날까지 남겨두었다. 이튿날 생각지도 못한 일이 벌어졌다. 손님들이 국수를 맛보고 호평을 하게 된 것이다. 사람들이 이바오에게 무슨 국수냐고 물었는데, 이바오는 아무 생각 없이 입에서 나오는 대로 '러깐미엔'이라고 하였다. 그 후 러깐미엔은 끊임없는 개량을 거치면서 후베이성의 유명한 대표 음식이 되었다. 위에 언급한 바와 같이 이들은 모두 형초의 독특한 음식 문화를 구현하고 있으며, 현재 관광객들은 후베이성으로 여행을 갈 때 반드시 러깐미엔, 동파육 등을 먹으며 현지 미식에서 풍겨 나오는 독보적인 음식 문화의 매력을 느낀다.

7.3.2. 싸예얼허(撒葉兒呵)

가족의 죽음은 사람을 슬프게 한다. 그러나 웃으면서 장례를 경사로 치르는 민족이 있다. 어시(鄂西) 칭지앙(清江) 중류 지역에 사는 토가족(土家族)이 바로 그들이다. 수천 수백 년 동안 토가족들은 자신들의 춤인 '싸예얼허(撒葉兒呵)'로 사람의 죽음을 기리는 독특하고 활달한 생사관을 표현하고 있다(周黎, 2011).

'싸예얼허'의 발원지는 바둥현(巴東縣)에 있는데 이 지역은 민간에 전해지는 상무(喪舞)의 고향이다. 바둥현의 지리는 험하고 좁고 길며, 지세는 서쪽이 높고 동쪽이 낮으며 남북의 차이가 크다. 이와 같이 높고 험준한 산과 가시나무가 우거져 있는 지리적 환경은 토가족의 독특한 매력을 지닌 문화 예술인 '싸예얼허'를 만들었다. '싸예얼허'의 동작은 반드시 무릎을 굽히고, 진중하고 거칠며, 건강하고 강렬하게 보이도록 하는 특징이 있다. 이 춤의 동작은 산이 높고 길이 험하며 오솔길이 많은 바둥현의 지리적 특징 때문에 걸을 때 모두 옆으로 몸을 숙이거나 낮추어야 한다는 점에서 비롯된 것이다. 그리고 이러한 동작은 안전하고, 무거운 것을 수월하게 짊어지고 갈 수 있어 춤에서 '한 방향으로 향하는' 동작의 특징을 만들어냈다. 싸예얼허를 통해 표현하는 내용은 주로 조상 숭배, 수렵 활동, 농사 및 생산, 애정 행각, 역사적 사건 등을 포함한다. 이는 토가족이 자민족의 역사에 대한 회상과 함께 역사적으로 형성된 도덕의식과 시비 관념을 반영한 것이다. 토가족은 대대로 개울이 종횡으로 뻗어 있고 산이 높고 험준한 산간 지역에 살았기 때문에 오랫동안 개울을 건너고 암벽을 오르며 생겨난 생활습관과 노동방식은 '싸예얼허'라는 독특한 표현 방식을 만들어냈다.

토가족의 '싸예얼허'는 전통적인 의식무의 일종인데 마을 사람들이 모두 모여 남자들은 노래를 부르면서 춤을 추고 여자들은 밝은 옷을 입고 구경하며 흥을 돋운다. 이러한 행사는 보통 밤새도록 진행된다. 토가족에게 사람의 생사는 사계절과 같이 자연스럽고, 천수를 다 누린 노인의 죽음은 자연의 섭리에 순응하는 것인바, 이는 축하할 일이라 여긴다. 토가족에게 노인의 죽음은 승천이라고 생각하며, 이를 '백경사(白喜事)'라고 부른다. 따라서 토가족은 고인의 성별과 지위 고하를 막론하고, 이웃들이 하룻밤

상고(喪鼓)를 치며 고인을 그리워하고 유족을 위로한다. 또한 "사람이 죽으면 모두 함께 문상하는데, 한자리에 모여서 상고를 치며 함께 장례식을 도와준다."라는 속담도 있다. 이후 '싸예얼허'는 점차 장례 문화에서 분리되면서 공연의 일종으로서 토가족의 집단 무용이 되었다.

7.3.3. 홍호(洪湖)

홍호는 전국 농촌 토지 혁명의 중심지 가운데 하나였다. 가극 <홍호적위대(洪湖赤衛隊)>는 인민이 중국 공산당의 지도하에 악독한 지주 및 반동세력과 결사적으로 투쟁하는 이야기를 담고 있다. 이 가극은 중국 각계 인사들의 큰 사랑을 받게 되면서 삽입곡이 세계적으로 유행하게 되었다. 극중 이중창인 <홍호수랑타랑(洪湖水浪打浪)>은 가장 유명한 삽입곡에 속하며, 적위대의 승리를 찬양하는 내용이다. 이 곡의 멜로디는 후베이성 티엔면(天沔) 지방극과 티엔문(天門), 면양(沔陽), 치엔지앙(潛江) 일대의 민속음악에 기초하여 창작한 것으로, <양하요(襄河謠)>와 <월망랑(月望郎)>이 주 소재이다.

<양하요>는 홍수에 시달리는 사람들의 슬프고 괴로운 심경을 노래한 것이다. 그 가사 중에 "양하 물이여, 노랗고 노랗구나, 강물이 물결치네, 해마다 홍수가 제방을 무너뜨려 얼마나 많은 사람이 재난을 입었는가?"라는 구절이 있는데, 신중국 성립 전 양하의 제방이 해마다 무너져 강가에 사는 백성들에게 엄청난 고통을 주었음을 묘사하였다.

<홍호수랑타랑>은 후베이성 민요의 상징으로, 가사 중 절반 이상이 홍호의 경치를, 나머지 부분에는 감사의 마음을 묘사하였다. 동 시기의 가극보다 뚜렷하게 나타난 <홍호적위대>의 특징은 민요의 극화 및 개성화

이다. 따라서 <홍호수랑타랑>은 후베이성 민요와 혁명 음악의 완벽한 결합체이다.

오늘날 영화 <홍호적위대>는 홍호의 붉은 혁명 근거지 유적에서 상영되고 있다. 영화의 상영 및 전파에 따라 <홍호수랑타랑>의 선율이 '홍호'라는 땅에서 줄곧 불려 내려갔고, 세월이 지나도 쇠퇴하지 않았다.

요약

후베이성 문화의 개방성과 호환성은 객체뿐 아니라 주체, 즉 후베이성 사람을 통해서 구현된 결과이다. 후베이성 문화의 주요 매개체인 후베이인은 보편적인 이해에 따르면 남부 지역 사람에 속한다. 그러나 후베이성 사람들이 일상적으로 사용하는 언어인 후베이어는 오히려 북부 방언, 즉 표준어권에 속한다. 후베이성 사람들의 복식은 상하이, 광저우, 홍콩의 영향을 강하게 받아 남부의 쾌활하고, 활발하며, 열정적이라는 특징을 나타내면서 북부의 진중하고, 대범하며, 소박하다는 특징을 유지하였다. 후베이성의 음식도 남북의 조화를 이루었으며, 특히 남부 지역을 중심으로 하는 양상을 띠고 있는데, 그 예로 닝보탕위엔(寧波湯圓, 중국에서 원소절에 먹는 음식으로, 한국의 떡 수단과 비슷하다.)과 북부 지역의 물만두, 쌀밥과 러깐미엔은 모두 후베이성 사람들의 사랑을 받고 있다. 이른바 "남쪽 음식은 달고, 북쪽 음식은 짜다. 남쪽의 주식은 쌀이고, 북쪽의 주식은 밀이다."라는 정의는 후베이성에서만큼은 확실하지 않다.

이 장에서는 후베이성의 자연환경과 인문환경에 대한 분석을 통하여 음식, 문학, 예술 등 여러 방면에서 후베이성의 재난문화를 살펴보았다. 후베이성 문화는 기본적으로 강한 개방성과 선명한 호환성이라는 두 가지 특징이 내재되어 있으며, 부분적으로는 폐쇄적이고 보수적인 요소도 공존하고 있다고 보아야 한다. 후베이성의 많은 산간 지역의 폐쇄성은 더욱 놀라운데, 폐쇄는 필연적으로 보수적인 사고방식을 초래하였다고 할 수 있다. 일부 후베이성 사람은 장사를 치욕스러워하며, 가난한 와중에도 편안한 마음으로 도를 즐기며 지켜나가는 사고가 팽배해 있다.

劉成武·吳斌祥·黃利民(2004), 「후베이성 역사 시기 지진재해 통계특징 및 피해감소대책」, 『중국지질재해와 예방퇴치학보』 4, pp.131-136, 146.

張軍·欒建偉·尚豔(2007), 「초나라 문화, 삼국 문화와 후베이 문화산업 자원개발 추언」, 『후베이경제학원 학보』 4, pp.119-123.

劉暢·張敏(2014), 「지난 20년간 역사시기 후베이 재난 연구 총론」, 『원양(鄖陽) 사범 고등전문학교 학보』 1, pp.103-106.

羅小鋒(2007), 『가뭄과 수해와 후베이성 농업의 지속 가능한 발전』, 중국농업출판사.

劉玉堂·劉紀興·張碩(2003), 「형초 문화와 후베이 문화산업 발전연구」, 『후베이사회과학』, pp.35-38.

王禮剛(2012), 「후베이성 문화 소프트파워 제고에서의 삼국문화의 역할」, 『후베이문리학원 학보』 10, pp.15-19.

郭瑩·梁方(2014), 「명청 시대 후베이인의 문화 성격에 대한 분석」, 강한포럼, pp.117-122.

周黎(2011), 「후베이 민간무용 '싸예얼허'의 생태 환경 의미 연구」, 『후베이 사회과학』 7, pp.193-194

제8장

진천웅관(秦川雄關)

산시(陝西)는 고대에 '진(秦)'이라 불리었으며, 중국 역사상 최초의 천부(天府)의 땅이었다. 예로부터 이 지역에서는 서주(西周), 진(秦), 한(漢), 서진(西晉), 수(隋), 당(唐) 등 여러 왕조가 관중(關中) 지역에서 패업(霸業)을 이룬 곳이다. 관중 지역은 언제나 왕조의 심복이나 다름없었기 때문에 험한 지세와 요새의 삼엄한 경비가 필수 불가결하였다. 역사적으로 관중 주변에 겹겹이 쌓인 요충지 가운데 가장 유명한 곳은 함곡관(函穀關), 무관(武關), 소관(蕭關), 대산관(大散關) 등 이른바 '사대웅관쇄진천(四大雄關鎖秦川)'으로, 백만 대군에 맞설 수 있는 곳이었다.

산시(陝西)는 역사적으로 자연재해가 빈번한 지역이다. 산시에서 일어나는 자연재해는 그 종류가 다양하고, 발생 시기 또한 집중되어 있어 여러 재해가 한꺼번에 발생하여 산시의 사회경제적 발전과 농업생산에 큰 타격을 주고 있다. 산시는 중국의 온대 대륙성 계절풍 기후대에 속하여 피해 범위가 넓다는 특징이 있다. 이는 지리적 위치, 농업 산업 구조와 기후 변화와 같은 객관적인 요인과 불가분의 관계에 있다. 근대 이래 중국 시베이 지역에서는 자연재해가 빈번하게 발생하였다. 심각한 것은 각종 자연재해가 지역별로 지질과 기후 조건에 따라 뚜렷한 지역적 차이를 보인다는 것이다. 산시 지역의 자연재해 중 가장 두드러지는 것은 가뭄이며, 가뭄과 함께 우박, 서리 등 다른 재해가 함께 일어나는 경우가 많다. 이와 같이 산시 지역에는 다양한 재해가 한꺼번에 집중적으로 발생하는 추세가 뚜렷하다. 따라서 재난이 일어난 해에는 산시의 사회적 생산과 생활이 큰 타격을 입게 된다.

8.1. 주서구(走西口)

중국 근대사에서는 수많은 대규모 이주 현상이 있었고, 이에 관한 가장 유명한 말로는 '틈관동', '주서구', '하남양' 등이 있는데, 이는 여러 재난이 촉발한 일이었다. 산시(陝西)의 다양한 풍습은 '주서구'와 불가분의 관계에 있다. '주서구'는 일반적으로 산시(山西), 산시(陝西), 허베이(河北), 허난(河南) 등 내륙 지역의 선조들이 생존과 발전을 모색하기 위해 원나라 때부터 서부를 향하여 황무지를 지나 광활한 몽골 초원과 산시(陝西), 간쑤(甘肅) 지역으로 이주하는 현상을 이른다. 청나라 강희 시절에 실시한 국경 개방 정책은 이주를 크게 가속화하였고, 결과적으로 수백 년 동안 지속된 대규모 '주서구' 현상을 초래하였다.

'주서구'는 열악한 환경의 속박을 벗어나 삶의 터전을 찾기 위해 밖으로 나가려는 내륙 주민들의 집단적 행위라고 할 수 있다. 많은 선조가 '주서구'를 통하여 서부 지역을 크게 발전시켰고, 경작지 수와 농업의 수준을 증가시켰다. 또한 몽골과 한족의 통합과 발전을 가속화하고, 민족 간의 조화로운 공존을 촉진하였다. 그렇다면 선조들은 왜 고향을 등지고 머나먼 서쪽으로 향하였을까?

8.1.1. 서구(西口)

시베이 지역은 중국 내륙에 위치하고 있으며, 지리적으로 중국의 1, 2차 중층 전이지대로서 자연환경이 서로 다르다. 따라서 지역마다 다른 지질과 기후 조건으로 자연재해 또한 큰 지역 차를 보인다(楊志娟, 2008). 지형 간 차이에 따라 산시(陝西)는 세 지역으로 나뉘는데, 북부는 건조한 지역이며, 주로 황토고원으로 되어 있다. 또한 하천이 적고 강수량이 매우 낮아 가뭄이 잦고 비가 적게 내리는 것으로 유명하여 역사적으로 심각한 가뭄이 빈번하게 발생한 바 있다. 문헌과 기상 자료에 따르면 현대에 일어난 약간의 가뭄은 산시 북부 지역에 영향을 미쳤으며, 특히 봄과 여름의 연속적인 가뭄으로 점점 더 심각해지고 있다(楊志娟, 2008; 王穎, 2007).

중부는 관중평원(關中平原)과 웨이수이(渭水)강 유역으로, '팔백리진천(八百裏秦川, 진천은 산시성과 간쑤성을 달리 이르는 말)'으로 알려져 있다. 해당 지역은 하천이 많아 관개 농업으로 유명하지만, 가뭄은 산시 중부의 주된 자연재해로 여름철에 많이 일어났다. 그러나 관개 시설이 발달되어 있어 가뭄에 따른 농산물 피해는 상대적으로 적은 편이었다. 하지만 청나라 중후반에 이르러 자연생태 환경이 악화되고, 보수 시설이 오랫동안 방치된 데다 인구 압력까지 증가하여 가뭄이 발생할 때마다 큰 재해가 발생하였다.

산시성 서남부의 북쪽은 친링산맥(秦嶺山脈)을 경계로 관중 평야와 연결되어 있고, 남쪽은 다바산맥(大巴山脈)과 쓰촨성(四川省)으로 나뉘는 독특한 고산 협곡 지형이다. 이 지역에는 한수이(漢水)강이 있지만, 산지 지형의 한계로 농업 관개에 사용되는 수자원 관리 시설이 적다. 또한 지역 농업생산은 자연 강수에 의존하기 때문에 가뭄과 홍수의 영향을 매우 크게 받는다. 그리고 지형적으로 대부분 고산 협곡지대여서 강수량이 집중되면 빗물이 모여들어 쏟아지기 때문에 대형 자연재해로 이어지는 경우가 많다. 이와 같이 산시의 다양한 재난은 지역 문화의 모든 영역에 반영된다.

'서구'의 범위는 넓은 의미와 좁은 의미로 나뉜다. 넓게는 산시성(陝西省) 서쪽에서 네이멍구(內蒙古) 등지를 가리키며, 좁게는 귀화성(歸化城, 현 후허하오터의 옛 이름)을 지칭한다. 산시성(陝西省), 산시성(山西省)과 네이멍구는 서로 연결되어 있으며, 산시성(山西省)과 산시성(陝西省) 상인들이 지리적으로 유리한 곳에 자리 잡고 있어 초기에 서구로 이주한 사람들은 산시성(山西省)과 산시성(陝西省) 사람들이 대부분이었다. 서구로 이주한 사람 중에는 산시성(陝西省) 출신 농민들이 주류를 이루었는데, 이러한 현상의 발생은 산시성(陝西省)과 서구의 지리적 위치와 밀접한 관련이 있다.

산시성(陝西省)의 농업 구조는 단순하며, 모두 농업을 위주로 하는 한족으로 구성되어 있어 흉년이 들 때마다 사람들을 내보내는 것밖에는 할 수 없었다. 이와는 다르게 북쪽에 있는 네이멍구는 광활한 초원으로 이루어져 있다. 산시성(陝西省)은 주로 황토고원으로 강수량이 적고 토양이 척박한 반면, 네이멍구의 광활한 초원은 농업을 생업으로 하는 본토 한족에게는 개발 잠재력이 큰 옥토였을 것이다. 따라서 서구 지역은 산시성(陝西省) 사람들에게 좋은 곳이라 할 수 있는바, 주서구에는 산시성(陝西省) 사람들이 큰 비중을 차지한다.

산시성(陝西省)의 농민들은 근면 성실하며 애향심이 강했지만, 대기근으로 고향 땅을 버리고 서구로 향하는 길에 오를 수밖에 없었다. 이와 관련하여 근대 이래 큰 영향을 끼친 '정무기황(丁戊奇荒)'이 대표적인 기근 사례였다. 청나라 광서(光緖) 2년(서기 1876년)부터 5년(서기 1879년)까지 큰 가뭄이 일어났는데, 이 가뭄은 오랫동안 지속되었으며, 피해 면적이 커 다음과 같은 대기근의 특징을 갖추고 있었다.

첫째, 오랜 기간 일어났으며, 산시성(陝西省)에서는 4년 동안 지속되었다. 둘째, 피해 범위가 넓어 산시(山西), 허난(河南), 산시(陝西), 허베이(河北) 및 네이멍구 서부 지역이 모두 영향을 받았으며, 산시성(陝西省)이 가장 큰 피해를 입었다. 셋째, 기근의 정도가 심각하여 당시 많은 이재민이 굶어 죽었는데, 허취현(河曲縣)에서는 "허취현과 바오더저우(河曲保德州)는 10년 중 9년을 수확하지 못하면(十年九不收) 남자는 떠나버리고(男人走口外) 여자는 씀바귀를 캔다(女人挑苦菜)."라는 말이 전해진다. 이와 같이 다수의 산시성(陝西省) 이재민들은 고향을 떠나 서구 등지로 흩어지면서 '주서구'라는 이주 풍조를 형성하였다.

논밭과 토지의 연결 또한 산시성(陝西省) 사람들이 서구로 떠나게 한 주요인이었다. 관문 밖에서 가장 가까운 관문 내 농민이나 국경 수비대는 거리상의 이점을 이용하여 이득을 보았다. 이후 관문 밖의 개간 소식이 내륙으로 전해지면서 농민들은 그 소식에 끌리어 점차 북쪽으로 나아갔다. 시간이 흐르면서 피곤하게 먼 거리를 왕복하느니 차라리 관문 밖에 정착하는 것이 낫겠다고 판단한 사람들은 정착 후 오랜만에 고향에 들렀고, 서구에 있던 집은 새 집이 되었다. 정무기황으로 인한 대규모 주서구 현상은 서구 지역의 토지 개간을 촉진하는 한편, 인구를 증가시켰을 뿐만 아니라, 오락적인 민속문화를 탄생시켰다. 그 대표적인 예가 '이인대(二人臺)'와 '허취 민요'이다.

8.1.2. 이인대(二人臺)

'이인대'는 지역색이 짙은 곡예(曲藝, 지역색이 농후한 각종 설창문예)에 해당한다. 이 민속 예술은 산시성(陝西省), 쑤이위안성(綏遠省)[1], 네이멍구 지역에서 유행하였으며, 단순한 동작과 경쾌한 리듬이 특징이다. 이인대는 두 사람이 춤과 몸짓을 곁들이며 노래를 주고받는데, 이는 동북 지역과 매우 유사하다. 그리고 이인대는 남녀 두 명이 어릿광대, 단역, 또는 규문단(閨門旦)[2] 역할을 맡는 것이 가장 일반적이다. 내용은 주된 관객인 농민을 위해 짧게 상연하며, 청춘 남녀의 애정 어린 눈짓을 중심으로 한다. 공연에서는 피리, 얼후[3], 삼현금(三絃琴) 및 양금(洋琴) 등의 악기를 사용한다. 백성들은 이러한 공연 방식을 '단조(短調)' 또는 '청창(清唱)'이라 불렀다(賈德義, 1990).

이인대는 서구 문화를 가장 직접적이고 구체적으로 대표한다. 또한 이인대는 서구 문화에서 촉발된바, 서구 문화를 떼어놓고는 설명할 수 없다(徐黎麗, 2010). 주서구의 과정에서 자연스럽게 고향의 진강[4], 진극(晉劇, 중국 산시성 지방의 전통극), 사화(社火, 집단으로 하는 명절놀이), 양가[5], 그리고 '타좌강(打坐腔)'은 고향에 대한 그리움과 타지로 뿔뿔이 흩어지는 이주 과정을 이겨내기 위한 수단으로, 관문 밖에서 유래하였다.

'타좌강'은 지역색이 매우 짙은 공연으로, 정해진 형식이 없고 간단명료하다. 여기에서 노래를 할 수 있는 사람은 잔치나 노동 중 쉬는 시간에 노래로 분위기를 돋우거나 피로를 풀기도 하는데, 목장, 밭, 마당 등 장소에 구애받지 않고 할 수 있다. 또한 타좌강은 몽골족과 한족 간 언어 장벽을 극복하여 두 민족에게 널리 환영받았다.

이인대는 이러한 타좌강에서 진화하였다. 당시 경제가 낙후되었으

1 중화민국 통치 시기 1928년부터 1954년까지 존속하였던 행정구역.

2 규문단(閨門旦)이란 요조숙녀 역할을 말함.

3 얼후(二胡)란 호금(胡琴)의 일종으로, 현이 2개이며 음이 낮다.

4 진강(秦腔)은 중국 시베이 지방에서 유행하는 지방극이다.

5 양가(秧歌)는 중국 북방의 농촌 지역에서 유행하는 민간 가무의 일종이다.

며, 교통 또한 불편하였을 뿐만 아니라 통치자도 백성의 오락 문화적 수요를 박탈하고 물질과 정신을 고도로 통제함에 따라 백성들이 오락을 즐길 기회가 거의 없었다. 이러한 억압적 통치로 사람들은 농사 외에 유일한 오락거리로 자신의 생활상을 담은 노래를 만들면서 산가(山歌, 민요) 문화가 탄생하였다. 사람들이 산가만으로 자신의 생각과 감정을 온전히 표현하는 데 한계를 느낄 때 점차 서사와 설창(說唱)을 흡수하면서 분량이 늘어나게 되어 이야기가 더 완전해지고 복잡해졌다. 이에 따라 타좌강은 1인창에서 2인창의 형식으로 발전하였다(李紅梅, 2008).

그 외에도 산시성(山西省)과 산시성(陝西省) 가무의 영향을 받아 2인창의 형식을 띠는 것은 물론, 현지 속담, 헐후어(歇後語), 곡예, 찬화(竄話), 지방극 등 여러 예술 양식을 융합하였다. 네이멍구라는 '5각 잡처'의 이주자 집결 구역에서 이인대는 다양한 지역 공연예술을 융합하여 새로운 형식의 예술을 창조하였다. 이인대만의 광활하면서도 소박하며, 호방한 특징은 황토고원의 웅장함과 강인함, 그리고 몽골족의 초원 문화에서 비롯되었다. 이는 곧 이인대는 네이멍구의 자연환경과의 조화 속에서 형성되었다고 할 것이다.

이인대의 내용은 대부분 사랑이며, 그다음이 생활이고, 나머지는 역사를 소재로 한다. 특히 사랑을 소재로 한 것 가운데 혼자서 낭군을 기다리며 그리워하는 것이 대부분인데, 《경오경(驚五更)》, 《수하방(繡荷房)》, 《니고사범(尼姑思凡)》 등이 있다. 이들 작품에서는 남편이나 연인은 서구 밖에서 일을 하며, 어려운 여건과 열악한 자연환경으로 여자가 사랑하는 이에 대한 근심과 그리움을 표현하고 있다. 해당 내용은 대부분 서구에서의 애환을 소재로 하고 있다.

이인대는 삶의 무게와 자연재해에 직면한 생계의 문제와 함께 달콤

한 사랑에 대한 가난한 노동자들의 갈망을 보여준다. 이에 대한 예술적 승화로서의 이인대는 외부인의 시선에 그저 단순한 창극 또는 민요로 보일 수 있다. 그러나 대다수의 노동자에게 이인대는 창극을 넘어 삶의 일부이자 힘든 노동 후의 중요한 영적, 문화적 생활 방식이며, 감정을 분출하는 중요한 수단이다. "사흘을 굶어도 이인대는 놓칠 수 없다."라는 속담은 서구 지역 사람들이 생각하는 이인대의 중요성을 보여준다.

8.1.3. <서구를 바라보며(西口在望)>

<서구를 바라보며>는 제작진이 반년 동안 20,000km에 걸쳐 네이멍구, 산시(陝西), 산시(山西), 허난, 베이징, 티엔진 등지를 누빈 다큐멘터리이다. 이 영상에서는 도합 500명의 인원을 섭외하였는데, 역사, 사회, 민속학 분야의 전문가 및 학자를 비롯하여 '주서구'를 체험한 사람과 그 후손까지 포함한다. 해당 다큐멘터리에서는 사실적인 장면, 사색적 언어와 독창적인 관점, 역사를 기점으로 100년에 걸쳐 지속된 '주서구'의 진의를 탐구한다. 또한 '서구 문화'와 '서구 정신'의 문화적 진화와 시대정신을 해석하여 주서구의 역사적 과정에 내포된 인간성을 발굴하고, 역사의 흐름 속에서 개인의 삶과 감정의 기복을 보여준다. 다큐멘터리 <서구를 바라보며>는 총 15부작이며, 매회 약 30분 분량으로 서구 문화를 깊이 있게 기록하고 해독하여 서구 문화에 대한 당대의 사고를 반영하고 있다. 영상 속에서 여전히 민간에서 성행하는 오락거리인 이인대, 순박한 민요, 정통 여우미엔(莜面) 등은 오늘날에도 이어지는 서구 문화를 반영하고 있다. <서구를 바라보며>는 가장 사실적인 영상으로, 현 단계의 서구 지역의 민속과 민속 음악을 객관적으로 기록하고 있어 서구 문화 연구의 귀중한 데이터베

이스가 되고 있다.

8.1.4. 허취(河曲) 민요

서구 지역의 이인대와 마찬가지로 허취 민요도 주서구 문화를 예술로 승화한 것이다. 집안의 장정들은 생계를 위해 관문 밖으로 나가서 일을 해야 했기 때문에 집에 남은 아내는 남편을 그리워하게 되면서 점차 '서구'라는 민요가 형성되기 시작하였고, 현지에서는 이를 '산곡(山曲)'이라 부른다. 산곡의 율격은 규칙적이며, 곡조는 병치, 대비, 호응 등 양구체(兩句體)를 사용하며, 선율이 아름답고 리듬이 명쾌하며 높은 미학적 취향을 가지고 있어 중국에서 보기 드문 무형문화이다.

허취 민요의 내용은 광범위하며, 민간에서 탈태하였기 때문에 직설적이다. 또한 보이는 대로 노래하고, 감정을 진솔하게 표현한다. 그리고 원하는 대로 노래할 수 있으며, 노래에 생활상을 담고 있고, 자유로우며 노래 곳곳에서 노동자의 지혜와 위트를 반영하고 있다.

세 걸음 내디디면 두 걸음 물러서고,
영혼의 끈으로 너의 다리를 묶는다.
나는 당신을 보고,
당신은 나를 보는데,
우리가 헤어지는 게 이토록 힘들단 말인가.
목이 긴 낙타의 목덜미를 가는 밧줄로 묶는다.
당신이 가니 너무나 외롭네.
더 이상 생각하지도 말고,
더 울지도 마시길.

어느 집 처자가 오랜 세월 독수공방할 수 있으리오.

위의 민요는 '낙타 끌기'에서 나온 것으로 기근으로 생계가 어려워지면서 남편이 서구로 떠나려는데, 아내가 남편과의 이별에 슬퍼하고 있다. 남자는 기러기 행객이 되어 봄에 떠나 가을에 돌아오기 때문에 서로 몇 달을 떨어져 있어 생사를 예측할 수 없어 남편이 멀리 떠날 때 민요에서는 가슴이 찢어지는 듯한 슬픔을 표현한다.

또한 민요는 음식 문화를 반영한다. "고생하는 당신을 위해 밀 반 근을 천으로 덮고 빻는다.", "돼지기름을 넣은 부드러운 떡에 설탕을 묻힌다. 빈집에서 풍기는 그 향기가 친정집보다 낫다.", "사량(沙梁)과 사와(沙窪)의 우수한 토양, 해홍과(海紅果, 개아그배나무의 열매)는 우리 지역의 좋은 토산품입니다.", "누이동생은 말라붙은 죽 먹는 걸 싫어해. 나는 누이에게 걸쭉하지도, 묽지도 않은 신 죽을 만들어 줘야겠다." 등이 있다.

허취와 그 인근의 광활한 서구 지역 사람들의 주식은 콩가루, 귀리가루 반죽, 감자 등이었으며, 노래에 나오는 해홍과는 유명한 지역 특산품이다. 귀리 면은 조리법이 간단하고, 가소성이 강하여 사람들은 부지런히 새로운 음식을 만들어 내었다. 재료는 하나라도 만드는 방법에 따라 음식의 종류는 다양한데, 그중 유명한 것이 속이 텅 빈 원통 모양의 여우미엔, 고양이 귀 모양의 여우미엔, 물고기 모양처럼 길쭉하게 만든 여우미엔, 잘게 썬 껍질콩에 귀리가루를 넣고 버무려 찐 여우미엔이 있다. 허취 사람들은 여우미엔을 먹을 때 소금에 절인 채소를 우린 국물, 소금물, 양고기 육수 등으로 맛을 내었으며, 이러한 허취 지역의 민속적 특색을 지닌 진미는 사람들의 생활에서도 큰 인기를 얻고 있다.

8.2. 분식

지역마다 자연재해에 서로 다른 방식으로 대처하는 독특한 문화가 생겨났다. 특히 고대에는 사람들의 생활 방식이 지리적 환경, 기후, 동식물 자원과 같은 자연 조건에 영향을 받았다. 한 지역의 새로운 문화의 생산은 이러한 발전 과정에 뿌리를 두고 있다. 사람들은 자연환경뿐 아니라 사회 환경에도 끊임없이 적응해 왔다. 사회 환경에 대한 적응과 조율은 또한 사람들의 현지 자연환경의 변화와 영향에도 지속적으로 영향을 미친다. 산시성의 빈번한 자연재해와 척박한 환경으로 지역 농업은 밀, 기장, 옥수수, 수수 등 가뭄과 추위에 강한 작물을 우선적으로 재배한다. 각 지역의 음식문화 형성에는 다소 긴 시간이 필요하며, 식습관은 지역에서 생산하는 자원과 불가분의 관계에 있다. 이와 같이 산시성의 자연환경은 분식 문화를 만들어냈다.

8.2.1. 황토와 분식

산시성(陝西省)은 바다에서 멀리 떨어진 내륙에 위치해 있으며, 지리적 환경은 대부분 황토 고원으로 토지가 척박하여 이 지역을 가로지르는 수계(水系)가 적고 저수량도 많지 않다. 또한 산시성은 동아시아 몬순 지역의 가장자리에 위치하여 몬순 대륙성 기후가 뚜렷한 지역이다. 따라서 공기가 건조하며 강수량이 적다. 봄과 여름에는 하천 상류의 물이 부족하고 자주 마르기도 하여 크고 작은 가뭄이 쉽게 발생하기 때문에 "10년 동안 9번의 가뭄이 든다."라는 말이 있으며, 이러한 자연조건은 가뭄에 강한 작물을 산간 지역에 널리 전파하는 계기가 되었다.

역사적으로 보면 일찍이 주나라 때 산시성에서 오곡 위주의 농업생산 모델이 형성되었는데, 산시성은 지형이 복잡하여 교통이 불편하기 때문에 예로부터 자급자족하는 자연 경제가 주를 이루어 왔다. 이러한 환경에서 산시성의 음식은 대부분 밀, 기장, 옥수수 등으로 제한되었으며, 이에 따라 독특한 분식 문화를 형성하게 되었다. 분식 문화의 지속적인 심화와 확장 또한 농업 생산 및 잡곡 재배 경향에도 영향을 미친다(姚勤智, 2004: 86-89).

또한 산시성은 중국의 중북부에 위치하여 가을과 겨울에는 추워서 따뜻한 음식을 선호하는데, 분식은 이에 부합하는 식습관이다. 분식은 주식과 부식을 한 그릇에 담을 수 있어 조리법이 간편하고, 필요에 따라 수시로 양을 늘릴 수 있으며, 복잡한 식사 예절에 구애받지 않는다. 분식은 정해진 형식이 없어 만들기 쉽다. 또한 바쁠 때는 두껍게, 한가할 때는 얇게 만드는 등 응용력이 높다. 이와 같이 부지런한 사람들의 노력으로 같은 재료라도 형태 및 종류가 다양하여 인지도가 높은 지역 분식 문화가 형성되었다.

산시성의 독특한 환경은 분식이 뿌리를 내리면서 널리 영향을 미쳤다. 오늘날 산시성에는 1,000여 종류의 분식이 있으며, 이 가운데 50여 가지가 사람들의 식생활에서 일반적인 음식이다. 분식은 탕, 볶음, 튀김, 부침 등 여러 조리법을 갖추고 있으며, 형태 또한 다양하고 복잡하여 눈을 뗄 수가 없다(王進雲, 2011; 郭亞瓊 · 孫虎, 2009). 서민 가정의 요리법을 굳이 정리하자면 분식만으로도 중복되는 음식 없이 식단을 계획하는 것이 가능할 정도이다.

숙련된 농촌 여성은 밀가루, 기장가루, 수수가루 등을 반죽하여 밀대로 밀거나, 손으로 누르거나, 칼로 깎아 면 요리를 만든다. 손으로는 떼어내거나, 접거나, 누르거나, 꼬거나 늘이는 등의 방식으로 면을 만든다.

그 뒤 다른 재료를 얹으면 다양한 모양과 색감과 향을 느낄 수 있는 먹음직스러운 면 요리를 만들 수 있다. 면 요리 중 유명한 치산(岐山) 사오즈미엔(臊子面, 다진 고기를 조리하여 면 위에 얹은 요리)과 쿠다이미엔(褲帶面, 면의 폭이 허리띠만큼 넓은 요리) 등은 모두 면 요리에 대한 산시성 노동자들의 창의성을 반영한다.

분식 문화는 중국에 널리 퍼져 있으며, 고대부터 이미 '염편백초(炎鞭百草), 직교가계(稷教稼穑)'[6]라는 말이 있었다. 중국 최고의 밀전병으로 알려진 '요왕빙(堯王餅)'과 '라자(喇家)미엔' 유적지에서 발견된 국수는 오랜 분식 문화의 실제 증거이다. 이와 같이 다양한 종류의 분식이 각지에 전파되면서 중국의 다양한 분식 문화를 형성하였다. 산시성의 분식은 지역적 특성이 두드러지며, 주식과 부식의 뚜렷한 구분이 없다. 분식의 원료가 상대적으로 적은 것 외에도 가뭄이 잦고 강우량이 적어 채소를 수확하기 어려운 것 또한 이러한 특징을 갖게 된 주요한 원인이다. 고대시기 산시성에서 일부를 제외한 채소는 사치품에 속하였다. 따라서 서민들에게는 양로우파오모(羊肉泡饃, 양고기 국물에 잘게 찢은 빵을 넣고 끓인 요리), 사오즈미엔 등과 같은 일품요리가 최고의 대안이었다(姚勤智, 2004). 오늘날 사람들의 생활의 질이 크게 향상되었지만, 산시 사람들은 전통적인 음식문화의 영향으로 여전히 면 요리를 즐겨 먹는다.

산시 사람들은 분식, 특히 국물을 좋아하는 오랜 풍습이 있다. 대부분의 산시 지역은 황토고원으로 1년 내내 가뭄이 심하고 바람이 많이 불어 사람들은 해가 뜨면 일하고 해가 지면 쉰다. 산시 사람들은 오래도록 고개를 숙이고 허리를 구부린 채 '황토를 등지고 하늘을 향하여(面朝黃土

6 가뭄이 들면 농사 전문 관리가 농사 짓는 법을 가르친다는 것이다.

背朝天, 농사짓는 농민의 부지런함을 비유적으로 이르는 말)', '땀방울이 땅에 떨어져 여덟 조각이 나도록(汗珠子摔八瓣, 매우 피곤하고 힘듦을 이르는 말)' 농사를 짓는다. 농사일은 수분 손실이 크지만 일을 하느라 차나 물을 마시며 수분을 보충할 시간이 거의 없었고, 손실된 수분은 모두 식사 때 먹는 국물로 보충하였다. 또한 과거에 산시성 사람들은 채소를 구하기 쉽지 않았으며, 음식은 대부분 소금과 식초로 간을 하여 맛이 강했다. 이와 같이 채소가 적고 간이 강하면 신체의 수분 필요량이 증가하기 때문에 산시 지역에서는 국물을 먹는 것이 대중적인 식습관이 되었다.

8.2.2.《백록원》

소설은 이데올로기로서 예술적 시각의 형식으로 사회의 모습을 반영한다. 문학은 사회적 배경과 발맞추는 관계에 있다. 사회적 배경은 문학의 소재가 된다. 다만 문학은 사회적 상황에서 비롯되지만 사회적 배경보다는 더 높은 위치에 있다. 따라서 산시 지역의 문학 작품에는 필연적으로 분식 문화가 반영된다. 이와 관련하여 천중스의《백록원》에서는 분식 문화에 대한 다양한 묘사가 있다.

천중스의《백록원》에서는 처음 다섯 번째 장까지 백씨(白氏)와 녹씨(鹿氏) 가문 사람들이 결혼하여 자녀를 낳고, 농사를 지으며, 정상적인 사회의 상태를 묘사하고 있다. 그러나 여섯 번째 장부터 여섯 가지 재난 상황을 소설의 사회적 배경으로 삼는다. 첫째로 왕조가 바뀌는 시기이고, 두 번째는 흰다리 까마귀 병사들이 성을 포위한 것이며, 세 번째는 농민운동과 국공분단이다. 네 번째는 해마다 건물을 짓고 역병이 들끓던 시기였으며, 다섯 번째는 항일운동, 여섯 번째는 해방전쟁이다. 이들 여섯 가지 상황에 대한 묘사를 통해 《백록원》에서는 자연과 전쟁으로 말미암은 재난에 대한 개인과 집단의 대응 방식이 어떻게 다르며, 어떻게 충돌하는지, 그리고 이러한 대응이 어떻게 문화 속에 남아 지역 특성의 일부로 승화하는가를 보여준다.

《백록원》은 재난을 직시하는 자세로 재난에 관한 명제를 풍부하게 담고 있다(張恒, 2007; 高上, 2017). 또한 《백록원》은 일명 '뿌리를 찾는 문학'으로 간주되며, 여기에서 찾아야 할 '뿌리'는 주로 중화민족의 정신과 마음의 근원이다. 그리고 '덕(德)'의 인격 추구를 핵심으로 한 뿌리 찾기 사고는 전통문화가 보여주는 생존의 비극성을 파고든다. 이는 관중(關中) 사람들의 생존을 큰 문화적 배경으로 삼고, 생생한 인물을 통해 거칠고 소박한 농촌의 풍속과 신중하고 관용적인 유가의 정신을 보여준다. 《백록원》은 중국 당대 사실주의 문학 작품 가운데 최고봉이라고 할 수 있다. 또한 역사의 혼란스러움과 풍요로움을 견지하며 감정적이고 개인적인 이 소설을 하나의 가족사에 그치지 않고, 풍속과 개인 운명의 흥망성쇠의 역사도 민족의 운명과 정신이 응축된 역사로 승화시켰다.

산시성 시안(西安) 태생의 천중스는 평생 글을 써왔다. 천중스가 그동안 묘사해 온 세계는 삶의 숨결이 매우 짙게 배어 있으며, 인물의 사고와 행동 방식은 모두 당시의 삶의 특성을 뚜렷이 드러내고 있다. 《백록원》은 산시성 관중 평원의 인의촌(仁義村)인 백록촌에서 따온 것이며, 마을의 백씨와 녹씨 가문의 3대에 걸친 갈등으로 인한 70~80년 동안의 인간사와 사회의 변화를 보여준다. 민족의 역사에 대한 심오한 함축과 함께 깊고 진정한 산시 지역의 음식문화를 담고 있다.

《백록원》에는 산시성 고유의 특성을 지닌 음식문화를 묘사하는 많은 이야기가 있으며, 다양한 면 요리와 간식이 등장한다. 원만하고 풍요로운 삶을 기원하는 허환훈둔(合歡餛飩, 결혼 첫날 부부가 먹는 만둣국), 양로우파오모(羊肉泡饃)와 진강극(秦腔戲, 중국 시베이 지방에서 유행하는 지방극)은 당시의 여유롭고 만족스러운 생활의 기준이 된 것들이었다. 관관모(罐罐饃, 찐빵의 일종)는 가난한 사람에게는 사치품이었으나, 부자에게는 이따금 가축에게나 주던 것이었다. 한편 작중에서 슈이징빙(水晶餅, 전분으로 만들어 소가 보이도록 투명하게 빚은 떡의 일종)의 맛은 등장인물 가운데 한 사람인 흐이와(黑娃)가 어린 시절 가난한 자신의 집안과 부잣집 아이들 사이의 격차를 뼈저리게 실감하는 계기가 되었다. 그리고 수수한 기장죽과 구운 찐빵은 산후조리 중이던 백령(白靈)에게 오랫동안 느끼지 못했던 따뜻함을 느끼게 함으로써 할머니에게 감동하여 "당신을 친어머니로 생각해요."라고 말하기도 하였다. 《백록원》에서는 산시성의 분식 문화 가운데 특히 사오즈미엔을 좋아하여, 이에 관해 두 번이나 자세하게 묘사한 바 있다. 한번은 백령과 녹자우붕(鹿兆鵬)이 지하에서 공작을 하고 있을 때였다. 두 사람은 부부로서 혁명 사업을 몰래 지원하고 있었고, 백령은 적들이 알아채지 못하도록 아내로서 집안일을 하고 있었다. 이때 백령이 녹자우붕에게 만들어 준 첫 번째 면 요리가 바로 사오즈미엔이었다.

손으로 직접 밀어 만든 기다란 면은 《백록원》에서 길한 의미를 지니며, 특히 나이 많은 어른들의 생신을 위해 준비하는 길고 가느다란 면은 장수의 상징이다. 사오즈미엔은 어른의 생신, 신혼 축하, 아이의 출생, 100일 기념 등 경삿날에 자주 올라오는 면 요리로, 행복한 삶의 상징이자 더 나은 미래를 기원하는 마음이 담겨 있다.

작중에서 백령은 양념한 고기가 묻은 손으로 면을 밀어 녹자우붕에게 건네면서, "잿물을 너무 많이 넣어서 오늘 처음 밀대를 잡았어요."라며 수줍어하였다. 이에 녹자우붕은 면을 비비면서 본래 흰색이어야 할 노란

면을 보며 잿물이 많이 들어간 것을 알면서도 젓가락으로 집어 한 입을 덥석 먹는다. 면을 먹고 난 뒤 녹자우붕은 "크게 티가 나지 않는데? 길이도 적당하고, 충분히 쫄깃하니 맛은 역시 우리 본연의 맛이야."라고 답한다. 그리고 늘 위험을 안고 사는 지하 혁명 운동가들은 어머니께서 해 주신 것보다 못한 사오즈미엔을 먹지만, 이 또한 결국 고향의 맛이자 고향에 대한 향수를 직접적으로 자극한다. 이와 같이 기다란 면의 의미는 녹자우붕이 혁명 사업에 대한 확고함과 더 나은 미래의 삶에 대한 열망을 느끼게 하는 것이다.

사오즈미엔은 바이샤오우은(白孝文)이 조상에게 제사를 지낼 때 두 번째로 등장한다. 바이샤오우은은 비록 스스로의 타락으로 집안에서 쫓겨났지만, 진한 사오즈미엔의 향기는 바이샤오우은에게 혈육의 은혜를 영원히 끊을 수 없음을 깨닫게 하였다.

백록원의 사람들은 매일 다양한 음식을 먹는데, 밀가루, 콩가루, 옥수수 가루, 잡곡으로 만든 찐빵과 구운 밀전병 등 밀가루로 만든 음식에 좁쌀죽, 옥수수 가루, 사오즈미엔 한 그릇만으로도 삶의 만족감을 느낄 수 있다. 앞의 주식 외에도 무채 한 접시, 개운한 맛의 고추기름과 다진 오향 마늘과 같은 부식은 황토고원 사람들의 호방함과 유쾌함을 맛볼 수 있다. 《백록원》은 사실적인 음식 묘사로 소설의 각 장에 걸쳐 역사 속 인물들의 원한이 더 모질어지지 않게 삶의 온기를 곳곳에 녹여내어 소설의 결말을 꿋꿋하고 희망이 넘치는 새로운 삶으로 이끈다.

8.2.3. 《평범한 세계》

《평범한 세계》는 손씨 가문의 형제인 손소안(孫少安)과 손소평(孫少

平)을 중심으로 중국의 1970년대 중반부터 1980년대 중반까지의 사회 변화를 섬세하게 담은 작품이다. 작가 루야오(路遙)는 생생하고 직설적인 언어로 당시 사회 풍조의 영향을 받는 도시와 농촌 주민들의 삶을 세세하게 묘사한다. 《평범한 세계》는 산시(陝西)의 음식 문화 가운데 특히 분식 문화를 충실히 반영함으로써 '먹는 것'을 작품에 녹여내었다. 작품에서는 찐빵(面饃), 만토우(饅頭), 꽃빵(花卷饃), 라우빙(烙餅)[7], 사오빙(燒餅, 라우빙과 비슷하나, 반죽에 효모를 넣어 굽는다.), 유빙(油餅, 기름에 튀기거나 구운 밀가루 반죽), 국수(面條), 차오미엔거다(蕎面疙瘩)[8], 후이차이(燴菜)[9], 양자수이(羊雜碎)[10], 첸첸시판(錢錢稀飯)[11] 등 다양하고 독특한 음식이 묘사되어 있다.

산시성 북부 사람들은 주로 밀가루로 만든 음식을 먹는다. 밀가루로 만든 음식은 재료가 간단하면서도 그 종류와 조리법이 다양하지만, 주로 빵과 국수 두 가지 범주로 나뉜다. 만드는 도구에 따라 빵은 찐빵과 구운 빵으로 나뉜다. 찐빵은 만토우와 워토우(窩頭)[12], 꽃빵, 구운 빵은 사오빙과 라우빙이 대표적이다. 작품에서 "윤엽(潤葉)은 네모난 탁자 위에 접시와 돼지고기 당면찜 한 그릇을 놓고, 그 앞에 새하얀 찐빵 한 접시를 올려놓았다.", "그들은 말없이 줄지어 식당을 찾았다. 한 사람당 낡고 커다란 그릇 하나가 놓인다. 후이차이 한 그릇과 찐빵 세 개였다."라는 부분이 있다. 여기에서 후이차이, 특히 돼지고기 당면찜은 산시성뿐 아니라 북부 지역 일대에서 즐겨먹는 별식으로, 부드럽고 기름진 돼지고기와 부드럽고

---

7 효모를 넣지 않고 반죽하여 층을 내어 기름에 구운 전병을 말함.

8 메밀가루 반죽을 덩어리지게 조리한 것으로 한국의 옹심이와 비슷하다.

9 갖은 재료를 넣고 삶거나 끓인 요리로, 한국의 찜 또는 조림이나 서양의 스튜와 비슷하다.

10 양의 머리, 정강이, 피, 간, 염통, 위, 내장 등의 부산물로 만든 요리다.

11 검은콩을 동전 모양으로 납작하게 눌러 좁쌀 등 잡곡을 함께 넣고 끓인 죽이다.

12 옥수수가루를 반죽하여 속이 빈 원뿔 모양으로 만든 찐방이다.

산뜻한 당면이 어우러져 색다른 풍미를 느낄 수 있다. 후이차이는 만들기가 매우 빠르고 간편하며, 굳이 다른 요리를 곁들이지 않아도 돼지고기 당면찜 한 그릇에 라우모(烙饃)[13]나 사오빙 몇 개와 함께라면 한 끼를 금방 해결할 수 있다.

또한 작품에서 "왕만인은 원래 결혼식 날 다시 오려고 했는데, 전날 저녁 식사 전에 도착했어요. 고향 풍습상 저녁에 메밀로 만든 틀국수가 나오니까요."라는 대사와 "할머니는 사실 밥 한 끼도 다 못 드셔서 어머니께서 고운 국수 한 그릇을 만들어 주셔도 다 드시지 못해요."라는 내용은 모두 산시성 국수에 대한 묘사이다. 국수는 산시 사람들의 일상생활에서 끼니를 때우는 가장 간편한 주식이며, 현지인들이 살면서 가장 좋아하고 자주 먹는 분식 중 하나이기도 하다. 과거에는 국수를 만드는 기술이 산시 여성의 덕성을 판단하는 중요한 기준이었다. 새로 들어온 며느리는 직접 손으로 밀국수 한 그릇을 만들어 시댁에 올려야 해서 여성들은 혼전에 마을 어른들을 찾아 밀국수 솜씨를 제대로 익혀야 했다. 산시 사람들은 국수 외에도 미엔피엔(面片)[14]과 쇼간미엔(手擀面)[15], 틀국수와 메밀 틀국수 등도 좋아한다.

"세 집의 마당에서 유가오(油糕)[16]와 돼지고기 요리 냄새가 풍기고, 국수틀이 바스락거리는 소리가 들린다." 유가오는 지역에 따라 '자가오(炸糕, 튀긴 떡)', '자오가오(棗糕, 대추를 넣은 떡)'라고도 부르며, 산시의 유명한 별미 중 하나이다. 유가오는 대부분 으깬 대추를 고운 기장 반죽에 싸서 기

13 효모를 넣지 않은 밀반죽을 얇게 밀어 구운 전병이다.
14 한국의 수제비와 비슷한 모양의 면 요리다.
15 손으로 밀어 만든 밀국수로 한국의 손칼국수와 모양이 비슷하다.
16 기름에 튀겨 만든 떡으로, 중국 북부 지역의 전통 간식이다.

름에 튀겨 만든다. 겉은 바삭하고 속은 차지며, 달고 맛있어 노소를 막론하고 인기가 많다. 또한 중국어로 '떡(糕, gāo)'은 '높다(高, gāo)'와 동음이의어이다. 중국에는 "말에는 의미가 있어야 하고, 그 의미는 길해야 한다(言必有意, 意必吉祥)."라는 속담이 있는데, '떡(糕, gāo)'은 더 나은 삶을 기원하는 의미를 담고 있다. 따라서 유가오는 명절이나 결혼식 또는 생일에 빠지지 않고 식탁의 주인공으로 등장하는 음식이다.

8.3. 황토고원

황토고원은 수천 년의 변천을 거쳐 수많은 골짜기의 토굴집 지형을 형성하였다. 이곳의 자연환경은 열악하지만, 중국 역사상 강력한 봉건 왕조 통치자들이 묻힌 황제릉, 진시황릉, 병마용, 한양릉, 당건릉 등 중국 문명의 발상지 중 하나라는 사실에는 변함이 없다. 비록 과거의 영광은 이미 사라졌지만, 황토의 땅에는 제국의 위대함이 살아 숨 쉬고 있다. 웅장하고도 험준한 수천 개의 계곡이 있는 황토고원 사람들은 자연과 투쟁의 결과 호탕하고 쾌활한 성격을 갖게 되었다. 불굴의 성격을 지닌 사람들은 기발한 발상으로 자연에 순응하는 '황토 건축물'을 개발하여 토굴집의 장점을 유감없이 발휘하였다.

8.3.1. 황토 건축물

토굴집(窯洞)의 발생은 황토고원의 독특한 지리적 환경에 따른 것이며, 인간이 자연 환경에 적응한 훌륭한 사례이자 황토고원 특유의 지형을 이용한 독특한 주거방식이다. 토굴집은 산시성 북부의 농민의 생활과 떼놓을 수 없다. 순박한 산시성 사람들은 토굴집에 살며 고유한 삶을 추구한다. 토굴집은 집의 형태일 뿐만 아니라 사람들의 삶의 상징이기도 하며, 토굴집 주거 문화는 산시 북부에서 가장 향토적인 민속 문화라 할 수 있다. 또한 토굴집 주거는 산시 북부 사람들의 지속적인 개발과 발전으로 삶을 초월한 예술이 되었다. 토굴집에 담긴 인간과 자연이 조화를 이루어 공존하고, 자연에 순응하며, 자연을 개발하는 철학은 오늘날에도 배울 가치가 있다.

토굴집 주거지를 건설하는 데는 많은 재료를 필요로 하지 않는다. 독특한 자연 환경과 황토 구조로 재료를 구하기 쉽고 건설도 용이하다. 완성된 토굴집은 내구성이 견고하며, 내부는 겨울에 따뜻하고 여름에 시원하여 생활이 편리하다.

황토고원의 선조들이 토굴집을 건설한 것은 이미 수천 년의 역사를 지니고 있다. 항일전쟁 시기에 이르러 중국 공산당은 산시성 북부의 토굴집에서 전략을 세우고, 전 국민을 이끌고 홍색 정권을 수립하여 오래되고 순박한 토굴집 문화에 한 획을 그었다. 신중국 건국 후 수많은 선열들이 뒤를 이어 지키고 있는 옌안(延安)을 향해 나아갔다. 토굴집은 중국의 중요한 애국주의 교육의 시범기지이며, 혁명 선열들이 이상을 추구했다는 증거이기도 하다. 선열들은 목숨을 바치고 뜨거운 피를 흘리며 신중국의 위대한 서사시를 만들었다. 이와 같이 뼈아픈 역사의 교훈, 분투와 불굴의 혁명 정신, 오랜 세월을 견뎌온 토굴집 문화는 새로운 시대(1978년 11차 3중전회 이후의 시기)의 여러 젊은이에게 분발할 수 있는 동력을 제공한다(楊子奇, 2013).

토굴집의 규모는 다양하며, 구조에 따라 독립식, 절벽식, 침하식의 세 가지 유형으로 나뉜다. 그중 첫 번째인 독립식 토굴집은 일반적으로 '구야오(箍窯)'라고 한다. 독립식 토굴집의 지붕은 아치형이고, 벽은 흙벽돌을 세워 겉에 풀과 진흙을 발라 만들었다. 천장은 양쪽으로 풀과 진흙으로 평평하게 경사지도록 하였다. 가정 형편에 따라 부자들은 나무 서까래를 보호하기 위해 청기와를 사용한다. 이러한 구조로 토굴집은 멀리서 보면 평야 지역의 벽돌집처럼 보이지만, 가까이에서 보면 토굴집임을 확실히 알 수 있다. 또한 아치형 천장에 사용되는 재료가 달라서 돌조각이 있는 일부 토굴집을 '쓰구야오(石箍窯)'라고 한다. 구야오는 절벽에 의존하지 않아 독립적으로 존재할 수 있으며, 겨울에는 따뜻하고 여름에는 시원한 동굴 주거의 특성도 지니고 있다.

두 번째 유형은 절벽식인데, 문자 그대로 절벽에 의존하는 토굴집이다. 구체적으로는 지형에 따라 산지형과 도랑형으로 나뉜다. 이와 같이 절벽식 토굴집은 지형에 따라 지어지기 때문에 대부분 곡선 또는 파선(波線) 형태로 밀집되어 있다. 따라서 토굴집과 지형이 조화롭게 공존하여 인간과 자연의 조화라는 건축적 개념을 구현한다. 또한 황토의 직립성으로 산비탈이나 절벽의 높이가 충분하다면 위아래 순서대로 여러 층의 토굴집을 만들 수 있으며, 외형상 평야 지역의 건물과 매우 비슷하다

세 번째 유형은 침하식으로, 지하에 지어진 토굴집이다. 이러한 유형의 토굴집도 자연 환경의 제약에 따른 것으로, 황토고원에서 더 일반적인 형태이다. 황토고원의 토굴집은 작은 평야와 비슷하며, 산비탈과 절벽이 없다. 지하 토굴집은 말 그대로 지을 때 아래쪽으로 굴착해야 한다. 구체적으로 건축 면적을 정한 다음 구덩이를 파서 마당을 만들고, 파낸 네 벽의 굴을 파서 토굴집을 만든다. 여기에서 네 벽의 굴, 즉 '사합원(四合院)'은 마당을 따라 전체적으로 내려앉은 것처럼 보이기 때문에 침하식 토굴

집을 '지하사합원(地下四合院)'이라고도 한다(楊子奇, 2013: 82). 이러한 유형의 토굴집은 어느 정도 은폐되어 있으며, 평지에서 보면 집은 보이지 않고 마당에서 자라는 나뭇가지만 보이는 것도 독특한 지역 특색이다.

황토고원의 기후는 건조하고, 비가 적게 오며, 겨울에는 추워서 나무가 잘 자라지 않는다. 이러한 자연환경은 겨울에 따뜻하고, 여름에는 시원하며, 에너지를 절약할 수 있어 경제적이고 목재가 필요하지 않다는 특성을 지닌 토굴집이 발전하고 지속할 수 있는 기회가 되었다. 또한 가뭄과 우박 재해에 매우 취약한 산시성의 기후 조건도 토굴집을 짓는 계기가 되었다. 황토는 직립성이 강하고 토양 입자가 촘촘하여 투수성이 좋지 않아 토굴집의 안정성과 타당성을 보장한다. 그리고 세 가지 유형의 토굴집은 근로자들이 서로 다른 환경과 지형에 따라 지역 풍토와 지역적 조건을 통합하여 현지의 상황에 적응해 낸 산물이다.

산시성의 토굴집은 곳곳에서 인간과 자연의 긍정적인 발전을 보여준다. 토굴집을 짓는 데 사용하는 재료는 모두 간단하고 쉽게 구할 수 있는 천연자원이다. 또한 건설도 편리하고 비용도 저렴하면서 생태 환경에 피해를 주지 않는다. 그리고 토굴집은 평지와는 달리 대부분 안쪽으로 굴착되어 지형을 훼손하지 않으며, 지하 공간을 개발하여 토지 이용 효율을 높였다. 이러한 방식은 연약한 지역 식생을 파괴하지 않고도 토지 자원을 종합적으로 활용할 수 있다.

토굴집은 대부분 지표면이나 지하에 숨겨져 있어 좋은 황토는 열 축적과 내부 및 외부 공기의 원활한 순환을 보장한다. 토굴집은 추운 겨울에 땅에 축적된 풍부한 지하의 열에너지로 겨울에는 따뜻하고, 여름에는 시원하여 지역 주민들에게 여름과 겨울을 나기에 좋은 장소이다. 이상의 내용을 종합하면 토굴집의 생태적 건축 원칙과 자연에너지 절약 건축의 개념은 현대에 들어서도 극찬할 만하다(宦燁晨, 2016: 65).

8.3.2. 전지(剪紙)와 강위즈화(炕圍子畫)

토굴집은 산시성 북부 사람들의 삶의 모든 측면을 관통한다. 그리고 지역적 특성이 있는 많은 토굴집 문화가 발전하였는데, 그중 전지(剪紙, 종이를 오려 모양이나 형상을 만드는 중국의 전통 종이 공예)가 널리 알려져 있다. 전지는 단순한 형태이지만, 내용이 살아 숨 쉬는 듯 생생하여 보는 이들의 감탄을 자아낸다. 전지는 산시성 북부 사람들의 생활 곳곳에서 볼 수 있으며, 사용하는 곳에 따라 '요정화(窯頂花, 천장을 장식하는 전지)', '강비화(炕壁花, 온돌방의 벽을 장식하는 전지)', '창화(窓花, 창을 장식하는 전지)', '신감전지(神龕剪紙, 신을 모시는 곳을 장식하는 전지)', '혼상전지(婚喪剪紙, 관혼상례에 사용하는 전지)' 등으로 나뉜다. 전지는 형태가 다양하며 대부분 종이를 접는 것에서 시작하는데, '도안화(團花, 원형 형태의 전지)', '관화(串花, 하나의 형상이 일직선으로 중복된 형태의 전지)', '두이화(對花, 하나의 형상이 좌우 대칭을 이루어 중복된 형태의 전지)', '미화(彌花)', '산화(散花)', '도이화(堆花)' 등으로 나눌 수 있다. 이와 같이 다양한 종류의 전지를 조합하여 여러 장소에서 사용할 수 있으며, 전지는 사람들의 삶에 색채를 불어넣고, 단조로운 황토 환경을 유쾌하고 밝은 색으로 꾸며준다고 할 수 있다.

전지의 형태는 단순하지만 황토고원 사람들의 미학과 예술적 표현이 깃들어 있다. 전지의 전체적인 외형적 구도는 한나라의 석조 초상화와 같이 오묘하고 훌륭하다. 전지의 모양은 대부분 생활 소재를 기반으로 생생한 디테일과 일부 특징의 과장된 표현으로 충만하고 부드러운 느낌을 준다. 선은 대부분 직선이며, 사이에 곡선이 있어 상징성이 강하다. 이와 같이 단순하면서도 직접적인 형태와 구성은 산시 북부 사람들의 호방함을 충실히 반영한다.

전지는 옛 사람들의 단조로운 생활을 조절하고, 주거 환경을 개선하는 수단이었다. 그러나 전지는 이후 산업화와 도시화에 밀려 점차 사람들의 시야에서 사라져갔다. 오늘날 지방 정부에서는 전지가 중화민족의 귀중한 무형문화유산임을 깨닫고 점차 전지 문화를 널리 알리고 부흥시키기 시작하였다. 또한 정부에서는 전지 협회를 만들어 민속 예술인과 연계하여 새로운 시대에 맞는 주제를 디자인하기 위하여 전지의 내용을 바꾸었다. 이에 따라 거의 몰락한 전지 문화가 되살아났다. 그리고 끊임없이 발전하는 인터넷과 미디어 산업은 전지 시장의 발전에 도움을 주어 산시 북부 지역의 전지 예술을 해외로, 세계로 진출하도록 하였다.

한편 또다른 대표적인 토굴집 문화는 강위즈화(炕圍子畵, 온돌방의 벽에 그린 그림)이다. 실내벽화는 말 그대로 온돌방 주위의 벽에 그린 장식용 그림으로, 오늘날의 벽지와 유사하다. 강위즈화는 일반적으로 노란색, 하늘색 또는 연녹색을 바탕으로 삼는다. 그리고 그림 바깥 부분에 테두리를 그리고, 테두리 안에는 균일한 간격으로 칸을 비워 놓는다. 칸 안에는 꽃, 새, 물고기, 곤충, 풍경, 인물 등을 그리는데, 이들 그림은 길하고 평안하기를 바라는 의미를 지닌다.

강위즈화의 출발점은 실용성이다. 강위즈화는 침구와 가마벽의 직접적인 접촉을 피하여 침구와 온돌 바닥을 깨끗하게 유지할 수 있다. 그리고 강위즈화의 생생한 문양은 황토의 단조로운 색감을 완화하여 토굴집의 실내 환경을 아름답게 꾸밀 수 있다. 또한 상서로운 그림은 더 나은 미래 생활에 대한 기대를 담고 있을 뿐만 아니라 액을 막고 재난을 피하여 가정을 보호하는 부적이기도 하다. 또한 강위즈화는 벽에 직접 그림을 그리는 것부터 종이와 천 재질의 벽지에 이르기까지 다양한 형태로 발전해 왔다.

오늘날 산시 북부 사람들이 설을 앞두고 토굴집 청소를 마친 뒤 강위즈화를 새것으로 교체하는 것은 묵은 것을 없애고 새로운 것을 들이는 것을 상징한다. 토굴집을 새로 짓거나 구들장을 새로 고칠 때 강위즈화를 다시 그려 새로운 삶의 시작을 표현한다. 신혼집도 온돌을 새로 단장할 때 부부의 화합과 득남을 상징하는 길한 문양으로 꾸미는 경우가 많다. 이와 같이 강위즈화는 사람들의 생활과 가장 밀접한 관련이 있는 토굴집 문화라 할 수 있다.

온돌 하면 가장 먼저 떠오르는 곳이 둥베이(東北) 지방이다. 사실 온돌은 북부 지방에서 매우 필요한 생활 시설로, 흔히 볼 수 있다. 산시의 토굴집에도 당연히 온돌이 빠지지 않는다. 온돌은 흙으로 쌓아서 흙 구들이라고도 하는데, 열을 내는 기능과 함께 침대의 역할을 하였다. 흙 구들은 주로 창가 옆에 지어지는데, 세 면이 벽에 붙어 있는 경우가 많았으며, 남향으로 앉아 있는 가옥은 동서향으로 하는 경우가 대부분이었다.

온돌은 일반 가정의 침대보다 넓어 단순히 침대뿐 아니라 거실의 역할도 한다. 구들장은 속이 텅 비어 있는데, 연도(煙道), 즉 연기가 빠지는 통로를 굽이지고 고르게 분포되도록 만든다. 연도는 서로 연결되어 있는데, 한쪽 끝은 바깥채의 부뚜막에 연결되어 있어 아랫목이라 한다. 다른 쪽 끝은 굴뚝과 직접 연결되어 있으며, 이 끝을 윗목이라고 한다. 겨울철에는 밥을 지을 때 장작의 열에 의존하여 굴곡진 연도를 통해 온돌을 데울 수 있으며, 여름철에는 아랫목을 막으면 된다.

산시성 북부의 겨울은 추우며, 낮이 짧고 밤이 길다. 이러한 겨울에 아궁이에 장작을 때고 연기가 아랫목으로 들어가 연도를 굽이굽이 천천히 지나간다. 그리고 아랫목 끝에서 윗목으로 들어가 구들장을 데우고, 큼직한 온돌에서 세차게 부는 찬바람과 칠흑 같은 밤에도 온 가족이 편안하게 잠을 잘 수 있다. 구들장은 산시성 북부의 가정에서는 없어서는 안 될 필수품이다. 또한 구들장은 산시성 북부의 감성이 충만하게 담겨 있어 대대로 산시성 북부와 그 마음을 따뜻하게 덥혀왔다.

8.3.3. 토굴집과 산문

문화 현상으로서 토굴집 문화는 산시 사람들의 노력과 지혜의 정수이다. 오랫동안 산시성의 땅에서는 지역 주민을 위한 풍부한 곡물을 생산했을 뿐만 아니라 황토고원의 척박한 환경에서 많은 문인과 학자를 양성해왔다. 이들 문인과 학자는 황토고원의 혈통으로서 스스로 정신적 보금자리를 지키며, 이 땅의 알려지지 않은 이야기를 세상에 들려준다. 토굴집은 산시 북부 사람들에게 끝없는 향수와 추억이라는, 지역 주거 문화의 본보기 이상의 의미를 부여한다. 작가들이 토굴집을 작품의 소재로 사용하면서 많은 독자가 토굴집 문화에 대해 알고 싶어 한다.

산시 출신 작가 치옌쿤(齊延琨)은 1960년대 말 시골로 내려온 지식인 청년이 토굴집에서 보고 들은 내용을 담은 산문 <토굴집 기록(窯洞記事)>을 쓴 적이 있다.

> 황토고원의 외딴 마을에는 흙벽으로 된 세 개의 구멍이 있는 토굴집으로 둘러싸인 안뜰이 있다. 여기에서 동굴은 나와 밤낮을 함께하며 다섯 번의 봄과 가을을 보냈다. 토굴집은 그 지역에서 재료를 채취하여 견고하게 지어져 황토고원의 대다수의 시골 마

을에 널리 퍼져 있다. 그 모양은 마치 큰 다리에 줄지어 있는 구멍처럼 높이 솟은 아치형으로 되어 있고 꼭대기가 치켜 올라가 있어 눌려 있는 것 같지만, 사실은 튼튼하고 강하다. 산시 북부의 토굴집은 겨울에 따뜻하고 여름에 시원하여 토굴집에 살면 따뜻하고 상쾌하다.

초행길이라 우리는 여자 셋, 남자 둘이서 한솥밥을 먹으며 삯도 함께 벌었다. 토굴집에 사는 동안 모두가 평온했다. 정세의 발달과 정치 환경의 변화, 지식인 청년 남녀의 연령 증가 등 많은 요인에 따라 우리 지식인 청년이 대열에 들어[17] 정착하는 양상이 점차 '부족'에서 '가족'으로 분화되고 있었다.

작가 둥샤오충(董曉瓊) 또한 <토굴집(窯洞)>이라는 산문을 썼는데, 행간마다 토굴집에 대한 애정이 묻어난다. 둥샤오충 작품에서 토굴집은 이미 현지 사람들의 생활과 불가분의 관계가 되어 현지의 민속 교과서 같은 존재가 되었다. 해당 작품에서는 토굴집을 둘러보고 느낀 점을 회상하고 있다.

바람이 불고, 나뭇잎과 수풀이 바람에 바스락거린다. 이때 자연언어에도 아마 토굴집이라는 말이 있을 것이라 생각한다. 여름밤이면 길거리에 앉아 일상생활을 하던 시절처럼 옛 마을의 변화함을 이야기하다가 해가 뜨면 일터로 나간다. 해 질 무렵이 되면 동네 골목에 드나드는 마을 사람들이 미소 지으며 인사한다. 농가 마당 앞에서 어르신들은 잡담을 나누며 한가롭게 바느질을 하고

17 문화 대혁명 기간 중에 인민 공사(人民公社)의 생산대(生産隊)에 들어가 노동에 종사하거나 혹은 그곳에 정착해서 사는 것을 일컬음.

있었고, 아이들은 그 주변을 에워싸며 뛰어놀고 있었다. 해가 지면 석양과 함께 사람들은 괭이를 메고, 소를 끌고, 양떼를 몰면서 느릿한 걸음으로 집에 돌아오면 아침 햇살이나 저녁노을 속에 토굴집마다 밥 짓는 연기가 피어올랐지만, 지금은 이 모든 것이 추억이 되었다. 어쩌면 그 토굴집들은 시골에 대한 걱정, 농업에 대한 걱정, 나아가 미래에 대한 걱정을 하소연하고 있는지도 모른다.

한편 작가 허징지(賀敬之)는 한때 시 <옌안으로 돌아가다(回延安)>에서 산시 북부의 '신천유(信天遊)'[18] 형식으로 10년 만에 옌안으로 돌아왔을 때의 기쁨을 표현하였다. 이 작품에도 산시의 토굴집에 관한 내용이 있다.

쌀로 빚은 술, 기름에 튀긴 빵과 숯불과 함께[19]
아랫목에 빙 둘러앉는다.
아늑한 토굴집에 바람 하나 들어오지 않는데,
토굴집 위로 누군가 지나가는 소리가 들린다.
할아버지께서 문을 열고 숨을 가쁘게 몰아쉬며 들어오신다.

---

18 중국 산베이 민가(陝北民歌) 곡조의 일종. '산가(山歌)'의 총칭으로 일반적으로 2구(句)를 1단(段)으로 하는데, 짧은 것은 1단뿐이고 긴 것은 수십 단이 이어지며, 같은 곡조를 반복하여 노래 부를 수 있고 반복할 때에는 곡조가 바뀌기도 한다.

19 米酒油饃木炭火
團團圍定炕頭坐
滿窯裏圍的不透風
腦畔上還響著腳步聲
老爺爺進門氣喘得緊
我夢見雞毛信來
可真見親人親人見了親人面
雙眼的眼淚眼眶裏轉
保衛延安你們費了心
白頭發添了幾根根

꿈에서 닭 깃털이 달린 편지(雞毛信)[20]를 보았는데,
정말로 가족을 보게 되는구나.
가족들은 서로의 얼굴을 바라보며
기쁨의 눈물이 두 눈가에 어른거린다.
옌안을 사수하느라 힘 드셨지요.
백발이 듬성듬성 나셨군요.

토굴집 문화도 항상 '열사', '붉은색', '혁명' 등의 내용과 연관되어 있는데, <회연안>이 좋은 예이다. 작가 지앙안(薑安)은 44만 자에 달하는 보고문학인 '《37공의 토굴집과 붉은 중국(三十七孔窯洞與紅色中國)》'이라는 작품을 썼는데, 이와 같이 혁명 시대를 표현한 토굴집은 중국 공산당에 바람과 비를 막을 수 있는 공간이 되어줌으로써 위대한 옌안 정신을 키웠다. 오죽하면 "산시 북부의 토굴집도 마르크스주의다."라는 말이 나왔겠는가?

8.3.4. 《대진제국(大秦帝國)》

《대진제국(大秦帝國)》시리즈는 손하오후이(孫皓暉) 작가가 지은 동명의 소설을 원작으로 한 장편 사극으로, 《대진제국의 분열(大秦帝國之裂變)》, 《대진제국의 종횡(大秦帝國之縱橫)》, 《대진제국의 부흥(大秦帝國之崛起)》등 총 3부가 방영되었다. 이 TV 드라마 시리즈는 제후들의 분쟁 속에서 진나라가 약국(弱國)에서 강국(強國)으로 발돋움하여 천하를 통일하기 위해 여섯 국가를 종횡무진하며 패권을 놓고 다투면서 천하를 통일하는 역사적 배경을 그린 드라마이다. 해당 작품에서는 진나라의 흥망성쇠는 물론 몰락

---

20 겉봉에 붙인 닭깃털의 숫자로 긴급한 정도를 표시한다.

도 보여주며, 전국시대 호걸들의 웅장한 모습을 진나라의 시선에서 그려냈다.

진나라는 서부의 작은 나라에서 점차 통일된 중앙집권제국으로 발전한 원인은 지리적 환경과 자연재해가 결정적이었다. 진나라는 서북부에 위치하여 위도가 높고 기온 차가 크며, 서부의 소수민족과의 잦은 전투로 진나라 병사들은 일반적으로 체격이 크고 용맹하다. 진나라 군대는 용맹하기로 유명하여 '호랑이 사단'으로 불리며, 진나라가 여섯 국가를 통일하는 전쟁에서 대체 불가능한 역할을 하였다.

진나라의 민족은 복잡한 편인데, 주로 순혈 진족 외에 그 영향을 받아 항복한 주변 소수민족과 진나라에 흩어져 있던 중원민족이 있다. 그 외에도 진족과 소수민족 또는 중원민족, 중원민족과 소수민족의 혼혈 후손도 진나라 인구를 구성하는 중요한 민족이다. 전쟁이 잦은 탓에 진나라는 출산을 장려하였는데, 중원 지역의 강한 배타성과 '화이(華夷)의 구분'이라는 편견과 달리 진나라는 소수민족을 포용하는 마음으로 대하였다. 소수민족의 재능을 중용하는 것 외에도 소수민족과 주류민족 간 혼인을 허용하고, 그 자녀에게도 합법적으로 친족으로서의 신분을 인정하였다. 상앙(商鞅)의 변법(變法) 개혁 이후 진나라 사람들은 모두 병사(兵士)가 되고, 인구가 끊임없이 증가하였다. 또한 인구의 질적 수준도 높아졌으며, 군사력도 강한 나라가 되었다.

진나라는 황토고원에 위치하고 있어 조건이나 환경이 복잡하고 열악하다. 방위상으로 북서부 변방이라는 점에서 소수민족 지역과 맞닿아 있기 때문에 전쟁이 자주 일어났다. 소수민족은 전쟁에서 기병을 자주 사용하여 승리를 거두었는데, 진나라 사람들은 이러한 적의 장점을 적극적으로 배워 통일 과정에서 백전백승하였다. 따라서 진나라 사람들은 말을 기르는 오랜 역사를 지니고 있다.

진나라의 조상들에 따르면 "순임금을 도와 새와 짐승을 길들였는데 대부분이 길들여져 잘 따르니 이 사람이 바로 백예(柏翳)이다. 이에 순임금은 백예에게 영(嬴)씨 성을 하사하였다."라고 할 정도로 진나라 사람들은 말을 잘 길렀다. 그 이유는 진나라 사람들이 오랫동안 살았던 곳과 밀접한 관련이 있다. 말을 사육하려면 넓은 목초지와 양질의 사료가 필요한데, 이러한 관점에서 볼 때 진나라 영토의 대부분이 황토고원에 위치하였기 때문에 농업과 목축에 적합한 곳이라는 독특한 이점이 있다. 일찍이 진나라의 부흥을 이끌었던 견구(犬丘) 지역은 지금의 간쑤성 티엔수이(天水) 지역으로, 광활한 목초지와 풍부한 수자원, 좋은 풀이 자라는 곳으로 가축을 기르는 데 천혜의 장점이 있다.

또한 소수민족과의 빈번한 교류로 진나라 사람들의 언어 체계도 매우 독특한데, 이는 전쟁으로 형성된 독특한 문화라 할 수 있다. 진나라의 서북 방언 지역은 억양이 지역에 따라 변하는데, 발음은 무겁고 짧고 낮은 편이다. 이와 같은 역사와 문화의 축적으로 관롱(關隴) 일부 방언에서는 '맛이 없다(沒有味道)'는 '寡淡(guǎdàn)', '밥을 먹다(吃飯)'는 '嗟(jiē)', '말하다(說話)'는 '言傳(yánchuán)', '적당하다(合適)'는 '諂(chǎn)', '시간을 내다(抽時間)'는 '刁空(diāokōng)' 등으로 표현한다. 또한 관롱 방언 어휘 중에는 '가뭄(天旱)'은 '天幹(tiāngān)', '그저께(前天)'는 '前個(qiángè)', '어제(昨天)'는 '夜個兒(yèger)', '오늘(今天)'은 '今個兒(jīnger)', '내일(明天)'은 '明兒(míngr)', '모레(後天)'는 '後兒(hòur)'로 말하는 등 특이한 어휘가 많다.

한 지역의 풍토는 그 지역 사람들을 자라게 하며, 한 방언은 그 방언을 사용하는 사람들의 성격을 드러낸다. 이러한 언어 체계에서 순박하고 정직하며, 열정적이고 충직한 관롱 지역 사람들의 성격이 형성되었다. 또한 진시황릉의 병마용을 보면 고대 진나라 사람들의 신체가 건장함을 알 수 있다. 병마용은 '국(國)'자형 얼굴이 일반적이어서 천년 전 진나라 사람들의 순박함과 온후함, 호방함과 올곧음을 느낄 수 있다. 진나라 사람들은 보수적이고, 평범함에 만족하며, 관대하지만 집요하다. 진나라 사람들은 운명에 맡기며 살아가는 데 익숙하여 영지에서 돈을 벌지 않으며, 밭 한 마지기에만 의지하여 살았다. 잦은 전쟁이 진나라 사람들을 경직되고 엄숙하게 만들었는지 진나라 사람들은 혁신에 대한 의지가 결여되어 있었다. 상앙이 변법 개혁을 하던 때 나무를 옮긴 사람들에게 거액의 보상을 했지만, 아무도 이주하지 않은 것도 그 때문이라 할 수 있다.

8.3.5. 진강(秦腔)

'진강(秦腔)'은 황토고원에서 유래된 중국의 민속 예술이다. 진강은 일상생활 또는 일을 하면서 내는 추임새인 '喂(wèi)', '誤(wù)', '喲(yo)' 등에서 따온 것으로, 단조롭고 억압받는 삶의 해방구였다. 이와 관련하여 앞의 소리들은 우렁차고 먼 곳에서도 분명하게 들리는 특징을 진강 예술에 부여한다. 또한 반복적인 비흥(比興)[21]은 구마다 긴 '타강(拖腔)'[22]과 지역 방언으로 가득하다. 이와 같이 진강은 순박한 고원 사람들이 혹독한 더위와 추위 속의 고단한 생활에 허덕이면서도 특유의 강인하고 활달한 모습을 보여주고 있다.

진강이 언제, 어디에서 시작되었는지는 아직 명확하게 밝혀지지는

21 중국 고전 시가의 창작 수법으로 '비'는 A로써 B를 비유하고, '흥'은 먼저 다른 사물을 노래하여 어떤 분위기를 띄워서 읊고자 하는 바를 이끌어내는 것을 말함.
22 중국 전통 희곡의 창사(唱詞) 중에 어느 한 글자를 길게 발음하는 것을 말함.

않았지만, 학계에서는 다음과 같은 견해를 제시하고 있다.

진대설(秦代說): 이 설에 의하면 진강은 진나라 시대에 유래되었다. 진강의 노랫가락은 격앙되고 기개가 있어 연조(燕趙)[23]의 강개한 비가(悲歌)의 여운이 남는다. 초기의 진강은 이를 모태로 삼고, 역사 속에서 독자적인 특징을 형성하면서 진강으로 발전하였다는 설이다.

당대설(唐代說): 진강의 판식(板式)[24] 구조가 당나라 시대의 곡과 매우 유사하다는 점에서 비롯된 설이다. 이 설에 따르면 당대 중기에 '안사의 난(安史之亂)'이라는 재난을 겪은 후 많은 궁중 예술인들이 민간을 떠돌며 민요의 발전을 더욱 촉진시켰다고 한다. 이에 따라 곡, 변문(變文)[25] 등의 설창 예술이 당시 도읍인 장안에 뿌리를 내렸고, 장안의 음악 또한 자연히 당시 사회의 주류 음악 형식을 대표하였다고 한다.

명대설(明代說): 이 설은 진강이 서부의 진강에서 변화한 것이라 보는 견해이다. 서부의 진강은 저우즈(周至)현의 '주지강'과 리취안(禮泉)현의 '예천강', 민요, 도창(道唱), 불가(佛歌), 소곡(小曲), 양가잡희(秧歌雜戲)[26] 등의 희곡 형식을 종합, 발전하여 변화한 것이라고 본다.

---

23 중국 전국 시대의 연나라와 조나라를 아울러 이르던 말로, 현재의 허베이성(河北省) 북부와 산시성(山西省) 서부 지역을 가리킨다.

24 중국 전통극 노래 곡조의 절박(節拍) 형식. 경극(京劇) 중의 '慢板 · 快板 · 二六 · 流水' 따위를 가리킨다.

25 당대(唐代) 설창 문학(說唱文學)의 일종으로, 산문과 운문을 섞어 불경 고사, 민간 전설, 역사 고사 등을 기술한 것이다.

26 양가와 잡희를 아울러 이르는 말. 양가는 중국 북방의 농촌 지역에서 널리 유행하는 민간 가무의 일종으로, 징이나 북으로 반주하며 어떤 지방에서는 일정한 줄거리를 연출

위와 같이 진강의 기원에 대해서는 학계마다 의견이 다르다는 것을 알 수 있다. 결국 진강은 진나라 때 형성되고, 한나라 시대에 발전하였으며, 당나라 시대에 성행하고 원나라에 들어 완성되었으며, 명나라 때 성숙기에 접어들었다가 청나라 시대에 널리 보급되는 등 여러 차례 변형을 거친 오래된 극이자 중국 희곡의 원조라고 할 수 있다. 오늘날에 일컬어지는 진강은 역사적으로 전진강(前秦腔)과 후진강(後秦腔)으로 나뉜다. 전진강은 1780년 사서(史書)에서 발견한 진강을, 후진강은 1807년경 장안극원(長安劇苑)에 나타난 진강을 이른다.

전진강은 현재 산시성 남부 쯔양(紫陽)현 하오핑(蒿坪) 하천 일대에서 유래한 것으로, 한강(漢江) 유역의 토종 산가(山歌), 민요, 속요를 종합하여 이루어졌다. 발음은 주로 한중(漢中) 방언으로, 이웃한 후베이성의 한극(漢劇, 후베이성을 중심으로 한 중국 전통극)과 유사하다. 전진강은 노랫가락의 높낮이의 기복이 심하고, 리듬을 중시하여 가락의 경중(輕重)과 완급(緩急)을 구분할 수 있다. 전진강의 가창자는 발음이 정확하고 바르며, 가락은 모난 데가 없다. 이와 같이 가창자는 맑고 정확하며 완벽한 어조와 곡조를 위해 노력한다. 전진강의 반주는 호금을 중심으로 방자(梆子)[27]를 곁들여 곡을 더욱 강하면서도 부드러운 멋을 잃지 않도록 만든다.

전진강의 발원지인 쯔양현은 지금의 산시성 남부에 있으며, 이웃한 쓰촨성과 지리적 특성과 기후가 비슷하다. 또한 한강 상류에 있는 쯔양현은 남쪽에는 다바산(大巴山)과 인접하여 산맥이 종횡으로 뻗어 있으며, 산

하기도 한다. 잡희는 갖가지 곡예, 잡악(雜樂), 가무극, 꼭두각시 등을 포함하는 중국 고대의 오락예술이다.

27 길이가 서로 다른 두 개의 대추나무 토막으로 만든 타악기의 일종으로 '梆子腔'의 반주에 쓰인다.

과 계곡이 혼재되어 있어 기후가 습하지만 따뜻하고 쾌적하다. 이와 같이 충분한 습도와 산과 물이 깨끗한 환경은 산시성 남부 사람들의 피부를 희고 아름답게 만든다. 특히 이 지역의 여자들은 피부가 희고 몸가짐이 단아하고 아름다우며, 목소리는 청아하고 부드럽다. 한편 남자들은 문장이 수려하고 온화하며 우아하다. 쯔양현 사람들은 자연의 은혜를 목소리로 표현하여 전진강은 그윽하고 우아한 가락, 부드러운 말투, 생생한 표현 등의 특징을 지니게 되었다.

현대식 진강이라고도 일컫는 후진강의 기원은 오늘날 산시성 관중·동부의 다리(大荔)현을 중심으로 수십 개의 현을 포함한다. 전진강과 달리 후진강의 노랫가락은 높고 우렁차며, 음역이 넓고 목소리가 크다. 또한 가락의 변화가 다양하고, 둔탁하지만 깊으며, 비장하면서도 거칠다. 특히 화검(花臉, 중국 전통극에서 얼굴을 알록달록하게 분장한 배역)의 노래는 목청을 돋우어 큰소리로 외치듯이 부르는 것이 특징이다. 해당 지역 사람들은 이를 두고 "머리 깨느라 애쓴다(掙破頭)."라고 말한다. 연주에 사용되는 악기는 방자였으나, 전진강과는 재질이 달라 그 소리가 더 단단하면서 강렬하고 속도감이 있다.

전진강과 마찬가지로 후진강의 특징 또한 발원지의 특성과 밀접한 관련이 있다. 후진강의 발원지인 다리현은 산시 관중평원 동부의 가장 넓은 평야 지역에 있으며, 기후가 건조하다. 이는 산시성 남부의 촉촉한 청산녹수와 계곡이 가로지르는 황토고원과 극명한 대조를 이룬다. 따라서 관중 사람은 산시성 남부에 비해 진나라 사람의 기풍이 더 강하다. 해당 지역에서 대중적인 '국(國)'자 모양의 얼굴과 누런 피부색은 병마용의 강직하고 투박한 느낌을 준다. 관중 사람들은 거칠고 직설적이어서 감정을 표현할 때는 감정이 더욱 풍부해짐에 따라 노랫가락이 높고 격렬해지며, 천성에 따라 행동하여 변화무쌍하다. 후진강에는 복잡한 언어 표현이 없는 대신 포효하는 방식으로 감정을 내지르듯이 표현한다. 또한 공연하는 사람들은 언어와 음악으로 표현할 수 없는 감정은 춤으로 보충하는데, 동작이 강렬하고 직설적이면서 거칠어 마치 무술 공연에 가까운 느낌을 준다.

전진강의 부드러움과 섬세함에 비해 후진강의 거칠고 우렁찬 가락은 당나라 이래 흥하였던 관중 지역이 전란과 가뭄 등의 재난으로 쇠락하였기 때문이라고 할 수 있다. 이에 따라 관중 사람들의 심리적 격차가 커지면서 내심 현실에 대한 불만이 생겼지만, 상황을 바꿀 힘이 없어 몇 마디 고함으로 내면의 억압과 분노를 풀어보려 하였을 것이다.

8.3.6. 안사이 요고(安塞腰鼓)

요고(腰鼓)는 산시 북부에서 널리 퍼진 독특한 민속 공연으로, 2,000년 이상의 역사를 지니고 있다. 요고 공연은 향유층이 광범위한데, 산시 북부와 옌안 등지에서 흔한 공연 형식이다. 그중 안사이(安塞)현의 요고의 분위기가 가장 강하여 안사이 요고는 산시 요고 공연의 대표격이 되었다. 문화적 함의를 고려하여 2006년 안사이 요고는 국무원에서 제1호 국가 무형문화유산으로 지정되었다. 안사이 요고의 유래에 대해서는 연구자들마다 견해가 엇갈리고 있으나, 크게 세 가지 설이 있다.

> **전쟁설:** 《산해경》에 따르면 황제와 치우가 전쟁 때 큰 소리를 낼 수 있는 것을 발명했는데, 이를 북이라고 불렀다. 북은 적을 위협할 때 사용되었으며, 강력한 위압감과 억제력을 발산하였다. 안사이현은 변방에 있어 두 부족 또는 국가가 교전하던 곳으로, 역

사적으로 전쟁이 잦았다. 따라서 전쟁이 일어날 때 병사들끼리 대화를 주고받으며 단결하여 적을 무찌르기 위하여 병사마다 정보 전달 수단으로 북을 매야 했다고 전해진다.

노동설: 원시시대 농업 생산에 종사하는 근로자들은 밭에서 모내기를 할 수 있는 노동요와 춤, 즉 대부분 허리를 구부리며 걷는 동작과 함께 서서히 양가(秧歌)로 발전하는 양상을 보였다. 이를 통해 양가가 농경 생활에서 유래되었음을 알 수 있다. 이와 같이 허리춤에 매는 요고의 연주도 양가의 다른 형태로 변모하였다. 따라서 현재 안사이 요고 또한 농업 노동에서 비롯되었다고 할 수 있다.

무의설(巫醫說): 옛날에 안사이현은 국경 지대, 즉 변방에 위치하여 교통이 매우 불편하였다. 따라서 의사소통이 원활하지 않아 문화수준도 낙후되었으며, 미지의 재난이 닥치면 속수무책이었다. 여러 가지 전통적인 방법으로도 문제를 해결할 수 없을 때, 안사이현의 사람들은 보이지 않고 만질 수도 없는 전설 속의 신에게 희망을 걸기 시작하였다. 그때 역병이 창궐하였는데, 사람들은 요괴들이 훼방을 놓아 백성들에게 해코지를 했다고 여겼다. 그리고 이들 요괴는 붉은색과 우렁찬 소리를 극도로 두려워한다는 소문이 돌았다. 따라서 사람들은 큰 소리를 내면서 들고 다닐 수 있는 것을 만들어내면서 북이 탄생하게 되었다. 사람들은 북을 허리춤에 매달고 붉은 비단을 길게 매어 사람을 병들게 하는 요괴들을 쫓았다. 이것이 점차 발전하여 오늘날에 이르러 장구로 신령에게 제를 지내고 요괴를 쫓아내는 등 평안을 도모하는 풍습으로 발전하였다. 때로는 요고를 이용하여 비와 풍년을 기원하기도 하였다.

안사이현 사람들은 대부분 전쟁설에 무게를 두고 있다. 안사이현이 변방에 있어 전쟁이 불가피하였기 때문에 요고와 같은 장비의 사용 또한 피할 수 없었다. 시간이 지난 후에야 안사이 요고는 병사들이 전쟁터에서 정보를 전달하는 수단에서 점차 춤과 오락 또는 체력 단련을 위하여 과거 전쟁 시절의 다양한 동작을 모방한 공연의 형태로 발전하였다.

안사이 요고도 점차 일상적인 제례의 도구로 전승되어 긴 생명력을 지니고 있다. 이러한 환경의 영향으로 산시 북부 사람들은 강인하고 소박하지만 호방하고 굴하지 않는 성격을 형성하였다. 또한 안사이 요고의 가장 큰 특징은 강한 지역색인데, 안사이 요고의 발전은 그 안에 담긴 신앙과 문화적 축적 및 민속 풍습과 같은 요인에 따라 촉진된 것 외에도 황토고원의 지리적 위치와 환경 아래 배양된 것이 더 크다고 할 수 있다. 황토고원은 안사이 요고 문화의 산실이며, 황토고원의 기질을 이어받은 안사이 요고는 황토고원의 생기 있는 풍경이 될 것이다.

요약

산시의 역사를 종합하면, 험난한 자연환경과 빈번한 자연재해, 열악한 지리적 환경으로 독특한 지역 문화를 형성하였다. 산시 사람들은 이러한 객관적인 조건에 적응하는 과정에서 가장 기본적인 생존을 유지하였을 뿐만 아니라 분식 문화, 토굴집 문화 등 다양한 지역 특성을 발전시켰다. 산시의 자연환경은 산시 사람에게 대담함과 호방함을 형성케 하였고, 산시 사람들의 분방함과 활달함은 사람들의 무한한 지혜와 더 나은 삶에 대한 추구를 보여준다. 산시의 재난은 사람들에게 고통을 안겨주었지만, 동시에 분발하려는 의지를 불러일으키기도 하였다. 이상과 같은 산시성의 재난문화에 대한 해석을 통하여 중국 역사의 긴 흐름 속 중국 재난문화의 변화와 발전상을 더 잘 이해할 수 있을 것이다.

楊志娟(2008),「근대 시베이 지역 자연재해 특징 및 규칙에 관한 기초 연구: 자연재해 및 근대 시베이 사회 연구 가운데 하나」,『시베이민족대학학보(철학사회과학판)』 4, pp.34-41.

王穎(2007),「자연재해 및 지역 민생: 1923-1932년 산베이(陝北) 지역을 중심으로」, 산시사범대학 석사학위논문.

賈德義(1990),『이인대』, 베이악문예출판사.

徐黎麗(2010),『주서구: 한족 이주 시베이 변방 및 문화 변천 연구』, 민족출판사.

李紅梅(2008),「이인대 심미 스타일에 대한 연구」,『희곡연구』 2, pp.315-338.

姚勤智(2004),「산시성 분식 문화의 원인, 특징 및 음식풍습」,『산시사대학보』 1, pp.86-89.

王進雲(2011),「문화 산업의 시각으로 본 산시성 분식 산업의 역사 현황 및 대책」,『장지학원학보』 4, pp.23-25.

郭亞瓊 · 孫虎(2009),「산시성 분식 관광여행상품 발전에 대한 논의」,『장지학원학보』 3, pp.3-7.

張恒(2007),「소설『백녹원』음식풍습의 문화적 함의」,『현대어문(문학연구)』 7, pp.49-50.

高上(2017),「소설『백녹원』비평 및 분석」,『산문백가』 6, pp.2-3.

楊子奇(2013),「절벽식 토굴집의 원시형태적인 사상관」,『미술계』 3, p.82.

宦燁晨(2016),「전통 토굴집 복구 및 보호」,『중국 녹색 화보』 3, p.65.

제9장

표리산하(表裏山河)

'표리산하'는 산시(山西)의 독특한 지리적 환경을 가리킨다. 산시의 왼쪽에는 황허가 흐르고, 오른쪽에는 타이항산(太行山)이 있으며, 이들 강과 산은 산시성(山西省) 경내와 서로 인접해 있다. 중국의 지도상 산시의 위치는 마치 북방에서 중원의 핵심지대로 직결되는 팔과 같다. 산시 경내에는 고원과 산지가 주를 이루지만, 지표의 기복이 일정하지 않은 데다가 강줄기가 갈라져 구릉, 고원 및 하곡 분지를 흔히 볼 수 있다. 이 복잡한 지리적 현상은 농경 및 유목이 발전할 수 있는 자연조건이 되었다. 산시 북부와 북방 초원은 직접 연결되어 있어 높은 산과 하천이 가로막지 않아 사이베이(塞北) 초원의 유목민족은 북부에서 남부로 빠르게 이동할 수 있다. 역사적으로 자연환경이 악화되거나 천재와 인재가 동시에 발생할 때마다 산시에 사는 농경 민족은 모두 북방 유목민족의 침입을 걱정해야 하였다. 강남(江南)과 유사하게 산시는 중원과 북부 초원의 교류와 소통의 역할을 담당하였으며, 남방과 북방 간의 민족 무역은 물론 전쟁 시에도 민족과 문화의 교류 및 융합을 가속화하였다. 이러한 역사적 지위는 오늘날 산시를 다민족 융합 발전의 대표적인 사례가 되도록 하였다. 진(晉)나라 문화에는 농경뿐 아니라 사이와이(塞外)[1], 서역(西域) 풍토도 적지 않다. 이러

1 국경 밖이라는 뜻이다.

한 다민족 융합이라는 특징은 산시가 중국에서 독특한 지위를 확립하는 데 큰 역할을 하였다.

산시는 중국 제2단계와 제3단계의 경계에 위치하며[2], 동쪽은 화북평원과 인접해 있고, 경내에는 산지와 구릉이 널리 분포되어 있다. 자연과 사회, 사람들의 불합리한 활동으로 성 전체의 생태 환경이 끊임없이 악화되면서 중국에서 재난이 빈번하게 발생하는 지역으로 손꼽히게 되었다. 산시의 자연재해는 주로 지진, 산사태, 지반 함몰(塌陷), 사막화, 가뭄, 우박, 충해 등이 있는데, 이 가운데 지진 피해가 가장 크다. 이 장에서는 산시 지역의 표호(票號) 문화, 홍동 대홰나무(洪洞大槐樹) 문화, 민요 문화 등 세 가지 측면에서 산시의 재난문화를 자세히 살펴보고자 한다.

9.1. 표호(票號)

산시는 중국의 유구한 역사와 중후한 문화를 자랑하는 곳으로, 중국 문명의 발상 및 발전에서 중요한 지역으로 손꼽힌다. 산시의 지리적 위치는 특수하여 중국의 농경지와 유목지의 경계에 위치해 있다. 농업 민족의 건국과 유목민족의 남하에서도 모두 산시를 핵심으로 여겼다. 예로부터 산시는 병사들이 반드시 쟁탈하려는 곳이었기에 "하동을 얻는 자는 천하를 얻는다(得河東者得天下)."라는 말이 있었다. 산시의 약칭은 '진'이어서 산

---

2 중국의 지형 중 가장 큰 특징은 '서고동저'이다. 지형의 고저에 따라 서쪽부터 제1단계, 제2단계와 제3단계로 나눈다. 제1단계는 '세계 지붕'이라 불리는 '칭짱고원'을 대표로 하는 4000m 이상의 산악지대. 제2단계는 해발 1000~2000m의 지역으로 중국의 4대 고원과 5대 분지들이 모여 있다. 제3단계는 해발 500~1000m의 지역과 3대 평원 지역으로 인구가 많이 집중되어 있고 경제 발전도 높다.

시의 전통문화를 "진문화(晉文化)"라고 한다. 구석기 시대에 산시 지역에서는 이미 인류가 활동하고 있었으며, 신석기 시대의 도사(陶寺)문화는 오늘날 중국 문명의 근원을 탐구하는 유명한 유적(遺址)이다. 진나라 시대에 이르러 산시는 이미 독특한 문화 전통을 형성하였다. 유구한 역사는 산시에 깊은 의미를 부여하여 진나라 문화가 산시성을 중국에서 지역적 특색이 가장 풍부한 지역을 대표하는 곳으로 만들었다. 진문화의 발생은 산시의 독특한 지리적 위치와 복잡한 재난 환경 때문이었다.

9.1.1. 표호의 기원(票號起源)

표호(票號)는 고대 금융 기관의 일종으로 주로 환어음(彙兌)[3] 업무를 담당하였으며, 사람들에게 잘 알려진 고대 전장(錢莊)과는 차이가 있다. 표호는 대부분 진상(晉商)이 설립하고 운영하기 때문에 '산시 표호(山西票號)'라고도 한다. 산시 표호의 출현은 19세기 초로 거슬러 올라가며, 산시성 핑야오현(平遙縣)의 '서유성(西裕成)' 안료포(顏料鋪)의 큰 주인인 뇌복태(雷覆泰)가 어음(彙票)으로 명세서 정산을 시도하였다. 정산을 끝내고 보니 안료(顏料) 가게의 이윤이 크게 증가하여 단순 상품 거래의 이윤보다 훨씬 초과하였다. 이를 보고 서유성의 자본주인 이전시(李箴視)와 뇌복태는 본업인 안료 가게를 그만두고 '일승창(日升昌)'이라는 표호를 만들어 어음교환(彙票兌換)을 전문으로 하였다. '일승창'으로 이전시와 뇌복태는 산시 표호업의 창시자로 간주되었다.

표호의 출현은 경영의 주체인 진상과 불가분의 관계이다. 고대 중국

---

3 은행이나 우체국에서 환으로 송금된 돈을 수취인에게 지급한다는 뜻이다.

의 상업은 지역에 따라 세 파벌로 나뉘는데 첫 번째는 '진상(晉商)', 두 번째는 '휘상(徽商)', 세 번째는 '차오상(潮商)'[4]이며 파벌마다 업계 엘리트가 있었다. 그렇다면 왜 진상의 표호만 번성하였을까? 이는 산시 상인 자체의 특징을 떼어놓고 이야기하기는 힘들다. 산시성은 땅이 좁고 인구가 많으며 가뭄, 홍수, 메뚜기, 서리 등 재해가 자주 발생하여 사람들이 농사에만 노동력을 활용하여 생계를 유지하기란 어려운 일이었다. 따라서 집단으로 밖으로 나가 장사를 하는 것이 산시 사람들의 생계 수단이 되었다. 이후에는 어떤 사람이 부자가 되면 동향 사람을 거느리며 단체를 결성하였다.

청나라 시대까지 진상의 발자취는 전국 각지에 널리 퍼져 있었다. 경제 발전에 따라 상업 경쟁이 끊임없이 심화되었다. 똑똑한 산시 상인들은 하나로 뭉쳐 협력하기 시작하였고, 이를 공식화하여 각종 상업 조직을 구성하기 시작하였다. 그러나 상인들은 장사를 하면서 업무 차 왕래할 때나 자택에 송금을 할 때 대량의 현금 운송이 문제가 되었다. 또한 표국(鏢局)[5]을 이용한 현금 운송은 배송비가 높을 뿐만 아니라 위험도 크고, 현금을 분실하는 일도 많다는 것을 발견하였다. 따라서 일부 산시 상인은 먼저 자신이 잘 아는 상점의 분점에 돈을 맡기고 상점 지배인이 직접 외지의 분점에 연락하여 사람들이 외지에 도착하였을 때 어음으로 분점에서 돈을 찾아가는 방식을 시도하였다. 이와 같이 산시 상인들은 빠르고 편리한 방법으로 현금 운송 문제를 해결하였다. 동시에 진상은 진출한 업종이 넓어 전국 각지에 대량의 지점이 있었으므로, 표호는 자연히 진상에게서 먼

---

4 진상은 산시 지역 상인 집단, 휘상은 안후이 지역 상인, 차오상은 광둥 지역 상인의 별칭이다.

5 표국(鏢局)은 여객 또는 화물을 안전하게 호송하는 일종의 운송 사업이다.

저 생겨났다.

청나라 시대 산시성에 기근이 자주 발생함에 따라 이재민 구제는 표호를 경영하는 상인과 관청의 주된 상호 교류 수단이 되었다. 청나라 선통(宣統) 3년, 링쓰현(靈石縣)의 《쌍천욕촌공적은양비기(雙泉峪村公積銀兩碑記)》에 따르면 "근래 여러 차례 흉년이 들어 마을에 거주하는 사람이 드물었는데, 다행히 몇몇 장사꾼들의 기부로 난관을 극복할 수 있었다. 이제 조금 남은 기부금으로 절도 보수하고, 빈핍[貧困]을 구제하는 데 모두 쓰고 있다."라고 기록하였다.[6] 기부자 명단에는 대부분 상인이나 상점, 합성원(合成元), 원길당(元吉當) 등 50여 개 상단의 이름이 기재되어 있다. 동치(同治) 12년(서기 1873년)에는 청나라 조정의 국고가 바닥나고, 관병들에게 군량과 급료가 지급되지 않았다. 이때 표호 울자호(蔚字號)는 조정에 은 20만 냥을 빌려주어 관은(官銀) 업무를 시작하였다. 청나라 후기의 경제가 부진해지자, 울자호는 조정에서 곡물로 내는 세금을 징수하고, 군비를 지급하는 지정 상호가 되었다. 관은 업무 외에도 표호는 백성들의 고통에 관심을 가지고 흉년에 적극적으로 이재민을 구제하여 지방 관리들의 환영을 받았다. 광서(光緖) 3년(서기 1877년)에 '정무기황(丁戊奇荒)'이 발생했으며, 산시 지역은 가장 큰 피해를 보았다. 즈엉궈취안(曾國荃)은 당시 산시성 순무(巡撫)[7]로 일하고 있었다. 즈엉궈취안은 흉년을 해결하기 위해 성 전체에 공개적으로 모금을 하여 총 12만 냥의 은을 모았고, 그중 울자호 한 곳에서만 만 냥의 은을 기부하였다. 즈엉궈취안은 '낙선호시(樂善好施)'라는 현판을 손수 써 울자호(蔚字號)에 증정하여 감사를 표하였다. 이러한 단기 구

---

6 近來屢值荒旱, 村小人稀, 幸賴二三經商之士持疏募化, 稍有餘存, 補修廟宇, 賑濟貧乏均賴焉。

7 순무(巡撫)는 청대 지방 행정 장관의 다른 이름이다.

제 외에도 진상은 산시성의 흉년에 식량 가격을 안정시켜 장기적인 경제 안정을 실현하였고, 이재민들을 도와 난관을 극복하였다. 또한 직접 곡물을 나눠주고, 유민에게 바람과 비를 피할 곳을 제공하였으며, 이공대진(以工代賑)[8]하거나 곡물을 기부하기도 하였다. 그 외에도 가장 큰 영향을 미치는 것은 '평사평매(平糴平糶)'[9] 제도이다. 평사평매 제도는 일종의 가격보장 수단으로, 곡물 가격을 효과적으로 안정시킴으로써 매점매석(買占賣惜)[10]과 물가 상승을 피할 수 있는 제도이다(李軍 · 李誌芳 · 石濤, 2008).

9.1.2. <교가대원(喬家大院)>

드라마 <교가대원(喬家大院)>은 주로 청나라 함풍(鹹豐) 초년, 산시성 치현(祁縣) 교가보(喬家堡) 교가의 둘째 도련님 교치용(喬致庸)이 교가의 새로운 큰 주인이 되어 거상이 되는 이야기를 담고 있다. 교치용은 차(茶)를 파는 일을 하는데, 장사하면서 끊임없이 은표(銀票)[11]를 바꿔야 하였다. 이에 상술이 뛰어난 교치용은 표호의 잠재력을 발견하였다. 따라서 교치용은 진로를 바꾸어 주변의 반대를 무릅쓰고 베이징으로 가서 표호를 경영하면서 '회통천하, 화통천하(彙通天下, 貨通天下).'[12]의 이념을 내세웠다. 베이징에서 입지를 굳힌 후, 교치용은 또 강남 4성(四省)에 표호를 열었다. 교

---

8 공사를 벌여 실업자를 구제한다는 뜻.

9 '평사평매(平糴平糶)'는 평사와 평매 두 부분으로 나눌 수 있다. '평사'는 정부가 풍년에 곡물을 매입 저장하였다가 흉년에 방출하는 것이다. '평매'는 쌀 가격 조절을 위해 정부가 비축미를 방출하여 판매하는 것이다.

10 매점매석(買占賣惜): 물건값이 오를 것을 예상하고 물건을 많이 사두었다가 값이 오른 뒤 아껴서 파는 일이다.

11 은표(銀票)는 남송 이후, 은행에서 발행한 은태환권(银质换券) 지폐이다.

12 '회통천하, 화통천하(彙通天下, 貨通天下)'는 환전 증표만 있으면 천하의 어디든 상업 유통 사업이 가능하다는 뜻이다.

치용은 관은의 환전 업무를 희망하며 끊임없이 조정과 교류하였다. 사업은 호황을 이루었으나, 그때 교치용은 고발을 당하였다. 당시 태평천국 봉기가 일어나고 있었는데 교치용은 태평군의 시신을 일부 매장하는 데 도움을 주어 투옥되었다. 10여 년 후, 교치용은 태평군이 토벌된 후에야 자유를 되찾았다. 그 후 100년에 한 번도 보기 힘든 기근이 일어나 교치용은 죽을 나눠주는 장소를 제공하여 이재민을 구제하였다. 교치용은 그저 평범하게 표호를 경영해나가며 끊임없이 자본을 축적하였다. 그 후 다시 전란이 일어났는데, 북부 지방에 대한 무력 토벌로 청나라 정부의 국고는 줄곧 적자였다. 좌계고(左季高)는 마침 교치용의 재력을 떠올리며 청나라 정부의 이름으로 교치용에게 돈을 빌려 북벌을 하였다. 막후로 물러난 교치용은 애국심에 불타 흔쾌히 응하였다. 그러나 전쟁이 끝난 후 변제 능력이 없는 청나라 정부는 계략을 써서 교치용에게 빚을 떠넘겼다. 교치용은 베이징으로 건너가 빚을 갚으라고 요구했으나, 또다시 투옥되었다. 이때 교치용이 민중에게 끼친 영향이 컸기 때문인지 사람들 사이에서 손무재(孫茂才)가 그 책임을 져야 한다는 주장이 제기되었다. 설상가상으로 이와 같이 교치용이 한창 어려움에 빠져 있을 때 팔국 연합군[13]이 중국을 침공하여 자금성을 점령하자, 자희태후(慈禧太後)가 광서제(光緒帝)를 데리고 황급히 도망침에 따라 교치용은 다시 살아날 수 있었다. 이 일로 교씨 일가는 청나라 정부의 행동에 실망하였지만, 교치용은 이를 신경 쓰지 않고 청나라 정부의 피난을 도우려고 하였다. 그 후 다시 베이징으로 복귀한 자희태후가 지방 상호에서의 관은 교환을 허락하면서 이후 교가의 사업은 승승장구하였다.

---

13 청(淸) 광서(光緒) 26년(1900년) 의화단사건(義和團事件) 때 조직된 영국·미국·독일·프랑스·러시아·일본·이탈리아·오스트리아 등 8개국 연합군을 말한다.

9.1.3. <백은 제국(白銀帝國)>

영화 <백은 제국(白銀帝國)>이 시작되자마자 장부를 대조하는 장면이 재현된다. 천성원(天成元) 표호는 4년마다 장부를 대조하는데, 십여 명의 회계원들이 매우 긴 주판 네 개를 앞에 놓고 마당에 둘러앉아 있었다. 회계원들이 다른 일을 신경 쓸 겨를도 없이 손가락으로 주판을 빠르게 튕기며 계산하는 장면은 온 마당에 팽팽한 긴장감이 감돌도록 한다. 회계원들의 장부 대조 결과 천성원 4년 동안의 환어음, 저금, 대출 등의 업무를 통한 총 영업액은 2,615만 3,111냥이었다. 강씨 영감은 이를 듣고 기뻐하며 "나의 23개의 분호(分號)에서 1년에 처리한 백은은 조정 세입의 1할에 해당하는데, 이는 모두 손 사장과 여러분의 수고에 힘입은 바가 크다." 라고 하였다. 한 표호가 1년에 처리한 은량은 이미 청나라 세수의 10분의 1에 이르렀으니, 부가 나라와 대적할 만하다고 할 수 있으며 전국에 퍼져 있는 진상들의 성황을 이것으로 알 수 있다.

영화는 천재지변을 겪고 있는 이재민을 구제하는 진상의 장거(壯擧)를 중점적으로 묘사하였다. 청나라 말기에는 자연재해가 빈발하고, 사회가 불안하며 전쟁이 끊이지 않았다. 청나라 시대 부패 상황이 심각하고 국고가 이미 바닥나 백성들을 구제할 힘이 없었다. 지폐를 금지하던 청나라 조정은 돈을 마련하기 위해 은행을 설립하고, 공개적으로 지폐를 발행하였다. 이 조치는 곧바로 천성원 표호의 환어음 업무를 빼앗게 되면서 천성원의 사업은 아래로 곤두박질치게 된다. 10년 후 국민혁명이 일어나 사회 세력이 재편되고 사회가 불안해지며 강도가 횡행하였다. 천성원의 난징(南京), 한커우(漢口) 등 5개의 분호가 약탈당하였고, 투자한 상하이 조선소도 누군가 악의로 저지른 화재로 불타버렸다. 군벌의 혼전으로 당시 청나라 빚쟁이 관료들도 벌써 종적을 감췄고, 각지에 대출해 준 돈을 10%도

회수하지 못하여 천성원의 창고는 바닥나고 인심이 각박해졌다. 그 와중에도 강씨는 여전히 저축해 둔 돈을 풀어 백성들에게 빌려주면서 "우리는 큰 부잣집이니 밥 굶을 정도는 아니다. 정의를 하늘과 같이 최고의 가치로 삼고 성실하게 사는 것이 표호의 규칙이 아니더냐? 한 사람, 한 목숨이더라도 가치 있는 삶을 살 수 있는지는 모두 자신에게 달려 있다. 장사도 사람이 되는 일이고 민심을 얻는 자가 천하를 얻으며, 돈은 다시 벌 수 있다."라고 말하였다. 진상과 청나라 정부의 협력은 처음에는 광범위했지만, 청나라 정부에게 진상이란 그저 자금줄에 불과했다. 따라서 청 정부는 진상에게 돈을 뜯어내기 위해 매우 가혹한 세금을 부과하였다. 그럼에도 불구하고 진상은 백성들이 처참하고 어려운 상황에 처해 있을 때 자신을 지키기보다 백성들을 걱정하며 전력을 다해 이재민을 구제하였다.

9.1.4. 라오시얼(老西兒)

'산시 라오시얼(산시 촌뜨기라는 뜻)'은 과거 화베이와 둥베이 지역 사람들이 산시 사람을 낮잡아 부르는 멸칭이다. 이는 산시 사람의 인색함, 교활함, 이익만 추구하는 부정적인 특성을 반영하였다. 그 예로 민국 시기에 산시성의 군벌인 옌시산(閻錫山)은 다른 성 사람들에게 옌라오시얼(閻老西兒)이라 불렸고, 청나라 말기 문학가인 오견인(吳趼人)의 장편소설 《20년간 본 괴이한 현상(二十年目睹之怪現狀)》 속 등장인물인 '라오시얼'은 전장을 열어 사람에게 돈을 빌려주는 일을 하며, 성격이 인색하고 살림살이는 빈틈없으며, 지나치게 계산적이어서 '라오시얼'이라고 불린다. '산시 라오시얼'의 별칭으로는 '시인(西人)', '시객(西客)', '시상(西商)', '라오시(老西)'가 있다.

'산시 라오시얼'이라는 명칭의 유래에 대해서는 많은 설이 있다. 첫째, 산시는 지리적으로 타이항산의 서쪽에 위치하기 때문에 산시 사람들은 '서쪽 사람'에 속한다. 둘째, 산시 사람들은 원래 식초를 즐겨 마시는데 식초는 산시 음식 문화의 상징 중 하나이며, 산시 라오천추(老陳醋)는 전국적으로 유명하다. 스자좡(石家莊)에서 "산시 라오시얼은 식초를 즐겨 마시며, 허리에 식초가 든 조롱박을 찼는데, 어느 날 전쟁에 나간 라오시얼이 총은 넘겨도 조롱박만큼은 절대 넘기지 않았다."라는 말이 산시 사람들의 식초 문화를 흥미롭게 묘사하고 있다. 그러나 중국 고대에는 '초(醋)'라는 글자가 없었는데, '초'는 고대에는 '시(醯)'라고 불렀고, 발음은 '시(西)'와 같으며, 지금도 산시 진중(晉中) 일대에 시초(醯醋)라고 말하는 사람이 있다. 따라서 산시 사람들은 '식초를 즐겨 마시는 사람'을 가리켜 '라오시얼(老醯兒)'이라고 부르게 되었다고 한다. 셋째, 명청 시대부터 민국 시대까지 장사하는 산시 사람들은 유라시아를 누비며 전 세계에 널리 퍼져 있었는데, 이들을 진상이라 불렀다. 진상은 중국 10대 상방(商幫)[14]의 선두에 서서 5세기 이상 상업계에 군림해 왔다. 산시 상인은 비록 명리(名利)를 겸비하면서도 여전히 검소하고 순박한 이미지를 간직하고 있으나, 이는 오히려 다른 지역 사람들에게 인색하다는 인상을 남겼다. 심지어는 다소 초라하고 촌스러워 보여 산시 상인은 '라오시얼'이라는 그다지 우아하지 못한 호칭으로 낙인찍혔다.

위의 설은 비록 정확하지는 않지만, '산시 라오시얼' 민풍의 소박함을 설명해 주기도 하는데, 이는 산시의 자연 및 지리적 조건 등의 요인과 불가분의 관계에 있다. 산시는 황토고원에 위치하여 대부분 지역의 토지가 척박하고, 백성의 생활이 어려워 필연적으로 절약할 수밖에 없으며, 심

---

14 상방(商幫)은 상인 단체이다.

지어 인색하기까지 한 민풍을 초래하였을 것이다. 또한 이는 가난과 재난에 대한 산시 사람들의 장기적인 인식을 나타내는데, 외지에서 장사하는 산시 사람들도 이러한 절약 정신을 이어나갔다. 이렇게 보면 '라오시얼'이라는 별칭은 다른 성 사람들이 산시 사람들의 이미지에 대한 평가일 가능성이 크다. 즉 돈은 있지만 인색하고, 부유하지만 촌스럽다는 것이다.

산시 사람들의 인색함은 영화와 드라마에서도 나타난다. 이들 작품에서 나타나는 산시 라오시얼에 대한 묘사는 더욱더 독창적이면서 영향력도 크다. 앞서 언급한 드라마 <교가대원>에서는 인색한 인물의 전형이 나타나는데, '천하에서 제일 인색한 사람'인 루다이커(陸大可)는 산시 사람의 인색함을 여실하게 표현하였다. 그러나 실제 산시 사람들의 '인색함'은 결코 사소한 것으로 시시콜콜 따지는 것은 아니다. 오랜 가난과 유교 문화의 영향을 받아 검소한 습관을 길렀고, 이러한 정신을 후세에도 이어가고 있다. 명청 시대에 진상의 사업이 번창할 무렵에도 검소한 습관은 계속 남아 휘상의 사치스러운 특성과 선명한 대비를 이루었다. 중국 명대의 수필집 《오잡조(五雜俎)》에서 "신안은 사치스럽지만, 산시는 검소하다(新安奢而山石儉)."라는 말이 이를 방증한다.

명나라 심사효(沈思孝)가 편찬한 《진록(晉錄)》에 "진중 사람들은 선량하고 검소하며, 요순 시기의 유풍이 남아있다. 백금의 집에는 여름에 차양 모자가 없고, 천금의 집에는 겨울에 추위를 막아줄 옷이 없으며, 만금의 집에는 두 가지 반찬을 상에 올리지 않았다."[15]라는 표현은 산시 사람들의 극진한 검소함을 잘 보여준다. 사실 산시 사람들은 그다지 인색하지 않으며, 적어도 진상은 절대 그렇지 않다. 진상이 사업을 발전시킬 수 있

---

15 晉中古俗儉樸, 有唐虞之風。百金之家, 夏無布帽 ; 千金之家, 冬無長衣 ; 萬金之家, 食無兼味.

었던 원인은 결코 인색함만은 아니었다. 인색함과 달리 진상이 직원, 동업자, 사회와 국가에 대해 보여준 관대함은 사업이 번창할 수 있는 정신력이기도 하였다. 이와 같이 진상의 '인색함'과 '관대함'은 상대적이다. 진상은 일상생활과 사업에서만큼은 알뜰하고 검소하지만, 사회 공익을 위한 일에서는 책임감이 강하다.

9.2. 홍동(洪洞) 대홰나무

허베이성, 산둥성, 허난성 등지에는 다음과 같은 노래가 널리 유행하였다.

나의 조상들이 어디에 있는가? 산시 홍동 대홰나무.
조상의 고택을 뭐라고 부르는가? 대홰나무 아래 까마귀 둥지.
누가 대홰나무 아래 사람인가? 신발을 벗고 새끼발가락을 본다.

사람들은 왜 선조가 산시의 대홰나무 아래서 왔다고 생각하는가? 이는 명나라 초기의 대규모 이주로 거슬러 올라가 보아야 한다.

9.2.1. 이주

명나라 초, 홍무 6년(서기 1373년)부터 영락 15년(서기 1417년)까지 명나라 정부에서는 10여 차례의 대규모 이주를 계획하였다. 이는 대부분 당시의 가혹한 자연환경과 사회적 조건에 의한 것이었다. 원나라 말기에 왕조의 패색이 점점 짙어지고, 허난성, 허베이성, 산둥성 등지는 수해와 가뭄이 여러 해 동안 계속 이어져 농작물을 수확하지 못하였다. 이후에도 메뚜기 떼와 감염병이 횡행하여 백성들이 기댈 곳을 잃게 되었다. 한편 원나라 말기의 조정에서는 백성들을 더욱 가혹하게 착취하자, 궁지에 몰린 이재민들이 각지에서 봉기하여 사회 전체적으로 길이 막히고 인가가 단절되는 상황이었다. 천재지변과 인재로 지앙화이(江淮) 이북의 경작지가 황폐해지고, 곳곳에 이재민이 가득하였다. 그러나 같은 시기의 산시는 빗물이 충분하고 곡창에 곡식이 넉넉하여 사람들이 평안하게 생활하며 즐겁게 일하였다. 중원의 참상과 대조적인 산시의 풍족함은 지앙쑤(江蘇)와 쩌지앙(浙江) 일대에 못지않았다. 수많은 이재민이 살길을 찾기 위해 벌떼처럼 몰려들면서 산시의 인구가 급증하였다. 산시 사람들은 순박하고 개방적이었고, 이재민들은 산시의 풍부한 자원을 이용하여 생활과 생산 환경을 개선할 수 있었다.

주원장이 즉위한 후, 오랫동안 전란에 시달리던 지방 관리들이 잇달아 조정에 도움을 청하였다. 전란으로 해골이 쌓여 언덕이 만들어졌으며, 거주하는 사람이 줄면서 각지의 사회질서가 산산조각이 났다. 조정의 식자(識者)가 주원장에게 상소문을 올려 전후 망가진 백성들의 생활을 해결하기 위해 이주둔전(移民屯田) 제도를 시행할 것을 간청하였다. 이 제도 아래 50여 년간 지속된 대규모 이주의 서막을 열었다. 홍무 연간의 대규모의 조직적인 이주는 커다란 성과를 거두었다. 농업기술이 좋은 농민들이 넓은 옥답을 개간하고, 조정에서는 일련의 장려책을 실시하여 전쟁으로 파괴되었던 농업생산이 점차 회복되었다. 그러나 백성들에게 자그마한 희망이 생길 무렵 '정난지역(靖難之役)'이 일어났고, 전쟁은 위태로운 농업에 또다시 치명타를 입혔다. 전쟁 당시 토비와 강도, 심지어 장병들이 백성들을 마구 약탈하여 어쩔 수 없이 주원장의 아들 주체(朱棣)가 조서를 내려 백성들을 다른 곳으로 이주시켰다.

민담에는 대홰나무 아래에 이주민들이 많았다고 전해지는데, 대홰나무를 택한 것은 복잡한 역사적 이유가 있다. 사실 관리들이 이주를 조직한 곳은 대홰나무가 아니라 광제사(廣濟寺)였다. 홍동 광제사는 당정관(貞觀) 시기에 건설되었고, 준공되면서부터 당나라와 송나라 시대 모두 광제사에 역참(驛站)을 설립하였다. 국도에 의존하여 광제사 주변이 개발되면서 많은 사람들이 모이고, 국도는 일 년 내내 사용되어 교통이 원활해졌다. 광제사 옆에는 하늘을 찌를 듯이 높은 대홰나무가 있었는데, 그늘이 매우 넓어 특히 사람들의 눈길을 끌었다. 국도는 마침 대홰나무 아래를 지나게 됨에 따라 대홰나무를 표지로 길이 동서남북 각지로 통하였다. 이와 같이 편리한 교통 때문에 이주지를 그곳으로 선택하였다. 명나라 초기에 외지로 이주한 사람들은 모두 자신이 홍동 대홰나무 아래에 이주하였다고 말하는데, 사실 이 이주자들의 본적은 홍동이 아니라 단순히 국도를 따라 반드시 거쳐야 하는 곳이었기 때문에 그러한 말이 나온 것이다(書劍, 2011). 《명사(明史)》에 따르면, 이주민의 고향은 매우 다양하며, 현재의 진중, 진남(晉南), 진동남(晉東南) 및 뤼량(呂梁) 등지에 해당한다고 한다. 그러나 이주 과정에서 홍동 대홰나무를 지나고, 대홰나무는 사람들의 눈에 꽤 인상적이었다고 언급한 바 있다. 이에 따라 대대로 구전되는 과정에서 본적에 관한 세부적인 사실은 사라지고 상징으로서 대홰나무로 고향을 그리워하는 마음을 표현하는 것이다. 또한 대홰나무는 산시 이주민의 공통적인 기억으로, 이는 모두가 인정하는 바이다.

백성의 이주 계획 외에 홍동 대홰나무로의 이주에는 관료의 자발적인 개입도 있었다. 명나라 초기의 공신 원공정(袁公正)은 주원장을 따라 천하 통일에 여러 공적을 세웠으며, 후에 진위장군(鎭威將軍)의 벼슬을 받았다. 명나라가 천하를 통일한 후 먼저 백성을 위로하고, 농업생산을 촉진했으며, 이주민에게 황무지를 개간토록 하였다. 이에 원공정은 자신을 추천하고 앞장서서 일가족을 데리고 산시 홍동에서 산둥황강집(黃崗集)으로 이주하였다. 원공정은 새집에 '원가고퇴(袁家固堆)'라는 이름을 짓고, "나의 가문은 홍동에서 분가하였으며, 비록 지금 초저우(曹州)에 정착했지만, 가풍은 유지하겠다(洪洞分枝老門第, 曹州安居舊家風)."라는 글도 썼다. 따라서 홍동 대홰나무는 이주민의 마음속에서 더욱더 많은 인정을 받게 되었다.

홍동 대홰나무 아래의 이주민들은 산시에서 떠났는데, 조정에서 지정한 전입지는 예(豫), 지(冀), 산(陝), 닝(寧), 노(魯), 완(皖), 쑤(蘇), 어(鄂) 등지였다. 그러나 세상이 변화하면서 수백 년 동안 이주자와 그 후손들은 생활에 짓눌려 간쑤, 장시, 후난 등지로 유입되었다.

9.2.2. 민요

"누가 대홰나무 아래 사람인가? 신발을 벗고 새끼발가락을 본다."라는 유명한 노래 가사는 당시 이주 상황을 반영하였을 뿐만 아니라 외지에 흩어진 이주민들이 타향에서 동향 사람을 알아보는 근거가 되었다. 두 사람은 타향에서 만나서 본적에 관하여 이야기할 때 늘 신발과 버선을 벗어 서로의 새끼발톱을 본다. 만약 새끼발톱이 두 개로 갈라졌다면 그 사람은 틀림없이 홍동 대홰나무의 후손이다.

대홰나무 아래 사람들의 새끼발가락은 왜 두 개로 갈라져 있을까? 여기에는 전설이 있다. 당시 조정에서 처음 백성을 이주시킬 때 백성들은 고향 땅에 만족하여 이주를 원치 않았다. 이에 조정에서는 일련의 우대정책을 제시하였으나, 효과는 좋지 않았다. 어쩔 수 없이 지방 정부에서는 계책을 써서 홍동 각지의 게시판에 "외지 이주를 원하지 않는 사람은 3일 이내에 광제사 옆의 대홰나무 아래에서 등기해야 한다. 또한 이주를 원하는 사람은 집에서 소식을 기다려라."라는 글을 게시하였다. 이 소식을 듣고 홍동의 백성들은 벌떼처럼 몰려왔는데, 늦으면 강제 이주를 당할까 두려워하였다. 사흘째 되는 날 관청에서는 많은 장병을 거느리고 대홰나무 아래에 집합하였다. 이때 모인 백성들은 이미 인산인해를 이루었다. 백성들이 수군거리고 있을 때 관병들은 모여 있는 백성들을 포위하며, 그중 한 관원은 "대명 황제께서 말씀하기를 대홰나무 아래에 모인 사람은 무조건 외지로 이주하라."라는 어명을 전하였다. 어명을 듣고 나서 사람들은 조정에서 속임수를 써 대홰나무 아래에 모이게 한 것을 눈치챘다. 그러나 수많은 관병 앞에서 백성들은 저항할 힘이 없었기에 정부의 지휘에 복종할 수밖에 없었다. 백성들은 가족을 거느리고 대홰나무 아래에서 등기하여 지급된 여비와 물건들을 챙겨 이주의 길에 들었다. 관청에서는 이주민들이 도망가 다시 고향으로 돌아오는 것을 막기 위하여 식별 수단으로 사람들의 새끼발가락을 칼로 찍었다. 따라서 오늘날 대홰나무 아래에서 온 후손들의 새끼발톱은 두 개로 갈라져 있다. 과학의 관점에서는 칼로 찍어서 생긴 발톱의 변화는 유전될 수 없다. 다만 민요에서의 표현은 이주민과 그 후손들의 고향과 가족에 대한 미련이다.

9.2.3. 해손[解手]

사람들은 화장실에 가는 것을 해손이라고 하는데, 해손은 이주와 깊은 관련이 있다. 해손이라는 단어도 대홰나무 아래에서의 이주에서 비롯되었다고 전해진다. 이주는 백성의 뜻이 아니었기 때문에 장병들은 이주를 계획할 때 백성들이 도망쳐 고향으로 돌아가는 것을 막기 위하여 죄수를 대하는 방식과 같이 백성들을 한 줄로 묶어 압송하였다. 옛날에는 교통수단이 많지 않았고, 대규모 이주를 진행할 때 일괄적으로 운송할 수단이 드물어 사람들은 두 다리에 의지할 수밖에 없었다. 그러나 대홰나무는 전입지에서 또 멀리 떨어져 있어 이동하는 과정에서 오랜 시간이 지체될 수밖에 없었다. 사람들이 가는 길에서 대소변을 보아야 할 때 압송 중인 장병에게 "나으리, 보고 드립니다, 손을 풀어주십시오, 용변을 보고 싶습니다."라고 부탁을 하면서 묶은 줄을 풀어달라고 하였다. 시간이 오래 지나면서 해손은 화장실 가는 것을 일컫는 대명사가 되었고 중국 전역에 퍼진 이주자들은 또 이 단어를 각지에 퍼뜨렸다.

관청의 명령하에 강압적인 수단으로 백성들을 이주시키더라도 백성들은 고향에 대한 애착을 버리지 못하였다. 장병들은 백성들을 한 사람씩 묶고, 백성들이 고향을 떠날 때 한 걸음 내디딜 때마다 뒤를 돌아보며 어른들은 아이들에게 "이 대홰나무가 우리의 본관이고 여기는 우리의 고향이다."라고 끊임없이 이야기하였다. 이 이야기가 구전되면서 사람들은 늘 고향을 그리워했고, 다른 지역으로 이주한 사람들은 언제나 대홰나무 이야기를 기억하고 있어 대홰나무 아래가 자신의 고향이라고 말하였다.

9.2.4. 전설

중국에는 이주에 대한 다양한 민간 전설이 있다. <호대해의 복수(胡大海複仇)> 는 원나라 말기의 난민 호대해가 허난성을 떠돌며 구걸로 생계를 이어가는 내용이다. 호대해는 구걸을 하다가 당한 모욕으로 허난성을 원망하고 있었다. 호대해는 허난성 사람들의 인성이 사악하다고 생각하면서 과거의 모욕을 반드시 갚겠다고 다짐하였다(趙世瑜, 2006). 그 후 호대해는 주원장을 따라 천하를 정벌하면서 여러 공적을 세웠다. 주원장이 명나라를 세우고 왕위에 오를 때 개국 공신들에게 상을 하사하였는데, 많은 공신 중에서 오직 호대해만 하사를 받지 않았다. 주원장이 이유를 묻자, 호대해는 자신이 초라할 때 허난성에서 구걸하면서 받은 모욕을 이야기하며 주원장에게 허난성에 가서 치욕을 씻을 수 있도록 허락을 구하였다. 호대해의 요청이 단호하여 주원장은 여러 번 망설이다가 쏜살 한 발 크기의 땅에 한하여 복수를 허락하였다. 호대해가 화살을 가지고 허난성 경내에 도착하였을 때 갑자기 하늘에서 기러기 떼가 날아오고 있었다. 호대해는 두려움 없이 기러기 꼬리를 향해 화살을 쏘았는데, 화살이 마침 꽁지깃에 걸렸다. 호대해는 '쏜살 한 발 크기의 땅'이라는 명분에 따라 허난성에서 사람들을 학살하였고, 화살이 걸린 기러기를 따라가 산둥성까지 학살을 이어나갔다. 호대해가 도착한 곳마다 온 들판이 시체로 가득했고, 이를 알게 된 주원장은 산시성 홍동 대홰나무 아래에서 백성을 이주시켜 허난성 등지의 인구 부족을 해결해야 했다.

이 밖에 또 <연왕이 비석을 쓸다(燕王掃碑)>라는 전설이 있다. 이 전설은 명나라 시대에 허난성, 허베이성, 산둥성 등지에 '홍충(紅蟲)'의 침략으로 인적이 드물어지자 조정에서는 홍동 대홰나무 아래에서 사람들을 이주시킨 일을 묘사하였다(趙世瑜, 2006). '연왕이 비석을 쓸다'라는 표현에서 '비석'은 난징 성내 명나라 황족의 공덕비(功德碑), 조상비[祖宗碑]를 가리킨다. 주체 시기에는 군사를 거느리고 반란을 일으켜 중원 등지의 지역민들이 피해를 보았으며, 전쟁으로 농사짓기가 더욱 힘들어졌다. 많은 백성이 반기를 들고 봉기하였는데, 그중 연왕은 머리에 붉은 수건을 쓰고 있어 백성들에게 홍충이라 불리었다. 홍충은 메뚜기와 비슷한데, 감염병의 뜻도 지니고 있다. 또한 봉기군이 지나간 곳마다 수많은 사상자가 발생하면서 백성들 사이에서 "홍충이 사람을 잡아먹는다."라는 말이 퍼지고 있었다. 주체가 반란을 평정하고, 도읍을 베이징으로 옮긴 후 홍동 대홰나무 아래 살고 있는 백성들을 불러 허난성, 산둥성 등 지역으로 이주시켜 현지 농업생산을 회복시키라는 어명을 내렸다.

홍동 이주민에 관한 전설에는 <삼세회경부(三洗懷慶府)>도 있다. 회경부는 오늘날의 허난성 자오쭤시(焦作市)의 슈우(修武)와 우즈(武陟) 구역이다(趙世瑜, 2006). 이 전설은 원나라 말기에 봉기군과 원나라 군대가 싸운 이야기이다. 회경부는 지리적 위치가 독특한 병가의 요새로, 여기에서 주원장의 봉기군과 원나라 군대가 팽팽히 맞서고 있었다. 양측은 민심을 얻기 위하여 현지 거주민들이 집의 입구에 자신들을 옹호하는 팻말을 달라고 하였다. 양측이 번갈아 가며 분부한 탓에 백성들은 말로 표현할 수 없는 고통을 겪었다. 이때 한 젊은이가 백성들에게 양면으로 된 팻말을 만들어 한 면은 봉기군, 한 면은 원나라 군대라 적어 놓고 나중에 어느 쪽이 이 지역을 차지하여도 주민들의 평안을 지킬 수 있는 방법을 제안하였다. 한번은 봉기군이 성을 공격하여 원나라 군대가 패하여 떠났다. 봉기군 장수 상우춘(常遇春)이 성에 들어갔을 때 마침 한 집의 팻말이 그의 말 앞에 떨어져 상우춘은 그 팻말을 보고 나서 주원장에게 보고하였다. 이때 주원장은 전쟁이 더디게 진행되어 걱정하던 차에 이 사실을 알게 되고 화가 치밀어 회경부의 백성들을 모조리 죽이라고 명하였다. 그리고 주원장이 황제가 된 후 홍동의 백성을 회경부로 옮겨 사람을 채웠다.

9.3. 산시 민요

산시(山西)는 중국 전통문화의 발원지에 속하는바, 산시에 관한 전설은 셀 수 없이 많다. 현재 산시의 하위 행정구역인 린펀시(臨汾市)는 요임금 시기의 수도인 핑양이고 융지시(永濟市)는 순임금 시기의 수도인 포반이며, 시아현(夏縣)은 우임금 시기의 수도인 안읍이라고 한다. 이러한 고고학계에서의 발견은 산시 지역이 구석기 시대에 인류가 출현한 이후 활동이 빈번하였음을 증명하고 있다. 시앙펀 타오쓰(襄汾陶寺) 유적은 학술적으로 중국의 원형이라 여겨지며, 중요한 중화 문명의 발상지이다. 한편 산시에서 출토된 수많은 음악에 관한 유물이 있는데, 신석기 시대의 도훈(陶塤)부터 얼리터우(二裏頭) 시기의 돌경(石磬), 춘추 시대의 청동용종(青銅甬鍾), 전국 시대의 청동 편종과 편경, 호마진국의 동 주조 작업장에서 출토된 동주 시대의 옥으로 만든 도범(陶範)까지 모두 산시에서 악기의 발달이 비교적 빨랐음을 설명해 준다(李玉明, 1991).

9.3.1. 민요의 역사

산시의 민요에는 유구한 역사가 있다. <격양가(擊壤歌)>, <강구동요(康衢童謠)>는 모두 요임금 시기의 민요와 동요로 전해지며, <남풍가(南風歌)>는 순임금 시기 운성(運城)에서의 제염과 백성의 생활을 묘사하였다. 중국 최초의 시가 총집인 《시경(詩經)》의 여러 시가는 모두 고대 산시에서 지어진 것이다. 그중 <당풍(唐風)>, <위풍(魏風)>은 고증을 거친 결과 대부분 산시 지역의 시가를 종합한 것이었다. 이들 시가는 내용이 광범위하고, 백성들의 생활 전반을 포괄하고 있다. 또한 민요는 절기의 변화와 농번기를 기록한 것도 있고, 통치자의 황음무도(荒淫無道)를 폭로한 것도 있으며, 생활의 어려움을 토로한 것도 있다. 그러나 대부분의 민요에서는 순수한 사랑을 추구하는 내용을 담고 있다. 예를 들면 <당풍>의 <초료(椒聊)>와 <갈생(葛生)>, <위풍>의 <석서(碩鼠)>, <십무지간(十畝之間)>, <갈구(葛屨)> 등이 있다. 이들 시가를 통하여 고대의 노동자들은 단순히 시가로써 “굶주린 자는 먹을 것을, 힘든 자는 일을 노래하는 것”이 아니라 사물에 빗대어 현실의 고난에 대한 불만과 아름다운 생활에 대한 추구와 동경을 표현하였음을 알 수 있다(王瀝瀝, 2008).

산시 민요의 풍격은 다양하며, 이와 같이 서로 다른 형식은 사회의 풍모에 제한을 받는다. 황허는 산시 경내에서 가장 큰 강이며, 물이 산시를 거쳐 흐르는 시기를 표현한 민요 가운데 유명한 <구곡십팔만(九曲十八彎)>이 있다. 협곡지대라는 지리적 환경으로 산시의 교통수단은 단일화되어 하천 운수가 외부와 연결하는 주요 수단이 되었다. 이에 따라 뱃사공과 선원들이 많이 나타났다. 이들이 배의 방향을 바꿀 때 외치는 소리는 점차 ‘뱃사공 노래(船夫曲)’로 발달하였다. 산간의 구릉 지대에서 일 년 내내 가축을 운반 수단으로 사용하여 짐을 나르는 일을 업으로 하는 사람들은(趕脚夫) 길에서의 외로움을 달래기 위하여 ‘짐꾼의 노래(脚夫調)’를 불렀다. 언덕에서 양을 치는 사람들은 길동무가 없이 양떼를 거느릴 때면 소리를 치며 외로움을 달래고, 고민을 털어놓는 웅장한 풍경과 광활한 천지는 문화수준이 높지 않은 양치기들이 여전히 열정적으로 ‘양신가(羊信歌)’를 부르도록 하였다. 생활의 압박에 시달려 ‘주서구’하는 사람들은 시가를 통하여 고달픈 생활과 미래에 대한 바람을 노래함에 따라 수많은 ‘정가(情歌)’와 ‘비가(悲歌)’들도 잇달아 생겨났다.

진 서북부의 기후는 상당히 추운 편으로, 가죽옷, 가죽 바지, 붉은 배두렁이[紅肚兜], 진홍색 허리띠[大紅腰], 감견(坎肩, 배자) 등 일상 복식(服飾)도 민요에서 자주 나타난다. 예컨대 '반지르르 윤이 나는 헝겊 조각을 대어 기운 가죽 바지(油浸皮褲打補丁)', '입은 가죽옷의 털이 바깥을 향해 있음(身穿哩皮襖毛朝外)', '헐렁한 가죽옷으로 이부자리를 묶음(爛大皮襖捆鋪蓋)', '흰 적삼과 잘 익은 수수같이 붉은 바지와 푸른 수박색 신발(白布衫衫白圪生白, '高粱紅褲子綠西瓜鞋)', '흰 적삼은 소매가 길고 양의 위처럼 생긴 수건으로 햇빛을 가림(白布衫衫呀袖袖長, 羊肚肚手巾呀遮蔭涼)', '양의 위처럼 생긴 수건을 비뚜름하게 쓰니 햇빛을 가릴 수 있고 보기에도 좋음(羊肚手巾呀歪罩轉, 又遮蔭涼又好看)' 등이 있다. 또한 주거 습관도 민요에서 생생하게 나타나고 있다. 예를 들면 '고개를 숙여 나가고 들어온다(低頭出來低頭進).', '한 손으로 쌍문을 밀어서 열면, 온돌에서 자는 사람은 산 채로 죽는다(單手手推開雙扇門, 炕上睡的個活死人).', '오량보에 목을 매어 죽고 싶지만, 어머니가 걱정되어 할 수 없다(中梁上上吊撂不下娘).', '열 여덟 개의 측백나무 서까래로 평지붕집을 짓는다(十八根柏椽蓋平房).', '문창살을 잡고 창틀을 닦을 때 멀리서 오빠가 오는 것을 바라본다(板住窗櫺櫺擦窗台, 咱瞭哥哥從那裏來).' 등이 있는데 산시 민가의 평지붕, 문창살, 쌍문, 온돌 등의 사물을 생생하게 묘사하였다.

9.3.2. 산곡[山曲子]

산시 민요는 오래된 역사적 연원을 지니고 있으며, 《시경》과 함께 당송(唐宋) 시대에 이미 하나의 유행이 되었다. 산시 민요가 최고로 유행하던 전성기는 명청 말기였다. 명나라 문헌에는 "집안에는 현악과 새 악보가 있고, 아이고 어른이고 노래를 부른다(户有弦歌新治譜, 兒童父老盡歌謳)." 라는 기록이 있다. 허취(河曲)의 자연환경은 극히 열악하나, 의지가 강하고 굳건한 허취인들은 자연에 맞서는 과정에서의 분투와 고난을 시가로 기록하였다. "허취현과 바오더저우(河曲保德州)이 10년 중 9년을 수확하지 못하면(十年九不收) 남자는 떠나버리고(男人走口外) 여자는 씀바귀를 캔다(女人挑苦菜)."와 같은 민요를 허취에서는 '산곡'이라고 한다.

허취 민요는 지방 민요로 유행 범위가 비교적 작아 허취현과 산시 서북부에서 많이 부르며, 인구 이동에 따라 진, 산(陝), 몽(蒙) 접경지대에서도 부른다. 허취는 산시성 서북부에 위치에 있다는 점에서 지리적 위치가 특수한데, 산시성과 네이멍구(內蒙古)의 접경지대에 위치해 있다. 허취에서 닭울음소리는 3개 성을 울리고 한 발에 3개 성을 밟을 수 있다. 그리고 허취는 황허 18굽이에 위치하기 때문에 교통은 황허와 협곡의 영향을 받아 식물이 적고 토양이 척박하며, 수리 시설이 미비하여 농작물은 일반적으로 하늘에 의지하는 것이 대부분이다. 또한 허취에서는 가뭄과 침수가 빈발하여 사람들의 생활을 오래도록 보장할 수 없다. 이러한 현실적인 조건 때문에 허취의 백성들은 철새처럼 봄에 떠나고 겨울에 돌아오며, 계절적으로 네이멍구, 허타오(河套)[16] 등지에서 임시공으로 일하였다. 이러한 주서구로 백성들은 늘 가족과 이별하는 아픔을 겪어야 하였다. 반복되는 가족의 이별과 만남 속에서 '산곡'은 사람들이 근심을 해소하고 이별을 탄식하기에 가장 좋은 수단이 되었다.

허취 민요는 현지 생산 활동에도 깊은 영향을 끼친다. 진서북 지역은 일 년 내내 가뭄으로 물이 부족하여 민간에서는 대부분 노래를 부르는 형식으로 비가 오기를 빈다. 허취에는 '장대비를 부른다(叫雨杆杆)'라고 비를 청한다. "장대는 본래 영산 황토에서 자라는 장작이다. 석 자짜리 장대

16 허타오: 굽이 돌아 반원(半圓)을 이루는 물줄기나, 그러한 곳에 둘러싸인 지역이다.

비를 부르고, 용이 비를 부르면 비가 내린다(杆杆本是一根柴, 長在靈山黃土崖。叫雨杆杆三尺長, 請龍叫雨把雨降).”라는 노래가 있다. 또한 스스로 형장을 짊어지고 비를 청하는 방식도 있다.

> 향을 피우고 무릎을 꿇는다. 불쌍한 백성들이 가뭄의 고통을 받고 있어 나는 큰 벌로 속죄한다. 선우는 내가 양심을 잃어서 일을 하는 것이 도리에 맞지 않는다. 내가 하늘의 법칙을 어긴 탓에 가뭄이 찾아왔다. 하늘에 비나이다. 백성들이 모두 비천한 사람을 봐서 나는 형장을 등에 업고 무릎을 꿇으며 향을 피우면서 하늘에 용서를 비나이다. 아미타불. 또 향을 피우고 수신이시여 가엾이 여겨 용서하시옵소서. 물을 당신의 신성한 병에 담아 비를 내려 백성들을 구제하소서. 아미타불. 마지막 향을 피운다. 내 어깨에 황향을 피우고, 뼈가 칼에 꿰뚫려 어깨를 다친 채 수신께 무릎을 꿇고 비나이다. 뜨거운 햇볕 아래서 비가 오기를 간절히 바라며 2박 3일을 무릎 꿇어 비나이다. 아미타불. <선우배수가>[17]

비를 청하는 것 외에도 허취 민요는 민간의 풍습, 절기와 관혼상제(婚喪嫁娶) 등 일상적인 활동을 기록하기도 하였다. 그 가운데 혼인과 관련된 민요가 가장 흔하다. 결혼과 출산은 농업사회의 근본이며, 가난한 곳에서는 결혼과 대를 이어가는 일을 민족 보전을 위한 큰일로 간주한다. 허취

---

17 <善愚拜水歌>唱道：“敬上一爐香呵, 跪倒在拜水場, 可憐旱民遭苦罪呵, 身負重刑來贖禍殃。善愚我喪天良, 做事情理不當。我犯天神律呵, 才遭這旱天長。我求天神爺呀, 念民是群氓, 自負重刑跪拜香, 求神開恩長。阿彌陀佛天神爺呵。敬上二爐香呵! 水神爺早開恩呵, 快往神瓶裏邊裝呵, 普救眾生灑細雨呵, 阿彌陀佛呵! 供上三爐香呵, 我肩膀上燃黃香呵, 小刀刺骨滿肩傷, 跪拜水神曬毒陽呵。苦求滴滴佛水來, 跪拜三天兩夜長呵, 阿彌陀佛水龍爺。”

민요 중 <출가가(出嫁歌)>는 젊은 남녀가 결혼하는 과정을 상세히 기록하였다(李保彤, 1997).

> 네 마리 노새로 가마를 끌고 북장이가 뒤따른다. 폭죽이 세 번 연달아 울리며 신부의 집 문 앞으로 온다. 가마가 신부의 집 문 앞에 이르자, 모든 사람이 바삐 맞이한다. 신부는 잘 단장하여 머리에 붉은 포를 씌우고, 가족의 배웅을 받으며 문밖으로 나간다. 가마에 올라 노란 신을 신으면 밑창에 흙이 묻지 않는다. 꽃가마가 나아갈 때 북과 음악 소리가 울리기 시작한다. 길거리에서 인파를 헤치며 신부 맞이가 시작된다.[18]

이외에도 민요에는 설날의 세배와 정월 대보름의 관등[19], 서훠(社火)[20]에 대한 묘사가 가장 많다. 세배와 관련된 민요는 산시 각지에서 전해지며 내용도 비슷한데, 대부분 친척 간의 왕래 및 새해 인사가 주된 내용이다. 이는 농업사회에서의 가족 관념을 반영한다. 설날 세배와 같은 큰 명절 행사 외에도 작은 지역에서의 특별한 명절 때 부르는 민요도 기록되어 있다. 예컨대 음력 사월 초파일에 송자 할머니를 제사 지내는 풍습이 있는데, 이는 허취 등 작은 지역에서만 유행하는 것이다. 이때 부르는 민요에서 "사월 초파일, 여신묘우에 향을 피운다."라는 묘사는 직접적이면서 생생하다.

또한 사랑과 결혼을 묘사하는 민요도 많다. 이들 민요에서는 사랑의 기대감 또는 가족에 대한 추구가 주된 소재이다. 이들 민요는 노동자들

---

18 騾轎扉一乘, 鼓匠後邊跟。二紅連響三聲, 來到娘家門。轎到娘家門, 娶戒忙接迎。女兒梳妝齊, 蓋上埋頭紅。蓋上擺頭紅送親繞出門。上轎穿黃鞋, 鞋底不粘塵。花轎一起身, 鼓樂一齊鳴。繞大街穿人群, 娶親上路程。

19 관등: 멋있게 꾸민 등을 구경하는 민속놀이다.

20 서훠: 집단으로 하는 명절놀이다. 사자춤, 용춤 등이 있다.

의 자유에 대한 갈망이기도 하며, 봉건적인 예법과 도덕뿐 아니라 부모가 독단적으로 결정한 혼인 등에 대한 분노와 저항 심리를 표현한 것이다(呂環, 2006). 봉건사회에서 여성은 사회의 최하층에 있어 가장 심한 압박을 받았다. 정권, 신권, 족권, 부권으로 여성을 겹겹이 속박하여 희생을 강요하였으며, 불평등한 대우도 가장 많이 받았다. 이러한 압박 속에서 여성들은 자유와 사랑, 행복에 대한 열망이 특히 강렬해지기 시작하였다. 이러한 감정을 표현하는 노래는 대부분 여성의 시각에서 출발하였으며, 다루는 내용이 무척 다양하다. 이러한 유형의 민요에는 여성의 다정다감함, 일상적인 집안의 자질구레한 일에 관한 내용도 적지 않게 포함되어 있다. 다음은 연인들이 서로 진심을 털어놓는 민요의 일부이다.

(남) 앵두는 맛있지만, 나무는 심기가 쉽지 않소. 이와 같은 마음이 있으니 입을 열기가 어렵소.
(여) 하늘나리꽃이 피었으니 마음이 있다면 시간을 내주세요.
(남) 청석판에는 꽃이 반들반들 피어 있고, 나는 당신보다 부족하오.
(여) 조밭에 심은 수수가 유난히 크니, 사람 중에서 누굴 고르라면 당신을 선택하겠어요.
(남) 모래밭에 파를 심어도 뿌리를 내리지 못할 정도로 집이 가난해서 말할 수가 없소.
(여) 담뱃대에 등불을 켜면 조금씩 밝아지고, 작은 술잔에 쌀을 재도 당신의 가난을 신경 쓰지 않아요.[21]

---

21 男: 樱桃好吃樹難栽, 有那些心思口難開。
女: 山丹丹開花背窪窪開, 有了心思慢慢來。
男: 青石板開花光溜溜, 俺要比你沒一頭。

또한, 다음과 같이 연인에 대한 그리움을 표현하는 민요도 있다.

감자꽃이 피고 열매가 맺어요. 당신은 나의 연인이에요.
반 그릇의 콩과 쌀, 밥그릇을 드니 당신 생각이 나.
당신 생각에 정신이 팔려 땔감을 찾다 감자 토굴에 빠졌어요.
오빠에게 신발을 만들어 주다가 눈물이 신발 끝에 떨어졌어요.[22]

또한, 연인 간의 만남을 표현하는 민요도 있다.

해가 뜨고 질 때까지 오빠와 앉아 이야기하면 시간 가는 줄도 몰라.
참새도 우리를 부러워하고, 둘 사이의 이야기는 끝이 없어.
오빠는 나랑 같이 있으면 피곤한 줄도, 배고픈 줄도 몰라.[23]

위의 노래에서는 노동자의 소박함과 그들의 자유와 사랑에 대한 갈망을 드러내고 있음을 알 수 있다. 그러나 전통사회에서 젊은 남녀의 자유연애는 부모의 뜻에 반하는 일로, 당시의 도리에 크게 어긋나는 일이었다. 따라서 이러한 일이 있을 때에는 가족뿐 아니라 아무런 상관없는 사람들

女: 糓地裏帶高粱不一般高, 人裏頭挑人就數你好！
男: 沙地裏栽蔥紮不下根, 因爲俺家窮不敢吭。
女: 煙鍋鍋點燈一點點明, 小酒盅量米不嫌你窮。

22 山藥蛋開花結圪蛋, 圪蛋親是俺心肝瓣。
半碗黃豆半碗米, 端起了飯碗想起了你。
想你想得迷了竅, 尋柴火掉在了山藥蛋窖。
我給哥哥納鞋幫, 淚點滴在鞋尖上。

23 東陰涼倒在西陰涼, 和哥哥坐下不覺天長。
野雀雀落在麻沿畔, 依心小話話說不完。
你要和小妹妹長長間坐, 覺不著天長覺不著餓。

까지도 벌을 줄 수 있었기에 자유연애는 결국 비극으로 끝나는 경우가 많았다. 이 가운데 여성의 처지는 더욱 가혹하였다. 전통사회에서는 흔히 여성을 인간으로 보지 않았다. 서로 마음이 통하더라도 여성은 이유 없이 경망스럽고 부덕하다고 비난받았다. 심지어 여성을 물건으로 취급하여 매매하는 일도 많았다. "저는 올해 17살인데, 남편은 61살입니다. 어머니께서 중매인에게 속아 꽃을 썩은 나무에 꽂았습니다."라는 예와 같이 여자는 시집을 가도 제대로 된 대접을 받을 수 없었으며, 폭언과 학대는 일상이었다. 그럼에도 불구하고 여성들은 "오랜 세월 눈물이 그치지 않는다."라는 말처럼 울분을 참으면서도 어떤 말도 할 수 없었다. 그러나 이를 따르지 않는 여성들의 결말은 종종 죽음으로 끝나는 경우가 많았다. "아무리 생각해도 살길이 없어 황허에 뛰어들었다.", "손으로 밧줄을 꼬아 오랑보에 목을 매어 쓸쓸하게 죽었다(佟鑫, 2009)."와 같은 민요는 그녀들이 유교의 도덕에 저항하고 뒷사람을 격려하는 중요한 형식이 되었다.

요약

이 장은 진문화의 여러 측면에서 산시의 재난문화를 해석함으로써 산시 재난문화의 특징과 추이를 보여주었다. 스스로 노력하고 나태하지 않으며, 맡은 바에 충실하고, 자신을 다스리는 일을 근본으로 삼아 선량한 사람을 기꺼이 따르며 진실된 신뢰를 얻는 것은 모두 진문화의 함의이다. 이러한 진문화의 함의는 모두 선사시대 문화로부터 5,000년간에 걸친 산시 지역 문명의 발전으로 구현된다. 진문화는 중화 문화를 이루는 중요한 요소로, 중화 문명의 역사적 발달 과정에 큰 영향을 미치고 있다.

참고문헌

李軍 · 李誌芳 · 石濤(2008), 「자연재해와 구역 곡물 가격: 청나라 시대의 산시를 중심으로」, 『중국농촌관찰』 2, pp.40-52.書劍(2011), 「산시 홍동 대홰나무」, 산시성 린펀시 문화국 뉴스.

趙世瑜(2006), 『작은 역사와 큰 역사: 지역사회사의 이념과 방법, 실천』, 생활 · 독서 · 신지 삼련서점.

李玉明(1991), 『산서민속예술: 황허의 향토문화』, 산시인민출판사.

王瀝瀝(2008), 『민요 예술』, 산시교육출판사.

李保彤(1997), 『중국 명가 대전』, 산시교육출판사.

呂環(2006), 「산시 민요에 대한 고찰」, 『예술 교육』 8, p.88.

佟鑫(2009), 「산시성 하취 민요의 현황조사 및 원인 탐구」, 산시대학교 석사학위논문.

제10장

강남순치(江南脣齒)

지역은 문화를 배양하는 토양이고, 문화는 지역에서 피어나는 아름다운 꽃이다. 재난문화는 지역의 특징과 문화를 연관 지어 역사를 관통하여 대대로 해당 지역에 사는 사람들의 성격의 특징, 행위 패턴과 생명에 영향을 미치는 내적 요소를 반영한다. 또한 강남땅인 휘주(徽州)를 거닐며 쑤저우(蘇州) 방언으로 역사에 관하여 이야기한다. 이 역사는 재난을 경험한 사람들의 용감하고 지혜롭고, 방황하며 무기력하고, 명랑하며 폭넓은 정신을 반영한다.

10.1. 휘상(徽商)

휘상은 중국 상업의 역사에서 하나의 기적이다. 그들은 오직 한 지역의 상인뿐만 아니라 부자의 상징이기도 하고, 더 나아가 '유상(儒商)'[1]의 대명사가 되었다. 휘상은 휘주의 역사적인 자랑이며 탐구할 가치가 있는 이야기가 상당히 많다. 휘상 문화는 휘주 문화의 근원이고 정서의 일부분을 차지한다. 휘상에 대해 알려면 반드시 먼저 휘주에 대하여 알아야 한

1 학자 출신[학자풍] 상인을 말함.

다. 휘주는 완·저·간(皖·浙·贛) 세 성이 접해 있는 높고 험준한 산속에 있다. 외곽은 산으로 둘러싸여 있고, 중심에는 분지가 있으며 산지와 구릉이 전체 면적의 80% 이상을 차지하며 신안강수계(新安江水系)에 속한다. 기술 수준이 매우 낙후되어 있었던 시대에 휘주를 둘러싼 산지들을 넘는 것이 불가능하지는 않았지만, 상당히 불편하고 어려웠을 것이다. 이와 같이 복잡한 휘주의 지형으로 인해 외부와의 교류가 어렵고 외부 세력의 침략으로부터도 지역을 지키기 쉬웠을 것이다. 또한, 강남의 발달한 곳과 인접해 있는 지리적 환경으로 인해 휘주는 역사적으로 침략 받은 횟수가 적으며 이상적인 피난처였다. 동한(東漢) 초기부터 중원이 혼란하고 불안정하며 전쟁이 곳곳에서 일어나 많은 사람이 남쪽으로 이주할 때, 일부 중원 사람들도 휘주로 이주하였다. 20세기에 일어난 사건들도 휘주가 좋은 피난처라는 것을 증명하기에 충분하다. 일본이 중국을 침략했던 기간에 휘주는 산이 높고 길이 험해서 일본군은 공군 병력으로만 도시를 폭격하였고, 매복 공격을 당할까 두려워 휘주로 육군을 파견하지는 못하였다. 상하이와 항저우 등 함락된 지역의 피난 상인들은 휘주로 몰려왔고 많은 기관, 단체, 학교들도 옮겨왔으며 국민당의 안후이(安徽)성 당사도 한때는 둔시(屯溪)에 주둔하며 전란을 피하였다. 휘주 문화는 토박이 문화인 '산월(山越)문화'에서 진화된 것이 아니라, 전란을 피해 이곳으로 이주한 중원 사람들이 지니고 있던 중원 문화의 영향을 받아 이루어졌다. 휘주에는 다양한 문화가 서로 융합되어 휘주 문화의 변화를 촉진하였다(卞利, 2017; 王薇·張之秋·周圓圓, 2017). 즉 휘주 문화는 복잡한 사회 환경에서 휘주 사람들이 중원 문화와 융합되면서 어우러져 형성된 새로운 문화이다.

10.1.1. 휘상

휘상은 본적이 옛 휘주인 상인들을 말한다. 이들은 휘주 상인 또는 신안(新安) 상인으로 불리고 있는데, 사람들은 습관적으로 휘방(徽邦)이라고 부른다. 휘상은 명성이 대단하여 진상, 차오상(潮商)과 함께 중국 역사상 3대 상방으로 불리고, 진상, 쩌상(浙商), 쑤상(蘇商), 위에상(粤商)과 함께 중국 5대 상방으로 불리기도 한다. 휘주 상인은 대부분 역사상 안후이성 남부의 휘주부(徽州府) 출신이었다. 휘주부는 오늘날의 쓰어현(歙縣), 우이엔(婺源), 치먼(祁門), 슈닝(休寧), 지시(績溪), 이현(黟縣) 등 6개 현을 포함하고 이 지역은 역사적으로 신안군(新安郡)에 속한다(楊曉民, 2006). 이 6개 현 가운데 쓰어현과 슈닝 두 현 출신의 상인이 제일 유명하다. 휘상의 활동은 이미 남송 시대부터 시작되었고 원말 명초에 끊임없이 발전하여 명나라 중기에 이르러 이미 많은 사람에게 널리 알려졌으며, 청나라 전기와 중기 때 가장 번성하였다. 청나라 말기에 국가가 몰락함에 따라 휘상도 예전의 찬란한 모습을 찾을 수 없게 되었다. 휘상의 역사는 600여 년이나 되고 절반 이상의 시기 동안 세력이 강성하였으며, 중국 고대 상업의 역사에서 의심할 여지 없이 중요한 역할을 하였다.

안후이성은 자연환경이 비교적 열악하고, 자연재해가 빈번히 발생하며, 자연재해의 종류도 다양하다. 통계에 따르면 화산의 분출, 쓰나미 등의 지질 재해와 천문 재해를 제외한 나머지 자연재해는 지앙화이(江淮) 지역에서 모두 발생하였다. 이런 자연재해 중에서 가뭄, 홍수, 한파, 찬비, 우박, 태풍, 토네이도, 서리, 지진, 산사태, 감염병 등은 더욱 안후이성의 '단골손님'이다(汪誌國, 2007). 상기한 자연재해 중에서 가뭄과 수재가 안후이성에 가장 큰 영향을 미친다. 안후이성의 토양은 상대적으로 척박하고 설상가상으로 기후가 불안정하여 원래 농업에 취약한 땅이었다. 명나라 안후이성의 지방지 《안후이지지(安徽地志)》에는 "휘주 사람들은 대부분 장사를 한다. 형세가 그러하기 때문이다(徽人多商賈, 其勢然也)."라고 쓰여 있다. 《휘주부지(徽州府志)》에도 "휘주는 산과 인접해 있고 교통이 불편하고 땅이 척박해서 일 년 내내 수확이 적어 세금을 내기도 어렵다. 백성들은 대부분 기술을 배우거나 다른 지역과 무역을 통해 생계를 유지한다. 이런 상황은 아주 흔하다(徽州保界山穀, 山地依原麓, 田瘠确, 所產至薄, 大都一歲所入, 不能支什一。小民多執枝藝, 或販負就食他郡者, 常十九。)."라고 적혀 있다. 고염무(顧炎武)는 휘주는 "중류 가정보다 더 가난한 가정은, 땅이 없고 농사를 지을 수 없는 집이다. 형세로 인해 대부분의 휘주 사람들은 장사를 한다(中家以下皆無田可業。徽人多商賈, 蓋勢其然也)."라고 하였다. 자연환경은 농경의 발전을 제한하였지만, 산지와 구릉 지형은 사람들에게 풍부한 목재, 찻잎 등 산지 산물을 제공하였다. 사람들은 생계를 유지하기 위해 물물교환을 할 수밖에 없었다. 이러한 전통 아래 휘주 사람들은 의식적으로 상품 무역을 하기 시작하였고, 상업도 자연스럽게 생겨나 발전하게 되었다. 휘상의 비즈니스 방식에도 점차 변화가 나타났는데, 처음에는 현지의 산지 산물을 상품으로 타지의 식량과 교환하여 생계를 유지하였다. 품종이 다양한 휘주의 삼림 자원에서 충분한 목재, 잉크, 생칠(生漆)을 제공하였으므로 건축, 제지(製紙), 동유(桐油), 유칠(油漆) 등이 현지의 주요 수출 상품이 되었다. 찻잎은 더욱 전국적으로 유명하여, 치먼 홍차가 세계 3대 홍차 중 최고로 꼽혔고, 그 외 우이엔 녹차 등도 명품으로 취급되었다(朱萬曙·謝欣, 2005). 세월이 흐르면서 상인들은 점차 소금, 포목, 식량 등의 품목을 취급하기 시작하였다. 연해의 지리적 장점, 어려운 경작 조건, 복잡한 사회 정세, 국제교류의 심화 및 휘주 사람들의 사변적인 정신은 모두 휘상 단체의 형성을 촉진하였다.

경제 발전사를 살펴보면 산업의 발전과 번영은 그 뒤의 문화적 요소를 빼놓을 수 없다. 산업의 차원에 따라 의존도와 의존하는 문화의 수준이 달라지며, 높은 차원의 산업은 더욱더 깊고 풍부한 문화 요소의 뒷받침을 통해 형성된다(楊湧泉, 2005). 제3차 산업으로서 상업은 문화 함량이 높은 산업이며, 휘상의 흥행과 쇠락의 역사는 산업과 문화의 관계를 잘 보여준다. 문화는 휘상의 '신'이고 각종 상업 활동은 휘상의 '형(形)'이라고 말할 수 있다. 문화적 측면에서 휘상의 발전에 대해 해석하고, 그 내재된 함의를 인식하며 다양한 역사의 시각에서 휘상의 정신을 바라볼 때, 비로소 휘상 문화의 진가를 알 수 있을 것이다. 유교 문화는 휘상을 다른 상방과 구별하는 가장 뚜렷한 특징이다. 휘상의 '고이호유(賈而好儒)'[2]는 전통을 통해 휘상이 수백 년 동안 쇠락하지 않고 지속할 수 있도록 하였다.

휘상의 유교 문화에 대한 추앙은 여러 방면에서 나타났으며, 유교 문화의 보급에서 특히 교육에 중점을 두었다. 그들은 서원(書院), 학당을 열정적으로 설립하고, 시험 장소를 만들고, 정치 정통에 부합하는 인재를 적극적으로 양성하며, 종법 제도를 계승하였다. 휘상은 유교 문화를 자신들의 생활에서 철저히 실천하였고, 적지 않은 사람들이 상업에 성공한 후, 상인의 신분을 벗어나 공부를 시작하거나 벼슬길에 올랐다. 휘상은 여러 상방 중에서 전체적인 문화 수준이 가장 높았고, 항상 유학의 도덕과 정의로 자신의 행동을 절제하였다. 예를 들면 휘상은 이익을 보면 의리를 망각해서는 안 된다고 하였으며, "군자는 재물을 사랑하되 정당한 방법으로 취한다."라는 훈령이 전해지고 있다. 상업 경영 과정에서는 더욱 성실하고, 신용을 지켜야 하며, 물건은 진품만을 취급하며 품질과 양, 크기 등을 정확히 측정하고 값도 합리적이어야 한다. 또한 노인이나 어린이조차

---

2 유교의 정신으로 장사한다는 뜻.

도 속이지 않는 것을 중요시한다. 유교 사상은 상인들이 높은 안목을 가질 수 있게 하였고, 시세를 잘 살펴 상업적인 기회를 파악할 수 있도록 하였으며, 또한 득실을 잘 따질 수 있게 하여 상업 경쟁에서 항상 침착하게 대처할 수 있도록 하였다.

휘상은 성실하고 신용을 지키며 사람 됨됨이가 고상한 풍모로 유명하다. 휘상은 '재산을 모으는 솜씨'로 명성을 떨쳤고, 특히 도움을 받았을 때 도의를 잊지 않고, 재물을 사랑하되 정당한 방법으로 얻고자 하였다. 휘상의 행상(行商) 지혜는 소농의 의식보다 훨씬 뛰어났다. 그들은 박리다매를 견지하며, 손님에게 이익을 주어야 자신에게도 이익이 된다는 신념을 가졌다. 강매를 단호히 배척하고 고객을 속이는 상인을 처벌하도록 규정하였다. 장사 외에 그들은 특히 문화의 건설과 개인적 수양의 향상을 중시한다. 그들은 상인이라는 직업에 구애받지 않고 공익사업을 열심히 하고 백성들을 적극적으로 도왔다. 사람을 쓸 때도 인품, 학식을 우선으로 삼고, 사서오경을 숙독한 사람을 선호하며 그들에게 독립적으로 생각하는 습관, 부지런히 일하는 정신과 꾸준히 품성을 배양할 것을 강조하였다. 휘상의 인생관을 통한 품성과 수양, 그리고 유교 사상의 실천으로 오히려 이윤을 높일 수 있었으며, 평소에 남과 다투지 않고, 일을 할 때 유교의 '온량공검양(溫良恭儉讓)'[3]으로 남을 너그럽게 대하고 자신을 엄하게 다스렸다. 휘상은 항상 고향에 대한 그리움을 가지고, 우정을 중요시하며 가족 간의 정, 친척 간의 정, 세대 간의 정, 동향인 간의 정, 친구 간의 정, 이 다섯까지 정을 모두 공평하게 중요시하였다. 일상생활에서 휘상은 문인아사(文人雅士)와 같았다. 그들은 지식과 효도를 중요시하게 여기고, 예절을 배우고, 늘 글로 친구를 사귀었다. 휘상의 가정 관념은 매우 강하여 "부

3　온화, 선량, 공경, 절검, 겸양의 다섯 가지 덕.

자 사이에 혈육의 정이 있고, 군주와 신하 사이에 의가 있으며, 남편과 아내 사이에는 남녀유별이 있고, 어른과 어린이 사이에는 차례가 있고, 친구 사이에는 믿음이 있다(父子有親, 君臣有義, 夫婦有別, 長幼有敘, 朋友有信).”라는 생각을 지니고 있었다. 또한 휘상은 예의를 매우 중요시하여 고풍을 숭상하며 사람을 친절하게 대하였다. “옷차림을 단정히 하고 손님을 맞이하고 보내면서 존중과 예의를 갖춘다(正衣冠, 迎送賓客, 尊而有禮).”라는 것을 자신들의 행위 규범으로 삼았다.

휘상은 성실한 경영과 유교적인 사람 됨됨이로 중국 명청 시대에 가장 중요한 상인 집단 가운데 하나로서 남다른 기질을 가지고 있었다. 휘상은 그들의 영리한 머리로 장사를 크게 했을 뿐만 아니라, 중국의 전통 유교 문화를 몸소 실천하고 확대 발전시켜 독자적으로 하나의 품격을 갖춘 상업 문화를 형성하였다. 휘상이 중국 상업에 미친 영향은 매우 컸는데, 그들은 자신의 우아한 풍모로 ‘조봉(朝奉)’[4]이라는 호칭을 얻었으며 중국 상인의 역사의 한 획을 그었다. 휘상은 중국 상업 발전사에서의 빛나는 별이었다. 중국 상업 역사에서 무궁무진한 재산을 획득하였고, 그들이 전승한 정신은 상업 역사에서의 모범임은 물론 사람 됨됨이의 고전이었다. 휘상은 직업의 제약을 초월하여 하나의 문화적인 표지가 되어 후손들도 복을 받게 하였다.

10.1.2. 《나의 작은 역사(我之小史)》

《나의 작은 역사》는 작가 첨명탁(詹鳴鐸)이 쓴 장회체(章回體) 소설이다. 일인칭 시점으로 개인의 일대기를 통해 휘상의 발생과 역사의 변천을

---

4 조봉(朝奉)은 부자라는 뜻이다.

서술하였다. 《나의 작은 역사》는 당시 휘상들의 자서전과 원앙호접파(鴛鴦蝴蝶派)[5] 시가의 영향을 받았으며, 서사적, 자전적 성격의 역사 자료로서 가치가 매우 높다. 특히 작품에 수록된 서신, 소송사건 등은 사람들이 더욱 직관적으로 휘상 문화를 이해할 수 있도록 한다.

소설에서 휘상들은 대부분 비슷한 모습을 보여주었는데, 처음에는 문학 활동에 종사하고 여러 번 과거 시험을 보았지만, 모두 낙방하여 나중에는 생활고에 시달리게 되었고, 마지못해 상업의 길로 들어섰다. 작가는 학문에 전념하였으나 출세하기 어려워 어쩔 수 없이 집안의 장사 일을 도우면서 천천히 상업의 길을 걷게 되었다. 작가는 비록 뜻은 있었지만, 현실은 허락하지 않았다. 작가의 마음이 장사에 있지 않은 탓에 장사를 소홀히 하였고, 결국에는 가게를 계속 경영하는 것이 어려워졌다. 작가가 처한 현실로 인해 벼슬길에 오를 수 없었지만, 시사가부(詩詞歌賦) 등의 작은 재주를 익히고 있었다. 소설은 작가가 보고 들은 것을 통해 휘상의 생활과 상인들의 경쟁을 기록하였다. 그는 자신과 일부 휘상들의 경험을 통해 장사는 전쟁과 같고, 모든 정성과 노력을 투입해야 하며, 감정지수와 지능지수 그 어느 하나도 부족해서는 안 된다는 것을 독자들에게 알려주었다.

소설에서는 작가의 여행 경험도 기록하였다. 작가의 아버지가 쩌지앙성 일대에서 장사를 하여 어린 시절 그곳에서 생활한 적이 있었고, 징더전(景德鎮)에 가서 과거에 응시하였으며, 또 상하이 법정소에서 공부한 적도 있었다. 이 소설은 무심결에 많은 민속풍토를 기록하였다. 예컨대 기생집에 출입하는 모습이나, 당시의 옷차림이나 혹은 명절의 모습 등을 보여주었다. 소설에 등장하는 이러한 이야기들은 후세 사람들이 휘상 문화

---

5 청말(淸末)·민초(民初)에 상하이에서 성행했던 문학의 한 유파로 부박(浮薄)한 염정(艶情)을 소재로 삼았음.

를 이해하는 데 매우 소중한 자료가 되었다.

10.1.3. <대청휘상(大清徽商)>

드라마 <대청휘상>은 청 왕조가 점차 쇠락해가는 배경 아래 휘상의 역사와 삶의 이야기를 주로 다루었다. 주인공인 왕종오(汪宗昊), 정원량(程元亮), 왕무경(汪無競) 세 젊은이는 어쩔 수 없이 그들의 고향인 휘주를 떠나 양저우(揚州)에 가서 장사를 배웠고, 이로부터 각자의 장사를 시작하였다.

드라마에서는 대외 무역을 바라는 휘상의 욕구와 청나라의 폐쇄적인 통상수교 거부정책의 충돌, 중국의 전통 수제 공업과 서양의 기계 제조업의 충돌, 정부와 상인 간의 이익 충돌 등을 묘사하였다. 휘상들은 장사를 하기 위해 사막에 있는 강도들을 피해 다녔다. 그들은 지역 상인들에게 밀려나 오지로 가서 소금을 팔았고, 동업자의 무고를 당하여 정부의 징벌을 받았다. 또한, 휘상들은 바다로 나가 물건을 팔았지만, 이를 통해 얻은 것은 서양 상인들의 불만과 항의뿐이었다. 이는 휘상들이 어려운 환경 속에서 어떻게 살아남았는지, 그들의 지혜와 정직함으로 어떻게 위기를 극복하였는지 보여주는 것이다.

10.1.4. 휘주 민요

오랜 세월 전해져 내려온 휘주 민요에는 풍부한 휘주 문화가 들어 있다. 고대 휘주의 지리적 환경은 폐쇄적이었고 상대적으로 독립적인 민속이 있으며 독특한 지역 풍속을 형성하였다. 민요는 하나의 독특한 문화 매개체로서 널리 전파되어 백성들에게 알려지고 노래로 불리며 연출되어 휘상의 형성과 발전에 긍정적인 영향을 주었다.

전생에 덕을 닦지 않아 이번 생에는 휘주에서 태어났어.
열서너 살 무렵이면 밖으로 나가 견습생으로 일해야 해.
우산과 찬밥을 들고 산을 넘어 항저우까지 갔어.
견습생이 고생도 많고 걱정도 많아.
머리와 등에는 주먹까지 맞았어.
하루 세끼 누룽지 밥,
한 끼에 소금에 절인 생선 머리 두 개밖에 못 먹었어.[6]

이러한 민요는 모두 어린 견습생 생활의 고달픔과 휘상이라는 신분이 품고 있는 무게를 생생하게 묘사하고 있다. 지시(績溪) 가요 <편지 써서 휘주로 가다> 중 한 구절은 이렇게 부른다.

청죽엽, 청규규, 편지를 써서 휘주로 보낸다.
아빠에겐 조급해하지 말라고 하고
엄마에겐 걱정하지 말라고 썼어.
아들은 쑤저우에서 주방장을 하고 있어.
하루 세끼 누룽지 밥,
한 끼에 소금에 절인 생선 머리 두 개.
아들의 두 손은 오골계 발 같고,
아들의 두 발은 숯 장작 같아.
하늘이여 땅이여 우리 엄마여,

---

6 前世不曾修, 出生在徽州, 年到十三四, 便多往外丟, 雨傘挑冷飯, 背著甩踏鰍, 過山又過嶺, 一腳到杭州。學徒苦, 學徒愁, 頭上帶栗包, 背背馱拳頭, 三餐米飯, 兩個鹹魚頭。

아들이 밖에서 고생하고 있어.[7]

생활의 고달픔과 심리적인 고통으로 어린 견습생들이 마음속에서 히스테리적인 큰소리로 외치는데 이것은 창업의 어려움이 일반적이지 않다는 것을 보여준다. 그러나 생활이 고단하여도 그들은 여전히 생활에 대한 기대 또한 아름다운 미래에 대한 추구와 생명의 인내심을 품고 있다.

명절이 올 때마다 휘주로 돈을 보낸다.
부모님은 기뻐서 눈물이 날 정도로 웃으신다.
밀방망이 하나로 수마트라까지 와서 장사를 한다.[8]

그 밖의 다른 민요들은 휘상 간의 친밀감과 존경심, 동향인 간의 돈독한 정을 표현하였다. 다음은 그 예이다.

좋건 싫건 내 고향이 제일,
친하건 아니건 고향 사람은 그리워.
한걸음에 항저우에 가고
장사가 있으면 머물고,
장사가 없으면 쑤저우에 가고
이리저리 뛰다가 상하이에 가서
친척과 친구에게 일할 곳을 찾아달라고 부탁한다.
황산의 차향 민풍은 순박하고,

---

7 青竹葉, 青糾糾, 寫封信呵上徽州, 叫爺不要急, 叫娘不要愁, 兒在蘇州做夥頭, 一日三餐鍋巴飯, 一餐兩個鹹魚頭, 兒的那雙手像烏雞爪, 兒的那雙腳像炭柴頭, 天啊地啊, 老子娘啊, 兒在外面吃苦頭。

8 逢年過時節, 寄錢徽徽州, 爹娘高興煞, 笑得眼淚流, 一根擀面杖, 打到蘇門答臘。

진귀한 선물은 찻주전자,
돈은 별로 없지만,
고결한 절개를 여전히 지키고 있다고 전해주세요.[9]

휘주 여성의 운명은 휘상 문화와 밀접한 관계가 있다. 예로부터 "상인은 이익을 중시하고 이별을 경시한다."라는 말이 있는데 휘주 남성은 정이 깊고 의리가 있어도 일 년 내내 밖에서 바쁘게 다녀야 하는 운명은 벗어나지 못한다. 옛날에는 교통이 불편해서 남성들이 밖에서 돌아다니면서 돌아오지 않는 일이 자주 발생한다. 집에 있는 여성은 부모를 부양하고 자녀를 양육하는 책임을 지고 있으며 그밖에는 끝없는 기다림뿐이다. 휘주에는 '열녀패방(貞節牌坊)'과 '효렴패방(孝廉牌坊)'이 많이 있는데 이 두 가지 유형의 패방은 '정주신유(程朱新儒)'의 영향하에 있는 여성의 아내와 어머니 역할의 상징이며 남편이 귀가하기를 기다리는 신념의 상징이기도 하다.

또 어떤 민요들은 휘주 남성들이 밖에 나가 장사를 함에 따라 독수공방할 수밖에 없는 휘주 여성들의 쓸쓸함과 언제 만날 수 있을지도 모르는 데서 비롯된 그리움을 토로하고 있다.

휘주, 휘주, 좋은 휘주!
여자가 되어 독수공방하며,
밤에는 고개를 들어 달을 보며 별을 세고,
남편이 그리워 눈물이 소매를 적신다.

---

9 美不美, 家鄉水, 親不親, 故鄉人。 一腳到杭州, 如有生意就停留, 沒生意去蘇州, 跑來拐去到上海, 托親求友尋碼頭。黃山茶鄉民風淳, 珍貴禮物是茶壺, 人生交往薄財力, 一片冰心在玉壺。

후회하고 후회해!
밖을 돌아다니는 남자한테 시집가지 말았어야 했는데,
늘 빈집을 지키며,
무슨 고층 건물을 탐내고,
무슨 큰집을 탐내어,
밤마다 홀로 빈방에서 자다니,
오늘 이렇게 고생할 줄 알았으면 차라리 농사꾼에게 시집갔어야 했어.
낮에는 밭에 있고 밤에는 방에 앉아 있으며,
낮에는 시부모를 모시고 거실에 앉아 있고,
밤에는 남편과 꽃 침대에 있었을 것을![10]

휘주 민요는 휘주 상인들의 진실한 생활, 그들의 괴로움과 어려움, 고향 사람들 사이의 진정한 정의와 의리를 우선으로 하는 경영이념을 담고 있다. 휘주 상인들을 뒷받침해 주는 여성들의 처량함도 민요에 담겼다. 이러한 민요는 대대로 전승되면서 하나의 문화로서 보존되어 현대인들이 휘상의 역사를 돌아보는 데 풍부한 재료를 제공하여 주었다.

10.1.5. 식취(食臭) 풍습

중국의 음식 문화 중에 특별한 음식 민속이 있는데 바로 식취[11]이다. 식취 풍습은 비교적 이른 시기에 나타났다. 한나라 시대에 이미 취두부를

10 徽州徽州好徽州, 做何女人空房守, 擧頭望月連星門, 夜思夫君淚沾袖 悔呀悔, 悔不該嫁給出門郎, 三年兩頭守空房, 圖什麼高樓房, 貪什麼大廳堂, 夜夜孤身睡空房, 早知今日千般苦, 寧願嫁給種田郎, 日在田裏夜坐房, 日陪公婆堂前坐, 夜陪郎哥上花床。

11 냄새 나는 음식을 즐겨 먹는 것을 말함.

먹는 습관이 생겼고, 그 후 역대에 걸쳐 점차 널리 보급되고 풍부해졌다. 식취 풍습은 중국 각 지역에 광범위하게 존재한다.

중국의 식취는 주로 콩으로 만든 음식, 채소 절임과 취어(臭魚), 이 세 가지가 포함된다. 콩으로 만든 식품 중에서는 취두부가 대표적이며 베이징, 지앙쑤, 후난, 후베이, 윈난 등 지역에 고루 분포한다. 취두부는 고단백질이 풍부한 콩을 원재료로 하여 콩을 불려서 갈고 난 뒤 콩물을 거른 다음 간수를 넣고 나서 발효 등 많은 제조 공정을 거쳐 만들어져 백성들의 호평을 받았다. 다양한 취두부 제품 중 가장 유명한 것이 쩌지앙성 사오싱 취두부와 베이징 왕치화(王致和) 취두부인데 "사오싱 취두부를 맛보게 되면 사흘 동안 고기 맛을 모른다."라는 말이 있다. 민간의 채소 절임은 신선한 채소를 절여 흔한 밑반찬으로 만든다. 많이 쓰이는 음식 재료로는 배추, 무, 죽순, 콩 등이 있다. 취어를 먹는 풍습은 주로 광시와 안후이성에 존재하며 신선한 물고기를 처리한 후 밀봉하여 오랫동안 절여야 먹을 수 있다. 가장 유명하고 인기 있는 것이 휘주 취꾸이위(臭鱖魚)이다. 이것은 안후이성 사람들이 매우 좋아하는 요리이다.

안후이 취채(臭菜)는 종류가 많으며 특히 완난(皖南) 휘주 산간 지역에 집중되어 있다. 대표적인 것이 취두부, 취메이치엔장(臭黴千張), 취메이또우(臭黴豆), 메이부유(腐乳) 등이다. 휘주 취꾸이위에 관한 흥미로운 이야기가 있다. 예전에 휘주 지역에서는 쏘가리가 없어 멀리 떨어진 츠저우(池州)에 가서 구매해야 했다. 그러나 길이 멀어서 사 온 물고기가 자주 변질하였다. 어떤 휘주 사람이 맛이 변한 쏘가리를 버리기 아까워 소금에 절여서 냄새나는 물고기를 먹었는데 뜻밖에도 별미였다. 생선이 원래의 맛을 유지했을 뿐만 아니라 2차 조리를 거친 후에도 육질이 부드럽고 향기가 코끝을 스쳐 안후이 명물 요리가 되었다.

왜 안후이에 썩은 음식을 먹는 풍습이 존재하는가? 이것은 안후이의 지역 물산, 지리적 환경, 경제 조건 등과 관련이 있다. 음식 저장 기술이 낙후한 고대 사회에서는 많은 백성이 육류와 채소의 신선도를 유지하기 어려웠다. 안후이 지역에 비가 많이 내리고 습한 기후로 인해 음식 재료는 더욱더 쉽게 상하였다. 재난에 대한 대응 능력이 약하고 교통이 편리하지 못하며 경제가 발달하지 못한 상황에서 식량마저 극히 부족하였다. 이러한 상황에서 백성들의 먹거리에 대한 욕구는 더욱 절실하였기 때문에 함부로 먹을 것을 낭비할 수 없었다. 일정한 절임 공법을 통해 썩은 고기, 채소 등을 재가공하여 보존 주기를 연장하였고 백성에게 더 많은 음식물을 제공하였으며 식취 풍습의 발생과 발전을 촉진했으니 "썩은 것을 신기한 것으로 바꾸었다."라고 할 수 있다.

식취 풍습에 대한 평가는 두 가지 견해가 존재한다. 하나는 취채를 중국 음식문화의 특징으로 보는 견해이다. 또한, 취채의 '썩은 냄새'는 실제로 음식 재료에 번식한 곰팡이가 만들어져 식욕을 촉진할 수 있는 효과가 있다. 적당히 곰팡이가 피어서 썩는 것은 단백질이 아미노산으로 분해되도록 촉진하여 소화에 도움을 주고 글루탐산의 생성으로 맛을 더욱더 좋게 한다. 발효된 음식 재료는 왕왕 풍부한 영양 성분을 생성하여 일부 질병을 예방할 수 있다. 예컨대 100g의 취두부에는 약 10g 정도의 비타민 B12가 함유되어 있어 소화기관 질병을 효과적으로 억제하고 빈혈 등 질병의 발생 확률을 감소시킬 수 있다. 또 다른 견해는 썩고 변질된 음식에 독소와 유해균이 존재하여 영양 성분을 갖추지 못하고 암 발생 확률을 높인다는 것으로 나쁜 습관이므로 없애야 한다고 하였다. 두 가지 관점을 종합해 보면, 식취 풍습에 대한 긍정적이거나 부정적인 평가는 모두 단편적이다. 따라서 과학적인 식사 방법을 권장하다는 전제 아래 식취 풍습을 이해하고 존중하는 것이 옳다고 본다.

10.2. 나(儺)[12]

나희[13](儺戱), 티아오나(跳儺), 나무(儺舞) 등을 줄여서 '나(儺)'라고 부르는데 이것은 신비롭고 오래된 원시적 숭배 활동이다. 장시(江西), 쓰촨, 간쑤, 구이저우, 안후이, 후난, 후베이 등 지역에서 많이 유행되고 있다. 나희는 예로부터 귀신을 몰아내고 신을 섬기며 복을 비는 재난문화 현상으로 전통 종교의 다양성을 가지고 있고 각종 민속과 예술 형식이 융합하여 이루어졌다. 중국 고대의 많은 서적에 모두 '나'로 귀신을 쫓는다는 기록이 있다. 나희 연기자들은 머리에 탈을 쓰고 '나신(儺神)'으로 분장하며 춤 동작은 과장되고 매우 원시적인 풍격을 띤다. 휘주는 '나' 문화의 발원지 가운데 하나이다. 한나라 때 이미 '방상춤(方相舞)', '12신 춤(十二神舞)' 등 나무(儺舞)가 있었다고 전해진다. 현재까지 전해져 오는 것 중 치먼나무(祁門儺舞)와 우이엔나무(婺源儺舞)가 가장 유명하다. 경제가 발전하고 문화가 축적되면서 휘주의 '나' 문화도 부단히 발전하고 있으며, 현시대의 수요에 더욱 적응하면서 점차 오락적인 방향으로 가고 있다. 또한, 내포한 의미가 많이 풍부해지고 내용도 광범해지며 점차 대중들에게 환영받는 나희 문화가 되었다.

12 나(儺)는 역귀(疫鬼)를 쫓는 행사이다.

13 나희(儺戱)는 중국의 안후이(安徽)성 구이츠(貴池), 칭양(青陽) 일대, 후베이(湖北)성 서부 산간 지대에서 유행하는 희곡의 일종이다.

10.2.1 나(儺)와 나희(儺戲)

고대 휘주 지역은 교통이 불편하고 생활 수준이 낮으며 각종 자연현상에 대한 정확한 이해와 인식이 부족하였다. 사람들은 악마와 싸워 이기려면 어쩔 수 없이 신령의 비호(庇護)와 보우(保佑)를 받아야 한다고 생각한다. 신의 힘을 빌려 악귀와 싸우고 신에게 기도를 드려 날씨가 좋고 곡식이 풍년 들게 하는 것은 "초나라 사람은 무당을 숭상하고 오나라 사람은 귀신을 믿는다(楚人尚巫, 吳人信鬼)."라는 말의 토대가 되었다. 현지 사람들의 사상과 정신에 따라 토템 숭배와 귀신을 쫓고 복을 비는 '나속(儺俗)'이 생겨났다. '휘주 나(徽州儺)'를 또 '부처님을 모시는 것(出菩薩)'이라고 말하기도 하는데 이것은 당시 휘주 민간에서 성행하던 신령 숭배의 행사였다.

휘주의 나속은 역사적으로 항상 인기가 있어 명청 두 왕조에서 많이 성행하였다. 명 가정(明嘉靖)의 《휘주부지》에는 "쓰어현과 슈닝현의 백성들은 토지신과 석가모니를 모시고 축제를 한다. 연희자와 무용수를 불러 민간 탈춤을 한다."[14]라고 적혀 있었다. 청 도광(道光) 시기의 《치먼현지(祁門縣志)》에는 "새해 첫날 온 집안 식구를 거느리고 무릎을 꿇고 신에게 절을 하며 나로 억병을 쫓는다."[15]라는 기록이 있다(韋海燕 · 李朝昕, 2017). 입춘 전날 현지 지방관은 부하들을 데리고 도시의 동쪽 교외에 가서 가뭄에 대하여 점을 치고 백성들은 나희에 출연한다. 나희는 하나의 오래된 퇴마 의식(儀式)이며 민간 집회에서 퇴마 춤과 오락 문화로 나타난다. 휘주 나무는 묘우회, 제사, 축제 등 활동에서 모두 공연이 있다. 나무가 공연할 때 무용수들은 장목(樟木)이나 백목(柏木)으로 조각한 탈을 쓰고 꽃 자수를 놓은 옷

---

14 歙休之民迎神賽會, 輿土神及悉達多太子以遊, 設俳優狄鞮, 胡舞假面之戲。

15 正月元日集長幼列拜神祇, 謁祠宇, 儺以驅疫。

을 도포로 입으며 손에 방패와 도끼를 들어 강한 리듬감으로 춤을 추는데 '후예가 해를 쏨(後羿射日)', '판관이 술에 취함(判官醉酒)' 등의 신화와 전설을 보여준다. 나무의 동작은 과장되고 간단하며 인물은 선명하고도 흥미롭다. 이와 관련하여 "아무리 뒤떨어져도 최선을 다하고 남에게 무시당하지 않는다."[16]라는 속담이 있다. 나무에서 쓰는 탈은 조각이 정교하고 윤곽이 뚜렷하며 모양도 특이하다. 신의 얼굴 특징을 묘사하거나 신의 부분적인 기색과 자태를 묘사하는데 조형의 과장과 형식적인 감각이 강하며 사람에게 강한 시각적 충격을 주어 오래된 모습과 거칠고 난폭한 미를 보여주면서 재난문화의 매력을 표현한다.

휘주의 '나'에는 나무, 나희, 나제사가 포함되어 있다. 걷거나 춤을 추는 동시에 원시적인 나제사의 모습을 보유하고 있어 가장 원시적인 나문화 예술이라고 할 수 있다. 예를 들면 매년 정월 초이틀, 현지인들은 신에게 제사를 지내고 나무와 '선봉이 길을 뚫음(先鋒開路)', '토지가 장군을 죽임(土地殺將軍)' 등의 프로그램을 연출한다. 초사흘부터 엿샛날까지 현지인들은 징과 북, 생(笙)으로 반주하여 나사(儺事)를 진행한다. 이 가운데 유명한 춤 '산월인(山越人)'은 혼돈의 세계를 깨고 하늘과 땅 사이에서 빛을 추구하는 사람들의 행위를 표현하는데 이는 사람들이 재난을 불식시키고 평화와 번영을 바라는 아름다운 소원을 표현하는 것이다(劉明彬, 2014; 顔芬, 2012). 정월 초사흘, 몇몇 지역에도 나신을 영접하는 민속이 있는데 독무를 표현형식으로 삼아 재난이 줄어들기를 기도한다. '나' 문화는 간단하고, 소박하며 직접적이다. '나' 문화는 재난이 문화를 형성하는 것을 충분히 보여주었고 고대의 제사 의식이자 현대의 재난문화이기도 하다. '나' 문화

16 輸人不輸陣, 輸陣歹看面。

는 재생 불가능한 민족문화유산으로서 재난 색채가 가득한 문화 창구를 통하여 휘주 사람들의 문화적 특징과 민속풍토를 보여주고 있다.

10.2.2. <천리주단기(千裏走單騎)>

영화 <천리주단기>는 6백 년이 넘는 나희의 역사를 예술적으로 가공하고 접목함으로써 성공적으로 '나' 문화를 영화의 서사에 융합시켰다. <천리주단기>에서 보여주는 '윈난 탈극(雲南面具戲)'은 구이저우의 안순(安順) 한족 촌에서 유행하는 것이다. 안순 일대는 명나라 때 주둔의 형식으로 형성된 독특한 '둔보(屯堡) 지역'이다. 현지의 연극은 '안순지극(安順地戲)'이라고 부른다. 이런 '안순지극'은 휘주의 나희와 많은 유사성이 있다.

<천리주단기>의 주인공 다카다 켄이치(高田健一)는 아들의 생의 마지막 순간에 그의 사랑과 참회를 표현하기 위하여 속죄의 정신적 여행을 시작하였다. 다카다 켄이치는 탈문화를 연구하는 일본 전문가로 중국에서 공연 일을 하고 있었다. 그는 아들과 큰 갈등이 있었는데 아들이 불치병에 걸린 것을 알고 나서 홀로 윈난성 이장(麗江)으로 가서 예전에 아들과 약속을 했던 이지아민(李加民)을 찾아가 아들의 소원을 들어주기로 한다.

영화는 나희의 흐름과 표현 형식을 생동감 있게 묘사하였다. 이지아민은 나희 배우로, 그가 공연할 때 쓴 '관공(關公)' 가면은 색채의 묘사와 정교한 조각을 통하여 사람들이 탈을 감상하면서 하늘을 찌르는 관공의 의리와 용감성을 느낄 수 있다. 그가 나희의 공연에서 입은 의상과 도구는 비록 번잡하고 정교하지는 않지만, 양식은 매우 엄격하여 곳곳에서 나희의 공연에 정성을 들인 것을 보여줄 수 있으며, 민간에서는 이와 같은 신성한 활동을 중시하면서 경외심을 표현하였다. 영화에서 이지아민이 연

기할 때 촌민들이 모두 모여들어 구경하는데 이것은 나희 활동이 현 사회에서 이미 점차 대중적인 오락 활동으로 변함으로써 대중들이 즐겨 듣고 보는 문화라는 것을 말해준다.

'나'는 중국 조형 예술의 원천이며 역사의 유적일 뿐만 아니라 재난 문화의 힘이기도 하다. '나' 문화는 선조들의 원시적 숭배의식, 종교의식, 민족의식을 응집하여 무(巫), 도(道), 불(佛)의 다양한 요소를 융합하였으며 수천 년의 발전 과정에서 광범위한 대중적 기반을 갖추고 있는 중화민족의 문화적 보물이라고 할 수 있다.

요약

"전생에 덕을 닦지 않아서 이번 생에 휘주에 태어나고 열서너 살 될 때면 외지에서 견습생으로 일해야 한다."라는 속담은 휘주에서 태어난 것에 대한 사람들의 슬픔과 분노를 보여준다. 이러한 슬픔은 재난에서 비롯된 것이며, 이 분노는 휘주의 재난문화를 표현한 것이다. 재난문화를 탐구하는 것은 바로 일종의 문화적 기원을 탐구함으로써 사람들의 행동을 이해하는 것이다. 휘주는 산간 지역에 있어 땅이 척박하고 재난의 종류도 다양하다. 생산력이 낮고 하늘에 의지하여 생업을 유지하였던 고대에 백성들은 척박한 땅 한 마지기에만 의지하여 살아갈 수 없었다.

또한, 휘주에는 재난으로 인한 '나' 문화가 형성되었다. 휘주의 자연조건은 열악하고 곡물 생산량이 적다. 생각 속에 있는 사악한 악마와 싸워 이기려면 사람들은 부득이 신령의 가호를 빌고 신의 힘을 빌려 악마와 싸우고 신에게 기도해서 한 해의 풍년을 기원하였다. 만물에 영이 깃들어 있다는 사상과 토템에 대한 숭배로 휘주 사람들은 귀신과 질병에 대한 두려운 마음이 생겨나서 최초의 나희 활동이 생기게 되었고 이는 점차 휘주의 민간 제사 활동 중의 하나가 되었다. '나' 문화는 일종의 심리적인 위안으로 재난을 경험하는 사람들의 마음을 위로하고 공포를 치유할 수 있다.

휘상 문화와 '나' 문화가 보여주는 것은 재난을 당한 휘주 사람들의 반항, 무기력과 세상과의 화해이다. 물론, 그것들은 사람들이 탐색을 계속할 수 있는 더 깊은 의미가 있다.

卞利(2017), 「휘주의 종족 사당에 관한 연구」, 『중원 문화연구』 5, pp.114-121.

王薇·張之秋·周圓圓(2017), 「휘주 사당극장 건축의 공간 형태에 관한 연구」, 『공업 건축』 3, pp.192-197.

楊曉民(2006), 『휘상(徽商)』, 인민문학출판사.

汪誌國(2007), 「근대 안후이성 자연재해의 특징에 관한 연구」, 『재해학』 2, pp.119-123.

朱萬曙·謝欣(2005), 『휘상 정신』, 공업대학출판부.

楊湧泉(2005), 『중국 10대 상방의 비밀 탐색』, 기업관리출판사.

韋海燕·李朝昕(2017), 「무라오족 나무의 문화해독」, 『쓰촨 희곡』 5, pp.96-100.

劉明彬(2014), 「휘주 '나(儺)'문화의 전승과 발전전략」, 『면양사범대학 학보』 6, pp.93-97.

顏芬(2012), 「시앙시(湘西) '나'문화와 심종문(沈從文)의 문화 의식에 관한 연구」, 화중사범대학 석사학위논문.

제11장

백산흑수(白山黑水)

'백산흑수'는 구체적으로 백두산과 헤이룽장을 가리키며 흔히 중국 둥베이(東北) 지역을 지칭한다. 둥베이는 헤이룽장, 지린, 랴오닝 3성 및 네이멍구의 일부 지역을 포함하며 문명의 교류가 가장 빈번한 지역 중의 하나이다. 이 지역에서는 중원 문화, 소수민족 문화, 이국의 문화를 포함한 다문화가 형성되어 있다. 둥베이는 사방이 산과 물로 둘러싸여 있고 넓고 기름진 들판이 끝없이 펼쳐져 있으며 겨울이 반년 이상을 차지한다. 이와 같이 독특한 생태 환경은 둥베이의 특수한 지역 풍습을 만들었고 그중에는 '삼보(三寶)', '사향(四香)', '십대괴(十大怪)' 등이 포함되어 있다.

둥베이 문화는 중원 문화의 토대 위에서 발전해 왔다. 재난은 역사적으로 둥베이 지역에 광범위한 인구 유입을 가져왔다. 대량의 유민, 수비군(戍軍), 이주는 틈관동이라는 현상을 형성하였고, 중원 문화, 제노문화(齊魯文化), 영남문화(嶺南文化), 오월문화(吳越文化)는 둥베이 문화에 생기를 불어넣었다.

이인전(二人轉)은 현재 사회에서 여전히 계승, 발전하고 있는 둥베이의 특징적인 문화이다. 다른 문화 현상과 비슷하게 이인전도 재난의 흔적을 보여주고 있다. 이인전은 둥베이의 '따궈차이(大鍋菜)'와 유사하게, 중국 전통예술의 각종 공연 형식을 한데 모아놓은 형태로 계승, 발전되어 왔다.

11.1. 십대괴(十大怪)

둥베이는 삼림이 무성하고 산지, 분지, 호수가 많다. 또한, 바다와 가깝고 강수량이 많으며 여름에는 공기가 습하고 겨울에는 눈이 많이 내린다. 추운 둥베이에는 많은 이색적인 문화 풍습이 있는데, 이를 '둥베이 십대괴'라고 부른다. '십대괴'는 둥베이 지역의 독특한 생존 환경에 따라 진화하여 형성된 행위 습관인데, 다른 지역과의 차이가 커서 일종의 괴이한 현상으로 여겨지기도 한다. 이러한 행동은 둥베이 지역의 생태 환경과 사회 환경의 작용으로 생성된 것으로, 재난을 예방하고 막기 위하여 부득이 채택된 생활 방식으로(胡兆量·韓茂莉·阿爾斯朗·瓊達等, 2017; 中國地理百科叢書編委會, 2016), 크게 열 가지로 나누어 볼 수 있다.

문종이를 밖에 붙이다: 둥베이 초기에는 마지(麻紙)로 격자창을 붙여 바람과 추위를 막았다. 문종이를 안에 붙이면 실내온도가 높아지면서 문종이가 열을 받아 팽창하여 팽팽해지는데, 찬바람이 불게 되면 문종이가 소리를 내고 또 파손되기도 쉽다. 그러나 문종이를 창문 밖에 붙이면 바람이 문종이를 밀 때 받는 압력을 이용하여 바람의 압력을 줄이고 실내외 온도 차이를 형성하여 문종이의 파손율을 낮출 수 있다.

처녀가 담뱃대를 입에 물다: 이런 현상은 과거 둥베이 농촌에서 비교적 보편적이었다. 둥베이 아가씨들은 집안에서 고양이처럼 웅크리고 앉아서 겨울을 보낼 때 흔히 입담배를 피우며 시간을 보내는데 입담배로 입이나 손을 따뜻하게 할 수 있다. 또한, 논밭이나 산에서 일할 때 불더미를 만들어 연기를 피우거나 담배를 직접 피우는 방법으로 모기, 눈에놀이, 뱀 등을 쫓을 수 있다.

아이를 매달아 키우다: 아이를 매달린 요람에 놓아두면 편안히 재울 수 있고 어른들은 그 시간을 이용하여 일과 생활을 할 수 있다.

아가씨가 가라하(嘎拉哈)를 좋아하다: '가라하'는 돼지, 소, 양, 고양이, 개, 고라니, 사향노루, 낙타 등 동물 뒷다리의 종지뼈이다. 이는 총 4개의 면이 있으며 넓은 두 개의 면을 '컹얼(坑兒)', '두얼(肚兒)'라고 부르고 양쪽 측면을 '전얼(磲兒)', '뤼얼(驢兒)'이라고 하는데, 둥베이에서는 일종의 장난감이다(於濟源, 2014).

할아버지, 할머니가 화로와 온돌로 몸을 녹이다: 기후가 몹시 추운 둥베이 지역의 가난한 사람들은 석탄을 사서 난로를 피우지 못하여 볏짚, 옥수숫대, 콩대 등으로 온돌을 데워 몸을 녹인다.

주름 부들 신발을 신다: 따뜻한 면고무신을 구입하지 못하는 사람들은 마른 부들로 엮은 신발로 추위를 막았다. 부들 잎에는 벌집 모양의 틈이 있어 방한과 단열 기능이 있다. 부들로 짜는 신발에는 많은 주름이 있어 매우 실용적이다.

설날에는 점두포(黏豆包)를 먹다: 점두포를 먹는 것은 주로 만주족의 음식 풍습에서 유래된 것이다. 만주족은 좁쌀과 찰진 음식을 즐겨 먹는다. 겨울이 되면 기장을 갈아서 가루를 내어 팥소를 싸서 찜통에 넣고 쪄서 익힌 후 냉동 보관해 두면 언제든지 손쉽게 먹을 수 있다.

신선한 채소가 아닌 쏸차이(酸菜)를 먹다: 둥베이 지역은 겨울에 채소가 부족하기 때문에 먹을 채소를 충분히 마련하기 위하여 땅에 구덩이를 파서 배추와 무를 저장하며 쏸차이를 만들기도 한다. 쏸차이[1]는 발효 원리를 이용한 것으로 이듬해 봄까지 보관할 수 있다.

---

1 한국의 백김치와 비슷한 절인 음식을 말함.

신선춤을 추어 요괴를 잡고 마귀를 물리치다: 과학적 상식이 부족하다보니, 무법자들은 사람들이 요괴와 악마를 두려워하는 심리를 이용하여 신들린 척하면서 백성을 우롱하고 재물을 빼앗고, 노래와 춤으로 '굿'을 하여 요괴를 쫓아내고 마귀를 물리쳤다(曹保明, 2006).

굴뚝을 담벼락 밖에 세우다: 집을 지을 때 벽돌을 쌓는 기술이 부족하여 굴뚝이 지붕 위로 뚫고 나가면 비가 올 때 빗물이 굴뚝을 따라 집으로 흘러들어 벽 아랫부분이 젖는 현상이 벌어진다. 사람들은 이런 일이 벌어지지 않도록 집을 지을 때 굴뚝을 집 한쪽에 세운다(於濟源, 2014).

이상과 같은 십대괴가 출현하게 된 주된 원인은 경제사회가 낙후한 상황에서 둥베이 지역의 사람들이 여전히 우박이나 냉해 등 자연재해를 막아야 하기 때문이었다. 지금은 십대괴가 점차 사라지면서 사람들이 한가한 시간에 아이들에게 들려주는 이야깃거리가 되었다.

11.2. 라방타오(拉幫套)

다양한 유형의 자연재해나 사건에 직면할 때 다른 곳으로 이주 혹은 피난하는 것은 사람들의 생존을 위한 선택이 되었다. 궈링리(郭伶俐) 교수는 "과거와 현재, 중국과 외국을 통틀어 이주 현상은 매우 흔한 일이다. 이주 원인은 대단히 복잡하고, 그 과정에는 위험이 끊임없이 돌출되며 그 결과 또한 다양하게 나타난다."라고 언급하였다. 이주는 개인의 의지에 따라 자발적 이주와 피동적 이주로 구분할 수 있다. 출입 차이로 보면 전입과 전출로 분류할 수 있다. 이주 과정으로 보면 상대적으로 순조롭게 이루어지는 이주가 있는가 하면, 많은 험난한 굴곡을 거치는 경우도 있다. 결과적으로 말하자면 전입지의 문화에 동화되어 뿌리를 박은 이주가 있는 반면 전입지의 문화에 융합되지 못하여 다시 고향으로 돌아가는 이민도 있다.

어떤 형태의 이주민이라 할지라도 재난과 떼어 놓을 수는 없다. 만약 차이점이 있다면 재난의 경중 정도만 다를 뿐 재난이 없이 단독적인 이주 현상은 거의 없다. 중국은 근대 이래 '틈관동', '주서구', '하남양' 등의 유명한 이주 현상이 있는데, 모두 재난에서 비롯되었으며 이에 따라 각종 유형의 재난문화 현상도 형성되었다. 예를 들면 산둥, 허난, 허베이, 네이멍구 등지의 사람들에게 잘 알려진 '틈관동' 이야기가 있다. 시작점으로부터 말하자면, 틈관동은 지역 생산량으로는 사람들을 먹여 살릴 수 없었으므로 어쩔 수 없이 땅이 넓고 사람이 적은 둥베이로 가서 생존 기회를 찾아야 했다. 종점인 둥베이에 도착하고 틈관동으로 들어온 사람들이 또 많은 문제를 초래하였는데, 라방타오가 그중의 하나이다.

11.2.1. 라방타오

'라방타오'의 본래 뜻은 말과 마차를 함께 묶는 형식을 말한다. 일반적으로 마차는 끌채를 끄는 말 한 필과 끌채 곁에서 끄는 말 한 필, 즉 두 마리의 말이 끌게 되는데, 끌채 곁에서 끄는 말은 끌채를 끄는 말 바로 앞에서 마차를 끌게 되는 방식을 취한다. 만일 하중이 너무 무겁거나 노면이 좋지 않아서, 그 두 마리로는 마차를 끌 수 없게 되는 경우에는, 끌채 곁에서 끄는 말 옆에 보조하는 다른 말 한 필을 더 묶어서 끌게 한다. 이때 보조로 끌게 되는 말이 바로 '라방타오'인데, 이는 마차 끄는 일을 돕는다는 뜻이다(於濟源, 2014; 堯山壁, 2011).

라방타오는 비유적인 말이다. 가정과 생활을 마차에 비유하자면, 끌채를 끄는 사람과 끌채 곁에서 끄는 사람 모두 이 마차가 앞으로 갈 수 있도록 하는 것이다.

둥베이에는 비옥한 흑토지가 있지만, 기후의 영향으로 늘 땅은 넓고 사람이 적었다. 따라서 1인당 평균 경작지가 적은 산둥, 허베이, 허난, 네이멍구 등지의 주민들은 끊임없이 보하이를 건너고 만리장성을 넘어 아직 개발되지 않은 둥베이 지역으로 들어갔는데 이것이 바로 '틈관동'이다.

관내(關內[2])에서 온 일부 사람들은 가족을 거느리고 왔고, 일부는 독신남인데 후자의 경우에는 분명 가정을 이루는 문제가 존재한다. 낯설고 물선 곳에서 혼인과 출산은 어려운 문제가 되기 쉽다.

훗날, 둥베이 지역을 개발하기 위하여 정부는 다년간의 지역 봉금령을 폐지하였고 한족들이 둥베이로 이주하는 것을 장려하였다. 그 결과 인구수는 다시 빠르게 증가하였다.

틈관동으로 온 사람들은 목적지에 도착한 후 농촌에서는 일꾼이, 삼림 지구에서는 임업 노동자가 될 수 있었고, 또 어떤 사람들은 칼갈이 장인, 목수나 미장이, 임시 도우미 등이 되기도 했다. 도시에서는 소상인이나 점원으로 일할 수도 있고, 물론 몇 명은 점주가 되기도 했다.

비록 소수의 사람이 도시에서 생계를 찾았지만, 대부분 틈관동을 한 사람들은 여전히 둥베이 시골에서 살길을 찾는다. 현지에 많은 토지와 자원이 있음에도 불구하고 전반적으로 생활환경은 열악하였다. 생활이 극

2 관내(關內): 산하이관(山海關) 서쪽 또는 자위관(嘉峪關) 동쪽 일대의 지방을 말한다.

히 곤궁한 가정은 생계를 유지해야 하는데 돈이 없어 일꾼을 고용할 수 없다. 그러다 보니, 많은 현지인이나 이주해 온 독신남들이 가난해서 장가를 못 가고 결국 일종의 독신남 도우미가 되었다. 독신남은 자신의 힘으로 가난한 가정의 도우미가 되고 그 보답으로 이 가정으로 들어가 생활상의 도움을 받으며 가정에 없어서는 안 될 일원이 된다. 이것이 비로 '라방타오'이다. '라방타오'가 틈관동 이후에 나타난 것은 아니다. 둥베이의 빈곤 지역에는 오래전부터 자연적으로 이런 가정에서 서로 돕는 형식이 파생되었는데 다만 틈관동 이후 더욱 보편화되었다. '라방타오'가 처음 나타나게 된 원인은 해당 지역의 기후와 경제적 영향을 받은 것이고 재난으로 인해 많은 외지의 이주민에 의해 또 이 지역의 가정형태가 더 강화되었다.

'라방타오'의 관계를 보면 원 가정의 남편은 일반적으로 장애인이거나 몸이 약한 사람으로 아내에게 '밥통'이라 불리는 약자이다. 가족을 먹여 살리고 아내를 만족시킬 능력이 없기 때문에 이런 난처한 방법으로 해결할 수밖에 없다. 가정의 여주인이 바로 이 관계의 중심이며, 그녀는 어쩔 수 없이 두(혹은 더 많은) 남자를 돌봐야 했지만, 이 관계에서 생활이나 생리적인 만족을 얻었다.

'라방타오'는 성이 다른 두(또는 그 이상) 남자가 한 가정에서 생활하여야 한다. 생활이 너무 가난해서 도움이 필요하거나 가장이 몸이 약해서 보살핌이 필요하거나 경제활동에서 거듭 실패하면서 도움이 필요한 가정에는 '라방타오'가 필요하다.

'라방타오'는 시대적 색채를 띠고 있으며 재난이 가져온 가난의 산물이다. 이것은 서로의 필요를 만족시키기 위해 구성된 기형적인 가족 형태로 가난하고 무력한 두 부류의 사람들이 사회적 지원을 받지 못할 때 선택하는 일종의 공조 형식이다. '라방타오'는 '일처다부제(一妻多夫制)'와는 다른데, 그 이유는 사람들이 흔히 '라방타오'의 합법적인 남편 신분을 인정하지 않기 때문이다.

그러나 '라방타오'의 가정은 가난한 농촌에서는 어느 정도 인정을 받았다. 한 여성이 남편의 장애나 나이, 가난한 살림 때문에 자녀의 양육을 제대로 할 수 없어서 가족을 부양하는 데 도움을 줄 수 있는 건장한 남자를 찾는 것은 왕왕 사람들의 동정과 묵인을 얻을 수 있다.

물론 이러한 현상도 있다. '라방타오'로 가정에 들어온 남자가 원래 남편을 뛰어넘는 능력을 보이면, 일을 도맡아 하면서 가정을 가난에서 부로, 약에서 강으로 바꾸고, 주부의 진심어린 대접을 받게 된다. 즉 여자의 사랑을 받는 것이다. 시간이 흐르면서 '라방타오'가 떠나지 않고, 오히려 점차 이 집의 주인이 되고 이웃들도 그를 집주인의 위치로 인정하지만, 여전히 가장으로는 인정하지 않으며, 여주인과의 사이에서 낳은 아이도 원래 남편의 성씨를 따른다. 다만, 그 가족의 명의로 관혼상제에 참석하면서 축의금이나 조의금을 낼 때 명단에는 자신의 이름을 쓰고 그 뒤에 괄호를 넣어 원래 남편의 이름을 적어야 한다.

또 한 가지는 '라방타오'의 가족 구성이다. 같은 마을에서 함께 일하는 동반자나 친구, 지인 가운데 젊고 힘이 센 남자들로서 늘 왕래하며 서로 도와주는 관계이고 원래 부부가 고마운 마음이 있으면 이 사람은 남아서 가족과 함께 상주할 수 있다.

'라방타오'와 '다훠(搭夥)'는 다르다. '라방타오'는 원래의 가정에 남편이 있고 남편과 비슷한 사람이 한 명 더 있는 것이다. '다훠'는 원래의 남편이 이미 외출하거나 집을 나갔거나 가출하여 대부분 감감무소식일 때 여자가 청하거나 다른 사람의 소개로 들어온 '동반자'이다.

'다훠'는 표면상으로는 서로 돕는 것처럼 보이지만, 생활에서 '임시적인 부부'라는 뜻이 있다. 그들의 아이 또한 원래 남편의 성씨를 따른다. 여성의 원래 남편이 집으로 돌아오면 '다휘'라는 남자는 이 집에서 떠나야 한다. 만약 떠나지 않고 또 쌍방이 모두 동의하면 그 남자는 '다휘'에서 '라방타오'로 바뀐다.

'다휘'와 관계하는 여성은 모두 결혼한 부녀들로 가정이 있으며, 그녀들 중 대부분은 아이가 있다. 여성은 가정에서 주도적인 지위에 있으며 홀로 가정생활을 지탱해 온 지 상당히 되었고 주변 이웃들은 이미 그녀의 독립적인 가정의 존재를 인정한다. 그러나 생활이 극도로 어려워서 혼자서는 집안의 노인과 어린아이를 부양할 수 없게 되면, 그녀는 가정이 없거나 혹은 가정이 있지만, 연락이 없으며 현지에서 홀로 사는 독신 남자에게 도움을 청할 수 있다.

이러한 구조의 특징은 몇 가지 측면을 포함한다. 첫째, 쌍방은 처음부터 이 집이 임시로 결합한 가족이라는 것을 인정하며, 오직 '다휘'의 명분만 존재한다. 둘째, 만약 여성의 남편이 집으로 돌아오면 '다휘'는 반드시 오랫동안 살았던 그 집에서 떠나야 한다. 셋째, 남녀 쌍방의 동의로 가정이 이루어지므로 들어올 때 어떠한 의식도 필요하지 않다. 넷째, 여성은 가정의 주인이고 남성은 잠시 거주할 뿐이다. 남성은 이 가정의 구성원으로 인정되지 않으며 이웃 사람들 간에, 경조사에서 가족을 언급할 때면 반드시 여성의 이름을 붙여야 한다. 남성의 이름으로는 이 가정을 대표할 수 없다.

11.2.2 <마음의 빚(情債)>

'라방타오'는 오랫동안 유지되어 온 사회현상이기 때문에 예술작품에서도 어느 정도 나타난다. 예컨대 유명한 배우 리요우빈(李幼斌)이 출연한 드라마 <마음의 빛>에서는 '라방타오'인 청년의 인생 역정을 묘사하였다.

<마음의 빛>은 지린 텔레비전 방송국과 중국 중앙 텔레비전 방송국의 영화와 텔레비전부에서 합작하여 찍은 드라마이다. 드라마는 "계급투쟁만 틀어쥐면 모든 것이 다 잘 된다(階級鬥爭一抓就靈)."라는 인민 공사 시기의 농민들의 어려운 삶을 그려내었다.

드라마 속의 주스(朱四)는 마을의 목공으로 한때 같은 마을에 연인이 있었다. 그러나 연인의 어머니가 죽기 직전 딸을 당시의 소대장과 약혼시켰다. 그 이유는 목공은 당시 '자본주의'에 속하는 데 반해, 소대장은 출신도 좋고 근무 성적도 양호하며 정치적 태도도 믿을 만하고 안정적인 수입이 있어 밥을 먹는 데는 문제가 없었기 때문이다. 그리하여 주스는 계속 아침에 저녁 일을 보장할 수 없는 빈곤한 생활을 하면서 연인이 다른 사람의 아내가 되는 것을 보고 있어야 하였다.

같은 마을의, 병으로 노동력을 상실한 지앙라오치(薑老七)는 생활을 영위하기 어려워 아내와 함께 주스를 집으로 데려와 세 사람이 함께 생활을 하게 되었다. 주스는 지앙씨 집안의 주요 노동력으로 일가족 여섯 명(자신을 포함하지 않음)을 위하여 돈을 벌어 식량을 사며 아이의 학비를 내고 약을 사서 지앙라오치의 병을 치료하였다.

지앙라오치 집에서 '라방타오'가 된 이후 주스는 마을에서 일해서 번 노동 점수와 위험을 무릅쓰고 '자본주의'의 방법으로 번 돈으로 네 아이가 있는 지앙씨 집안의 빈곤하고 궁핍한 삶을 많이 개선하였다.

전체적으로 드라마는 '라방타오'를 매우 상세히 그려내었는데 여기에는 예물은 반드시 남편과 아내가 함께 준비하여야 한다는 것까지도 포함하였다. 따라서 지앙라오치는 어쩔 수 없이 아픈 몸을 끌고 밖으로 나가야 했다. 이웃들은 이상하게 생각하면서 "라오치, 당신은 왜 밖에 나와 있어?"라고 물어본다. 이것이 바로 의식에 필요한 한 가지 행위이다. 그런데 '라방타오'로 번 돈은 아내가 맡아서 관리해야 하고 남편이 관리하는 것은 합리적이지 않은 일이다.

이러한 관계를 끝내는 것도 매우 흥미로운 일이다. 덕성과 명망이 높은 마을 사람들이 관계 해지 임시 소조를 만들어 재산 분할 및 관계 유지 기간에 태어난 아이의 양육권 문제를 다루었다. 만약 아이가 두 명이면 일반적으로 두 사람이 각각 아이를 한 명씩 데리고 간다. 드라마에는 아이가 한 명뿐이고 지아라오치는 이미 아이가 네 명 있으며 또 사람들도 새로 태어난 아이가 주스의 아이로 생각하였기 때문에 결국 아이를 주스에게 주었다. 물론 드라마에서 관계 유지 기간 동안 여자에 대한 귀속권 분배를 어렴풋하게 설명하였는데 대체로 '월수금'과 '화목토'의 원칙으로 분배하였다.

11.2.3. <세 사람의 겨울(三個人的冬天)>

장이페이(張夷非)가 감독하고 지앙웬리(蔣雯麗), 자오쥔(趙軍)이 주연한 영화 <세 사람의 겨울>도 라방타오에 관한 것이다.

1940년대, 백두산 삼림지대의 벌목공 웨이다산(魏大山)은 한 사고에서 다른 사람을 구하였지만, 자신은 오히려 중상을 입고 반신불수가 되었다. 여러 해 동안 의사를 찾아 약을 구했지만, 병세는 나아지는 기색이 전혀 없었고 집안 살림도 나날이 궁핍해졌다. 궁지에 몰린 웨이다산은 제자 허이타(黑塔)에게 구원을 청하였고, 가난한 지역의 풍습인 '라방타오'를 이용하여 현재의 곤경을 해결하려고 하였다. 그저 스승을 도와 드리고 싶은 마음이 컸던 착한 허이타는, 얼마든지 스승을 등에 업고서 이곳저곳으로 의사를 찾아다닐 수는 있었지만, '라방타오'는 허락하지 않았다. 그런데 선량하고, 정직하며 의협심이 강한 허이타에 대해 고마워하던 웨이다산의 아내 윈펑(雲鳳)은 허이타에게 다른 마음을 먹게 되었다. 이 사실을 눈치 챈 웨이다산은 윈펑을 학대하기 시작하였고, 이 행위는 오히려 윈펑을 헤이타에게 더 가까이 다가가게 하였다. 한번은 허이타가 웨이다산이 아내를 학대하는 것을 목격하고서 화를 내면서 웨이다산을 때렸고, 그는 짐을 메고 떠나려고 하였다. 하지만 윈펑이 자신의 아이를 가졌다고 말을 하자, 그는 멀리 떠나려고 했던 생각을 단념하였다. 막내딸 선화(參花)가 7살일 때, 산속에 있는 온천이 반신불수를 낫게 해 줄 수 있다는 말을 듣고 날이면 날마다 작은 썰매를 끌고 웨이다산을 온천에 데리고 가서 씻겼다. 과연 웨이다산의 병은 말끔히 나았고, 그는 전처럼 다시 일하며 집의 생계를 유지할 수 있었다.

둥베이가 해방되면서 '라방타오' 풍습이 폐지될 운명에 처해졌다. 그리고 웨이다산의 몸은 완쾌되었지만, 아내와의 감정적 균열은 메울 방법이 없었다. 허이타와 윈펑은 집과 토지 등 재산을 모두 웨이다산에게 주고 떠나기로 하였다. 그런데 웨이다산이 딸 선화를 몰래 데려가 버려서 윈펑은 몹시 괴로워하였다. 두 사람이 산에서 헤어지자고 말하고 있을 때 선화가 그들을 향해 달려오는 것을 보았다. 산기슭에서 웨이다산은 짐을 메고 눈 덮인 망망한 벌판으로 유유히 사라졌다.

11.3. 이인전(二人轉)

이인전은 중국 둥베이 민간의 독특한 예술 형식으로 중국 민요에 속하며 둥베이 3성, 네이멍구 동부와 허베이 동북부에서 모두 인기가 높다. 이인전은 역사적으로 각종 예술의 정수를 받아들였고 전통적인 희곡의 가락과 당대의 유행 요소를 결합하였기 때문에 희곡의 무대 기교뿐만 아니라 둥베이의 지역적 특색도 지니고 있다. 다양한 유행 가요의 요소들을 넣었기에 이인전은 희곡처럼 들리기도 하고 노래처럼 들리기도 한다(郎鏑, 2010; 顏培金·顏鑠, 2017). 둥베이 지역은 지리적 위치가 외지고 경제가 발달하지 못하여 해마다 혹독한 추위의 피해를 보아야 했다. 그래서인지 이인전에는 둥베이 재난문화에 대한 정보가 많이 포함되어 있다.

11.3.1. 곡칠관(哭七關)

중국 둥베이의 풍습에 따르면 사람이 죽은 후 '칠관(七關)'을 지나야 사후 세계로 들어갈 수 있다고 한다. 가족들은 울음소리로써 죽은 자가 일곱 개의 관문을 지나갈 수 있도록 인도하는데, 이것은 죽은 자의 영혼을 제도하는 초도(超度) 형식의 일종이다. 여기서 말하는 일곱 개의 관문은 망향관(望鄕關), 아귀관(餓鬼關), 금계관(金雞關), 아구관(餓狗關), 염라대왕관(閻王關), 야차관(衙差關), 황천관(黃泉關)을 말한다. <곡칠관>은 둥베이 이인전의 유명한 울음소리 가락 중 하나로 죽은 자가 일곱 개의 관문을 지나면서 겪는 경우를 묘사하였다. 아버지에 대한 울음을 예로 들어 보면 그 가사는 다음과 같다.

> 아이고 향불이여, 연기가 구천으로 피어오르네. 대문에는 종잇조각을 내걸고 중문에는 백범을 걸었네. 아버지는 하늘로 가셨고, 자식들은 땅에 무릎을 꿇고, 아버지께 곡칠관을 불러드리네.

아이고 곡칠관아, 첫 번째 칠관을 울었네. 첫 관문은 망향관일세. 아버지는 고개를 돌려 고향을 바라보시네. 아버지는 관 속에 누웠고, 딸인 나는 땅에 무릎 꿇고, 아버지의 재난을 물리치기 위하여, 아버지께 곡칠관을 하네.

아이고 곡칠관아, 일곱 번째 칠관을 울었네, 칠관은 황천관이라. 황천길은 아득하여 금동이 길을 안내하고 옥녀가 옆에서 동반하네. 아버지께서는 말을 타시고 가마를 타시고, 무사히 서천으로 가시네.[3]

<곡칠관>은 사람이 죽은 후 길고도 긴 영혼의 여정을 반영하고 있다. 이것은 둥베이 지역에서 해마다 겪고 있는 추운 날씨와 일치한다. 추위를 막기 위하여 둥베이 사람들은 여러 가지 방법과 수단을 이용한다. 계절별로 여러 가지 자원을 저장하여 엄동설한을 대비한다. <곡칠관>에는 죽은 자의 영혼이 관문마다 나타나는 서로 다른 상황에 대처하는 방법들이 담겨 있다. 이것은 둥베이 지역이나 환경에 따라 적용하는 적절한 방법이나 시간에 맞춰 재난에 대응하는 방법을 구현한 것이다. 곡칠관의 일곱 개 관문은 험난해 보이지만 결국 모두 통과할 수 있고 사람의 영혼 또한 이를 통해 승화할 수 있음을 말해준다. 이는 추운 겨울은 반드시 지나가고, 봄은 무조건 찾아온다는 기후가 주는 심리적 암시이기도 하다.

---

3 一呀嗎一炷香啊, 香煙升九天, 大門掛碎紙, 二門掛白幡, 爹爹歸天去, 兒女們跪在地上邊, 跪在地上給爹爹唱段哭七關。哭呀嗎哭七關哪啊, 哭到了一七關, 頭一關關是望鄉關啊, 爹爹回頭望家園啊, 爹爹躺在棺槨裏, 兒女我跪在地上邊, 爲了爹爹免去災難, 我給爹爹哭七關。哭呀嗎哭七關啊哭到了七七關, 七七關是黃泉關, 黃泉路上路漫漫, 金童前引路玉女伴身邊, 爹爹您騎馬坐著轎, 一路平安到西天。

11.3.2. <열 번 꿇어 어머니의 은혜를 중히 여기다(十跪母重恩)>

<열 번 꿇어 어머니의 은혜를 중히 여기다>도 곡(哭喪) 할 때 흔히 볼 수 있는 이인전의 곡목(曲目)으로, 오직 어머니를 위하여 창작해 낸 것이며, 사람이 죽은 후의 세상을 묘사하는 것이 아니라 어머니 일생의 고난을 묘사한 점이 <곡칠관>과 다르다.

> 한번 꿇어 어머니의 은혜를 중히 여긴다. 아들을 낳아 기르시고, 임신 십 개월, 밤낮으로 고생하시고, 식사가 점점 적어지며, 온몸이 불편하셨다. 출산이 임박했을 때, 목숨은 전혀 돌보지 않으셨다.
>
> 아홉 번 꿇어 어머니의 은혜를 중히 여긴다. 자식이 보고 싶어 어머니가 어지럼 증세가 나타나셨고, 병으로 침대에 누워 두 눈에는 눈물이 줄줄 흘러내리신다. '어머니'라고 부르며 울었다. 아들이 불효하여 어머니께 근심을 더하였다.
>
> 열 번 꿇어 어머니의 은혜를 중히 여긴다. 자식을 30년 동안 기르셨는데 자식은 30년 동안 불효하여 어머니가 몹시 상심하셨으니, 어머니 눈물을 흘리지 마시고, 아들이 할 말이 있어요. 어머니는 웃으세요. 아들이 노래를 불러드리겠어요.[4]

<열 번 꿇어 어머니의 은혜를 중히 여기다>는 오늘날 희곡이 인기를 끌지 못하는 동베이에서는 여전히 유행되고 있는데, 주로 고향을 떠

---

4 一跪那母重恩, 養兒生身母, 懷兒十個月, 日夜娘辛苦, 飮食漸漸少, 遍體不舒服, 臨產之時, 性命全不顧. 九跪母重恩, 想兒娘發昏, 病在床上兩眼淚紛紛, 哭了一聲母, 叫了一聲娘, 兒子不孝順, 母親添憂愁. 十跪母重恩, 養兒三十年, 三十年兒不孝, 娘傷透了心, 母親別流淚, 兒想說句話, 母親笑一笑, 兒給唱歌謠.

난 둥베이 사람들의 마음 한편에 간직하고 있는 미안함과 관련이 있다. 이러한 양심의 가책을 느끼게 만든 것은 둥베이 인구 유출 현상 때문이기도 하다. 둥베이는 예전에 중요한 인구 유입지였고, '틈관동'은 지금도 많은 사람의 마음속에 깊은 기억으로 남아 있다. 다만, 근래 들어서는 인구 유입이 이미 과거 역사가 되었고 인구 유출이 둥베이의 보편적인 현상이 되었다. 최근 몇 년 동안 둥베이 3성은 인구 유출이 가속화되는 국면을 보인다. 인구가 감소하면서 둥베이 지역은 외지 사람들을 끌어들이는 매력이 낮아졌다. 평화로운 시기의 인구 유동의 주요 동력은 경제적 요인인데, 지역 경제 발전의 불균형은 둥베이 사람들을 더 좋은 취업 기회와 수입이 더 높은 곳으로 향하게 하였다. 둥베이 지역의 연봉은 동부, 서부, 중부 다음이다. 최근 몇 년간 중국 둥베이 도시의 비사기업(非私企業) 직원의 평균 연봉과 중소도시의 사기업 직원의 평균 연봉 모두 전국의 평균 수준보다 낮다. 둥베이의 인구 유출은 주로 주지앙삼각주(珠江三角洲), 창지앙삼각주(長江三角洲)와 징진지(京津冀)에 집중되어 있다. 타지역에서 취업하는 것 외에, 둥베이 지역의 새로운 추세는 남방으로 가서 노후를 보내는 것이다. 둥베이 지역은 위도가 비교적 높고 겨울이 추워서 점차 많은 노인, 특히 심뇌혈관질환을 앓고 있는 노인들은 남방으로 가서 노년을 편안히 보내는 것을 선택한다.

11.2.3. 따궈차이(大鍋菜)

이인전은 생성 초기부터 개방적인 성향을 가지고 있고 지금까지 각종 예술의 정수를 흡수해 오면서, 여러 다양한 요소로 자신의 매력을 더하고 있기에 예술의 '따궈차이'라고 부른다. 따궈차이는 이인전과 마찬가지로 둥베이의 백두산과 헤이룽지앙에 깊은 뿌리를 내리고 있다. 따궈차이는 중국 둥베이 지역의 일종의 전통 요리로서 재료가 다양하고 영양이 풍부하며 국물이 진하다. 따궈차이라고 부르는 이유는, 이 음식은 여러 가지 맛을 가지고 있을 뿐만 아니라 백성들이 함께 힘들게 일하였다는 특징에서 기인한다.

따궈차이는 큰 솥에 여러 가지 채소를 넣고 끓여, 각종 채소가 서로 양념이 되어 잡스럽지만 지저분하지 않고 자질구레하지 않다. 모든 것이 따궈차이 재료로 쓰이는 것은 아니다. 이 요리의 재료로는 주로 양배추, 두부, 당면이 들어있으며 큰 고깃덩어리와 갈비도 빠질 수 없다. 따궈차이는 여러 가지 맛이 있다. 담백할 수도 있고 붉은 고추와 중국 훠궈 양념을 넣을 수도 있다. 배추, 두부, 당면, 돼지고기를 아주 부드럽고 연하게 졸여야 한다. 보기에는 간단하지만 성찬이라고 할 수 있다. 가정식인 따궈차이는 일반적인 음식 재료를 넣어야 제맛이 나고 산해진미를 넣으면 오히려 본래의 맛을 잃어버린다. 따궈차이를 만들려면 반드시 큰 솥이 있어야 한다. 만약 작은 냄비로 만들면 일반 찌개가 된다. 예의와 우아한 풍격을 중시하는 많은 자리에는 따궈차이가 본래의 매력을 잃는다.

따궈차이를 먹는 것은 재료가 부족한 상황에서의 필연적 선택이다. 각종 식자재가 단독으로 요리되기에는 부족하지만, 재료들을 합쳐서 국물을 넣으면 많은 사람을 먹여 살릴 수 있게 된다. 정교함은 포기하였지만, 현실적 욕구는 충족시킬 수 있다. 인류가 재난에 직면하였을 때의 대응책과 같은 것이다. 그리고 재난 앞에서 사람은 혼자서 모든 걸 막을 수 없고 모두의 힘을 합쳐야만 막을 수 있듯이, 식자재를 분배할 때도 모든 재료를 한 솥에 넣어서 각자 고르게 배분하게 한다.

11.4. 틈관동(闖關東)

진나라 때부터 중국에는 엄격한 호적 제도가 형성되었고 역대로 호적관리를 중시하지 않은 적이 없다. 호적 제도의 존재는 이주를 제한하기 위한 것이었다. 이렇게 하면 부역을 징수할 수 있을 뿐만 아니라 인구를 관리하기에도 편리했기 때문이다. 이것이 '향토 중국(鄕土中國)'의 일상적인 모습이다. 그러나 자연재해, 전쟁, 요역(徭役) 등 특정한 배경하에서 백성들은 어쩔 수 없이 고향을 등지고 이주의 길을 걷는 이주자가 되어야 하였다. 페이샤오통(費孝通)은 이런 현상을 '향토 중국'의 사회적 현상의 하나인 '변태' 현상이라고 하였다. 즉 '비정상 상태'인 것이다. 그러나 명청 시대부터 이러한 '비정상 상태'가 자주 나타났는데 그중에서도 '틈관동', '주서구', '하남양'의 영향이 가장 컸다. '틈(闖)', '주(走)', '하(下)'라는 세 개의 동사는 백성들이 이주할 때의 서로 다른 방향과 이주 과정에서의 각기 다른 위험의 차이를 생동적이면서 구체적으로 표현해주고 있다. 이 세 종류의 이주 과정을 비교해 보자면 '틈관동'의 위험성이 가장 높고 지속 시간도 가장 길었으며 이주민의 숫자 또한 가장 많았다.

아마도 드라마의 영향 때문인지 '틈관동'은 중국 근대에서 가장 큰 영향을 끼친, 누구나 다 아는 이주 현상이 되었다. 오늘날 관동은 둥베이 3성을 가리키며 또 둥베이 3성과 인접한 네이멍구의 츠펑(赤峰), 퉁랴오(通遼), 싱안멍(興安盟), 후룬베이얼(呼倫貝爾) 일대를 포함한다. 틈관동은 주로 산둥, 허난, 허베이, 산시(山西) 사람들이 주류를 이루었고 그중에는 산둥 사람이 가장 많았다. 그렇다면 틈관동을 하여야 하는 이유는 무엇이고 어떻게 하였고, 또 그 결과는 어떠하였는가? 이 물음에 대한 대답은 모두 재난과 관련이 있는데, 틈관동이 시작된 원인과 과정, 결과로 인하여 하나의 재난문화가 형성되었던 것이다. 다시 말하면, 사람들이 재난에 직면하면, 재난의 위험성을 줄이거나 혹은 재난을 피하여 어떻게 생존하게 되는가의 문제이다.

관동 지역은 토지가 비옥하고 땅이 넓으며 인구가 적기 때문에 이주민들이 개간하기에 매우 적합한 곳이다. 그러나 관동은 만주족 '왕조의 기원지'로서, 비록 랴오쓴(遼沈) 지역의 인구는 대부분 황제를 따라 산하이관, 중원 지역에 들어왔지만 '왕조의 기원지'를 보호하기 위하여 청 왕조의 통치자는 유조변[5](柳條邊)을 만들었고 만리장성 바깥쪽을 금지구역으로 설정하여 이주민들이 레이츠(雷池)를 넘지 못하게 하였는데, 이때부터 '틈'이 나타났다. '틈'은 그 자체가 위험이 있고 재난도 발생할 수 있어서 여하튼 앞길을 예측할 수 없었다.

그럼 누가 '틈'을 하고 왜 '틈'을 하여야 하는가? 근대 이래로 화베이 지역은 여러 가지 자연재해가 자주 발생하는 곳으로, 예로부터 모든 전술가가 노리는 지역이었다. 따라서 자연재해와 인재라는 이중재해가 존재한다. 1855년, 황허의 물길을 바꾸면서 발생한 수재는 산둥, 허난, 허베이 지역에 피해를 주었고, 그 피해로 산둥지역 이재민은 700만 명이나 되었다. 1876년 이후 화베이에는 또 연속 4년의 가뭄이 들었고, 이재민은 2,000여 만 명에 달하였다. 산둥은 중국 근대 역사상 재해 다발 지역이며 가뭄, 홍수, 우박, 태풍, 지진 등 여러 가지 자연재해의 피해를 보았다. 각종 재해에 대하여 백성들은 "오랫동안 살아온 터전을 쉽게 떠나려 하지 않는다(安土重遷)."라는 관념을 바꾸어 살길을 찾아 나서지 않을 수 없었다. 산둥은 관동 지역에서 비교적 가까워서 수로, 육로 모두 통할 수 있었다.

5　유조변: 버드나무 울타리

따라서 산둥의 이주자들은 관동 지역을 주로 선택하게 되었다. "양산을 관동으로 몰아붙이다(死逼梁山下關東)."라는 속담이 있는데 마침 산둥 사람들의 '틈관동'이 어쩔 수 없는 선택이라는 것을 반영하고 있다. 물론 '틈관동' 또한 재난에 대한 산둥 백성들의 응급조치이기도 하였다.

'틈관동'의 과정이 예측 불가한 경우가 많아서 위기를 극복하고 구사일생으로 살아남은 그 자체만으로도 풍부한 재난문화를 내포하고 있다. 산둥 사람들은 "농업을 중시하고 상업을 억제한다."라는 중국 봉건 통치자의 정책의 영향을 받고 있었기 때문에, 먹고 살기 위해 틈관동을 했던 것은, 농업 문명 시기에 사람들의 생존을 위한 길, 즉 가족을 먹여 살릴 수 있는 토지를 소유하는 것이었다. "산둥 사람은 양식을 저장하기 좋아한다(山東人好存糧)."라는 속담은, 산둥 사람들의 절약 의식의 실제 모습을 말해준다. 그럼 어떻게 틈관동을 해야 하는가? 해로로 하거나 육로로 한다. 루둥(魯東)의 백성들은 일반적으로 해로를 많이 선택한다. 해로는 상대적으로 편리하다. 물론 합법적으로 나가는 사람도 있지만, 밀항자도 있다. 루시(魯西)의 백성들은 대부분 육로를 선택하며, 이동하는 방법으로는 두 다리에 의존하는 것이다. 사람들은 어쩔 수 없이 산을 넘고 강을 건너 수천 리를 걸으면서 풍찬노숙(風餐露宿)을 하며 구걸해야 하였다. 드라마 <틈관동>의 줄거리에서 틈관동의 어려움을 잘 보여주었는데 당시 피난하는 광경이 예술작품보다 더 심각하였음은 두말할 필요가 없을 것이다. 사람들은 피난길에서 모두 구걸을 하며 생계를 유지하였는데, 좀 더 많은 음식을 얻어먹기 위하여 춤을 추고 노래하는 방식으로 길거리 쇼를 해가며 구걸하는 사람들도 있었다. 시간이 흐르면서 피난길에서 그렇게 춤추고 노래하는 방식이 차츰 유명한 '앙가(秧歌)'가 되었는데, '지아오저우 대앙가(膠州大秧歌)'는 또 '파오앙가(跑秧歌)' 혹은 '디앙가(地秧歌)'라고도 부른다.

틈관동의 결과는 어떠하였는가? 틈관동에 성공한 산둥 이주민들은 관동에서 주로 세 가지 직업에 종사하였다. '방산(放山)'과 '채금(採金)' 그리고 땅을 개간하는 일이 그것이다. 여기서 방산은 '주산(走山)'이라고도 부르는데, 사실 인삼을 캐는 일이다. 둥베이의 '인삼 이야기' 가운데 산둥 사람을 원형으로 하여 만들어진 고사가 많다. 예를 들면 '라오바토우(老把頭)', '왕간거거최(王幹哥哥雀)' 등이 있는데, 모두 산둥 사람들이 인삼을 캐기 위해 산을 넘고 고개를 넘는 힘든 여정을 묘사하고 있다. 서안사변(西安事變)으로 제2차 국공합작을 성사시켰던 장쉐량(張學良)도 산둥 사람들이 인삼을 캐는 일에 관하여 이야기한 적이 있다. 둥베이는 중국 황금의 주요 산지이며 모허(漠河)의 금광은 둥베이 금광에서 가장 명성이 높은 곳이다. 모허는 중국 최북방에 있는 매우 춥고 가난한 땅으로 금을 캐는 사람들의 힘든 생활을 상상할 수 있으며 또 금광의 엄격한 제도로 인해 금광을 탈출하는 것은 거의 불가능하다. <틈관동>의 일부 장면에서도 살펴볼 수 있는데, 물론 '틈관동'에서 '방산'과 '채금'을 하는 사람은 소수이고 대부분은 농경을 주업으로 하였다. 그들은 중원의 문화를 둥베이로 가져와 그들의 근면함과 재배기술을 통해 둥베이를 청나라의 큰 곡식 창고로 만들었고, 강희(康熙)황제의 극찬을 받기도 했다. 산둥 사람도 '남대황(南大荒)' 랴오허(遼河) 유역과 '북대황(北大荒)' 넌지앙(嫩江) 유역, 헤이룽지앙 골짜기의 밑바닥과 삼강평원(三江平原)을 개간하는 주력 부대로 인정되었다.

위에서 서술한 바와 같이 '틈관동', '주서구', '하남양' 등의 이주 현상은 근대 중국인들이 갑작스러운 재난에 직면하였을 때 생존을 위한 선택이었고 재해를 줄이고 재해를 막는 방식의 하나였다. 이재민들이 마지못해 고향을 등지고 피난을 가는 과정의 피난 문화, 이주 지역에서의 신분 인정과 문화의 융합, 심리적 소속, 신앙과 감정, 그리고 그곳의 문화 발전에 대한 영향, 이 모든 것에 대해 진지하게 정리하고 총괄할 가치가 있다. 달리 말하면, 뒤에서 일어나는 모든 재난문화는 전부 재난, 자연환경(자연재해)과 사회 환경(전쟁, 사회모순)의 종합적인 작용에서 일어나는 것이다. 즉, 재난문화는 일정한 정도에서 문화와 사회의 변천을 촉진하였고 경제사회의 발전을 촉진했다고 할 수 있다.

오늘날 개인의 기본 사항을 적어 넣을 때는 항상 '본적(籍貫)'란에 자신의 본적이 어디인지 적어야 한다. 즉 한곳에서 근무하고 공부하는데 본적은 그곳이 아닐 수 있다. 따라서 신분에 대한 인정과 문화적 융합 문제가 나타난다. 예를 들면, 나는 어디에서 왔고 지금은 어디에 있으며 어디로 가야 하는지? 물론 많은 이재민은 이미 이주지의 문화 속에 동화되어 있다. 다시 말하여 '틈관동', '주서구', '하남양'의 이주가 자신들의 원래 지역의 문화를 이주 지역으로 가져오고 새로운 이주 지역의 문화에 적응하면서 그와 동시에 원래 지역의 문화를 빛내고 있는데 이것을 '문화적 융합'이라고 한다. 이주는 단지 사람들의 이동과 유동에 그치지 않는다. 이주는 곧 문화의 이동이다. 둥베이 문화이거나 남양 문화이거나 모두 짙은 이주 문화의 낙인이 찍혀 있다. 그러나 이러한 '문화적 융합'은 모두 각종 재난에서 비롯되었다는 것을 강조해야 한다.

모든 일에는 양면성이 존재하며, 이 중에는 나쁜 예 또한 수없이 많은데, 여기서 몇 가지를 말하려고 한다. 첫째, 차별을 당해 이주 지역의 문화에 융합되지 못하고 있다. 차별을 당하는 그 자체가 일종의 2차적 재난이다. 예를 들면 '산둥 방망이(山東棒子)'는 둥베이 토착민들이 산둥의 이주자들을 부르는 호칭인데, '나무 방망이', '거칠고 야만스럽고 멍청하며 바보다'라는 뜻이다. 이 밖에 '남북머리(南北頭)', '남만', '하이난디우(海南丟)' 등 같은 호칭도 모두 폄하의 의미를 담고 있는 것들이다. 둥베이 사람들은 틈관동으로 온 산둥 사람들이 자신들의 보물을 모두 빼앗아 갔다고 생각하고 "남만이 보물을 훔친다."라는 말도 한다. 둘째, 지역 갈등으로 일으킨 충돌로 인한 신분 인정과 문화적 융합의 문제이다. 중원 사람들의 생존 관념은 "땅에 붙어 있다."라거나, "반신을 땅에 묻는다."이다. 자연재해와 전쟁으로 인하여 어쩔 수 없이 고향을 떠나야 했지만, 이주자들은 그 지역민들과 땅 문제로 인한 다툼이 자주 발생한다. 셋째, 이주해 온 지역의 문화에 융합되지 못하여 다시 원래의 지역으로 이주한다. 많은 이재민은 늘 신분 인정을 받는 것을 곤혹스러워 하는데 그 원인은 매우 여러 가지이다. 원 출신지의 문화적인 영향이 너무 커서 바꾸지 못하거나 혹은 새롭게 이주해 온 지역의 차별을 받아 '유민'이라는 생각이 들기도 한다. 또는 어떤 일로 인해 이주자의 정체성이 깊은 상처를 입거나, 여러 가지 요소의 종합적인 영향을 받아 원래의 '틈관동'이 지금의 '틈산둥'으로 변하기도 한다.

이처럼 이주를 한다는 것은 단순한 인구 이동에 그치지 않는다. 오히려 문화적 이동이 더 중요하다. 어떤 각도로 보면 이주의 역사는 바로 개척사이거나 창조사라고 할 수 있다. 청나라말 민국 초기 틈관동으로 이주자가 많이 들어오면서 관동 지역의 농업발전에 많은 노동력을 가져다 주었을 뿐만 아니라, 그들이 힘들게 개간하고 파종한 덕택으로 황망하던 관동 지역에 전원 풍경이 생겼다. 중원에서 이주해 온 사람들은 새로운 농경 기술과 선진적인 생산도구를 관동으로 가져와 현지의 농업발전을 촉진하였다. 어디 그뿐이랴! 중국 근대의 이주 현상이 다양한 문화 현상을 형성하면서, 긍정적인 가치관을 나타내었다. 이상과 같이, 어떤 형태의 이주일지라도, 특히 재난으로 인한 이주민들은 생존 유지를 위하여 어쩔 수 없이 더 많은 고생을 하고 더 많은 농사를 지을 수밖에 없었다.

서로 다른 지역과 민족들이 지리적 환경의 영향을 받아 각기 특색을 갖춘 생산 방식과 생활 방식을 형성하였는데, 이것이 바로 "그 지역의 풍토는 그 지역의 사람을 기른다."라는 뜻이다. 그러나 지역이 서로 다른 사람들이 상호 간에 교류하고 본을 받기도 하면서, 생산 방식과 생활 방식에 다소 변화를 가져오기도 했으니, 이재민들 또한 이러한 효과를 거둘 수 있었을 것이다. 수많은 이재민의 유입은 이주 지역의 사회 통치와 정부 관리정책의 조정, 즉 새로운 마을을 세우고, 마을을 진(鎭)으로 바꾸는 것 등을 시험하였다. 그 결과 이주자들에 대한 효과적인 관리가 가능할 수 있게 되었다. 서로 비교해 보면, 내륙 지역은 농업 경제가 비교적 발달하고 농업 문명 정도가 높아서 백성들이 농업에 유난히 신경을 쓰고 농업을 중시하는 것은 내륙 지역인의 전통이 되었다. 관동 지역은 예전에 청나라로부터 '왕조의 기원지'라고 하여 경작이 금지되었는데, 많은 만주족이 관동으로 옮겨가면서 토지가 황무지가 되었다. 다시 말해서, '틈관동', '주서구', '하남양' 등의 지역 이주는 내륙 지역의 농업생산기술뿐만 아니라 농업문화도 이 지역으로 유입하면서, 관동, 서구, 남양 등 지역의 생산 방식 또한 어느 정도 변화되었다.

이 지역들의 생산 방식과 생활 방식은 이재민들에게 많은 영향을 주었다. 예를 들면 청나라 때 관동 지역, 특히 춥고 황폐된 지역의 문화는 비교적 낙후되었고, "유목은 배우고 농사와 뽕나무에 대해서는 거론하지 않는다."라고 여기던 터라, 농업생산은 아직도 칼로 농작을 하는 화전민의 원시적인 상태로 있고 자연적인 성장에 맡겨 생산량이 매우 낮았다. 그러나 수많은 이주민이 들어오고 새로운 생산 기술이 도입되면서 낙후한 경작 기술은 도태되었다. 그뿐만 아니라 이주민들이 내륙의 쟁기, 호미, 낫, 풍차 등 생산도구를 관외로 가져가면서 생산 과정이 끊임없이 개진되었다. 관내 이주자들의 영향 아래 현지인들도 생산도구의 사용 방법을 배웠고 농작물을 깊이 갈고 정성껏 가꾸는 것을 배웠다. 민국 시기에 이르자, 관내와 관외의 생산 절차가 같아졌다. 그리고 관동 이주민들은 현지 소수 민족들과 서로 어울리면서 생활하다 보니, 민족이 서로 융합되는 국면이 나타났다.

요약

이 장에서는 '백산흑수'로 불리는 둥베이 지역의 재난문화를 다루었다. 둥베이 지역은 독특한 생존 환경을 가지고 있어서 다른 지역과 차이가 나는 생활 습관을 지니고 있다. 이와 같이 다른 지역과 구별되는 민속을 한데 정리하고 결합하여 '십대괴'가 만들어졌다.

이인전의 곡목에는 전문적인 '울음소리 가락'이 있는데 조문을 하고 애도를 표현하는 데 쓰인다. 이러한 작품 속에는 왕왕 집단 기억의 상처가 담겨 있으며 재난에 대한 백성들의 대응을 반영하고 있다.. 이인전은 따궈차이와 마찬가지로 다양한 요소들이 뒤섞여져서, 재난 앞에서 강해지고 싶어 하는 사람들의 바람을 나타낼 뿐만 아니라, 재난을 연결고리로 삼아 서로 다른 집단과 문화를 융합시키는 역사적 작용을 반영하고 있다.

胡兆量 · 韓茂莉 · 阿爾斯朗 · 瓊達等(2017), 『중국 문화 지리 개설 (제4판) 』, 베이징 대학 출판사.

中國地理百科叢書編委會(2016), 『중국 지리 백과 : 관중평원』, 세계도서출판광동유한공사.

於濟源(2014), 『둥베이 풍속 사화』, 지린문사출판사.

曹保明(2006), 『백두산 벌목 문화』, 지린문사출판사.

堯山壁(2011), 『백성의 옛일: 1940-60년대 옛일 기억』, 허베이교육출판사.

郎鏑(2010), 『이인전』, 지린문사출판사.

楊樸(2010). 『놀림과 광희: 신형 이인전 예술의 특징론』, 랴오닝인민출판사.

顏培金 · 顏鑠(2017). 『둥베이 이인전』, 태산출판사.

제12장

채운지남(彩雲之南)

윈난 사람들은 '가향보(家鄕寶)'로 불리는데, 이 별칭은 윈난 사람들에게 영광스러운 것이다. 윈난은 거주하기에 적합하고, 물산이 풍부하며, 여기저기 옮겨 다니지 않아도 1년 내내 봄 날씨 같아 어디서든 편안하게 살 수 있다. 그리고 음식이 천연 그대로이면서 건강하며, 거주하는 곳도 산과 강이 인접해 있어 먼 길을 나갈 때면 항상 윈난의 경치를 극찬하지 않을 수 없다. 윈난의 아름다움은 한 곳에만 국한되어 있지 않으며, 지도에서 손가락으로 짚은 곳마다 모두 아름다운 경치를 자랑한다. 다리(大理), 리지앙(麗江), 샹그리라(香格裏拉), 시쑤앙반나(西雙版納), 루구호(瀘沽湖), 뎬츠(滇池), 청지앙(澄江) 등 다른 어느 성에서도 찾기 어려운 명승지들이 수없이 많다. 사실 윈난 사람들이 가장 자랑스러워하는 것은 "윈난은 사람이 평생에 한 번은 꼭 가야 할 곳"이라는 한 마디 찬사이다.

윈난의 아름다움에는 꾸밈이 없지만, 결코 재난이 적은 곳은 아니다. 윈난에는 자연재해의 종류가 매우 다양하고, 전국 각 지역에서 일어나는 재난이 윈난에서도 모두 발생한다. 재난의 발생 빈도 또한 높기에 윈난에는 "해마다 재난이 발생한다(無災不成年)."라는 말이 있을 정도이다. 그런데 윈난 사람들은 왜 산둥 사람들이 관둥으로, 산시(陝西), 산시(山西) 사람들이 서구로, 연해 지역 사람들이 남양으로 가는 것처럼 다른 지역으로 이주하지 않는 것일까? 그 이유는 사실 윈난 사람들이 재난에 순응하고 타협하는 태도로 독특한 문화인 '피재 문화(避災文化)'를 형성하였기 때문이다. 윈난에서는 재난을 지역 내적으로 감당하면서 적응과 충돌을 걸친 후 피재 문화를 한층 더 깊어지게 하였으며, 이는 지금까지 계속되고 있다.

12.1. 가향보(家鄉寶)

윈난은 중국에서 지진재해가 자주 발생하는 지역이다. 당산 대지진 이후 중국에서 진도 6급 이상의 파괴성이 강한 지진은 56회, 그중에서 15회는 윈난에서 발생하였으며, 이는 전국 지진 횟수의 1/5 이상을 차지한다. 1900년 이후 100여 년 간의 자료 통계 분석에 따르면, 윈난에서는 평균적으로 1년 동안 5급 진도의 지진이 3회, 2년 동안 6급 지진이 2회, 8년에서 10년 동안 7급 지진이 1회 발생하였고, 4급 지진은 매월 발생하였다. 윈난은 지진 다발 지역이자 중국 면적의 5%를 차지하며, 전국에서 1/5의 지진이 일어나는 곳이다. 기상재해 또한 매우 흔하여 중국의 기상재해 중대 피해 지역 중 하나이다. 황사를 제외하고 가뭄, 홍수, 번개, 우박 등 중국에서 발생하는 대부분의 기상재해는 모두 윈난에서 발생한다. 산사태, 토석류, 산불, 충해 등 기상재해에서 파생되는 2차재해도 발생할 수 있다. 따라서 윈난의 농업은 해마다 기상재해의 영향을 받으며, 피해 면적은 윈난성 전체 농업 재배 면적의 약 23%를 차지한다. 여러 해 동안 윈난성의 각종 기상재해가 계속해서 발생하였는데, 어떤 지역은 심지어 1년 안에 유사하거나 서로 다른 기상재해가 두 번 발생하기도 하였다. 가뭄은 윈난성의 기상재해 가운데 가장 심각한데, 그중 가장 심각한 한번은 약 1,000여 개의 소형 저수지가 마르고, 중대형 저수지의 저수량이 감소하였으며,

하천의 흐름이 끊어질 정도였다. 이로 인해 성내의 2,000만 명이 피해를 보았고 40억 위안의 경제적 손실을 초래하였다.

전체적으로 윈난은 수자원이 풍부한 지역이다. 윈난 경내에서 유출량 면적이 100㎢ 이상인 하천은 908개로, 이들 하천은 모두 창지앙(長江), 주지앙(珠江), 홍허(紅河), 란창지앙(瀾滄江), 누지앙(怒江), 이라와디지앙(伊洛瓦底江) 등 중국의 6대 수계에 속한다. 지역 전체적으로 다년간 평균 강수량은 1278.8㎜이고 수자원은 총 2,210억㎥로 전국에서 3위를 차지하며, 1인당 평균 5,000㎥이다. 그러나 윈난은 여러 요인으로 있는 물도 사용할 수 없게 되었고, 일부 지역은 극도로 물이 부족한 상태가 되었다(王海剛, 2013). 헝돤산맥(橫斷山脈)이 남북으로 깊게 갈라져 있어 윈난성은 지형이 복잡하고 높낮이 차이가 크기 때문에 수자원 총량은 풍부하지만, 개발 및 이용의 난도가 높고 비용 또한 많이 들어 한계 효용이 낮다. 수자원은 인구, 경작지 등 경제 발전 요소와 반드시 일치하지 않는데, 성 전체 토지 면적의 6%를 차지하는 댐 지역에 인구의 2/3와 경작지의 1/3이 집중되어 있다. 윈난성 중부의 중요 경제구역은 1인당 수자원이 700㎥ 정도밖에 안 되어 극도의 물 부족 상태이다. 이와 같은 윈난의 특수한 지형환경과 기후 조건으로 수자원의 시공간 분포가 매우 균일하지 않아서, 우기의 강수량은 연간 총량의 80% 이상이지만, 건기에는 10%~20%밖에 안 된다. 그리고 윈난 땅의 90% 이상은 산간 지역과 고원이기 때문에 물을 저장하기 어려운데다 비가 오지 않으면 가뭄이 들고, 비가 오면 침수되어 가뭄과 수해가 번갈아 발생한다. 또한 윈난성의 생태 환경도 취약하여 저수 능력이 낮아 수토 유실 면적이 총면적의 1/3을 넘는다. 여러 고원의 호수가 일 년 내내 오염된 상태이며, 절반 가량의 호수는 저수 기능이 없다.

한편 윈난성은 중국에서 민족이 가장 많은 곳으로, 한족을 제외한

25개 민족이 거주하고 있으며, 그 가운데 15개 민족은 윈난성 토착 민족이다(羅秉森·莫關耀·楊斌·李春·張斌, 2003). 윈난성은 중국의 서남쪽 국경에 위치하여 미얀마, 라오스, 베트남과 인접해 있으며, 태국과 가까우며, 국경의 길이는 4,061㎞이다. 또한 육지는 동남아시아로 통하고, 바다로는 태평양과 인도양으로 들어갈 수 있으므로 윈난의 전략적 위치는 매우 중요하다. 윈난의 소수민족은 함께 모여 살고 있으며, 아직 식별되지 않은 소수민족 집단도 있다. 이들 민족은 역사적인 이유로 생존과 내부 투쟁 또는 민족 간 충돌로 살 곳을 잃고 떠돌아다녔으며, 일부 민족은 국경에 인접하기 때문에 국경을 넘어 민족을 형성하기도 하였다. 이러한 민족은 서로 다른 국가에 속하며, 국적 의식과 애국심 또한 상이하다. 그러나 그들은 같은 민족이고, 공통적인 언어와 민족의식을 가지고 있으며, 사회적, 경제적으로 밀접하게 교류하고 있다.

산둥성, 허난성, 쓰촨성 등 다른 지역의 사람들과 달리 윈난성 사람들은 타 지역으로 이주하는 것을 원하지 않는다. 채용 관련 기사에 따르면 윈난성에서 일자리를 찾을 때 구직자들은 먼저 근무지를 묻고, 근무지가 윈난성이 아니라는 답변을 받으면 바로 떠난다고 한다. 윈난성 외부의 여러 회사에서는 '유급 휴가 57일', '휴가비 지원', '하절기 수당 지급' 등의 복지를 내걸었으나, 구직자들은 외지로 나가 일하기를 그다지 원치 않았다. 이에 대하여 윈난의 구직자들은 성도 쿤밍(昆明)에서 일하는 것이 연봉도 충분하고, 생활이 편리하며, 물가도 저렴하여 돈을 절약할 수 있다고 생각하기 때문이다. 반면 다른 지방에서 일하게 되면 생활비가 많이 들고, 멀리 떨어져 있어 친척이나 친구가 없어 외로울 것이라고 생각한다.

'가향보'라는 개념은 윈난 사람들의 취업에서 잘 드러나고 있다. 중국의 사회와 경제가 부단히 발전하고 있는 현재, 대부분의 농민은 외지에서 일하는 것이 돈을 더 많이 벌어 부자가 될 수 있는 가장 빠른 길이라고 생각하고 있다. 그러나 윈난 사람들은 외지에서 일하는 것에 보수적인 태도를 보인다. 이는 윈난의 농민이 뒷걱정이 많은 데다가 대다수의 사람은 외지에서 일하기 위한 믿을 만한 기회를 어떻게 찾아야 할지 모르고 있기 때문이다. 또한 일반적으로 외지로 나갈 때 한 명이 다른 한 명을 데리고 나가는데, 이에 따라 윈난 사람들이 외지에 나가는 속도는 매우 느린 데다가 인원도 적은 편이다.

윈난 사람들이 외지에 나가는 속도와 마찬가지로, 윈난의 상품이나 산업이 외지로 나가는 속도도 좋지 못하다. 윈난 사람들이 즐겨 먹는 궈차오 미시엔(過橋米線, 윈난식 쌀국수), 시엔화빙(鮮花餅, 장미꽃 등 식용 꽃을 넣은 페이스트리), 햄 월병(火腿月餅), 즈디 감자칩(子弟土豆片) 등은 성안에서는 매우 유명하지만, 성 밖에서는 찾기 어렵다. 비록 궈차오 미시엔은 외지 사람들이 윈난 음식이라 인정하고 있지만, 정작 외지에서는 정통 궈차오 미시엔을 먹을 수 있는 경우가 드물다. 둥베이식 윈난 미시엔은 굵은 감자 전분 국수(土豆粉)와 각종 채소를 넣어 끓인 것이고, 베이징식은 닭튀김(炸雞柳)과 베이컨을 넣은 미펀(米粉, 쌀국수)이며, 허난식은 일본의 어묵과 같다. 이와 같이 한 지방의 특색이 보장되지 않으면, 사람들의 윈난에 대한 이해를 쉽게 오도하게 만든다. 이에 비해 광시 뤄쓰펀(螺螄粉), 쓰촨 훠궈, 구이저우 라오간마(老幹媽) 등은 전국 또는 전 세계 곳곳에서 볼 수 있는 데다 조리법과 맛도 그대로이기에 현지에 가지 않아도 그 맛이 현지와 다르지 않다. 뤄쓰펀은 독특한 향으로 사람들의 호불호가 극명하게 나뉘고, 쓰촨 훠궈는 사람들이 잊지 못할 정도로 뜨겁고 매운 맛을 자랑한다. 구이저우의 라오간마는 국외에서 한 병에 130위안에 팔리고 있다. 여기서 윈난 사람 및 상품은 도대체 어떤 이유로 외지로 나가지 못하는 상황을 만들었는지 그 원인이 궁금하지 않을 수 없다.

비록 윈난에는 기차가 자동차보다 느리다는 말이 있지만, 윈난의 사회 기반 시설건설은 현재 안정적이고 빠르게 추진되고 있다. 윈난은 관광명소로서 교통수단이 전국, 나아가 세계 각지에서 오는 관광객을 상대로 제공되고 있다. 따라서 외지로 나가기는 그리 어렵지 않다. 그렇다면 윈난 사람들은 왜 타지로 나가기 싫어하는가? 이는 결국 재난문화가 사람들에게 미치는 영향으로 특정된 문화 환경에서 온 것이며, 사람들이 참여하는 각종 활동에서도 비롯된 것이다. 모든 사람은 저마다 일정한 환경에서 살아가고 있으며, 자신도 모르게 문화의 영향을 받는다. 사람의 사회화 과정은 끊임없이 문화의 영향을 받는 과정이다. 여러 과정의 교육을 받고 다양한 문화 활동에 참여하는 것도 모두 사회화 과정의 일환이다. 문화의 가장 주요한 기능은 사람을 교육하고 훈도하며 사람을 만드는 것이다. 사람의 세계관, 인생관, 가치관은 모두 문화의 영향을 받아들인 결과이다. 또한 문화는 사람의 행동 방식, 교제 방식, 사고방식, 가치 관념뿐 아니라 사람의 인식과 실천에도 모두 영향을 미친다. 어떤 의미에서 사람은 문화의 산물이라고 할 수 있다.

12.2. 민족 명절

윈난 사람들이 외지로 나가기 싫어하는 관념은 환경의 영향을 받은 것이고, '가향보'는 그러한 관념이 반영된 것이다. 그렇다면 사람들의 관념에 영향을 미치는 것은 무엇인가? 그 답은 윈난성의 재난이 특정한 환경에서 사람들에게 '가향보'라는 관념이 생기게 한 것이다. 윈난 소수민족의 경조사에도 여러 재난에 관한 요소들이 포함되어 있다.

12.2.1. 발수절(潑水節)

발수절은 여러 갈래의 전설이 있다. 그러나 이들 전설의 내용은 대체로 모두 사람이 지혜를 발휘하여 재난과 싸우는 멋지지만 처절한 이야기이다. 먼 옛날 다이족(傣族)이 사는 곳에 재난이 발생하였다. 여름에 비가 오지 않고, 봄에는 바람이 불지 않으며, 가을에는 햇빛이 들지 않고, 겨울에는 장마가 졌다. 맑은 날씨여야 할 때 흐리고, 비가 내려야 할 때 비는 오지 않으며, 사계절이 서로 뒤엉켜 농작물을 심을 수조차 없었다. 밭은 황폐해지고 사람과 가축이 감염병에 걸리면서 인간은 치명적인 재난에 봉착하였다. 이러한 재난은 모든 악행을 저지르는 마왕이 사방에 해를 끼쳐 사람들은 도탄에 빠지게 되었고, 심지어 일곱 미녀까지 빼앗아 아내로 삼았기 때문이었다. 어느 날 증오에 찬 일곱 미녀들이 마침내 마왕을 죽였는데, 마왕의 머리는 불덩어리로 변하여 굴러가는 곳마다 화재가 발생하였다. 이에 대나무 다락집과 농작물이 불타면서 시쑤앙반나에 또 다른 재난을 초래하였다. 불을 끄기 위하여 일곱 미녀들이 마왕의 머리를 껴안자 불이 꺼졌다. 이에 미녀들은 서로 번갈아 가면서 마왕의 머리를 썩을 때까지 껴안게 되었다. 마왕의 머리를 껴안을 때 서로 물을 몸에 끼얹어 몸에 쌓인 나쁜 기운과 흔적, 그리고 더러운 냄새를 없앴다. 따라서 사람들은 마왕을 죽인 날을 한 해의 첫날로 정하고, 몸에 물을 끼얹어 일곱 미녀를 기렸다. 발수절은 지금까지 지속적으로 발전해 옴으로써 사람들에게 사랑받는 경축일로 남았다(瞿明安·鄭萍, 2005; 陳衛東, 1992).

12.2.2. 횃불 축제

고대에 '십대력(十大力)'이라는 악마가 살고 있었는데, 십대력은 다이족 백성들의 행복한 삶을 함부로 파괴하였으며, 사람들을 폭력적으로 대하고 압박하였다. 십대력의 도발은 '바오충(包聰)' 이라고 불리는 영웅을 격분시켜 바오충은 십대력과 사흘 밤낮을 싸웠다. 사람들은 삼현금(三琴弦)을 연주하고 단소(短笛)를 불면서 손뼉을 치고 발을 구르며 바오충을 응원하였다. 악마는 화가 나서 메뚜기와 같은 해충을 내보내 농작물을 뜯어먹게 하였다. 이에 사람들은 함께 모여 불로 해충을 태우기 시작하여 결국 모든 해충을 태워버렸다. 승리를 기념하기 위하여 매번 그날이 오면 사람들은 소와 양을 잡아 축제를 열고 여러 가지 행사를 한다. 이는 다이족 사람들이 행복한 생활을 위하여 분투하는 정신을 반영한다(朱文旭, 1999).

12.2.3. 목노종가(目瑙縱歌)

유구한 역사를 지닌 춤 '목노종가(目瑙縱歌)'는 아름답고 감동적인 전설에서 유래하였다. 고대인들은 '목노'라는 춤을 추지 못하였고, 오직 태양신만이 춤을 출 수 있었다. 어느 해 하늘에 아홉 개의 태양이 나타나 밤낮없이 땅을 불태웠다. 강이 마르고 돌이 갈라지며 인간과 새, 짐승들이 모두 죽어 갔다. 그들은 함께 모여 대책을 의논한 결과 새를 뽑아 하늘로 보내 태양신에게 도움을 요청하기로 하였다. 새들은 금과 은을 들고 태양신의 궁전으로 날아가 태양신에게 태양이 하루에 하나만 뜨도록 부탁하였다. 새는 임무를 무사히 완수하였고, 태양신이 '목노'를 추는 모습을 목격하였다. '목노'의 아름다운 춤사위와 음악은 새를 감동시켰고, 이후 인간 세상에 돌아온 새는 사람들에게 하늘에 복을 비는 방법인 '목노'를 가르쳤다(嶽品榮, 2009).

12.3. 민족 단결(民族團結)

윈난성 보이(普洱)의 민족 단결 맹세비(民族團結誓詞碑)는 신중국 건국 이래 세워진 '민족 단결 제일비(民族團結第一碑)'이다(趙驊銀, 2005). 1950년 윈난의 40여 명의 소수민족 대표자와 수행원들이 베이징에서 열리는 신중국 건국 1주년 국경절 기념식에 참석하여 공산당과 국가 지도자의 접견을 받았다. 국경절 활동은 각 민족 대표들의 조국과 당을 사랑하는 열의를 불러일으켰으며, 이들의 맹세를 비석에 새겨 각 민족 사람들이 끝까지 단결하고자 하는 결심을 표현하였다. 윈난으로 다시 돌아간 후 다이족, 라후족(拉祜族), 지눠족(基諾族), 하니족(哈尼族), 회족(回族), 리수족(傈僳族), 와족(佤族), 한족(漢族), 바이족(白族) 등 민족 대표자와 수행원들은 보이나무 아래 민족 단결 맹세비를 세웠다. 민족 단결 맹세비의 핵심 내용은 "한마음 한뜻으로 끝까지 단결하리라(一心一德團結到底)."라는 것이다. 전체적인 내용은 다음과 같다.

> 민족 단결 맹세, 우리 26개 민족의 대표는 보이 지역 전체의 각 민족 동포를 대표하여 신중하게 이곳에서 소를 잡고 맹세를 위해 피를 마셨으며, 이때부터 우리는 한마음 한뜻으로 끝까지 단결하여 중국 공산당의 지도하에 평등하고 자유롭고 행복한 가정을 건설하기 위하여 분투할 것을 맹세한다.[1]

---

1 民族團結誓詞, 我們二十六種民族的代表, 代表全普洱區各族同胞, 慎重地於此地舉

윈난 성내의 소수민족은 매우 다양하며, 이들 민족은 오랫동안 원시 사회 형태를 이루고 있었다. 이들은 빈곤하고 낙후하며 경제적, 문화적 차이가 뚜렷하게 나타나 여러 모순과 충돌을 일으켰다. 민족에 따라 서로 통혼하지 않거나, 서로의 땅에 발을 들여놓지 않는 민족도 있다. 민족 단결 맹세비는 여러 민족이 서로 단결하여 발전하고자 하는 일종의 돌파구이자 윈난 지역의 피재 문화를 집중적으로 반영한 것이기도 하다. 오랜 역사가 흐르면서 윈난 지역은 민족이 다양한 만큼 충돌도 더욱 심해지면서 평화적인 발전을 바라는 욕구가 매우 강해졌다. 민족 단결 맹세비는 결국 이러한 역사문화의 한 가지 대표적 산물인 것이다. 중국과 윈난 지역의 역사를 살펴보면 윈난 역사문화의 발전 과정은 바로 여러 민족이 서로 어울리고 융합하며 평화를 구하는 피재 문화의 발전사라고 할 수 있다.

윈난성은 중국의 서남쪽 끝에 위치하며, 남부와 서부는 베트남과 라오스, 미얀마 등의 국가들이 인접해 있다. 19세기에 영국이 미얀마를, 프랑스가 베트남을 침략하여 역사적으로 오랫동안 존재하였던 '중국-미얀마', '중국-베트남' 국경의 평화 상태가 종식되었다. 아편 전쟁 이후 영국과 프랑스의 식민주의자들은 미얀마나 베트남에서 윈난을 침공하기 위해 애를 썼다. 1870년대 이후 영국은 끊임없이 많은 간첩을 윈난에 잠입시켜 정찰 활동을 하게 함으로써 정치 및 군사 정보를 수집하였다. 또한 군용 지도를 측량한 후 지도로 만들어 영국 식민지 당국의 윈난 침공 계획을 실행할 자료를 제공하였다. 이와 동시에 '중국-미얀마' 경계의 남쪽과 북쪽에 군대를 파견하여 가오리궁산(高黎貢山)의 서쪽에 있는 피엔마(片馬) 지역과 반홍(班洪) 지역을 강점하였다. 프랑스는 식민지의 북쪽 경계를 윈

行了剽牛, 喝了咒水, 從此我們一心一德, 團結到底, 在中國共產黨的領導下, 誓爲建設平等自由幸福的大家庭而奮鬥

난 동남쪽으로 확장하여 중국의 약 7,000㎢의 영토를 침범하였다. 또한 안평청성(安平廳城) 남쪽의 쓰커우(石口) 일대에 방어진을 치고 거점을 마련하여 중국의 중심지로 침입하려는 시도를 하였다. 프랑스는 또 정치적, 군사적인 위협으로 청나라 조정으로 하여금 윈난 시쑤앙반나의 쉰우(尋烏)와 우더(烏德)를 프랑스에 속하는 베트남에 귀속시키도록 협박하였다. 부패한 청나라 조정은 프랑스 침략자에게 굴복하여 쉰우와 우더 땅을 윈난 총독에게 약속대로 인도하라고 명령하였다. 결국 시쑤앙반나의 쉰우와 우더는 프랑스 제국주의 강도에게 빼앗기게 되었다. 이에 윈난 각 민족들은 영국과 프랑스 제국주의가 조국의 영토를 침범하는 심각한 위협에 직면해 있었다. 이러한 긴박한 고비 속에 공통된 운명은 윈난 각 민족들을 긴밀하게 연결시켜 영국, 프랑스 제국주의의 침입에 맞서 싸우고, 중국 서남부 국경의 영토주권을 지키기 위하여 용감하게 투쟁하는 계기가 되었다. '중국-미얀마' 북쪽에 있는 징포족(景頗族), 한족, 아창족(阿昌族), 리수족, 다이족 등 여러 민족이 단결하여 룽촨현(隴川縣), 잉장현(盈江縣), 피엔마(片馬) 지역에서 영국 침략군을 물리쳤다. 그리고 '중국-미얀마' 남쪽에 있는 다이족, 한족 등도 아와산(阿佤山)과 반홍을 점령하려는 영국군에 맞서 싸웠다. 또한 윈난 남쪽 변경에서 일어난 투쟁에서는 묘족(苗族), 야오족(瑤族), 한족, 좡족(壯族) 등이 프랑스를 공동의 적으로 삼아 침략군들의 마구안현(馬關縣)과 마리퍼(麻栗坡)를 점령하려는 시도를 저지하여 남쪽 변방의 영토주권을 지켰다.

제국주의가 윈난을 침략함에 따라 윈난의 여러 민족이 그 침략에 저항하게 된 것은 근대 이후 윈난에 사는 민족 모두가 제국주의 침략과 맞닥뜨리는 운명 속에서 애국심을 불태움으로써 함께 힘을 모아 중국 서남부 국경의 영토주권을 지키겠다는 결심을 충분히 보여주는 것이었다. 당시 중국은 제국주의의 끊임없는 침략 과정 속에서 식민지 내지는 반식민지가 되어 서서히 고통받고 있었는데, 이러한 고통은 전국의 여러 민족에게도 해당된다는 것을 깨닫게 하였다. 이와 같이 윈난의 여러 민족이 공통으로 처한 운명은 공동의식이 싹을 틔워 자라나게 하였으며, 이후 민족 관계의 변화에 매우 긍정적으로 작용하였다. 신민주주의 혁명 시기에 들어서면서 중국 공산당의 지도하에 이러한 공동의식이 다시 발휘되었다. 또한 민족 관계에 미치는 영향도 빠르게 확대되면서 민족 간 단결, 상호부조와 통일을 강력하게 추진하였다. 이는 결과적으로 민족 해방이라는 거대한 흐름이 되어 제국주의, 봉건주의, 관료 자본주의라는 '삼적(三敵)'이 윈난을 지배하지 못하도록 막았다.

평화와 안정을 갈구하는 윈난 사람들의 의식적 관념은 각종 투쟁과 억압적인 인재에서 비롯된 것이다. 재난으로 윈난 사람들은 민족 단결, 평화발전의 관념에 적극적으로 호응하게 되었다. 따라서 각 민족이 '민족 단결 맹세비'를 세울 때 그와 같은 확고함으로 맹세한 것이다. 윈난 사람들은 비록 타지로 나가는 것을 싫어하지만, 친절하고 열정적인 성격으로 윈난을 찾는 손님을 따뜻하고 적극적으로 환영한다. 이러한 특징은 윈난만의 독특한 피재 문화의 발전을 촉진하였다.

12.4. 다리(大理)

누란고국(樓蘭古國), 야랑국(夜郎國), 다리국(大理國)은 중국 역사에서의 3대 고국(古國)이었다. 이 세 고국 가운데 누란고국은 이유도 알 수 없이 사막 속에서 신비에 싸여 사라졌고, 야랑국은 '야랑자대(夜郎自大)'라는 성

어만 남았으며, 다리국만 세계적으로 유명한 관광지가 되었다. 이는 윈난의 피재 문화와 밀접하게 연관되어 있다.

윈난은 자연재해의 종류가 다양하고 그 피해 또한 심각한 곳이다. 그러나 산이 많은 탓에 마을마다 산으로 가로막혀 한 지역이 재난피해를 보았을 때, 다른 지역에서는 이를 공감하지 못한다. 따라서 집단으로 움직이는 일은 매우 적다. 지역마다 일어나는 윈난의 재난의 종류도 차이가 있다. 이는 지역마다 재난의 영향이 일치하지 않으며, 제한된 지리적 조건으로 함께 움직일 수 없기에 그 지역에 남아서 자연에 적응하고 인문환경과 융합하는 것을 선택함으로써 피재 문화를 형성토록 하는 계기가 되었다. 윈난 사람들의 피재 문화는 문화사적 발달 과정에서 구현되었는데, 가장 대표적인 것이 '다리국 제왕 십 승(大理國帝王十僧)' 현상이다. 다리국이 존재한 300여 년간 22명의 왕이 있었고, 그 가운데 10명이 출가하여 승려가 되었다. 이 10명의 왕 중 한 명만 강제로 왕위를 물려주었고, 나머지 9명은 모두 자발적으로 퇴위한 뒤 출가하여 승려가 되었다.

제왕이 출가하여 승려가 된 것은 다리국에서 거의 하나의 풍습으로 굳어졌다. 그 원인을 살펴보면 주로 안정과 평화를 원하는 윈난 지역에서의 마음과 관련이 있다. '단정엄(段正嚴)'을 예로 들면 다리국 제왕이 출가하는 원인을 알 수 있는데, 소설 《천룡팔부(天龍八部)》에 등장하는 단예(段譽)가 바로 다리왕 '단정엄'을 원형(原型)으로 만든 인물이다. 역사에서 '단정엄'은 군대를 통솔하는 책략이 뛰어난 왕이었다. 그는 26세에 즉위하여 여러 차례 다리국의 내부 반란을 평정하고, 송나라와의 화친을 자청하였다. '단정엄'은 7세부터 점창산(點蒼山)에서 다리를 주유하던 덕이 높은 스님 밑에서 공부하였다. 왕위에 있는 동안 근면하고 백성을 사랑하며 남을 너그럽게 대하였으며, 불법의 인자함으로 나라를 다스리면서 희생된 부하를 위하여 불사(佛事)로 제도하였다. '단정엄'이 39년 동안 재위하였으나, 후에 하늘에 이상한 현상이 나타난 것을 보고 나라에 불길한 징조가 있다고 생각하였다. 또한 아들 네 명이 왕위를 다투게 되자 왕위에서 물러나 출가하였는데, 당시 그의 나이는 고령인 94세였다(李改婷 · 張玉萍, 2017).

'단정엄'은 나라에 닥친 재난을 피하고자 스스로 왕위에서 물러났는데, 여기에서 안정과 피재를 원하는 윈난 사람들의 태도를 발견할 수 있다. 물론 왕이 출가하면 생활 속에서 누리는 전관예우는 예사롭지 않을 것이다. 야사에 기록된 다리국 민요에는 "제왕이 출가하면 신하들과 함께 흰옷을 입고 붉은 화장을 한 비빈들이 일렬로 따라간다. 출가하여도 여전히 집에 있는 것 같다. 온 나라에서 부처님을 모시고 아침저녁으로 보살에게 절하며 선실(禪室)은 왕실 같다."[2]라고 기록되어 있다. 이 민요는 제왕의 출가라는 특수한 역사적 현상을 생생하게 묘사하였다. 피재 문화는 불가의 교리에 투영되어 각종 권력 다툼, 관계 문제 등 여러 사회적 모순을 해소할 수 있었다. 따라서 316년간 다리국에서 집권하면서 큰 전쟁이나 동란이 없었으며, 궁에서도 살육 같은 피비린내 나는 사건이 일어나지 않았다.

한 지역 사람들의 행동은 그 지역의 문화를 반영한다. 윈난의 피재 문화는 사람들이 거대한 산맥 속에서 자연에 적응하면서 형성된 인생관이자 가치관이다. 사람들은 안정을 추구하는 윈난 사람들의 마음에 공감하지 않을 수 있으나, 이 또한 윈난의 아름다움이다. 이곳 사람들은 소박하고 대범하며 경치는 아름답고 평온하다. 윈난의 물과 땅은 그 지방의 사람을 기른다는 말처럼 윈난은 '안정'으로 세상에 널리 알려졌다.

---

2 帝王出家, 隨臣一邦, 嬪妃一串, 素裹紅妝。出家猶在家, 舉國敬菩薩, 早晚拜大士, 禪室如室家。

요약

'가향보'라는 윈난 사람들의 사상은 양호한 지리적 환경에 대한 깊은 애착과 피재 문화로 형성된 고향을 그리워하는 마음을 모두 포함한다. 윈난 지역에는 많은 소수민족이 살고 있으며, 재난의 영향으로 오색찬란한 숭배와 제사 문화가 형성되었다. 또한 여러 민족이 단결하여 함께 재난을 물리치는 것은 현대의 각 민족이 서로 감싸주고 도와주는 정신을 집약적으로 표현한 것이다.

윈난 지역에는 사라진 고대 문명이 많다. 다리국이 지금까지 발전하고 그 문화를 오늘날까지 이어 온 것은 독특한 피재 의식과 밀접한 관계가 있다.

王海剛(2013), 「수리 공정 종합 이용의 경제효과에 관한 연구」, 『소비도간』 9, pp.167-169.

羅秉森 · 莫關耀 · 楊斌 · 李春 · 張斌(2003), 「윈난성의 국경을 넘나드는 민족의 문제와 국가 안전 연구」, 『윈난 공안 고등 전문학교 학보』 2, pp.84-87.

瞿明安 · 鄭萍(2005), 『사람 · 신과 교류: 중국 제사 문화의 상징』, 쓰촨인민출판사.

陳衛東(1992), 『발수절, 밸런타인데이, 성탄절: 낭만적이고 홍겨운 명절 축제』, 쓰촨인민출판사.

朱文旭(1999), 『이족(彝族) 횃불 축제』, 쓰촨민족출판사.

嶽品榮(2009), 『징퍼족(景頗族)의 목노종가(目瑙縱歌) 역사문화』, 더훙(德宏)민족출판사.

趙驊銀(2005), 『민족 단결 맹세비 사료』, 윈난인민출판사.

李改婷 · 張玉萍(2017), 「『천룡팔부』 중의 불가 사상」, 『희극의 집』 6, p.280.

제13장

세계의 지붕

칭짱(青藏) 지역은 해발 수천 미터에 이르는 고지로서 '세계의 지붕'이라는 칭호를 가지고 있으며, 여러 하천의 발원지이기도 하다. 고원지대는 중국 서남부에 위치하며, 칭하이성(青海省) 또는 시짱 자치구(西藏自治區) 및 기타 성의 일부 지역에 속하기도 한다. 칭짱 지역은 산 높이의 차이가 나지 않고, 일 년 내내 눈이 쌓여 있으며, 지형의 높이도 기복이 크지 않다. 수천 년 동안 왕조의 교체, 전쟁, 사상의 속박 등의 인재와 폭설, 기근, 질병, 지진 등의 자연재해로 인한 여러 재난을 겪으면서, 이 지역의 문화는 이러한 여러 가지 재난과도 매우 복잡하게 연관되어 있다. 그러다 보니 칭짱 지역에서 발생한 재난은 그 지역 사람들의 사상에 영향을 미쳤음은 물론, 지역적, 민족적으로 매우 독특한 문화가 형성되었다.

13.1. 화얼(花兒)과 소년

칭짱 지역 문화의 발생에는 이 지역만의 고유한 근원이 있으며, 여기에는 칭짱 지역 문화의 발생과 발달에 필요한 조건을 갖추고 있다. 이 조건은 인재가 인간의 정신세계를 지배하고, 문화의 발전 방향에 직접적인 영향을 미친다는 데에 있다. 예컨대 진나라의 분서갱유(焚書坑儒)는 백가쟁명(百家爭鳴)의 사상적 국면을 직접적으로 종식시켰고, 대중의 사상을 속박하였으므로 유교 문화가 2,000년 동안 지배하는 국면이 나타나게 되었다. 이처럼 문화의 발생 및 발달에 필요한 조건은 문화가 사람들을 재난에서 벗어나게 해주는 데에 있는 것이다. 예측할 수 없고 피할 수도 없는 다양한 자연재해에서 벗어날 수 없다면, 직면할 수밖에 없다. 문화는 곧 무기이다. 문화를 배운 사람들은 재난과 맞닥뜨려도 침착하게 대처할 수 있다.

5,000년 동안 이어진 중화 문명은 중국 내외의 여러 연구자들을 매료시켰다. 중원 문화, 강남 문화, 임해(臨海) 문화 등은 모두 중국 문화의 보물이며 칭짱의 설역(雪域) 문화도 중화 문명을 빛내고 있다. 설원 지역의 특수한 자연환경은 천 년간 고원의 경제적 생산 활동과 주민들의 사회생활에 영향을 주었다. 중원 지역과 칭짱 지역의 풍속과 인정(人情), 역사문화는 완전히 다르지만, 사실 칭짱 지역 문화는 대체로 기타 중화 문화를 흡수, 융합했기 때문에 기타 중화 문화와도 서로 영향을 주고받으며 밀접한 관련을 맺고 있다.

칭하이성은 칭짱고원(青藏高原)의 일부로서, 또 중원과도 밀접한 연관을 맺으면서, 천년의 역사를 거쳐 점차 독특한 칭하이의 풍속과 민정을 형성하였다(辛全成, 2009; 羅桑開珠, 2016). 이와 같이 서로 다른 민족의 문화적 특색이 엮이면서 칭하이 문화는 한층 더 풍성해졌다. 칭하이에는 여러 부족이나 민족이 살고 있는데, 그중에서 티베트족(藏族)이 가장 널리 분포되어 있으며, 투족(土族)과 사라족(撒拉族) 등 칭하이에서만 생활하는 민족도 있다. 각 민족은 모두 고유의 독특한 풍습을 지니고 있는데, 이러한 풍속 습관은 마치 칭짱 문화가 중화 문화 속에서 차지하는 역할처럼, 칭짱 문화 가운데서도 진귀한 보물에 속한다.

칭하이에서 생활하는 각 민족은 자체적인 민족 기념일이나 문화 활동 외에 '대잡거(大雜居), 소집거(小聚居)'라는 주거 특징이 있어 지역적 경계가 희박함에 따라 문화의 연관성이 형성된다. 이와 같이 칭하이 지방은 서로의 문화가 많이 다르지만, 지역적인 영향으로 각지 문화의 유입과 교류를 통해 공유된 특색 있는 향토문화가 형성되었다(嘉雍群培, 2007; 仁青措, 2006). 예컨대 민요는 생활에 대한 찬양뿐 아니라 재난에 대한 미움과 혐오를 담고 있기도 하다. 이와 같은 민간에서의 구승(口承) 문화는 바로 민간 생활의 모습을 보여주며, 여기에는 거부할 수 없는 매력이 있다. 이와 관련하여 칭하이 민요인 '화얼'은 오랜 세월동안 널리 전파되어 많은 사랑을 받아왔으며, 곡이나 가사에도 칭하이만의 특색을 담고 있다.

화얼은 노래하는 사람의 성별에 따라 '소년'이라고도 부를 수 있는데, 노래하는 사람이 젊은 남성이면 '소년', 젊은 여성이면 '화얼'이라고 한다. 화얼은 생활과 향토적 특색이 강하여, 칭하이 지역의 민속이 점차 발전하여 독자적인 문화적 특색을 이루었다. 칭하이는 '허황 화얼(河湟花兒)'의 발원지의 하나로, '화얼의 도시'라는 명성을 누리고 있다. 사람들은 가장 아름다운 꽃은 가장 깨끗하고 청정한 곳에서 피어나야 한다고 생각하기 때문에, 삼강지원(三江之源)[1]의 개화의 절정은 음력 4월 후부터 차례로 시작된다. 그때가 되면 산과 들이 아름다운 꽃으로 물들고, 사람들은 화려한 옷차림을 하고, 모두 여기저기 모여서 노래가 크게 울려 퍼지는데, 이 가운데는 행복을 꿈꾸며 사랑을 구가하는 노랫소리도 있고, 착취와 억압을 고발하는 노래도 섞여 있다.

긴 역사의 흐름 속에서 '화얼'은 언제나 칭짱 사람들의 생활과 밀접

1 창지앙, 황허, 란창지앙 등 세 강의 발원지를 말함.

하게 연관되어 있다. 다시 말해서, 사람들의 일상에서 소재를 취하여, 그들의 마음속에 녹아들었다가, 다시 사상으로 승화되어 문화가 된다. 화얼은 대체로 정가(情歌), 생활가요, 본자곡(本子歌)으로 나뉜다. 화얼은 사랑이라는 소재를 통해 각 시기의 복잡한 사회생활을 이끌어내어 사람들의 감정과 소원을 에둘러 표현하고 있기에 정가는 곧 화얼의 정수이다. 시기마다 사랑에 대한 사람들의 시각이 모두 달랐다. 그러나 총체적으로 보았을 때 사랑은 아름다움의 대명사이며, 애정을 구가하는 노래 또한 인재에 대해 우회적으로 비꼬는 것이기도 하다. 어떤 화얼은 표면적으로는 기쁨을 표현하는 것처럼 보여도, 가슴속에 남아 있는 작은 슬픔에 얼굴에 흐르는 눈물이 기쁨의 눈물인지 슬픔의 눈물인지 분간할 수 없다. 이와 같이 겉으로 아름답게 들리는 화얼의 사랑 노래 속에는 수없이 많았던 선인들의 재난에 대한 깊은 감회가 묻어 있다. 화얼의 영혼이 재난을 통해 만들어졌다고 하기보다는 오히려 '화얼'에서 재난의 피와 살이 돋아났다고 하여야 한다.

사람들의 생활에서 나온 생활가요는 정가가 주는 완곡함은 없으나, 전달하려는 내용이 더욱 선명해지면서 좋고 싫은 감정을 분명하게 표현해낸다. 유구한 화얼의 역사에는 사람들의 피와 눈물을 담고 있어서, 아름다움으로 추함을 표현하는 것이 바로 화얼과 재난의 관계이다. 역사적으로 칭짱에 사는 민족은 힘들게 생활해왔으며, 화얼 가운데 일부 비참함을 이야기하는 노래에 나타난 사회 최하층 여성의 삶은 눈 뜨고 볼 수 없을 만큼 참혹하였으며, 그 처지는 지금까지도 가슴속에서 지워지지 않는다. 사람을 잡아먹는 듯한 끔찍한 전통사회에서 비극이 눈앞에서 하나둘씩 발생했고, 생활이 고통스러워질수록 어두운 사회에 대한 증오가 더 깊어지면서 화얼이 표현하는 감정도 더욱 깊어졌다.

무릇 억압이 있는 곳에는 저항이 있게 마련이다. 화얼은 바로 사람들의 외침이었다. 화얼은 참혹한 죽음을 적나라하게 표현하였다. 젊은 남녀가 박해를 받을 때, 사랑은 물방울이 증발하듯 사라진다. 그러나 사람들은 이렇게 사랑을 잃는 것이 마음 아파서 하늘을 놀라게 하고 땅을 뒤흔드는 화얼을 노래하였다. 이러한 화얼들은 민간에서 애창되면서 많은 남녀의 공감을 사게 되었다.

해마다 꽃이 피는 가장 아름다운 시기가 되면 현지인들은 오히려 가장 어두웠던 옛 시절을 노래한다. 성스러운 설원에는 자그마한 오물도 허용되지 않는다. 칭짱 사람들은 전통사회의 어두움을 노래함으로써 사람들을 희생시키는 봉건제도를 비판한다. 화려한 옷차림을 한 사람들이 큰 소리로 노래하는 것은 마치 군복을 입은 군인들의 재난에 대한 선전포고와 같고, 불공평함에 절규하는 듯한 노랫소리는 악마의 목소리처럼 사람의 마음을 움직인다. 음악에는 국경이 없으니 자연히 언어의 장벽도 뛰어넘는다. 화얼을 귀 기울여 들으면 아름다움에 대한 찬양, 행복을 향한 동경, 재난에 대한 증오를 모두 느낄 수 있다.

사실 화얼의 형식은 이미 고대에도 존재하였다. 예컨대, 굴원의 《이소(離騷)》도 화얼과 비슷한 민요이다. 재난은 현실 생활에 영향을 주었을 뿐만 아니라 문화에도 영향을 주었다. 화얼은 현지인들의 감정 표현 수단으로, 현실 생활에서 정신세계에 이르기까지 모든 것을 망라하고 있지만, 화얼에서 표현하는 감정은 생각만큼 단순하지 않다. 화얼을 통해 역사의 발전과 변화와 함께 사람들의 사상적 요구를 느낄 수 있으며, 또한 당시의 여러 사회 문제를 발견할 수 있다. 이러한 화얼은 그 지역 민중이 겪는 재난 속에서 끊임없이 계승되고 발전된다.

13.2. 고원을 바라보다

고지대의 지리적 조건은 칭짱고원의 독특한 생산 및 생활 방식에 직접적인 영향을 미친다. 설원 민족은 생존을 위하여 목축업을 선택할 수밖에 없었다. 인간은 자연에 적응하고 자연은 인간의 생존 방식을 결정한다. 천년의 역사를 지닌 설원 문화는 자연의 법칙 속에서 조용히 이루어져 왔으며, 칭짱에서 오랫동안 살아온 지혜로운 이 소수민족은 세계의 지붕이라는 혹독한 자연조건 속에서도 꿋꿋하고 행복하게 살아가고 있다. 칭짱 소수민족은 외래문화를 받아들임으로써 고원의 특색이 뚜렷한 유목 문화를 창조하였다. 이러한 유목 문화는 칭짱 유목민들의 삶의 지혜와 자연에 대한 경외심을 반영하고 있다.

칭짱 지역은 독특한 지리적 환경으로 인하여, 중원 지역과 달리 대규모 경작이 거의 불가능하여, 자동화된 생산 방식은 더더욱 찾아볼 수 없고, 땅에서는 먹을 것이 나지 않는다. 이러한 환경은 칭짱 사람들의 기본적인 생활 요소를 만족시킬 수 없었다.

'우승열패(優勝劣汰)', '적자생존(適者生存)'이라는 말과 같이 칭짱의 유목 문화는 고난에서 시작되었다. 유목은 먹을 것을 계속해서 얻을 수는 있으나, 일교차가 커서 신체적으로 많은 에너지를 보충하여야 했다. 그런데 마침 축산물은 이를 만족시켜 주었고, 동시에 찬바람과 눈보라 속에서 두껍고 털이 많은 짐승의 가죽을 사용하여 추위를 막고 체온을 유지할 수 있었다.

칭짱 지역은 면적은 넓지만, 사람이 이용할 수 있는 유효면적은 매우 제한적이다. 초원의 목초는 생장 기간이 극히 짧을 뿐만 아니라 여러 요인의 영향을 많이 받기도 하고, 눈바람의 피해를 쉽게 입어 생장이 매우 불안정하다. 농지는 반드시 수리 관개와 같은 외부의 힘과 보호에 의지한다. 그리고 농작물의 성장주기도 매우 짧아서 재배가 쉽지 않다. 유일한 경작지는 대부분 계곡 부근에 흩어져 있는데, 기후의 영향으로 1년에 한 번밖에 재배할 수 없다. 따라서 칭짱 지역의 혹독한 환경에서 생존하려면 반드시 유목 문화 그리고 몇 배는 더 부지런히 일해야만 풍족한 양은 아니더라도 음식과 옷을 얻음으로써 기본적인 생활이라도 유지할 수 있었다. 고원에서의 농목업(農牧業) 생산은 고원지대 주민들의 대자연과의 혹독한 투쟁이다. 실제적인 경험이 증명하듯, 유목 문화가 바로 고원 주민들이 각종 재난에서 얻은 생존의 길인 것이다. 가혹한 고원 환경 아래 살고 있는 다양한 민족들은 모두 수천 년 또는 수만 년의 긴 역사 속에서 유목 문화로 끊임없이 성장해 왔다. 이러한 역사는 항거할 수 없는 재난에 직면하였을 때, 한 가정 또는 한 개인으로서는 고원의 농목업 생산에 발을 붙이기가 어려우므로 집단 사회생활이라는 지혜가 나타난 것이다. 유목민들은 부족의 엄격한 통제를 받았으며, 유목민들의 유목 장소와 시간도 엄격히 정해져 있다. 유목은 유목민들이 풀을 따라 이동하면서 정기적으로 목초지를 교대하는 형식을 취한다. 그러나 목초지가 무궁무진하지는 않으므로 한정된 목초지를 각 부족이 분할하여 점유하고 있다. 유목 생활은 물과 풀, 계절에 따라 유목지를 옮기면서 방목하는 독특한 법칙이 있다. 사람들은 자연의 위대함에 감탄하는 동시에 고원 주민들의 지혜에 탄복한다. 유목 문화는 바로 고원지대의 주민들이 재난에 직면하면서 생겨난 것이다.

유목 문화는 고원의 유목민들에게 생존에 필요한 여러 조건을 제공하였다. 이는 현지 주민들의 생활에서 아주 선명하게 나타난다. 그러나 자연이 칭짱 사람들에게 남겨준 선택권은 턱없이 부족하다. 예컨대 먹는 것은 육류, 유제품으로 한정되어 있으며, 그 외에는 다른 대안이 없다. 이는 설산 고원의 해발과 추위 등 열악한 환경과 밀접한 관련이 있다. 가축은 불가피하게 설원 주민들의 주요 식량원이 되었다. 고원 유목민들에게는 단지 먹는 것만으로 눈보라를 견디기란 역부족이었기 때문에 바람과 눈을 막아줄 옷이 필요했다. 따라서 유목민들은 한겨울에는 가죽 두루마기를 만들어 사람들에게 추위를 막고 몸을 가릴 수 있는 옷을 만들어 추위를 견딜 수 있는 능력을 강화하였다. 여름과 가을에는 양가죽으로 모직물과 침구를 비롯하여 모자, 옷, 신발 등 고원의 특색을 잘 보여주는 의류를 만들었다. 또한 유목은 쉬지 않고 계속 이동해야 하므로 간편하고 실용적인 천막이나 이동식 가옥은 매우 중요하다. 천막을 짓는 재료도 고원의 동물과 식물에서 얻은 것이다.

설산 고원은 유목민들에게 여러 가지 가혹한 시련을 주었고, 재난 역시 빈번하고 다양하게 일어났다. 폭설은 의심할 것 없이 설산 고원의 가장 큰 재난이다. 특히 시짱 북부와 칭하이 궈뤄(果洛), 위슈(玉樹) 등 해발고도가 높은 칭짱고원의 중심지역에서 많이 일어난다. 역사적으로 폭설이 발생할 때마다 소와 양의 사체가 들판에 널려 있었고 유목민들도 다치거나 사망하기도 하였다. 이에 칭짱 지역 주민은 역사에서의 경험과 교훈에 근거하여 재난에 대응하는 유목 문화를 만들어 내었고, 재난의 방향을 정확하게 판단하여 강력한 대응조치를 취할 수 있도록 하였다. 유목민들의 삶에서 축적된 폭설 예측 방법 및 폭설 피해를 줄이는 경험 역시 유목 문화의 일부이기도 하다.

칭짱 지역에는 폭설만 있는 것이 아니라 목장에서 일어나는 가뭄, 서리, 바람, 곤충 등으로 인한 피해 등 기타 재해의 영향도 받는다. 고원에서의 재난은 유목 문화를 만들었고, 여러 재난에 대해 유목민들은 모두 각자만의 독자적인 견해와 방법을 갖고 있다. 그들은 지혜와 문화적 매력을 통해 겨울에 잡초를 태우는 등 효과적인 조치를 하는 한편 그동안 축적해 온 풍부한 경험을 바탕으로 재난을 예방하고 대처함으로써 피해를 줄인다.

때때로 유목하면서 만나는 위협은 단순히 지진이나 찬바람, 폭설 또는 적대적인 부족도 아닌 자연의 맹수와 날짐승들이다. 호랑이, 늑대, 표범, 곰 등 생명력이 강한 짐승들은 사납고 교활하여 집단행동이 필수적이다. 역사적으로 맹수를 상대할 때는 오직 집단적인 계책으로 힘을 합치는 것이 인간의 유일한 희망이었다. 고원 지역의 주민들이 쟁취하고자 한 것은 땅, 미녀, 돈이 아니라 생존을 위한 필수 공간이었다. 멀리 바라보면 하늘과 땅이 맞닿아 있는 듯 일망무제(一望無際)의 광활한 칭짱 고원이지만, 인간에게 남겨준 생존공간은 오히려 극히 제한적이었다.

칭짱 지역의 유목 문화는 지역적 환경과 인정의 문화에 뿌리를 둔 바, 이는 재난에 대한 칭짱 사람들의 능동적이면서 수동적인 반응이다. 상대적으로 고원이라는 폐쇄적이고 독립적인 발전 배경 아래 유목 문화는 다른 형식의 경제문화에 동화되고 흡수될 수 없었고, 또한 칭짱 지역과 유사한 열악한 환경을 찾기 어렵다보니, 비슷한 유목 문화 또한 당연히 찾아보기 어렵다. 신지앙(新疆), 네이멍구 지역의 유목 문화는 칭짱 지역의 유목 문화와 완전히 다르다. 한편으로는 칭짱의 특수하고 엄혹한 지역적 재난이 독특하고 특색 있는 유목 문화를 만들어낸 것이고, 다른 한편으로는 칭짱 지역의 왕권통치와 종교 신앙은 유목 문화의 형성과 발전을 촉진하였던 것이다.

요약

칭짱고원 지역의 재난문화의 발전은 고립된 것이 아니다. 비록 칭짱 지역이 상당히 외지고 폐쇄적인 환경에 있지만, 재난문화의 발전과 융합에는 지역적인 제한이 없다. 중국의 수천 년의 역사를 살펴보면, 수없이 판이한 문화들이 서로 융합하고 교류하였다. 칭짱 문화는 주변 지역과 서로 의지하고 함께 발전하는 외향적 문화인데, 이러한 문화의 형성에는 역사적 토대가 깊이 자리 잡고 있다. 예컨대, 당나라의 토번왕조(吐蕃王朝)가 위풍당당하게 칭짱 지역에 자리 잡은 뒤, 몇 백 년 동안 당나라 조정과 토번왕조는 정치, 경제, 문화적으로 참혹한 전쟁을 치렀다. 그때 칭짱 문화는 왕조의 싸움을 빌려 중원 문화를 광범위하게 받아들임으로써 크게 발전하였다. 결국 재난은 사람들을 크게 괴롭혀 재산과 생명의 안전을 위협하면서도 이에 대응하기 위한 문화가 형성되어 문명의 계승과 발전을 크게 촉진한다는 점에서, 재난은 곧 양날의 칼이다.

칭짱 지역은 창지앙, 황허의 발원지이고 중국인의 젖줄인 창지앙과 황허 유역의 농경문화를 키웠으며, 일부 유목 문화와도 밀접한 관련이 있다. 한 지역의 산과 물은 그 지역의 사람들을 기르듯, 칭짱고원은 여러 소수민족을 길러냈다. 이 소수민족들은 각기 특색이 있으며, 문화 또한 다양하다. 비록 문화적으로 각기 큰 차이를 보이지만, 이들 문화는 칭짱 지역에서 융합을 이루었다. 칭짱 문화는 예로부터 이 지역 주민들이 축적해온 물질적, 정신적 자원의 총체이다. 자연재해로 인하여, 칭짱 지역에서는 신령을 신봉하는 문화가 생겼다. 그리고 역사상 행해진 전쟁과 봉건적 착취로 인하여, 칭짱 지역의 민요와 춤은 사회적 어둠에 대한 저주와 행복에 대한 갈망을 곳곳에서 드러내고 있다. 또한 이 지역의 생태적 한계는 생존을 위하여 천명에 순응하는 유목 문화를 탄생시켰다.

참고문헌

辛全成(2009),『티베트 문화 추론』, 칭하이인민출판사.

羅桑開珠(2016),『티베트 문화 통론』, 중국장학출판사.

嘉雍群培(2007),『티베트 문화예술』, 중앙민족대학 출판부.

嘎藏陀美(2005),『티베트 문화 약론』, 민족출판사.

仁青措(2006),『티베트 문화 발전사』, 쓰촨 민족출판사.

제14장

베이징의 색채

중국에는 고도(古都)였던 도시가 적지 않다. 그 예로 시안(西安)과 뤄양(洛陽)은 13조 고도, 카이펑(開封)은 8조 고도였다. 이러한 사실에 비하면 베이징의 도성사(都城史)는 그리 오래된 것이 아니다. 그러나 베이징은 명청 시대의 고도로서 황제가 살았던 궁성이 잘 보존되어 있고, 1950~60년대까지 청나라의 충성스러운 신하와 젊은이들이 많이 살았다는 점에서 독특하다. 사람들은 한당(漢唐)의 역사보다 명청의 역사에 더 익숙한데, 이에 따른 가까운 시간적 거리는 사람들에게 베이징에 친근감을 느끼게 한다. 또한 오늘날 베이징은 중국의 수도로, 그 특별한 위상을 이어가고 있다. 대대로 이곳에 살았던 베이징 사람들은 왕조와 풍운(風雲)이 바뀌는 역사 속에서 오랜 세월 동안 수해와 가뭄과 봉건 통치자의 압제에 맞서 싸우며 독특한 지역적 특징을 형성하였다. 고급스럽고 우아하고 유머가 있으며, 거칠지만 몰락하지 않으며, 자조하기를 좋아하고, 포용력이 있으며, 뿌리칠 수 없는 정통성과 누구도 감히 따라 할 수 없는 혁신적인 정신은 모두 베이징 사람들의 독특한 특징이다. 베이징 사람들은 말투에 억양이 가장 많은데, 이러한 특징은 한마디로 '베이징의 색채'라 할 수 있다.

14.1. 베이징

베이징 사람들의 귀족적인 정신은 천자의 발 아래, 황성(皇城)의 뿌리에서 왔다고 해도 과언이 아니다. 500년 동안 베이징 사람들은 자금성의 황제가 여러 번 바뀌는 것을 목격해 왔다. 황제의 뒤에는 언제나 그 친척과 국척(國戚), 그리고 높은 벼슬의 귀족들이 있었으니까 말이다. 현재 베이징의 고귀한 기질은 귀족의 혈통과 신분, 권력과 지위에 무관하게 우아함, 자신감, 대범함, 관용 등이 오랜 문화적 축적과 함께 서서히 길러져 온 것이다. 이와 같은 베이징 사람들의 독특한 기질인 '베이징의 색채'는 오랫동안 베이징의 특색이 되어 왔다. 그리고 베이징의 색채에는 재난의 위험에서 벗어나려는 베이징 사람들의 기개가 담겨있다.

베이징에는 다양한 헐후어가 있는데, 여기에서 베이징 특유의 유머 감각을 알 수 있다. 그중 두 구절을 소개하자면, "베이징성이 침수되었다.—매일 침수되었지만, 성만큼은 물에 잠기지 않았다(水淹北京城 — 天天淹，淹不到城)."와 "담저사(潭柘寺)가 불탔다.—매일 화재가 일어났지만, 절만큼은 불에 타지 않았다(火燒潭柘寺 — 天天燒，燒不到寺廟)."가 있다. 베이징에는 수해가 많이 일어났는데, 성벽의 침수는 역사에서도 마찬가지였다. "베이징성이 침수되었다."라는 부분에서 '베이징성'은 만녕교(萬寧橋) 아래 돌기둥에 '北京城'이라는 글자가 새겨져 있는 것을 말한다. 평소 강물은 '城' 자까지만 차는데, '北京' 자 위까지 물이 차올랐다면 베이징성에 수해가 발생할 수도 있다. 따라서 베이징성이 매일 물에 잠긴다는 내용은 진짜 베이징 성을 가리키는 것이 아니다. "담저사가 불탔다."도 마찬가지이다. 여기에서 담저사는 진짜 담저사가 아니라 절에서 밥을 지을 때 쓰는 솥의 외벽에 새겨진 글씨를 말한다. 절에서 승려가 불을 지펴 밥을 지을 때 솥에 새겨진 글자에 그을음이 남는 것은 모두가 화재에 주의할 수 있도록 하기 위함이다.

권력의 중심지에 오래 살다 보니 사람들은 베이징에 대한 '중심 의식'을 갖고 있다. "베이징에 오지 않으면 벼슬아치를 모른다(不到北京不知道官小)."나 "같은 직급이라도 베이징에 있는 관료들의 권력이 더 크다(在京大三級)." 등과 같이 베이징 공무원은 지방 공무원과 비교하면 뚜렷한 차이를 알 수 있으며, 평범한 사람들은 말할 것도 없다. 병에 걸리면 베이징 대학병원에서 의사를 찾고, 대학은 베이징대에 지원하며, 직장을 구하면 '북표(北漂)'[1]를 원한다. 이와 같이 베이징은 오랫동안 전국 정치의 중심지로서 베이징 사람들은 정부와 관리를 숭상하는 의식이 뚜렷하였다. 베이징 사람들은 '칸(侃)'을 잘하는데, '칸다산(侃大山)'은 탁상공론을 뜻한다. 즉 '칸'은 그 정도로 허풍과 수다를 떤다는 뜻이다. 칸은 옛 베이징 사람들의 생활 방식으로, 식사 후 이웃끼리 모여 천문과 지리, 산의 남쪽과 바다의 북쪽만큼 아득히 먼 곳에서부터 고기와 채소 요리에 대한 이야기까지 모두 포괄하는데, 가장 많이 이야기하는 것은 시사 평론이다. "베이징 사람은 칸을 하고, 광둥 사람은 비즈니스를 이야기한다(北京人侃主義，廣東人談生意)."라는 말은 이를 두고 한 것이다. 베이징의 택시 기사는 대부분 '칸'하는 것을 서슴지 않으며, 운전을 하면서 손님에게 정치, 경제, 문화생활의 대소사를 알려준다. 베이징 사람들은 권력의 중심에 가까워서 정보를 얻을 수 있는 기회와 조건이 종종 시대에 앞서 있으며, 심지어 다른 사람들보다 먼저 알아차릴 수 있는 선견지명도 있다.

유머에 관해 이야기하자면, 베이징 사람들의 유머 감각은 다른 지역

---

1 다른 곳에서 베이징으로 온 사람들을 말하며 베이징에 살지만 베이징 호구가 없는 사람들이다.

사람보다 훨씬 뛰어난 편이다. 유머는 예술이자 분위기이다. 베이징 사람들의 유머는 자신감을 드러내는데, 그 크기는 타의 추종을 불허한다. 베이징에서는 일반인의 대화를 '칸다산'이라고 할 뿐만 아니라 칸을 독특한 기술이자 능력으로 여긴다. 이에 칸의 진행능력과 수준이 올라가면 '예(爺, 영감님, 나으리를 뜻함)'라 불리며, '칸예(侃爺)'라는 말도 여기에서 생겨났다. 이를 통하여 웃음을 자아내는 예술적 표현인 만담이 탄생하였다. 베이징 사람들은 말다툼을 할 때 손찌검을 거의 하지 않고, 남을 비방해도 욕설을 하지 않으며, 하나의 큰 이치를 말해야 한다. 또한 베이징 사람들은 자조하는 것도 잘하는데, 이는 베이징 사람들의 관대함을 보여준다. 비록 자조하면서 자신을 폄하함에도 불구하고 진정성과 도량, 그리고 지혜를 드러내어 다른 사람들의 존경을 받도록 하는 것이 베이징식 유머의 장점이다.

예로부터 연(燕)나라와 조(趙)나라에는 협객이 많았다. 베이징 사람들은 연조(燕趙) 땅에서 협객의 기백을 이어받아 정의를 위해 용감하게 나서며, 옳은 일이라면 사양하지 않고, 호탕하고 정의로우며, 벗을 적극적으로 도울 줄 알고, 불의를 보면 참지 않고 나서며 "큰 그릇에 술을 마시고, 큰 입으로 고기를 뜯는다(大碗喝酒 , 大口吃肉)."라고 말한다. 베이징 사람들은 이과두주(二鍋頭酒)를 좋아하는데, 이 술은 도수가 높지만, 맑고 투명하며 향기롭고, 달고 상쾌하다. 또한 알코올이 강하지만, 뒷맛이 길고 무궁무진하다는 특징이 있다. 베이징 사람들이 고기를 즐겨 먹으며, 특히 소고기와 양고기구이를 좋아하는 것은 유목민의 습관을 답습한 듯하다. 베이징 사람들은 겨울의 추운 기후를 견디기 위해 구운 고기를 즐겨 먹는다. 구운 고기를 먹으면 추위를 쫓고 체온을 따뜻하게 유지할 수 있으며, 베이징의 경우 먹는 방식도 독특하다. 해방 전 자금성 정문 앞 골목에서는 소고기구이를 파는 식당이 있었다. 그 식당의 야외 옥상에서는 여러 사람이 불판을 둘러싸면서 그 아래에 솔가지를 굽고 그 옆에 신선한 소고기를 놓고 있었다. 불 주위에는 긴 걸상을 몇 개 놓았는데, 이들 걸상은 가지고 와서 앉는 것이 아니라 한쪽 발은 걸상에 걸치고, 다른 한쪽 발은 땅을 딛고 서기 위한 것이었다. 손님들은 한 손에는 긴 젓가락을, 다른 손에는 술잔을 들고 "짙은 연기에 눈물이 줄줄 흐르고, 숯불은 취한 당신의 얼굴을 환하게 밝혀준다. 온 접시에 구운 고기의 누린내가 가득하니, 이는 만이(蠻夷, 중국 남부와 동부의 오랑캐를 이르는 말)가 즐겨 하는 것과 같다(濃煙熏得涕潸潸 , 柴火光中照醉顏。滿盤生膻憑一炙 , 如斯嗜尚近夷蠻)."라고 전해진다. 베이징 사람들은 구운 고기 외에 훠궈(火鍋)도 좋아한다. 훠궈도 남북에 따라 갈리는데, 충칭의 천엽 훠궈, 쑤저우의 국화 훠궈, 광둥의 해산물 훠궈와 달리 옛 베이징에서는 양고기 훠궈를 좋아한다. 양고기 훠궈는 원나라 세조 쿠빌라이가 창안하였다고 전해진다. 쿠빌라이가 전쟁터에 나갈 때는 종종 밥 한 끼를 채 먹지도 못하고 말에 올라 적을 무찔러야 했다. 이에 요리사는 방법을 생각해내었고, 갓 잡은 양고기를 얇게 썰어 냄비에 넣고 몇 번 흔들어 익힌 다음 양념에 찍어 먹으면 먹기에 편하고 맛도 좋아 쿠빌라이의 사랑을 받았다. 양고기 훠궈의 투박하지만 호탕한 맛은 청나라에 이르러 궁중 음식이 되었으며, 매년 겨울에 먹어야 하는 음식이 되었다. 오늘날 베이징 사람들은 겨울이 되면 친구 두서너 명과 함께 식당에서 양고기 훠궈에 이과두주를 곁들여 즐긴다.

14.2. 청더(承德)

베이징과 인접한 청더(承德)시는 만리장성 밖의 유명한 도시로 아름다운 경치를 자랑한다. '자색 보배(紫塞明珠)'라 알려진 이곳은 세계문화유산으로 지정된 피서산장(避暑山莊)과 사찰들이 있는 곳이기도 하다. 원시사회 말기인 신석기 시대부터 사람들은 지금의 청더 땅에서 일하며 살았다. 청더는 상나라 때 '토방(土方)'으로 불리었으며 서주(西周)와 전국(戰國) 시대까지 연나라 땅에 속하였다. 동한(東漢) 시대에는 오환(烏桓, 한나라 시대 동호족의 하나)의 관할이었다가 선비족(鮮卑族, 고대 중국의 몽고 퉁구스계 민족) 관할이 되었다. 위진(魏晉) 시대까지는 오환과 선비족의 거주지 역할을 하였다. 청더의 역대 왕조가 바뀌는 동안 흉노, 오환, 선비, 거란, 돌궐, 몽골 등 많은 소수민족의 경제문화가 더욱 발전하였다. 청나라 초까지 강희제는 피서와 각 민족의 단결을 강화하기 위해 청더에 대규모 토목 공사를 진행하였다. 이후 3대 황제가 89년에 걸쳐 '피서행궁(避暑行宮)'을 지었다. 피서행궁은 '열하행궁(熱河行宮)'이라고도 불리며, 후에는 청더부(承德府)로 배치되었다. 청더는 애신각라(愛新覺羅, 청나라 황실 가문의 성씨)의 혼수이자 배도(陪都, 중국에서 행정 조직상 수도에 준하는 취급을 받는 도시)로서 봉건 역사의 마지막 순간에 중국의 핵심 문화권에 합류하였다. 청더 또한 문화가 어우러진 도시로서 나름대로 역사적 발자취를 지니고 있다. 특히 청더 역사의 일부 재난은 사람들의 문화, 음식, 풍습에 영향을 미쳤다.

청더는 연나라와 조나라 땅으로, 예로부터 기개 있는 비가의 협객들이 있어 대대로 전해 내려오는 연조의 의협심이 형성되었다. 드라마 <타구곤(打狗棍)>과 <용감한 마음(勇敢的心)>은 청더에서 벌어진 실화를 다룬 작품으로, 주인공은 항일전쟁 등 사회 변화는 물론, 여러 가지 재난과 고난을 겪으며 열하의 전설이 된다. 속담에 한 지역의 물과 땅이 한 사람을 키워낸다는 말이 있듯, 한 지역의 재난 또한 그러하지 않을까? 당시 연조 땅에는 수해와 가뭄이 잦았고, 이러한 상황에서도 사람들은 용감하게 자연과 물과 메뚜기, 그리고 가뭄과 싸웠으며, 의협심으로 절대 굴복하지 않았다. 이와 같이 패배에 굴복하지 않는 청더 사람들의 과감함과 호탕함은 재난을 두려워하지 않고 저항하는 것과 밀접한 관련이 있다. 청더 농촌의 여러 가옥에는 온돌이 있다. 청더의 온돌은 동북의 온돌과 비슷한데, 난방을 함으로써 생존할 수 있었다. 청더는 역사적으로 얼어붙을 정도로 추운 곳이라 물자와 먹을 것이 부족하였다. 따라서 온돌을 만드는 것은 담벼락에서 요리를 가능하게 하였을 뿐만 아니라, 장작을 태워 열을 발생시킴으로써 밤에 잘 때 너무 춥거나 병들지 않도록 집안을 따뜻하게 할 수 있었다. 이것이 바로 사람들이 재난을 통해 축적한 삶의 경험으로, 과거에나 현재나 온돌이 다양하게 사용되어 왔다. 지하 저장고 또한 청더의 농촌에서 매우 흔한 시설이다. 지하 저장고의 본질적인 역할은 혹한을 피해 식량을 저장하는 것으로, 식재료의 유통기한을 늘림으로써 물자 부족의 어려움을 극복할 수 있게 되었다.

"먹기를 좋아한다(好吃)."라는 말은 청더 사람들의 뼛속 깊이 새겨진 잠재의식이다. 먼저 청더에서 가장 흔한 간식을 예로 들면, 핑취안 양탕(平泉羊湯)과 진한 양고기 잡탕, 갓 구운 참깨 샤오빙(芝麻燒餅)이 있다. 일부 레스토랑급 성찬 또한 맛이 좋고, 청진(清真, 깨끗하고 올바르다는 뜻으로, 중국에서 이슬람 또는 할랄을 의미한다) 요리인 파양로우(扒羊肉, 삶은 양고기에 소스를 얹어 찐 요리)도 일품인데, 양고기가 기름지지만 느끼하지 않다. 또한 만한전석(萬漢全席)의 양다리 구이도 고전적인 미식 중 하나이며, 특히 청더에서 유명한 식당인 '다산허(大三和)'의 신선로 양고기 훠궈의 맛은 정통 그 자체이다. 이와 같이 양탕과 양고기를 즐겨 먹는 청더 사람의 식습관은 청더의 재난과 관련이 있다. 청더는 랴오닝성과 네이멍구 지역에 인접해 있어 겨울마다 이상 추위가 심하고 대규모 동결 및 눈으로 인한 재해가 발생한다.

이는 농부들이 기르는 가축 대부분이 얼어 죽거나 동상을 입을 정도였다. 따라서 추위를 견딜 충분한 열량을 얻기 위해 고대 청더에 살던 소수민족은 양고기를 즐겨 먹게 되었다. 이에 청더에서는 이른 아침에 양탕을 먹는 풍습이 생겼고, 이 식습관은 오늘날까지 전승되었으며, 먹는 방법 또한 다양해졌다.

청더 사람들은 삶에 대해 느긋하고 여유로운 태도를 지니고 있다. 그들은 치열하게 돈을 벌지 않고, 오히려 놀며 즐길 줄 안다. 아침에 일어나면 산장 입구에 모여 새장을 들고 유유히 햇볕을 쬐는 노인들을 볼 수 있는데, 사람들이 운집한 새장터와 완상용 작품을 파는 노점이 그 증거이다. 이와 같이 청더 사람들의 느린 생활 리듬은 지역사상 빈번한 자연재해와 관련이 있다. 청더는 역사적으로 수해가 빈번하게 발생하여 많은 백성이 목숨을 위협받아 이주하였다. 심지어 지금까지도 노인들은 수해를 여전히 두려워하기도 한다. 따라서 수해로 많은 재물이 손실되면서 청더 사람들은 여유로운 삶을 즐기는 생활 태도를 지니게 되었다.

청더에는 민족의 풍속, 이야기와 전설, 그리고 샤머니즘 신화 등에 관련된 고유한 문화가 존재한다. 한때 청더에는 샤머니즘이 전파되었고, 지금도 여러 선사 시대 신화가 전승되고 있다. 예를 들면 훈춘(琿春)에 있는 쿠룬(庫倫)의 일곱 성씨의 《화제신유(火祭神諭)》에 다음 신화가 기록되어 있다. 먼 옛날 하늘과 땅에 홍수가 났고, 인류는 물바다 속에서 몸부림쳤다. 이때 작은 바다표범 한 마리가 남녀 한 쌍을 구해내 인류는 존속할 수 있었다. 한편 천모(天母, 만주 신화에서 하늘의 여신인 아브카허허)는 신응마마(神鷹媽媽, 만주 신화에 나오는 신매)를 시켜 두 사람의 딸을 데려오게 하였고, 그 아이를 인류 최초의 여자 샤먼으로 키웠다. 물바다가 삼킨 사람들 중 일부는 물고기 머리에 인간의 몸을 지닌 여신 '더리거(德立克, 만주 신화에서 동쪽의 여신)'로 변하여 빛과 생명의 물을 인간에게 보내 동해마마(東海媽媽)로 추앙받았다. 나중에는 땅이 다시 하얗게 얼어붙게 되었다. 이에 아름다운 여신 '라하(拉哈)'는 하늘의 태양을 훔쳤다. 그리고 그 태양을 입에 물어 세상에 빛과 불을 지상에 보냈으나, 정작 라하 자신은 불에 타 괴물이 되었다. 라하가 가져온 태양은 만주족을 키워 번성하게 하였다. 이와 같이 샤머니즘 신화에 나오는 여신은 자연재해에 맞서는 선조들의 영웅적인 면모를 보여준다. 이는 단순한 신화 이야기인 듯하지만 신화를 통해 재난에 직면한 청더 사람들의 진정한 모습을 반영하고 있다.

요약

베이징은 명청 시대의 고도로서 또한 오늘날엔 중국의 수도로서, 그 특별한 위상을 이어가고 있다. 이곳에 살았던 베이징 사람들은 왕조가 교체되는 역사 속에서 오랜 세월 동안 수해와 가뭄, 봉건 통치자의 압제에 맞서 싸우며 독특한 지역적 특징을 형성하였다. 그리고 베이징의 고귀한 기질은 귀족의 혈통과 신분, 권력과 지위에 무관한 우아함, 자신감, 대범함, 관용 등이 오랜 문화적 축적과 함께 서서히 길러져 온 것이다. 베이징 사람들의 독특한 기질인 '베이징의 색채'는 오랫동안 베이징의 특색이 되어 왔다. 베이징과 인접한 청더(承德) 또한 재난과 관련한 역사적 발자취를 지니고 있으며, 그 결과 청더 고유의 재난문화가 형성되었다.

楊玉東(1996), 「기후의 변천과 중국 고대 왕조(王朝)의 흥망성쇠」, 『중학교 역사 교수 참고』 6, p.23.

桂慕文(1997), 「중국 고대 자연재해사 개설」, 『농업 고고학』 3, pp.230-242.

尹鈞科·於德源·吳文濤(1997), 『베이징 역사 속의 자연재해 연구』, 중국환경과학출판사.

於德源(2000), 『명청 시대 베이징의 역사적 변천』, 베이징출판사.

崔志遠·葛振江(2002), 「연조(燕趙) 풍골(風骨) 고찰」, 『허베이사범대학 학보(철학사회과학판)』 25(5), pp.99-106.

陳旭霞(2004), 「연조 문화맥락 분석」, 『중화문화포럼』 3, pp.84-88.

譚新生·倪潔(2004), 『베이징 역사 약본』, 난카이대학출판부.

常林·白鶴群(2005), 『베이징의 일화(逸話)』, 관광교육출판사.

沈學玕(2005), 「연조 문화에서 비가(悲歌)의 스타일 분석」, 『난퉁 해운직업기술학원 학보』 4(2), pp.4-6.

郗志群(2005), 『역사 베이징』, 관광교육출판사.

北京大學曆史系『北京史』編寫組編(2009), 『베이징사(北京史)』, 베이징출판사.

杜瑜(2010), 『중국인 인격 지도』, 진청출판사.

王崗(2013), 『베이징 수리(水利)사』, 인민출판사.

지은이 소개

천안(陳安)

중국의 최일류 대학 가운데 하나인 베이징의 중국과학원대학(University of Chinese Academy of Sciences) 교수이자 중국과학원 과기정책 및 관리과학연구소 연구원이다. 중국 시스템분석관리연구소 소장, 국제 위기관리학회 부회장으로도 활동하고 있다. 20권이 넘는 저서 가운데는 2009년 이후 거듭해서 간행이 이루어져 온 '현대 응급 관리(Modern Emergency Management)' 관련 저서(2009, 2010, 2011, 2013) 외에 『벚꽃이 시들다(櫻花殘): 재난 시각으로 본 일본문화』(2017), 『방역 3000년』(2022) 등 재난 관련 저서도 다수 포함되어 있어 재난에 대한 융합적 접근을 시도하고 있는 보기 드문 재난 전문 연구자라고 할 수 있다.

모디(牟笛)

중국과학원 과기정책 및 관리과학연구소 부연구원.

옮긴이 소개

강희숙(姜喜淑)

조선대학교 국어국문학과 교수.
조선대학교 인문학연구원장/재난인문학연구사업단장.

김명남(金明男)

조선대학교 대학원 국어국문학과 박사과정 수료.

산영춘(單迎春)

조선대학교 대학원 국어국문학과 박사과정 수료.
조선대학교 재난인문학연구사업단 연구보조원.

손군군(孫君君)

조선대학교 대학원 국어국문학과 박사과정 수료.
조선대학교 재난인문학연구사업단 연구보조원.

이효위(李曉瑋)

조선대학교 대학원 국어국문학과 박사과정 수료.
조선대학교 재난인문학연구사업단 연구보조원.

조선대학교 재난인문학연구사업단
재난인문학 번역총서 07

중국의 재난문화
— 사회 · 역사 · 문예
中國災難文化: 社會·歷史·文藝

초판1쇄 인쇄 2023년 2월 10일
초판1쇄 발행 2023년 2월 24일

지은이 천안(陳安) · 모디(牟笛)
옮긴이 강희숙(姜喜淑) · 김명남(金明男) · 산영춘(單迎春) · 손군군(孫君君) · 이효위(李曉瑋)

한국어판 기획 조선대학교 재난인문학연구사업단
펴낸이 이대현
편집 이태곤 권분옥 임애정 강윤경
디자인 안혜진 최선주 이경진
마케팅 박태훈

펴낸곳 도서출판 역락
출판등록 1999년 4월 19일 제303-2002-000014호
주소 서울시 서초구 동광로 46길 6-6 문창빌딩 2층 (우06589)
전화 02-3409-2060
팩스 02-3409-2059
홈페이지 www.youkrackbooks.com
이메일 youkrack@hanmail.net

ISBN 979-11-6742-446-4 94300
979-11-6742-222-4 94080(세트)

정가는 뒤표지에 있습니다.
잘못된 책은 바꿔드립니다.